HEYNE <

## Die Herausgeber

### Christoph Wagner

Geboren 1954, Österreichs prominentester Gourmetjournalist und Hobbykoch, schreibt regelmäßig für »profil«, »gusto« u.a., Herausgeber des Gastronomieführers »Wo isst Österreich?« und Autor zahlreicher kulturgeschichtlicher Werke und Kochbücher: »Das österreichische Kuchlkastl«, »Wachau«, »Rossini, Cucina & Musica«, »Le Tour Gourmand« u.v.a. 2001 Goldenes Ehrenzeichen der Republik Österreich. Zuletzt erschien sein auch mit Kochrezepten gewürzter Kriminalroman »Schattenbach«.

### Mario Plachutta

Geboren 1968, Jahrgangsbester der Wiener Tourismusschule Modul mit einschlägiger Auslandstätigkeit in Frankreich, Italien, Kanada und Hongkong. Eigentümer der vor allem für die Pflege der Alt-Wiener Rindfleischkultur weltberühmten Traditionsrestaurants am Luegerplatz und in Nußdorf. Er leitet mit seiner Mutter Eva Plachutta das von Ewald Plachutta gegründete Stammhaus »Hietzinger Bräu« und eröffnete 2002 das populäre Ottakringer Bierlokal »Grünspan«. Mario Plachutta ist Sachwalter der Rezeptsammlung Ewald Plachutta.

PLACHUTTA · WAGNER

# DIE NEUE GUTE KÜCHE

*400 Rezepte für moderne und traditionelle Gerichte*

WILHELM HEYNE VERLAG
MÜNCHEN

Die Originalausgabe erschien unter dem Titel
*Die gute Küche 2. Teil – 550 neue Rezepte für zeitgemäße Gerichte*
im Verlag Christian Brandstätter, Wien.

*Umwelthinweis:*
Dieses Buch wurde auf chlor-
und säurefreiem Papier gedruckt.

Gekürzte Taschenbuchausgabe 12/2004


Der Wilhelm Heyne Verlag, München, ist ein Verlag
der Verlagsgruppe Random House GmbH
www.heyne.de
Printed in Germany 2004
Umschlaggestaltung: Atelier Seidel, Neuötting
Titelfoto: Luzia Ellert
Innenfotos: Luzia Ellert und Johannes Kittel
Satz: Buch-Werkstatt GmbH, Bad Aibling
Druck und Bindung: RMO, München
ISBN 3-453-66001-3

# Inhalt

## Kalte Gerichte



## Warme Gerichte

## Süsse Gerichte

# Vorratskammer



# Aus erster Hand

*Verwendete Abkürzungen:*

*EL = Esslöffel*
*KL = Kaffeelöffel*
*TL = Teelöffel*
*TK = Tiefkühlware*
*l = Liter*
*dl = Deziliter (1/10 l)*

ALLE REZEPTE SIND,
WENN NICHT ANDERS ANGEGEBEN,
FÜR 4 PERSONEN PORTIONIERT.

# Vorwort

## Liebe Leserinnen und Leser!

»Die gute Küche« hat sich binnen nicht einmal zehn Jahren zum erfolgreichsten Kochbuch entwickelt, das in Österreich je verlegt wurde. Mit einer Auflage von über 350 000 Stück ist es sogar zum meistverkauften Sachbuch der österreichischen Nachkriegszeit aufgestiegen. Unzählige Leserinnen und Leser haben uns geschrieben und dabei immer wieder die Tatsache gelobt, dass in diesem Kochbuch »wirklich alles drinnen steht«, was man für die häusliche Küche wissen muss.
Kann es für ein Buch, in dem schon alles steht, tatsächlich eine Fortsetzung geben?
Wir haben diese berechtigte Frage dennoch mit »Ja« beantwortet, da sich seit dem Erscheinen der »Guten Küche« vor nunmehr fast einem Jahrzehnt unsere Ernährungsgewohnheiten mindestens ebenso verändert haben wie alles andere rundherum, von der Telekommunikation bis zur Gen-Technologie.
Vor allem war es die viel zitierte Globalisierung, die unseren Gesichtskreis und auch die Beschaffbarkeit, was Gerichte und Nahrungsmittel betrifft, in jüngster Zeit wesentlich erweitert bzw. erleichtert hat. Auch die moderne Medizin hat viele grundlegend neue Erkenntnisse zum Thema Ernährung gewonnen. Richtig und vernünftig zu essen und zu trinken, ist Teil einer modernen Lebensweise geworden, in der neben Gesundheit vor allem auch Wohlbefinden, mit einem Schlagwort auch »Wellness« genannt, im Mittelpunkt steht.
Viele Gerichte, Zutaten und Garungstechniken, die noch vor zehn Jahren nur kulinarisch interessierten Minderheiten bekannt waren, stehen daher heute im Mittelpunkt des Interesses und haben entsprechenden Erklärungsbedarf von kompetenter Seite.
Der vorliegende Band reagiert auf dieses Interesse mit rund 400 völlig neuen Rezepten, die für jedermann leicht verständlich und, von wenigen Ausnahmen abgesehen, ohne großen Zeit- und Materialaufwand nachzukochen sind. Wie schon das Vorgängerwerk, so ist auch »Die gute Küche 2. Teil« kein Buch für Profiköche, sondern eines, das von einem Profikoch und einem Gourmetjournalisten, der ein leidenschaftlicher Hobbykoch ist, für ambitionierte kulinarische HeimwerkerInnen verfasst worden ist.
Während »Die gute Küche« ein nahezu ausschließlich auf die österreichische Küche bezogenes Grundkochbuch war, so eröffnet »Die gute Küche 2. Teil« den Blick in eine Geschmackswelt, in der zunehmend auch mediterrane,

orientalische und transatlantische Aromen eine Rolle spielen. Die so genannte »Fusion«-Küche, die Tapas-, Antipasti- und Sushi-Welle, die Mittelmeerdiät, die Tex-Mex-Küche – das alles spielt in unserem immer schneller werdenden Ernährungsalltag eine immer größere Rolle, und immer mehr Menschen fragen sich: Kann man diese Gerichte nicht auch zu Hause herstellen?

Man kann, und man benötigt dafür gar keine besondere Ausbildung, sondern lediglich ein Grundwissen. Viele Techniken aus dem modernen gastronomischen Küchenmanagement sind nämlich auch in den eigenen vier Wänden anwendbar.

Aus einer neueren italienischen Studie geht hervor, dass 30 Prozent aller Scheidungen ihre Ursache in Streitigkeiten um die Qualität des Essens haben, während nur 28 Prozent der scheidungswilligen Paare wegen eines Seitensprungs des Partners vor den Kadi gehen. Wie kaum ein anderes Thema ist das Essen nämlich auch ein Gradmesser der emotionalen Aufmerksamkeit, die zwei Lebenspartner einander schenken. Dass die Liebe durch den Magen geht, ist ja schon lange bekannt, dass »gute Küche« jedoch die Lust am Streit mindern und die Harmonie zwischen Lebenspartnern verbessern kann, ist vor allem in Zeiten, in denen sich auch zunehmend mehr Männer mit immer größerer Lust die Kochschürze umbinden, eine wirklich gute Nachricht.

Nicht zuletzt aus diesem Grund haben wir uns auch entschlossen, in dieses Kochbuch neben viel Neuem, Zeitgemäß-Leichtem und Modernem auch etliche Rezepte aufzunehmen, die dem steigenden Bedürfnis zahlreicher HobbyköchInnen entgegenkommen, vieles, das als »Convenience-Produkt« heute leicht greifbar wäre, dennoch wieder selbst zu machen. Tätigkeiten wie Brotbacken, Wursten oder Einrexen werden nämlich nicht nur als anregende Hobbys empfunden, sondern auch als eine Art »Notwehr« in einer Situation, in der man aus gutem Grund ganz genau wissen möchte, was in welcher Nahrung »drin ist«.

Kochen, so sind wir überzeugt, ist nämlich nicht nur eine notwendige Tätigkeit, um den Hunger zu stillen. Es ist vielmehr, gerade in der heutigen Zeit, vor allem auch eine philosophische Frage, was und wie man kocht. »Die gute Küche 2. Teil« will Ihnen bei der Beantwortung dieser Frage mit neuen, schmackhaften Rezepten, vielen nützlichen Tipps und Tricks aus der Profi- und Hobbyküche sowie mit zahlreichen Anekdoten fürs Tischgespräch ein möglichst umfassender und unterhaltsamer Begleiter sein.

In diesem Sinne einen »guten Appetit« wünschen Ihnen

Ewald Plachutta und Christoph Wagner

# Kalte Gerichte

# Perfect Appetizers

## Feine kleine Happen von Cool bis Hot

*Wie man ein Essen beginnt, ist oft schon dafür entscheidend, ob es auch in Wohlgefallen endet. Leichte und schmackhafte kleine Häppchen machen Appetit – und lassen Stimmung aufkommen.*

## Chips-Variationen

Zutaten

*2 Kartoffeln, speckig, roh geschält*
*2 Zucchini, geputzt, gewaschen*
*½ Melanzani, entstielt, ungeschält*
*100 g Rohschinken, in feine Scheiben geschnitten*
*Mehl zum Wenden, Öl zum Frittieren*
*Salz*

Die Kartoffeln mit einem Hobel in sehr feine Scheiben schneiden oder mit einer Kartoffelmandoline (im Fachhandel erhältlich) zu Gitterkartoffeln hobeln. In kaltes Wasser legen, erst unmittelbar vor dem Frittieren abseihen und mit Küchenkrepp gut abtrocknen. Ungeschälte Zucchini und Melanzani in hauchdünne Scheiben schneiden, diese in Mehl wenden und gut abschütteln.
In einer tiefen Pfanne ausreichend viel Öl auf 180 °C erhitzen und Kartoffeln sowie Gemüse darin knusprig-braun backen, aus dem Fett heben, auf Küchenkrepp abtropfen lassen, salzen. (Nicht zu viele Gemüsescheiben auf einmal backen, da das Öl sonst zu rasch abkühlt.) Den Rohschinken entweder ebenfalls im heißen Öl frittieren oder im auf 200 °C vorgeheizten Backrohr auf Backpapier knusprig braten.

■ Backtemperatur: Backrohr 200 °C, Öltemperatur 180 °C
■ Garungsdauer: je nach Bräunung ca. 3–4 Minuten
■ Beilagenempfehlung: diverse Dip-Saucen

# Bruschetta

*Knoblauchbrot mit Basilikumtomaten*

Zutaten

*8 Scheiben italienisches Hausbrot (ersatzweise anderes luftiges Weißbrot)*
*2 Fleischtomaten (ca. 300g), entkernt*
*2 Knoblauchzehen, gepresst*
*1 EL Basilikumblätter, in feine Streifen geschnitten*
*4 EL Olivenöl extra vergine*
*Salz*
*Pfeffer, frisch gemahlen*

Tomaten in 1 cm große Würfel schneiden, mit Basilikumstreifen, Salz und frisch geschrotetem Pfeffer würzen. Die Brotscheiben im auf 250 °C vorgeheizten Backrohr bräunen, mit Knoblauch einreiben und mit etwas Olivenöl beträufeln. Die Tomatenwürfel auf die heißen Knoblauchbrote auftragen, nochmals mit etwas Olivenöl begießen und sofort servieren, damit das Brot knusprig bleibt.

- Backrohrtemperatur: 250 °C
- Tipp: Durch die Beigabe von gehackten Oliven und/oder Sardellen schmeckt die Bruschetta noch pikanter.

## *»Crostino und Bruschetta« – geröstet und getränkt*

*Sie sind die Zwillinge der italienischen Antipasti-Küche: Von Crostini (ital. crostare = knusprig backen) – den gerösteten Brotschnitten mit appetitlichen Auflagen oder Aufstrichen – schwärmte im 19. Jahrhundert schon der berühmte italienische Kochbuchautor Pellegrino Artusi. Wird das knusprige Weiß-, Kasten- oder Vollkornbrot sowohl mit Knoblauch eingerieben und überbacken als auch mit Olivenöl getränkt, so verwandelt es sich in eine Bruschetta (ital. bruscare = rösten), von der es in Italien wohl noch mehr Variationen gibt als von Pastagerichten. Für Crostini wie für Bruschette gilt gleichermaßen: minimaler Aufwand, maximaler Erfolg.*

# Geflügelleber-Crostini

Zutaten für 20 Crostini

*250 g Hühner- (Enten- oder Gänse)leber, geputzt*
*1 EL Kapern*
*3 EL Zwiebeln, fein gehackt*
*30 g Butter zum Anbraten*
*60 g Butter zum Unterrühren*
*1 EL Petersilie, gehackt*
*etwas Zitronenschale, gerieben*
*Spritzer Weinbrand (oder Rotwein)*
*Salz, Pfeffer*
*Pastetengewürz, wenn vorhanden*
*20 kleine Weißbrotscheiben*

Die fein gehackten Zwiebeln in zerlassener Butter licht anbraten. Geputzte Geflügelleber klein schneiden, salzen, pfeffern und zu den Zwiebeln geben. Kurz anbraten, mit einem Spritzer Weinbrand ablöschen. Kapern, geriebene Zitronenschale und Petersilie untermengen, durchrühren und alles erkalten lassen. Im Mixer fein pürieren, handwarme Butter untermengen und die Masse würzig abschmecken. Die Weißbrotscheiben im Toaster oder Backrohr knusprig toasten, Geflügellebermasse auftragen und sofort servieren.

- Backrohrtemperatur: 250 °C
- Tipps: Man kann die Masse zusätzlich noch mit klein gehackten, gerösteten Pilzen verfeinern. Die Geflügellebercreme lässt sich – gut mit Klarsichtfolie abgedeckt – problemlos einige Tage im Kühlschrank aufbewahren.

# Mozzarella-Crostini

Zutaten

*8 Scheiben Weiß- (oder Stangen)brot*
*180 g Mozzarella*
*2 EL Sardellenfilets, mariniert*
*1 EL Zwiebeln, fein gehackt*
*1 EL Trockentomaten, gehackt*
*4 Oliven, schwarz, entkernt*
*1 TL Basilikum, gehackt*
*1 EL Butter*
*Salz*
*Pfeffer, frisch gemahlen*

Sardellenfilets sehr fein hacken, Trockentomaten und Oliven fein schneiden. Butter schmelzen, Zwiebeln anlaufen lassen, Sardellen, Oliven, Trockentomaten und Basilikum beigeben und alles kurz, ohne Farbe nehmen zu lassen, anschwitzen. Die Brotscheiben im auf 250 °C vorgeheizten Backrohr bräunen. Die überkühlte Sardellenmasse auf die Brötchen auftragen, mit in Scheiben geschnittenem Mozzarella bedecken, salzen, pfeffern und im Backrohr bei extremer Oberhitze ca. 3–4 Minuten überbacken. Heiß servieren.

- Backrohrtemperatur: 250 °C
- Backdauer: 3–4 Minuten

# Oliven-Crostini

Zutaten für
ca. 20 Crostini

*100 g Oliven, schwarz, entkernt*
*2 Sardellenfilets (oder -ringe)*
*1 TL Knoblauch, zerkleinert*
*1 EL Pinienkerne*
*4 Salbeiblätter*
*15 Kapern*
*8 cl Olivenöl extra vergine*
*Rosmarin, Salz*
*Pfeffer, schwarz, frisch gemahlen*
*etwas Chili- (oder Tabasco)sauce*
*Spritzer Zitronensaft*
*kleine Weißbrotscheiben, getoastet*

Sardellenfilets und Knoblauch klein schneiden, Oliven mit Pinienkernen, Salbei und Kapern fein pürieren. Olivenöl nach und nach einrühren, bis eine cremige Paste entsteht, mit Sardellen vermengen und würzig abschmecken. Fertige Olivenpaste auf die frisch getoasteten Brotscheiben auftragen und sofort servieren.

▪ Tipps: Bei der pikanten Würzung der Paste sind der Kreativität keine Grenzen gesetzt (Trockentomaten, eingelegte Pilze, Basilikum etc.), oder man streicht zur Abwechslung einmal einfach nur Knoblauchbutter auf die Brotscheiben und toastet sie dann im Backrohr knusprig.Gut verschlossen ist die Olivenpaste relativ lange lagerfähig und kann somit bei plötzlichen Hungerattacken oder unerwarteten Gästen wahre Wunder wirken.

# Räucherlachs-Profiterolen

Zutaten für
ca. 45 Profiterolen

*Für den Brandteig:*
*¼ l Wasser*
*50 g Butter*
*140 g Mehl, glatt*
*3 Eier, Prise Salz*

*Für die Fülle:*
*4 dl Schlagobers, geschlagen*
*200 g Räucherlachs*
*1 TL Kren, gerissen*
*Salz*

Für die Profiterolen zunächst Wasser, Butter und Salz aufkochen, Mehl einrühren und so lange rühren, bis sich der Teig von Geschirr und Kochlöffel löst. Eier gut verschlagen oder mixen, in den heißen Teig einrühren. Die Masse mit Hilfe eines Spritzsacks mit glatter Tülle zu etwa 45 kleinen Profiterolen bzw. Busserln auf ein mit Backpapier ausgelegtes Backblech spritzen. Backrohr auf 220 °C vorheizen und Profiterolen ca. 17 Minuten backen. Währenddessen den Räucherlachs in sehr kleine Würfel schneiden, unter das geschlagene Obers mengen, mit Kren und Salz würzen. Die erkalteten Profiterolen vom Papier lösen, horizontal halbieren, auf die untere Hälfte das Lachsobers aufspritzen und die zweite Hälfte darauf setzen. Sofort servieren, damit die Profiterolen knusprig bleiben und nicht zäh werden.

- Backrohrtemperatur: 220 °C
- Backdauer: ca. 17 Minuten
- Tipps: Noch hübscher sehen die Profiterolen aus, wenn man sie vor dem Servieren in Papierkapseln setzt. Dieses luftig-leichte Party-Gebäck kann man auch mit Schinken-, Räucherfisch- oder Gänseleberrnousse füllen. »Betuchte« favorisieren eine Füllung von Obers und echtem Caviar.

# Toskana-Biskuit

Zutaten für
ca. 36 kleine Biskuits

*40 g Butter, zimmerwarm*
*3 Eidotter*
*3 Eiklar*
*1 ½ EL Milch, zimmerwarm*
*40 g Mehl, glatt*
*40 g kleingewürfelte Trockentomaten*
*40 g Pinienkerne*
*60 g Frühstücksspeck, in kleine Würfel geschnitten*
*Salz*
*Pfeffer, weiß, aus der Mühle*
*Oregano*
*Rosmarin*
*Butter und Mehl für die Form*

Speckwürfel in einer passenden Pfanne anrösten, überkühlen lassen. Butter schaumig rühren, nach und nach Dotter einrühren, mit Salz und Pfeffer würzen. Speckwürfel, Pinienkerne und geschnittene Trockentomaten untermengen. Milch langsam einrühren. Eiklar mit etwas Salz zu Schnee schlagen und unter den Abtrieb heben. Mehl einmengen und alles mit Salz, Oregano und Pfeffer würzen.
Die Masse in eine gebutterte und mit Mehl ausgestaubte Form (ca. 32 cm x 9 cm groß) füllen oder auf ein mit Trennpapier belegtes Backblech in diesen Ausmaßen auftragen. Mit Rosmarin bestreuen, im auf 200 °C vorgeheizten Backrohr goldgelb backen, überkühlen lassen. Die Masse stürzen, erkalten lassen und dann in Rechtecke von 40 mm x 20 mm Größe schneiden.

- Backrohrtemperatur: 200 °C
- Backdauer: ca. 10 Minuten

## Sardinen-Oliven-Torte

Zutaten

*1 Dose Sardinen, in nativem Olivenöl eingelegt*
*50 g Gruyèrekäse (oder anderer kräftiger Reibkäse), gerieben*
*250 g Oliven, grün, entkernt und grob gehackt*
*2 Eier*
*¼ l Milch*
*80 g Mehl*
*Butter zum Bestreichen*

Sardinen mit Öl, Eiern, Mehl, Milch und Reibkäse im Mixer zu einer sämigen Masse pürieren. Eine Tortenspringform mit Butter ausstreichen und den Boden mit den gehackten Oliven ausstreuen. Mit der Sardinenmasse auffüllen und alles im auf 200 °C vorgeheizten Backrohr etwa 25–30 Minuten backen. Olivenkuchen in mundgerechte Happen schneiden.

- Backrohrtemperatur: 200 °C
- Backdauer: 25–30 Minuten
- Tipp: Ein Glas Rosé oder trockener weißer Landwein bringt diesen pikant-würzigen Happen noch besser zur Geltung.

## Speckkuchen mit Oliven

Zutaten

*1 dl Öl*
*200 g Mehl, glatt*
*1 Pkt. Backpulver*
*200 g Oliven, schwarz, entkernt*
*200 g Räucherspeck (durchzogen)*
*4 Eier*
*200 g Montasio-Käse (ersatzweise Emmentaler), gerieben*
*50 g Pistazien oder Pinienkerne (nach Belieben)*
*Prise Salz*
*Butter und Mehl für die Form*

Eine flache Form mit Butter ausstreichen, mit Mehl stauben. Ganze Eier mit einem Schneebesen oder Rührwerk schaumig schlagen, das mit Backpulver gut vermischte Mehl dazugeben. Öl, grob gehackte Oliven, kleinwürfelig geschnittenen Speck, geriebenen Montasio, grob gehackte Pistazien sowie eine Prise Salz einmengen. Alles gut verrühren, die Masse ca. 1,5 cm hoch in die Form einfüllen und glatt streichen. Im auf 180 °C vorgeheizten Backrohr etwa 35 Minuten backen, aus der Form stürzen und etwas überkühlen lassen. Noch lauwarm in Karos oder Würfel schneiden.

- Backrohrtemperatur: 180 °C
- Backdauer: ca. 35 Minuten, je nach Größe der Form

# Kokos-Chickenballs

Zutaten für
ca. 25–30 Bällchen

*400 g Hühnerkeulen, enthäutet und ausgelöst*
*5 cl Schlagobers*
*20 g Ingwer, eingelegt*
*etwas Chilischote, frisch und gehackt (oder getrocknet und gemahlen)*
*1 EL Koriandergrün, gehackt*
*20 g Rosinen*
*30 g Erdnüsse, gehackt*
*1 TL Currypulver*
*1 EL Kokosraspel*
*50 g Butter*
*1 EL Semmelbrösel, 1 Ei*
*1 TL Sojasauce, Salz*
*Pfeffer, frisch gemahlen*
*Öl zum Herausbacken*

Kokosraspel in Obers aufkochen, kalt stellen. Hühnerkeulen fein faschieren und mit der Kokosmasse vermengen. Verschlagenes Ei, Semmelbrösel, gehackte Erdnüsse, zerkleinerten Ingwer, Rosinen, Sojasauce, Gewürze und geschmolzene bzw. lippenwarme Butter unterrühren. Masse einige Stunden gut kühlen. Mit feuchten Händen etwa 20–30 g schwere Bällchen formen und diese in ausreichend viel, nicht zu heißem Öl schwimmend backen, herausheben und auf Küchenkrepp gut abtropfen lassen.

- Öltemperatur: 140 °C
- Backdauer: ca. 4 Minuten
- Beilagenempfehlung: asiatische Dip-Saucen
- Tipps: Schlagen Sie die Hälfte der Bällchen vor dem Frittieren in Wan-Tan-Teigblätter (in Asia-Shops erhältlich) ein und formen diese zu kleinen Säckchen. Anstelle von Huhn kann auch durchzogenes Schweine- oder Lammfleisch sowie »Gemischtes Faschiertes« verwendet werden.

# Pikantes Olivenkonfekt

Zutaten für 12 Stück

*12 Oliven (schwarz oder grün), möglichst groß und entkernt*
*6 Scheiben Rohschinken (Prosciutto crudo), dünn geschnitten*
*150–200 g Blätterteig (auch Fertigprodukt möglich, Gewicht richtet sich nach der Größe der Oliven)*
*1 Eidotter zum Bestreichen*

Die Schinkenblätter halbieren und jede einzelne Olive damit umwickeln. Den Blätterteig messerrückendünn ausrollen, in Quadrate schneiden, die Oliven damit kugelförmig umhüllen, gut verschließen und den überschüssigen Teig entfernen. Konfekt mit der »Teignaht« nach unten auf ein Tablett legen, mit Eidotter bestreichen und für 10 Minuten in den Kühlschrank stellen. Auf ein mit Trennpapier belegtes Backblech setzen und ca. 10–12 Minuten im auf 180 °C vorgeheizten Backrohr backen. Heiß auf eine mit Spitzenpapier belegte Platte auftragen oder in Konfektkapseln setzen.

- Backrohrtemperatur: 180 °C Umluft
- Backdauer: 10–12 Minuten
- Tipps: Im Delikatessenhandel werden große Oliven mit diversen Füllungen (etwa Ziegenkäse) angeboten, wodurch sich bei diesem Amuse-Gueule eine Vielfalt an neuen Geschmackskomponenten ergibt. Der Happen kann bereits am Vortag vorbereitet und erst bei Bedarf gebacken werden.

## Frittierte Käsebällchen

Zutaten für 12 Bällchen

*80 g Provolone (oder Butterkäse), gerieben*
*30 g Parmesan, gerieben*
*12 Oliven, groß, schwarz, entkernt*
*6 Scheiben Parmaschinken (ersatzweise anderer Rohschinken), hauchdünn geschnitten*
*100 g Rundkornreis, gekocht (oder gedünstet)*
*1 Ei*
*Muskatnuss*
*Pfeffer, weiß, frisch gemahlen*

*Für die Panier:*
*Mehl, glatt*
*1–2 Eier, verschlagen*
*Mandeln, gehobelt (oder gestiftelt), zum Wälzen*
*Öl zum Backen*
*Salz*

Reis, Provolone, Parmesan und Ei zu einer gut formbaren Masse verarbeiten, mit Muskatnuss und Pfeffer würzen. Schinkenblätter teilen und je eine Olive damit umhüllen. Reismasse in 12 Kugeln teilen, diese flach drücken, die umhüllten Oliven jeweils in die Mitte setzen und daraus möglichst runde, knödelähnliche Bällchen formen. Für etwa 10 Minuten in den Kühlschrank geben und anstocken lassen, dann in Mehl, Ei und Mandeln panieren. In einer tiefen Pfanne ausreichend viel Öl erhitzen und die Käsebällchen darin schwimmend goldgelb backen. Herausheben, auf Küchenkrepp abtropfen lassen, leicht mit Salz bestreuen und noch heiß – am besten in Papiermanschetten – servieren.

- Öltemperatur: 180 °C
- Backdauer: ca. 4–5 Minuten
- Beilagenempfehlung: kalte Kräutersauce, Kräuterjoghurt
- Tipp: Durch das Hinzufügen etwa von Trockentomaten, Basilikum, Safran, Pinienkernen etc. lassen sich die unterschiedlichsten Geschmackseffekte erzielen.

# Beefröllchen mit Ziegenkäse

Zutaten

*200 g Rindsfilet-Mittelstück, zugeputzt*
*130 g Ziegenfrischkäse*
*40 g Butter*
*30 g Pinienkerne, geröstet, grob gehackt*
*1 EL Basilikumblätter, in Streifen geschnitten*
*Salz, Pfeffer, schwarz, aus der Mühle*
*Öl zum Einstreichen*
*Cracker (oder Toastscheiben), zum Anrichten, mit Butter bestrichen*

Rindsfilet in dünne Scheiben schneiden, mit Klarsichtfolie bedecken und mit einem Plattiereisen (Fleischklopfer) vorsichtig gleichmäßig plan klopfen. Folie wieder abziehen. Ziegenfrischkäse und Butter im Mixer zu einer cremigen Masse verarbeiten, Basilikum, Pinienkerne, Salz und Pfeffer einmengen. Filetstücke dicht nebeneinander auflegen, mit Salz und Pfeffer würzen, die Käsemasse auftragen und die Roulade straff rollen. Rolle auf eine zart geölte Alufolie legen und die Enden unter Zug und Druck so zudrehen, dass die Rolle ganz geglättet und prall erscheint. Einige Stunden gut durchkühlen, aus der Folie nehmen und in ca. ½ cm dicke Scheiben schneiden. Vor dem Servieren Cracker oder kleine Toastscheiben in der Größe der Scheiben mit Butter bestreichen und die Röllchen darauf legen. Die Röllchen können auch auf einer Gabel oder Löffelspitze platziert als Löffel-Amuse-Gueule gereicht werden.

■ Tipp: In Kombination mit Rucola, Balsamico-Essig, Salz und Olivenöl eignen sich diese Röllchen auch hervorragend als eigenständige Vorspeise.

## *»Blinis sind wie die Sonne«*

*Blinis gelten nicht zu Unrecht als »russische Crostini« und sind ebenso vielseitig belegbar. Klassisch werden die feinen runden Germküchlein aus Buchweizen-, Roggen- oder Weizenmehl gemacht, aus Kartoffelteig (wie im folgenden Rezept) munden sie jedoch noch ein wenig herzhafter. Serviert werden Blinis meist noch warm mit Kaviar, Sauerrahm, Topfen, Lachs, Sardellen, Räucherfisch, Rohschinken – oder aber auch mit Pickles, eingelegten Früchten und Marmelade. In jedem Fall gilt heute noch, was der russische Dichter Alexander Krupin einst über die Blinis schrieb: »Sie sind rund, heiß und schön wie die herrliche Sonne und ein Symbol für schöne Tage, gute Ernte, glückliche Ehen und gesunde Kinder.«*

## Lachs-Kartoffelblinis

Zutaten für 12 Plätzchen

*160 g Kartoffeln, geschält und gekocht, noch heiß*
*2 Eier*
*15 g Butter*
*Messerspitze Backpulver*
*Salz*
*Muskatnuss, gemahlen*
*Öl (oder Butterschmalz), zum Backen*

*Für den Belag:*
*100 g Räucherlachs*
*3 EL Sauerrahm*
*1 EL Zwiebeln, fein geschnitten*
*etwas geriebener Kren*
*Salz*
*Dillsträußchen zum Garnieren*

Räucherlachs in kleine Würfel oder Streifen schneiden, mit Sauerrahm, gehackten Zwiebeln und Kren vermengen und salzen. Gut ausgedampfte, heiße Kartoffeln fein passieren, Butter einrühren, mit Eiern, Salz, Muskatnuss und Backpulver vermengen. Wenig Fett in einer flachen Antihaft-Pfanne erhitzen, mit einem Suppenlöffel 12 kleine Plätzchen einsetzen, langsam anbacken, wenden, goldbraun fertig backen. Die Plätzchen mit Küchenkrepp abtupfen, auf eine Platte legen, obenauf etwas Lachsrahm gruppieren, mit Dillsträußchen garnieren und noch warm auftragen.

- Backdauer: ca. 4–5 Minuten
- Tipp: Statt Lachsrahm kann selbstverständlich auch Malossol-, Keta- oder Forellenkaviar mit etwas Rahm vermengt werden.

## Speckpflaumen »asiatisch«

Zutaten für 20 Stück

*20 Dörrpflaumen, entkernt*
*20 Scheiben Frühstücksspeck*
*Currypulver*
*Wasabikren (scharfe, grüne Paste, im Asia-Shop erhältlich)*
*Zahnstocher, Öl zum Braten*

Jede Speckscheibe auf einer Seite mit Currypulver bestreuen und je nach gewünschter Schärfe mehr oder weniger kräftig mit Wasabikren bestreichen. Je eine Pflaume auf eine Speckscheibe legen, einrollen und mit einem Zahnstocher fixieren.
Wenig Öl in einer flachen Pfanne erhitzen, die Speckpflaumen rundum knusprig braten und heiß servieren.

- Bratdauer: ca. 3 Minuten
- Tipp: Für eine Grillparty kann man die Speckpflaumen abwechselnd mit Schweinsfiletscheiben auf größere Spieße reihen und dann grillen.

# Salzbiskuit-Roulade mit bunter Topfenfülle

Zutaten für ca. 25 Scheiben

*Für das Salzbiskuit:*
*2 Eiklar*
*2 Eidotter*
*50 g Mehl, glatt*
*1TL Öl*
*Prise Salz*

*Für die Creme:*
*120 g Topfen, 20 %, passiert*
*1/8 l Schlagobers, 1/2 Gelatineblatt*
*100 g Paprikaschoten, gelb, grün, rot, klein gewürfelt*
*2 EL Schnittlauch, geschnitten*
*Salz, Pfeffer, weiß, aus der Mühle*

Eiklar mit Salz zu festem Schnee schlagen. Dotter einrühren, Mehl vorsichtig unterheben, Öl einmengen. Masse auf ein mit Trennpapier ausgelegtes Backblech ca. 6 mm dick aufstreichen. Im vorgeheizten Backrohr bei 240 °C 8 Minuten backen, anschließend auf ein Stück Trennpapier stürzen und Backpapier abziehen. Das Biskuit ohne Druck einrollen und sofort wieder aufrollen. Für die Creme Gelatine in kaltem Wasser einweichen, abtropfen lassen, lau schmelzen und unter den nicht zu kalten Topfen rühren. Geschlagenes Obers unterheben, Paprikawürfel und Schnittlauch einmengen, würzen. Creme auf das Biskuit streichen, einrollen und im Kühlschrank einige Stunden durchkühlen.

- Backrohrtemperatur: 240 °C
- Backdauer: 8 Minuten

# Sushi, Sashimi, Wasabi & Co.

## Die japanische Herausforderung

*Gewiss: Japanische Sushi-Köche absolvieren oft jahrelange Lehrzeiten, damit ihnen bei Rohfisch, Algen und Klebreis der »goldene Schnitt« gelingt. Mit etwas Courage gelingt's aber auch zu Hause.*

## Keine Angst vor rohem Fisch!

Da in der japanischen Küche, mehr als etwa in der chinesischen, das Gebot des Eigengeschmacks vor jede andere Küchenmaxime gestellt wird, essen die Japaner viele Zutaten – auch und gerade Fische und Meeresfrüchte – gerne in rohem Zustand. Das bedingt nicht nur absolute Frische, sondern vor allem auch eine Möglichkeit, die Mahlzeit dezent, gesund und doch auch schmackhaft zu würzen. Was Frische betrifft, setzen Japaner dabei allerdings noch wesentlich höhere Standards als Europäer und wollen ihre kalten Delikatessen in maximal 48 Stunden nach dem Fang auf dem Teller sehen. Was die Würzung betrifft, so wollen sie ihre Sushi und Sashimi meist mit Wasabi (Meerrettichsenf) verrührter Sojasauce sowie mit etwas eingelegtem Ingwer und Gari (eingelegte Ingwerwurzel) serviert bekommen.
In jedem Fall sollte man den Fisch für »Sushi & Sashimi« daheim daher nur bei einem Fischhändler seines Vertrauens kaufen und im Zweifelsfall lieber frisch aufgetaute Tiefkühlware als überlagerte »Frischware« verwenden. Dann steht einem ungetrübten Genuss dieser zuträglichen Köstlichkeiten nichts mehr im Wege. Denn dass die Japaner zu den gesündesten Völkern der Welt zählen, wird mit Recht ihrer Vorliebe für rohen Fisch, allem voran für Lachs und Thunfisch, zugeschrieben.

## Sushi wie vom Profi

Gewiss gehört einige Übung dazu, um die Techniken der Sushi-Küche zu erlernen. Andererseits muss ja nicht jedes »handgeschnitzte Sushi« gleich ein Kunstwerk sein. Das Wichtigste ist: Nehmen Sie sich zur Vorbereitung Ihrer Sushi und Sashimi Zeit und statten Sie sich mit den *wichtigsten Gerätschaften und Zutaten* aus, die Sie in jedem Asia-Shop erhalten:

- *Bambusmatte* (Maki-Su) zum Rollen der Maki-Sushi
- erstklassige *Messer* aus Keramik oder Edelstahl zum Filetieren der Fischfilets und zum Gemüseschneiden

## Hoso-Maki

*1. Noriblatt auf einer Bambusmatte aufbreiten, mit in Essigwasser getauchten Fingern gekochten, kalten Reis 1 cm dick auftragen und andrücken, mit Wasabipaste dünn bestreichen.*

*2. Streifen von rohem Fisch und/oder Gemüse in die Mitte legen, dabei an den Längsseiten jeweils 1 cm freihalten.*

*3. Das belegte Noriblatt mit Hilfe der darunter liegenden Bambusmatte einrollen, so dass eine vom Noriblatt völlig umhüllte Rolle entsteht.*

*4. Rolle fest zusammenpressen, von Bambusmatte heben, 10 Min. rasten lassen und mit einem nassen Messer in 2–3 cm lange Scheiben schneiden.*

## Futo-Maki

*1. Noriblatt auf einer Bambusmatte aufbreiten, mit in Essigwasser getauchten Fingern gekochten, kalten Reis ca. 1 cm dick auftragen und andrücken. Mit geröstetem Sesam bestreuen, Noriblatt so darauf legen, dass der Reisfläche frei bleibt.*

*2. Streifen von Lachs, Krabbenfleisch, Gurke, Avocado, Kürbis etc. auf das obere, kleinere Noriblatt legen. (Die Zutaten des Belages können beliebig gewählt werden, sollen sich aber farblich stark voneinander unterscheiden.)*

*3. Belegte Noriblätter mit darunter liegender Bambusmatte straff einrollen. Rolle fest zusammenpressen, von der Bambusmatte heben und 10 Min. rasten lassen.*

*4. Die Rolle nochmals mit den Händen andrücken und mit einem nassen Messer in etwa 2–3 cm dicke Scheiben schneiden.*

- *Noriblätter* (papierähnliche Blätter aus getrocknetem, zerkleinerten Purpurtang) zum Umhüllen von Maki-Sushi und Gunkan-Maki
- *Sushi-Reis* (ist in Konsistenz und Geschmack unverwechselbar, kann aber notfalls auch durch Rundkornreis, nicht aber durch Langkornreis ersetzt werden)
- *Mizukan-Essig* (kann notfalls durch Bier- oder Apfelessig ersetzt werden)
- *Fischfilets und ausgelöste Schaltiere* allererster Güte (Lachs, Thunfisch, Makrele, Butterfisch, Schwertfisch, Heilbutt, Garnelen, Surimi etc.)
- *Streifen von geschältem Gemüse* wie Frischgurken, Frühlingszwiebeln, Avocados, aber auch Eistich u.ä. für vegetarische Füllungen
- *Zutaten* wie Wasabipaste, Sojasauce und Gari-Ingwer

Ob Sie ein Sushi-Essen als Abwechslung am Familientisch oder gleich eine ganze Sushi-Party gestalten wollen, hängt von Ihrer Courage und Geschicklichkeit ab. Eine besonders hübsche Idee ist es auch, die vorgeschnittenen Fische und den gekochten Reis wie auf einem Buffet anzurichten und das Rollen und Füllen der Sushi jedem Teilnehmer selbst zu überlassen. Der Fantasie und diversen Experimenten (etwa auch der Verwendung von Avocados, Rohkostgemüse oder Räucherfisch) sind dabei Tür und Tor geöffnet. Hauptsache, es gefällt und schmeckt.

## Sushi-Reis

Zutaten

*2 dl Sushi-Reis*
*3 dl Wasser*
*4 EL Mizukan-Essig (ersatzweise Apfel- oder Bieressig)*
*1 TL Zucker*
*1 ½ TL Salz*

Reis so lange mit kaltem Wasser waschen, bis das Wasser klar erscheint. Abtropfen und 1 Stunde quellen lassen. Reis mit Wasser in einem Topf zustellen, zudecken, aufkochen, 2 Minuten kochen lassen, Hitze reduzieren und etwa 15 Minuten bei geringer Hitze dünsten. (Am problemlosesten im auf 130 °C temperierten Backrohr oder in einem in Asia-Shops erhältlichen Sushi-Reis-Kocher.) Essig, Zucker und Salz leicht erwärmen, mit einer Holzspachtel vorsichtig unter den Reis mengen. (Nach Originalrezept wird der Reis in ein flaches Holzgeschirr gegeben und mit Hilfe einer japanischen Holzspachtel die Essigmarinade nicht eingerührt, sondern mit schneidenden Bewegungen eingemengt.) Mit einem feuchten Tuch abdecken und bei Zimmertemperatur langsam abkühlen lassen. Aus dem überkühlten Reis mit in Essigwasser getauchten Fingern kleine, längliche Reisbällchen formen und anschließend beliebig mit frischem Fisch, Surimi oder rohem Gemüse belegen.

WICHTIG: Vor dem Andrücken der Fische oder Garnelen an den Reis wird der Fisch/Garnelen leicht mit Wasabi (Vorsicht: scharf!) bestrichen. Wenn Sie für Maki-Sushi keine Fisch-, sondern eine Gemüsefüllung vorgesehen haben, so bestreut man den Reis statt dessen mit geröstetem Sesam. In kleinen Schüsselchen etwas Sojasauce mit beliebig viel Wasabipaste vermengen und die Sushi vor jedem Bissen kurz darin eintauchen.

- BACKROHRTEMPERATUR: 130 °C
- KOCHDAUER: ca. 20 Minuten
- TIPP: In Asia-Shops sind auch Sushi-Reis-Würzmischungen erhältlich, die einfach unter den fertig gegarten, ungewürzten Reis gemengt werden.

## SO BEREITEN SIE FISCH UND GARNELEN FÜR SUSHI VOR:

- *Garnelenschwänze* werden zunächst auf Spießchen gefädelt, damit sie sich nicht verformen, und dann kurz gekocht oder gedämpft. Anschließend schneidet man die Garnele der Länge nach so durch, dass man sie aufklappen kann (Schmetterlingsschnitt), und entfernt den Darm.
- Von den diversen *Fischfilets* werden für Sushi und Sashimi nur die Mittelstücke verarbeitet. Die Bauchlappen und Schwanzstücke legt man beiseite und verwendet sie für andere Fischgerichte (z.B. Fischsuppen, Fischragouts etc.). Die sorgfältig entgräteten Fischmittelstücke werden nunmehr mit einem befeuchteten Messer in gleichmäßige, der Größe der vorbereiteten Reisbällchen entsprechende Scheibchen von ca. 3–5 mm Dicke geschnitten. Sashimi können bei Bedarf auch noch etwas dicker geschnitten werden.

# Nigiri-Sushi

So bezeichnet man alle handgeformten Sushi. Die länglichen Reisbällchen werden dabei mit einem Belag aus dünn geschnittenem Fischfilet wie Lachs, Thunfisch, Heilbutt, Butterfisch, Makrele, Oktopus, Garnelen, Abalone (Seeohrschnecken), Surimi, Eistich oder Gemüse zubereitet.

Nigiri-Sushi

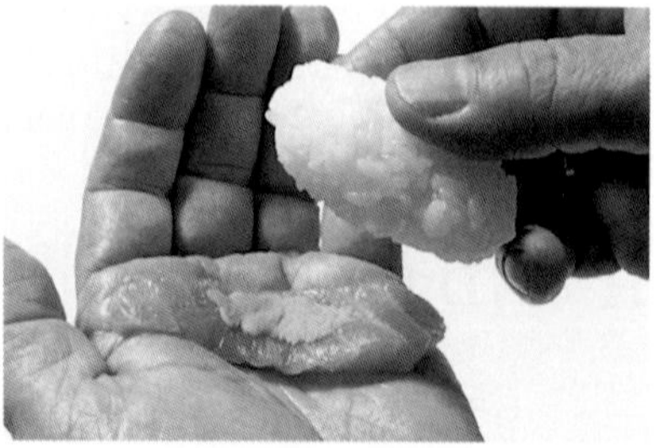

*1. Ein der Größe des Reisbällchens entsprechendes Fischfilet bzw. Gemüsescheibchen in die gewölbte Innenhand legen, etwas Wasabipaste darauf streichen, Reisbällchen darauf legen, mit dem Zeigefinger anpressen und so zu den Fingern rollen, dass der Belag obenauf zu liegen kommt.*

*2. Das Nigiri-Sushi nochmals nachformen und anschließend mit einem feuchten Tuch abdecken.*

Technik

- Eine Schüssel mit Essigwasser zum Befeuchten der Hände bereitstellen.
- Sushi-Reis mit wasserbenetzten Handflächen zu länglichen, krokettenartigen Bällchen formen.
- Ein der Größe des Reisbällchens entsprechendes Fischfilet- bzw. Gemüsescheibchen in die linke gewölbte Innenhand legen, etwas Wasabipaste darauf streichen, das Reisbällchen darauf legen, mit dem Zeigefinger anpressen und so zu den Fingern rollen, dass der Belag obenauf zu liegen kommt. Dann nochmals so anpressen, dass das Sushi die typische Form erhält.
- Die Nigiri-Sushi mit einem feuchtem Tuch abdecken, um ein Austrocknen zu vermeiden, und nicht zu lange stehen lassen.

# Maki-Sushi

So bezeichnet man eine in Nori (Algenblätter) eingehüllte und verschiedenartig gefüllte Reisrolle, die nach dem Abdrehen in gleichmäßige Stücke geschnitten wird. Der Rollvorgang erfolgt mit Hilfe einer Bambusmatte (Maki-Su). Kleinere Rollen werden Hoso-Maki, größere Rollen Futo-Maki genannt.

Technik
- Eine Schüssel mit Essigwasser zum Befeuchten der Hände bereitstellen.
- Bambusmatte aufbreiten und mit einem der gewünschten Größe entsprechenden Noriblatt belegen.
- Vorbereiteten Sushi-Reis mit nassen Fingern etwa 1 cm dick auftragen, mit Wasabipaste dünn bestreichen.
- Die gewünschte Füllung (Gemüse oder Fisch oder beides kombiniert) in der Mitte einlegen. Dabei an den Längsseiten jeweils etwa 1 cm freihalten.
- Die Ränder des Noriblattes übereinander legen und mit Hilfe der Bambusmatte einrollen, bis das Noriblatt den Reis völlig umhüllt.
- Die Maki-Sushi ca. 10 Minuten rasten lassen.
- Die Bambusmatte abnehmen, die Rolle noch einmal fassonieren, halbieren und mit einem nassem Messer in ca. 2–3 cm lange Scheiben schneiden.

Tipp: Wenn keine Bambusmatte zur Verfügung steht, kann man dieselbe auch durch ein trockenes Küchentuch ersetzen.

## Gunkan-Maki

So bezeichnen die Japaner kleine, zylinderähnliche Reisbällchen, die zunächst mit Nori (getrocknete Algenblätter) umwickelt, obenauf mit Fischrogen belegt und stehend serviert werden. Beim Fischrogen handelt es sich zumeist um Ketakaviar (Lachskaviar). Es können aber auch andere Fischeier (Dorsch, Forelle, Saibling etc.) verwendet werden.

Technik
- Eine Schüssel mit Essigwasser zum Befeuchten der Hände bereitstellen.
- Sushi-Reis mit benetzten Handflächen zu kleinen, zylinderförmigen Reisbällchen formen.
- Reisbällchen in einen Noriblatt-Streifen hüllen, der etwas größer als das Reisstück ist, damit Platz bleibt, um oben den Kaviar einzufüllen.

## Sashimi

Darunter versteht man einen gehäuteten, filetierten, entgräteten, von allen fleckigen Stellen befreiten und in rechteckige Scheiben von ca. 5–8 mm Dicke geschnittenen Rohfisch. Sashimi werden mit Sojasauce, Wasabipaste und meist auch mit geschnitztem Gemüse (z. B. Karottenstrunk in Blütenform, hauchdünn geraffelter Rettich etc.) serviert und ohne jede weitere Beilage gegessen. Der dekorativen Fantasie sind dabei keinerlei Grenzen gesetzt.

# Kleines Sushi & Sahsimi-ABC

Daikon

Weißer Rettich dient, kunstvoll klein geschnitten, vor allem als erfrischende, geschmackvolle Beilage zu Sashimi und Sushi.

Gari

Die eingelegte Ingwerwurzel ist eine besonders beliebte Beilage zu Sushi und Sashimi.

Goma

Sesamkörner werden in Japan in schwarzer, brauner und weißer Farbe hergestellt und vorzugsweise für Saucen und Dressings, aber auch zum Würzen von Sushi verwendet.

Hotategai

Die Jakobsmuschel wird wegen ihres delikaten Fleisches auch in Japan geschätzt und roh als Sashimi gegessen.

Ika

Die Japaner verwenden von den zahlreichen Tintenfischarten am liebsten den Surume-Ika mit seinem 20–30 cm langen Rumpf, der sowohl für Sashimi verwendet als auch anderweitig verarbeitet und u.a. auch eingelegt werden kann.

Katsuo

Der Blaufisch oder Bonito ist ein stromlinienförmiger Fisch mit schwarzen Streifen, der sehr fettarm, aber dennoch äußerst wohlschmeckend ist.

Kome

Japanischer Reis ist kurzkörnig und wird durch Kochen weich und ziemlich klebrig, wodurch er sich nicht nur hervorragend zum Essen mit Stäbchen, sondern auch ideal zum Rollen von Sushi eignet.

Maguro

Unter den zahlreichen Thunfischarten liebt der japanische Genießer am meisten den nach einer schwarz-blauen Linie auf dem Fischrücken benannten Kuromaguro, den so genannten »Schwarzen Thunfisch«, der fast ausschließlich roh gegessen wird. Das delikateste Fleisch dieses Thunfisches liegt im Magenbereich und wird auf japanisch Toro genannt.

Maki-Sushi

In Noriblätter gehüllte kalte Reisbällchen, die je nach Belieben mit rohem Fisch, Garnelen, diversen Gemüsesorten (Gurke, Avocado etc.) gefüllt und dann eingerollt werden.

Nori

Die beliebteste Form des essbaren Meeresgemüses wird geröstet in schwarzgrünen, pergamentartig anmutenden Blättern geliefert und ist – bissfest und »crispy«, aber mit leicht süßlichem Geschmack – die klassische Sushi-Hülle schlechthin. Klein geschnitten kann man Nori auch als Würzmittel für

Reis-, Nudel- und Salatgerichte verwenden. Unter allen Algen gilt Nori als ernährungsphysiologisch am wertvollsten.

Saba

Die Makrele ist ein fetter, aber beliebter Fisch, der (vor allem in Form von Sashimi) schnell verzehrt werden sollte, da er sich nicht lange frisch hält.

Sake

Bedeutet auf Japanisch nicht nur Reiswein, sondern auch Lachs. Die Japaner ziehen (wie übrigens auch die Nordländer) jenen Lachs vor, der gerade flussaufwärts wandert, da sein Fettgehalt dann niedriger ist als im offenen Meer. Als Spezialität – vor allem für die Zubereitung von Gunkan-Maki – gilt auch der Ikura oder Sujiko genannte Lachskaviar (= Ketakaviar).

Sashimi

Kleine Scheiben von rohem Fisch erster Qualität (Thunfisch, Lachs, Butterfisch etc.), die vor jedem Bissen in mit Wasabi gewürzter Sojasauce getunkt werden.

Shoga

Frischer Ingwer ist in Japan nicht nur als Gewürz beliebt, sondern auch als Beilage ein Leitmotiv jeglicher Kochkunst. Zu Fischen werden auch gerne Ha-Shoga (marinierte Ingwersprossen) gereicht.

Shoyu

Japanischer Name für Sojasauce, die vor allem in zwei Sorten – normalfarbig (Koi-Kuchi-Shoyu) und leicht gefärbt (Usu-Kuchi-Shoyu) – verwendet wird.

Su

Der japanische Essig mit 3–5 Prozent Essigsäure wird meist aus Reishefe hergestellt und vor allem für Sushi-Reis, zum Würzen von Sunomonogerichten und zum Einlegen von Gemüse verwendet.

Surimi

»Gewaschene Fischmasse«, die aus Fisch- und Krebsfleisch zu kleinen Stangen gepresst wird und vor allem in der japanischen Sushi-Küche eine große Rolle spielt.

Sushi

Kalte, kleine, längliche Reisbällchen, die mit unterschiedlichen Rohfischen erster Qualität, Garnelen, Eistich, Surimi oder knackigem Gemüse belegt und teils in Noriblätter gehüllt werden.

Wasabi

Die grüne, beißend scharfe Zutat für Sushi und Sashimi wird entweder mit der Sojasauce vermischt oder direkt auf die Happen aufgetragen. Sie ist sowohl als Paste als auch als Pulver erhältlich.

# Tunken macht Spass

## Die besten Tipps für schnelle Dips

*Lassen Sie Ihrem Spieltrieb freien Lauf! Dips und kalte Saucen – machen jede Party bunter und sind daher auch die erklärten Lieblinge der kulinarischen Spaßgesellschaft.*

## Aïoli

Zutaten

*1 Eidotter*
*1/8 l Olivenöl*
*2 Knoblauchzehen, gepresst*
*1 Scheibe Weißbrot, entrindet*
*etwas Dijonsenf*
*Salz*
*Essig*
*Pfeffer, frisch gemahlen*
*Essigwasser zum Verdünnen*

Weißbrot in Wasser weichen und leicht ausdrücken. Eidotter, Senf, Essig, Knoblauch, etwa 2 EL Essigwasser und geweichtes Weißbrot mit dem Mixstab zu einer Paste verarbeiten. Zuerst tropfenweise, dann mit dünnem Strahl das zimmertemperierte Öl einfließen lassen und mit dem Mixstab zu einer breiigen Masse verarbeiten. Mit Salz und Pfeffer abschmecken.

■ Tipp: Steht wenig Zeit zur Verfügung, so lässt sich Aïoli auch aus verdünnter Fertigmayonnaise zubereiten: Mit Eidotter verrühren, etwas Olivenöl untermengen und abschließend mit Knoblauch und Dijonsenf würzen.

### *»Die Königin der Dipsaucen«*

*Die wohl berühmteste aller kalten Saucen wurde, wie es heißt, von Kardinal Richelieus Küchenmeister im Jahre 1636 zur Erinnerung an die glorreich geschlagene Schlacht bei Mahon erstmals gerührt. In Wahrheit ist die Verbindung von Ei und Öl jedoch viel älter und bis heute eine der Grundtechniken jeder feinen Küche. Wer sich seine Mayonnaise selbst rührt, hat nämlich die Möglichkeit, durch die Wahl von hochwertigem Öl auch die Qualität der Mayonnaise zu beeinflussen. Probieren Sie ruhig einmal, Ihre Mayonnaise mit Kürbiskernöl, Olivenöl extra vergine, Sesamöl oder anderen Spezialölen zuzubereiten. Wichtig ist in jedem Fall: Das Öl muss zimmertemperiert sein und darf nur ganz langsam eingerührt werden, da die Mayonnaise sonst nicht richtig emulgiert.*

## Mayonnaise klassisch

Zutaten für ca. 1/3 Liter

*2 Eidotter*
*1/4 l Öl (im Normalfall neutrales Pflanzenöl)*
*1 KL Estragonsenf*
*etwas Zitronensaft (oder Essig)*
*Salz, Prise Zucker*
*Spritzer Worcestershiresauce*
*Pfeffer, weiß, frisch gemahlen*

Eidotter, Senf, Zitronensaft, Salz und Pfeffer mit dem Mixer (Rührwerk) oder Schneebesen glatt rühren. Unter ständigem Rühren das zimmertemperierte Öl tropfenweise einfließen lassen. Bindet die Mayonnaise, kann der Ölfluss erhöht werden. Die Mayonnaise abschließend pikant abschmecken.

▪ Tipps: Gerinnt Mayonnaise (zu kaltes Öl, zu rascher Ölfluss), so rührt man diese in ganz kleinen Mengen nach und nach in ein neues Eidotter, das man zuvor mit einem Spritzer Essig vermengt hat. Oft genügt aber das Unterrühren von etwas heißem Wasser, um die Mayonnaise zu retten.
Je nach Verwendungszweck kann die Mayonnaise mit Essigwasser (unter Rühren langsam einfließen lassen) verdünnt, oder mit Sauerrahm, Joghurt oder halb ausgeschlagenem Schlagobers luftig-locker gemacht werden.
Nicht ganz so kalorienreich gerät Mayonnaise durch die Zugabe einer Mehl-Essigwasser-Mischung. Man vermengt 20 g glattes Mehl mit 1/8 l kaltem Essigwasser und rührt diese Mischung knotenfrei mit dem Schneebesen unter 1/8 l kochendes Salzwasser. Etwa 3 Minuten kochen, dann erkalten lassen. Beliebige Menge davon kalt unter die Mayonnaise rühren.

## Asiatischer Orangen-Dip

Zutaten für ca. 2 dl

*2 dl Orangensaft*
*1/2 TL Orangenschale, ohne Weißes*
*1 EL Ingwer, eingelegt*
*1 EL Sesam, hell*
*10 g Maizena*
*etwas rote Chilischote, sehr fein gehackt*
*etwas Koriandergrün, gehackt*

1 EL Orangensaft mit Maizena anrühren. Orangenschale fein schneiden, mit Orangensaft aufkochen, Maizena zügig einrühren, aufkochen und erkalten lassen. Sesam in einer Pfanne ohne Fettzugabe rösten, Ingwer fein hacken, alles mit gehacktem Chili und Koriander unter die Orangensauce rühren.

▪ Verwendung: zu Tempura, Fleisch- oder Fischfondue
▪ Tipp: Etwas fein geschnittenes Zitronengras verleiht diesem exotischen Dip ein ganz besonderes Aroma.

## Kürbiskern-Dip

Zutaten

*1 Eidotter*
*1/8 l Kürbiskernöl*
*3 EL Kürbiskerne*
*Apfelessig*
*Salz, Pfeffer, frisch gemahlen*
*1 EL Estragonsenf*
*2 EL Essigwasser zum Verdünnen*
*Öl zum Rösten*

Eidotter, Senf, Apfelessig, Salz, Pfeffer und 1 EL lauwarmes Wasser glatt rühren. Unter ständigem Rühren (Mixen) zuerst tropfenweise, dann mit stärkerem Ölfluss das zimmertemperierte Kürbiskernöl einfließen lassen. Mit Essigwasser auf die gewünschte Konsistenz verdünnen. Kürbiskerne in heißem Öl rösten, hacken und dem Dip beigeben.

- Verwendung: zum Tunken von gebackenen Hühnerflügerln, gebackenen Jungzwiebeln, kleinen Kroketten etc.
- Tipp: Zur Saison kann auch gehacktes Kürbisfleisch, das kurz mit Zwiebeln knackig geröstet wurde, dazugegeben werden.

## Sardellen-Oliven-Dip

Zutaten

*1 Eidotter*
*1/8 l Olivenöl*
*2 EL Schlagobers, halb ausgeschlagen*
*2 Sardellenfilets*
*3 Oliven, schwarz, entkernt*
*Apfelessig*
*Salz, Pfeffer, frisch gemahlen*
*Dijonsenf*
*3 EL Essigwasser zum Verdünnen*

Eidotter mit Senf, Apfelessig, ganz wenig Salz, Pfeffer und 1 EL lauwarmen Wasser glatt rühren. Zimmertemperiertes Olivenöl unter ständigem Rühren (Mixen) zuerst tropfenweise, dann forcierter einfließen lassen.
Schlagobers unterheben, mit etwas Essigwasser auf die gewünschte Konsistenz regulieren. Abschließend Oliven und Sardellen fein hacken und unter den Dip mengen.

- Verwendung: zu Fisch, Garnelen, gegrilltem Fleisch, Lammwürstchen oder Fondue

# Estragon-Tomaten-Dip

Zutaten

*150 g Mayonnaise*
*2 EL Sauerrahm*
*2 EL Schlagobers, geschlagen*
*1 EL Estragonspitzen*
*150 g Tomaten, geschält, entkernt*
*4 EL mit Wasser verdünnter Estragonessig*
*Salz, Pfeffer*

Mayonnaise mit Sauerrahm knotenfrei verrühren, Konsistenz mit Essigwasser korrigieren und geschlagenes Obers unterheben. Die geschälten Tomaten in sehr feine Würfel schneiden. Tomatenwürfel mit Estragonspitzen einmengen und abschließend würzen.

■ Verwendung: Eignet sich hervorragend zum Tunken von Fischtempura und Garnelen.

# Basilikum-Dip

Zutaten

*1 Eidotter*
*1/8 l Olivenöl*
*2 EL Basilikum, grob gehackt*
*1 EL Trockentomaten, sehr fein gehackt*
*1 EL Parmesan, gerieben*
*2 EL Schlagobers, halb ausgeschlagen*
*Apfelessig*
*Salz, Pfeffer, frisch gemahlen*
*Dijonsenf*
*Essigwasser zum Verdünnen bei Bedarf*

Eidotter mit Senf, Apfelessig, Pfeffer und 1 EL lauwarmen Wasser glatt rühren. Zimmertemperiertes Olivenöl unter ständigem Rühren (Mixen) zuerst tropfenweise, dann stärker einfließen lassen. Obers unterheben, mit Essigwasser auf die gewünschte Konsistenz korrigieren. Basilikum, Parmesan und Trockentomaten unter den Dip mengen und abschließend abschmecken.

# Hot-Chili-Dip

Zutaten

*150 g Mayonnaise*
*2 EL Hot Ketchup*
*2 EL Schlagobers, halb ausgeschlagen*
*1 TL Ingwerwurzel, gerieben*
*1 EL Cognac (oder Weinbrand)*
*etwas Chili (Pfefferschote), entkernt, fein gehackt*
*2 EL Paprikaschote, rot, fein gehackt*
*2 EL Paprikaschote, grün, fein gehackt*
*etwas Wasabipaste (o. geriebener Kren)*
*Chilisauce, Salz*
*Pfeffer, frisch gemahlen*
*etwas Zitronensaft*
*4 EL Ananassaft (oder Obers), zum Verdünnen*

Mayonnaise mit Hot Ketchup, Cognac und Ananassaft glatt verrühren, auf die gewünschte Konsistenz verdünnen und Schlagobers unterheben. Wasabikren, etwas geriebene Ingwerwurzel, Paprikaschoten, Chili und Gewürze sowie Aromastoffe einrühren und abschließend rassig-scharf abschmecken.

■ Verwendung: für Chickenwings, gebackene Frühlingszwiebeln, Fish- oder Meatballs, Fondue oder Barbecue

# Ingwer-Dip

Zutaten

*150 g Mayonnaise*
*2 EL Schlagobers, halb ausgeschlagen*
*1 EL Ingwer, eingelegt*
*1 EL Sojasauce, süß (vorzugsweise Ketjap Manis)*
*1 EL Sesam, schwarz*
*ca. 4 EL mildes Essigwasser und etwas Ingwermarinade zum Verdünnen*

Eingelegten Ingwer fein hacken, Sesam in einer Pfanne trocken rösten (ohne Fettzugabe). Die Mayonnaise mit etwas Essigwasser und Sojasauce glatt verrühren, auf die gewünschte Konsistenz korrigieren und Schlagobers unterheben. Ingwer und Sesam einmengen.

■ Verwendung: Passt zu gebackenen Garnelen, Fishballs, gebackenem Spargel oder Fondue.

■ Tipp: Eingelegten Ingwer und süße Sojasauce (Ketjap Manis) erhält man in gut sortierten Asia-Shops.

## *»Diesmal muss es Caviar sein«*

*Warnung des Gesundheitsministers: Caviar (mit C geschrieben, denn nur dann ist von »echten« Störeiern die Rede) fällt zwar nicht unter das Drogengesetz, kann aber dennoch süchtig machen. Hier eine kleine Übersicht:*

BELUGA (blaue Verpackung) ist der größte und teuerste Fisch der Störfischfamilie. Er kommt äußerst selten vor, erreicht eine Länge von 4 m und ein Gewicht von einer Tonne oder mehr (wobei das Rogengewicht bis 15% des Fischgewichts betragen kann.). Die Rogenfarbe ist hell- bis dunkelgrau, mit ausgeprägter, besonders körniger Textur.
OSIETRA (gelbe Verpackung) ist ein mittelgroßer Fisch, der viel häufiger als der Beluga vorkommt. Er erreicht gewöhnlich eine Länge von bis zu 2 m und ein Gewicht bis zu 200 kg. Man erkennt den Caviar am besten an der dunkelbraunen bis gräulichen Farbe des Rogens, der oft auch einen feinen, goldenen Glanz aufweist und beim Verkosten leicht »nussig« schmeckt.
SEVRUGA (rote Verpackung) ist der kleinste Vertreter der Störfischfamilie. Er erreicht eine Länge von bis zu 1,5 m und sein Gewicht übersteigt kaum 25 kg. Der sichtlich kleiner gekörnte Sevruga-Rogen ist hell- bis dunkelgrau und mundet fein-aromatisch. Sevruga-Caviar ist der verbreitetste und preisgünstigste echte Caviar.
VERPACKUNG: Am besten mundet Caviar aus der 1,9-kg-Blechdose. Doch wer besitzt schon eine solche? Normalerweise wird Caviar daher in kleineren Blechdosen (die kleinste mit 28 g) abgefüllt und mit einem Gummiband luftdicht verschlossen. Nachteil dieser Verpackung: Der Caviar bleibt maximal zehn Tage wirklich frisch. Ist die Dose einmal angebrochen, hält sie sogar nur noch drei Tage. Caviar in Gläsern ist wesentlich länger haltbar. Da er zu diesem Zweck allerdings pasteurisiert wird, kann er in qualitativer Hinsicht mit frischem Caviar nicht ganz mithalten.

# CAVIAR-DIP

ZUTATEN
*1/8 l Sauerrahm*
*2 EL Schlagobers, halb ausgeschlagen*
*1 EL Caviar (oder mehr)*
*1 Ei, hart gekocht*
*½ TL Kapern, fein gehackt*
*1 EL Zwiebeln, weiß, fein gehackt*
*Salz, Pfeffer, weiß, frisch gemahlen*
*Prise Zucker*

Sauerrahm glatt rühren und Schlagobers unterheben. Fein gehackte Zwiebeln und Kapern, dann fein gehacktes Ei (oder nur Eiweiß) einmengen und alles mit Salz, Pfeffer und Zucker würzen. Abschließend den Caviar vorsichtig unterheben.

- Verwendung: für allerlei Kartoffelgerichte (gebackene Kartoffeln, Pommes frites, Gitterkartoffeln), Gemüsechips oder Garnelen
- Tipp: Kostengünstiger lässt sich dieser Dip durch die Verwendung von Keta- oder Forellenkaviar gestalten.

## Curry-Eier-Dip

Zutaten

*150 g Mayonnaise*
*2 EL Sauerrahm*
*2 EL Schlagobers, halb ausgeschlagen*
*2 Eier, hart gekocht, fein gehackt*
*2 EL Gewürzgurkerl, fein gehackt*
*1 TL Currypulver (15 g)*
*Salz*
*Pfeffer, aus der Mühle*
*4 EL Gewürzgurkerlmarinade (oder Ananassaft), zum Verdünnen*

Mayonnaise mit Sauerrahm und Currypulver glatt verrühren, mit Gurkerlmarinade auf die gewünschte Konsistenz verdünnen und Schlagobers unterheben. Fein gehackte Eier und Gewürzgurkerl einrühren, mit Salz und Pfeffer würzen.

- Verwendung: passend für gebackenes Gemüse, Fish- und Meatballs, Garnelen, Fondue oder Barbecue

## Tsatsiki

Zutaten

*250 g Salatgurken, ungeschält*
*¼ l Joghurt*
*1 TL Knoblauch, gepresst*
*Salz, Pfeffer, aus der Mühle*

Gut gewaschene Gurken grob reißen, salzen, nach einiger Zeit leicht ausdrücken. Joghurt mit einer Gabel glatt rühren (nicht mixen), mit geriebenen Gurken vermengen und mit Knoblauch, Salz und Pfeffer würzen. Gut gekühlt servieren.

- Verwendung: die klassische griechische Beigabe zu gebratenem und gegrilltem Lamm oder gefüllten Weinblättern (Dolmates), aber auch für andere Grill- und Fischgerichte
- Tipp: Noch besser schmeckt Tsatsiki, wenn man dafür original griechisches Joghurt, das in gut sortierten Supermärkten erhältlich ist, verwendet.

# Guacamole

## *Mexikanisches Avocadopüree*

Zutaten

*1 Avocado (ca. 200 g), vollreif*
*Zitronensaft*
*Salz, Pfeffer, schwarz, frisch gemahlen*
*1 EL Zwiebeln, fein geschnitten*
*60 g Tomaten, geschält, entkernt*
*Chilischote, fein gehackt*
*(wenn möglich Serrano-Chili)*
*Koriandergrün, gehackt*
*Suppe, fettfrei, nach Bedarf*

Avocado halbieren, Kern entfernen und mit einem kleinen Löffel das Fruchtfleisch herauslösen. Avocadofruchtfleisch klein schneiden, in einer Schüssel mit einer Gabel zerdrücken, bis eine breiige Masse entsteht. Mit Zitronensaft, Koriander, Salz und Pfeffer verrühren. Tomaten klein würfeln, Chili sehr fein hacken, gemeinsam mit den Zwiebeln unter das Püree ziehen. Eventuell die Konsistenz mit etwas Suppe regulieren.

- Verwendung: als Beilage zu Bratfisch, Steaks, Barbecue oder Fondue
- Tipps: Guacamole wird gerne zu oder in Tacos, Tortillas und Tostades gegessen, schmeckt aber auch auf einem frisch gerösteten Baguette köstlich.

# Melanzanipüree

Zutaten

*2 Melanzani*
*1 dl Olivenöl*
*2 Knoblauchzehen, gepresst*
*1 EL Petersilie, gehackt*
*Zitronensaft*
*Chilischote, getrocknet und gemahlen*
*Salz, Pfeffer*

Melanzani der Länge nach halbieren, mit Salz und Pfeffer würzen. 2 cl Öl in einer passenden Pfanne erhitzen, Melanzani mit der Schnittfläche nach unten einlegen, bräunen, wenden und in das vorgeheizte Backrohr schieben. 20 Minuten braten, aus der Pfanne heben, überkühlen lassen, mit einem Suppenlöffel das Fruchtfleisch auslösen. Fruchtfleisch fein hacken oder mit dem Stabmixer pürieren. Knoblauch, Petersilie, Salz, Chili und Zitronensaft einmengen, restliches Öl langsam einrühren.

- Backrohrtemperatur: 200 °C
- Backdauer: 20 Minuten
- Tipps: Verdünnt man das Püree mit etwas Tomatensaft, so ergibt sich daraus ein feiner Melanzani-Dip, der beispielsweise mit Souvlaki oder gebratenem Lammfleisch hervorragend harmoniert. Das Püree kann mit fein geschnittenen Zwiebeln, gehackten, gedünsteten Paprikaschoten oder gehackten Trockentomaten geschmacklich abgewandelt werden.

# Leicht, locker und geschmeidig

## Aufstriche für Genießer

*Eine Streicherserenade muss nichts mit Musik zu tun haben. Verblüffen Sie Ihre Gäste einmal mit einem »Aufstrichbuffet«, das sich leicht vorbereiten lässt und bei dem Sie kulinarisch so richtig »aufgeigen« können.*

## Bärlauch-Topfenaufstrich

Zutaten

*250 g Topfen, passiert*
*60 g Butter*
*2 EL Sauerrahm*
*50 g Bärlauchblätter, fein gehackt*
*Salz, Pfeffer, frisch gemahlen*

Handwarme Butter schaumig rühren, Topfen und Sauerrahm einrühren, gehackten Bärlauch untermengen und mit Salz sowie Pfeffer abschmecken.

■ Tipps: Da Bärlauch (Allium ursinum), auch Wilder Knoblauch, Waldknoblauch, Hexenzwiebel oder Zigeunerlauch genannt, botanisch ein naher Verwandter des Knoblauchs ist, lässt die Zugabe von etwas gepresstem Knoblauch den Bärlauchgeschmack oft noch aromatischer zur Geltung kommen.
Anstelle von Bärlauch können natürlich auch andere Kräuter, wie etwa Basilikum, Brunnenkresse oder Schnittlauch in den Topfenaufstrich gemengt und zur Abwechslung mit gehackten Walnüssen, Pinienkernen oder Pistazien verfeinert werden.

## Kürbiskernaufstrich

Zutaten

*60 g Butter*
*250 g Gervais (oder Topfen)*
*60 g Kürbiskerne, geröstet, gehackt*
*5 cl Kürbiskernöl*
*1 Eidotter*
*Salz, Pfeffer, weiß, gemahlen*

Handwarme Butter schaumig rühren, das Eidotter untermengen, Gervais beigeben und alles glatt rühren. Das Kürbiskernöl langsam einfließen lassen und währenddessen kräftig rühren (mixen). Gehackte Kürbiskerne untermengen, mit Salz und frisch gemahlenem Pfeffer abschmecken.

# Bayerischer »Obatzda«

Zutaten

*400 g Camembert, vollreif*
*100 g Gervais*
*80 g Butter*
*2 EL Zwiebeln, fein gehackt*
*1 TL Kümmel, gemahlen*
*2 EL Bier*
*1 TL Paprika, edelsüß*
*Salz, Pfeffer, frisch gemahlen*
*Zwiebelringe zum Garnieren*
*Schwarzbrot nach Belieben*

Camembert in Würfel schneiden, mit handwarmer Butter, Gervais, fein geschnittenen Zwiebeln, Bier und den übrigen Gewürzen vermengen und mit einer Gabel gut zerdrücken. Auf frisches Schwarzbrot streichen und mit Zwiebelringen garnieren.

■ Tipps: Mengt man unter die Käsemasse 2-3 Eidotter, so können die bestrichenen Brote bei extremer Oberhitze knusprig überbacken werden. Nach bayerischer Tradition wird zum »Obatzd'n« auch gerne eine »Bayerische Brezn« und Bierradi (geschnittene Eiszapfen) serviert.

## *»Tofu ist (auch) eine Medizin«*

*In Ostasien scheinen die Tempelmönche schon seit rund 2000 Jahren zu wissen, was die moderne Ernährungsmedizin mittlerweile bestätigt: Regelmäßig Tofu zu essen reduziert das Krebsrisiko, schützt durch positiven Einfluss auf den Cholesterinspiegel vor Herzerkrankungen sowie Arteriosklerose und unterstützt den Knochenaufbau. Das alles wäre freilich noch kein Grund, Tofu auch in der feinen Küche willkommen zu heißen. Dort spielt der Topfen aus Sojabohnen jedoch, vor allem auch in seiner geräucherten Form, spätestens seit der multikulturellen »Fusion-Welle« eine immer wichtigere Rolle. Der Grund dafür: Tofu lässt sich auf die vielfältigste Weise zubereiten, harmoniert mit fast allen Zutaten – und schmeckt.*

# Tofu-Kräuteraufstrich

Zutaten

*100 g Tofu, geräuchert*
*200 g Topfen, passiert*
*60 g Butter*
*1 EL Sauerrahm (40 g)*
*1 TL Estragonblätter, gehackt*
*1 TL Kresse, gehackt*
*1 TL Kerbel, gehackt*
*3 Radieschen*
*Salz*
*Pfeffer, aus der Mühle*

Handwarme Butter schaumig rühren, zuerst Topfen, dann Sauerrahm untermengen. Radieschen und Tofu klein schneiden, Kräuter hacken und alles mit der Topfenmasse verrühren. Mit Salz und frisch gemahlenem Pfeffer abschmecken.

■ TIPPS: Die Auswahl an verwendeten Kräutern lässt sich ganz nach Fantasie und Marktlage frei variieren.
Vollkornbrot oder Pumpernickel eignet sich am besten als »gesunde Unterlage« für diesen Aufstrich.

## PFEFFERONIAUFSTRICH

ZUTATEN

*100 g Butter*
*100 g Topfen, passiert*
*100 g Kartoffeln, gekocht, geschält, faschiert*
*1 EL Sauerrahm (40 g)*
*4 Pfefferoni, eingelegt, entkernt*
*50 g Paprikaschoten, rot, eingelegt*
*100 g Frühlingszwiebeln*
*1 KL Kapern*
*1 EL Schnittlauch, gehackt*
*Estragonsenf*
*Spritzer Chilisauce*
*Salz*
*Pfeffer, frisch gemahlen*

Handwarme Butter schaumig rühren, Topfen, Sauerrahm, dann faschierte Kartoffeln unterrühren. Frühlingszwiebeln, Pfefferoni, Paprikaschoten fein hacken und unter die Masse rühren. Gehackten Schnittlauch, gehackte Kapern einmengen und mit den restlichen Gewürzen je nach gewünschtem Schärfegrad abschmecken.

## AVOCADO-LACHS-AUFSTRICH

ZUTATEN

*2 Avocados, vollreif*
*200 g Räucherlachs*
*1 EL Zwiebeln, gehackt*
*1 EL Crème fraîche*
*Saft einer Zitrone*
*1 TL Dillspitzen, gehackt*
*Salz*
*Pfeffer, frisch gemahlen*

Avocados halbieren, den Kern entfernen, Fruchtfleisch mit einem Löffel aus der Schale heben und passieren oder pürieren. Sofort mit Zitronensaft, sehr fein gehackten Zwiebeln, Crème fraîche, Salz, Pfeffer und Dillspitzen abmengen (die Säure verhindert die Braunfärbung). Räucherlachs ebenfalls sehr fein schneiden oder wiegen und untermengen. Nochmals abschmecken.

Tipps: Chilisauce, Chilischoten oder rosa Pfeffer verleihen dem Aufstrich eine rassigere Geschmacksnote.
Die reine Avocadocreme (ohne Lachs), mit etwas Aspik oder Gelee abgesteift, ergibt eine sehr gute Unterlage für Tatar vom frischen Thunfisch, Lachs oder Dorade.

## Thunfischaufstrich

Zutaten

*200 g Thunfisch aus der Dose*
*4 Eier, hart gekocht*
*80 g Mayonnaise (fettarm)*
*Salz, Pfeffer, weiß, frisch gemahlen*

Die geschälten Eier fein hacken, Thunfisch unter Zugabe von Mayonnaise (in der Küchenmaschine) fein pürieren, bis eine Creme entstanden ist. Eier untermengen und mit Salz und frisch gemahlenem Pfeffer abschmecken.

Tipp: Dieser Aufstrich eignet sich besonders gut zum Füllen von Tramezzini.

## Gänseleberaufstrich

Zutaten

*300 g Gänseleberterrine (Gänseleberpastete, auch im Fachhandel erhältlich)*
*120 g Butter*
*30 g Pistazienkerne*
*1 TL Pfeffer, rosa*
*Prise Salz*
*Spritzer Weinbrand*

Gänseleberterrine durch ein feines Passiersieb streichen. Handwarme Butter schaumig rühren, mit der Gänseleber homogen vermengen. Pistazien hacken, rosa Pfeffer ebenfalls grob hacken oder schroten. Beides unter die Masse rühren, mit Salz und Weinbrand abschmecken.

Tipp: Dieser edle Aufstrich sollte am besten auf getoasteten Briocheschnitten oder kleinen, entrindeten Weißbrotscheiben serviert werden, die dann nach Belieben dekoriert werden können.

# Rohkost kommt von köstlich

## Delikate Ideen für Gesundheitsbewusste

*Die Zeiten, in denen Rohkost-Liebhaber als freudlose und unsinnliche Zeitgenossen betrachtet wurden, gehören längst der Vergangenheit an. Es ist alles nur eine Frage des »Gewusst-wie«.*

## Fenchelrohkost mit Birnenstreifen

Zutaten

*200 g Fenchelknollen, geputzt*
*150 g Birnen*
*¼ l Joghurt*
*80 g Sauerrahm*
*50 g Walnüsse, grob gehackt*
*Saft einer halben Zitrone*
*2 EL Honig*
*1 TL Currypulver (15 g)*
*Salz*
*Fenchelgrün, gehackt*

Fenchel von den holzigen Außenschichten befreien, waschen, obere Stielansätze abschneiden, Strunk mit einem Parisienneausstecher herausschneiden. Fenchel am besten mit einer Schneidemaschine in feinste Streifen schneiden, mit Zitronensaft und Salz marinieren, mit der Hand geschmeidig durchkneten. Birnen schälen, halbieren, entkernen und in nicht zu feine Streifen schneiden. Joghurt mit Sauerrahm, Honig, Currypulver und Salz vermengen. Curry-Joghurt mit Fenchel, gehacktem Fenchelgrün, grob gehackten Walnüssen und Birnenstreifen vermischen, bei Bedarf noch etwas Joghurt unterziehen. Abschließend nochmals abschmecken.

■ Tipp: Noch fruchtiger schmeckt diese Rohkost, wenn man geschnittene Dörrpflaumen oder Ananasstücke beimengt.

## Sellerierohkost mit Ananas

Zutaten

*200 g Sellerieknolle, geschält*
*150 g Äpfel, geschält, entkernt*
*120 g Hawaii-Ananas, frisch, ohne Schale und Strunk*
*40 g Walnüsse, gehackt*
*Saft einer halben Zitrone*
*Salz, 1 EL Honig*
*¼ l Joghurt*

Sellerie in hauchdünne Streifen schneiden, mit Zitronensaft und wenig Salz marinieren und mit den Händen geschmeidig kneten. Honig und Joghurt einrühren. Äpfel in etwas gröbere Streifen, Ananas in kleine Stücke schneiden und beides gemeinsam mit den Walnüssen vorsichtig untermengen.

■ TIPP: Die Walnüsse lassen sich auch durch Pinienkerne und/oder Pistazien ersetzen.

## Kraut-Karotten-Rohkost

ZUTATEN

*250 g Weißkraut, ohne Strunk und Außenblätter*
*100 g Karotten, geschält*
*100 g Äpfel, geschält, entkernt*
*50 g Kürbiskerne (oder gehackte Walnüsse)*
*3 dl Joghurt (oder Sauerrahm)*
*Salz, Saft einer Zitrone*

Kraut fein hobeln oder mit einer Schneidemaschine fein schneiden, salzen und mürb kneten. Karotten auf einem Krenreißer fein reiben, unter das Kraut mischen und mit Zitronensaft vermengen. Joghurt und Kürbiskerne zugeben, Äpfel in Streifen schneiden und vorsichtig einrühren. Abschließend mit Salz würzen.

■ TIPP: Etwas molliger gerät diese Rohkost, wenn Sie die Hälfte des Joghurts durch Mayonnaise ersetzen.

## Rustikale Paprikarohkost

ZUTATEN FÜR
4–6 PORTIONEN

*je 1 Paprikaschote, grün, rot und gelb*
*1 weißer Rettich oder Radieschen*
*300 g Weißkraut, ohne Strunk und Außenblätter*
*50 g Zwiebeln*
*60 g Kürbiskerne*
*Salz*
*1 TL Kümmel, ungemahlen*
*4 EL Apfelessig*
*6 EL Maiskeimöl*

Die Paprikaschoten halbieren, entstielen, entkernen und waschen, in feine Scheiben schneiden. Kraut fein hobeln oder mit einer Schneidemaschine fein schneiden. Geschälten Rettich fein schneiden oder reißen, Zwiebeln in feine Streifen schneiden. Essig mit etwas Wasser, Salz und Kümmel aufkochen, erkalten lassen und über das Kraut gießen. Alle anderen Zutaten beigeben, mit Öl gründlich abmischen und einige Stunden marinieren lassen.

■ TIPP: Diese Rohkost lässt sich problemlos über längere Zeit kühl lagern.

# Ein Buffet für alle

## Die besten Salate der Welt

*Salate, noch vor wenigen Jahrzehnten die klassische »Beilage«, stehen immer häufiger im Mittelpunkt einer Mahlzeit: tagsüber für zwischendurch oder als leichtes, bekömmliches Abendessen.*

## Lauwarmer Gemüsesalat »Mediterrané«

Zutaten

*400 g Zucchini, ungeschält*
*1 Fenchelknolle*
*je 1 Paprikaschote, rot, gelb und grün, entkernt, entstielt*
*150 g Fleischtomaten, entkernt*
*100 g Zwiebeln*
*60 g Oliven, grün*
*60 g Oliven, schwarz*
*2 Knoblauchzehen*
*6 EL Weinessig*
*1/8 l Olivenöl*
*1 dl Weißwein*
*Thymian*
*Oregano*
*Salz*
*Pfeffer, schwarz, aus der Mühle*
*Petersilie, gehackt*
*Basilikum, grob gehackt*

Gemüse kalt waschen, abtrocknen, jeweils Enden, Strünke bzw. Stielansätze entfernen. Zucchini und Paprikaschoten in ca. 5 cm lange fingerdicke Stücke schneiden. Von der Fenchelknolle fasrige Außenteile entfernen, halbieren, in grobe, längliche Stücke schneiden. Tomaten sechsteln, Zwiebeln in grobe Stücke schneiden. Olivenöl in einer Kasserolle erhitzen, Zucchini salzen und pfeffern, unter ständigem Schwenken bräunen, aus der Kasserolle heben. Zwiebeln und Fenchel in die Kasserolle geben, würzen, anschwitzen, mit Wein aufgießen, 5 Minuten dünsten, Paprikaschoten beigeben, weitere 5 Minuten dünsten. Tomaten und Oliven untermengen, Knoblauch, Essig und Gewürze unterrühren und alles noch einmal kurz aufkochen lassen. Das Gemüse vom Herd nehmen, die Zucchini und Kräuter vorsichtig unterheben. Salat lauwarm servieren und bei Bedarf bei Tisch nochmals mit etwas Olivenöl beträufeln.

- Verwendung: als stimmige Beilage zu Grillgerichten und Lammbraten oder als dekorativer Bestandteil eines Buffets
- Tipps: Dieser Salat bietet eine große Vielfalt an Erweiterungsmöglichkeiten, etwa mit lauwarm mariniertem Tintenfisch, Garnelen, Jakobs-

muscheln sowie festfleischigen, gekochten oder gebratenen Fischstücken (Seeteufel etc.).
Knusprige Knoblauchcroûtons sowie Schaf- oder Ziegenkäsewürfel runden diesen mediterranen Salat noch zusätzlich ab.

## Melanzani-Zucchini-Salat

Zutaten

*1 Melanzani, möglichst groß*
*300 g Zucchini*
*¼ l Sauerrahm*
*2 EL Joghurt*
*3 Knoblauchzehen, gepresst*
*2 EL Schnittlauch, geschnitten*
*4 EL Weißbrotwürfel, entrindet, geröstet*
*Mehl zum Wenden*
*Olivenöl zum Braten*
*Salz*
*Pfeffer, aus der Mühle*

Sauerrahm mit Joghurt, Salz und Knoblauch anrühren. Gewaschene Melanzani und Zucchini ungeschält in ca. 7 mm dicke Scheiben schneiden, kräftig salzen und pfeffern, 15 Minuten ziehen lassen, mit Küchenkrepp abtrocknen. Die Scheiben einzeln in Mehl wenden, gut abschütteln. Reichlich Öl in einer flachen Pfanne erhitzen, die Gemüsescheiben beidseitig bräunen, aus der Pfanne heben, auf Küchenkrepp legen und rundum gut abtupfen, erkalten lassen. Zucchini- und Melanzanischeiben abwechselnd dachziegelartig in eine flache Auflaufform schichten, mit Knoblauchrahm überziehen, mit geschnittenem Schnittlauch und gerösteten Weißbrotwürfeln bestreuen.

Tipp: Am kalorienärmsten geraten die Weißbrotcroûtons, wenn man sie statt in Öl zu frittieren oder in Butterschmalz zu rösten, einfach auf ein Backblech breitet und unter oftmaligem Wenden im Backrohr bei etwa 160 °C knusprig röstet.

## Salade niçoise

Zutaten

*150 g Kartoffeln, speckig (am besten Kipfler), in der Schale gekocht*
*200 g Fisolen, grün*
*200 g Tomaten*
*200 g Paprikaschoten, grün, entstielt, entkernt*
*80 g Oliven, schwarz*
*12 Sardellenfilets*
*200 g Thunfisch aus der Dose*
*3 Eier, hart gekocht*
*4 EL Weinessig*
*6 cl Olivenöl*
*etwas Dijonsenf (nach Belieben mit etwas Mayonnaise vermengt)*
*Salz*
*Pfeffer, frisch gemahlen*

Geschälte Kartoffeln in Scheiben, Tomaten in Sechsteln (nach Belieben vorher schälen), Paprika in Streifen schneiden. Fisolen von Enden und eventuell vorhandenen Fäden befreien, in kurze Stücke oder Rauten schneiden, in kochendem Salzwasser kernig kochen, abseihen, kalt schwemmen. Essig, Öl, Salz, Pfeffer und Senf verrühren, Kartoffelscheiben damit marinieren. Fisolen, Paprika, Tomaten und Oliven darunter mischen und einige Zeit ziehen lassen. Salat anrichten, mit abgetropftem, in kleine Stücke zerteilten Thunfisch, Eisechsteln und Sardellenfilets belegen.

■ Tipp: An heißen Sommertagen wird dieser Salat-Klassiker in Frankreich auch gerne als einfaches Nachtmahl oder kleines Gericht zwischendurch gereicht. Klassische Zutaten dafür sind: Knoblauch, Zwiebeln, Artischocken und Basilikum.

## Salat Caprese

Zutaten

*60 g Rucola*
*200 g Tomaten, vollreif*
*(oder Kirschtomaten)*
*50 g Frühlingszwiebeln*
*200 g Mozzarella*
*2 EL Basilikumblätter*
*1 EL Kapern (klein)*
*Saft einer halben Zitrone*
*5 EL Olivenöl*
*Salz, Pfeffer, aus der Mühle*

Tomaten vom Strunk befreien, in etwa 6 Spalten teilen (Kirschtomaten halbieren). Rucola putzen, waschen, gut abtropfen lassen. Basilikum und Frühlingszwiebeln in feine Streifen, Mozzarella in Würfel schneiden. Rucola, Tomaten, Mozzarella, Zwiebeln, Basilikum und Kapern vorsichtig vermengen, mit Salz, Pfeffer, Zitronensaft und Öl abmischen und rasch auftragen, damit der Rucola nicht welk wird.

■ Tipps: Statt Zitronensaft können Sie auch Balsamico-Essig verwenden. Sehr gut mundet dieses Gericht auch nach dem authentischen, aus Capri stammenden Originalrezept, bei dem ausschließlich Fleischtomaten, Mozzarella, Knoblauch, Basilikum und Olivenöl zur Verwendung gelangen und lediglich mit etwas geschrotetem Pfeffer gewürzt wird.

### *»Ave Caesar!«*

*Trotz seines Namens basiert der Caesar's Salad keineswegs auf einem antiken Rezept. Und obwohl der Römer- oder Kochsalat mit seinem raffinierten Dressing heute weltweit als amerikanische Institiution gilt, wurde er auch keineswegs in den USA erfunden. Seine wahre Geburtsstunde schlug vielmehr 1924, und zwar in Caesar Cardinis Restaurant im nordmexikanischen Tijuana.*

## Caesar's Salad

Zutaten

*100 g Baguette (oder anderes Weißbrot), kleinwürfelig geschnitten*
*1 Häuptel Kochsalat*
*1 Ei*
*6 cl Knoblauchöl*
*2 Knoblauchzehen, gepresst*
*4 Sardellenfilets, halbiert*
*4 cl Olivenöl extra vergine*
*Saft einer halben Zitrone*
*3 EL Parmesankäse, grob geraffelt*
*1 TL Worcestershiresauce*
*Meersalz und schwarzer Pfeffer, aus der Mühle*

Brotwürfel mit Knoblauchöl beträufeln, in einer beschichteten Pfanne unter zeitweisem Wenden goldgelb anrösten und warm stellen. Salat waschen und mit Küchenkrepp trockentupfen oder trockenschleudern. Nur knackige Blätter verwenden und diese in Streifen schneiden. Aus Meersalz, Pfeffer, Knoblauch, Zitronensaft, Olivenöl und Worcestershiresauce eine Marinade anrühren. Ei leicht wallend 1 Minute (!) lang kochen, mit kaltem Wasser abschrecken und mit einem Messer in der Mitte aufschlagen. Das flüssige Dotter und das leicht gestockte Eiweiß über die Salatblätter verteilen und Marinade angießen. Alles mit einem Salatbesteck ordentlich durcharbeiten und anschließend mit Sardellenfilets, Parmesansplittern und den knusprigen Brotwürfeln garnieren.

## Knödelsalat mit Käferbohnen

Zutaten

*600 g Semmel- (oder Servietten)knödel*
*200 g Fisolen, grün*
*200 g Käferbohnen (Saubohnen), frisch gekocht (oder aus dem Glas)*
*1 Bund Radieschen*
*2 Tomaten*
*½ Zwiebel, mittelgroß (oder Frühlingszwiebeln)*
*6–8 cl Apfel- (oder Wein)essig*
*8 cl Kürbiskernöl oder Pflanzenöl*
*5 cl Suppe, fettfrei (oder Salzwasser)*
*Salz, Pfeffer, frisch gemahlen*

Kalte Knödel in etwa 1 cm dicke Streifen, Tomaten in Sechstel, Radieschen in kleine Scheiben und Zwiebel in feine Ringe schneiden. Fisolen von den Enden befreien, eventuell Fäden abziehen, in kochendem Salzwasser kernig kochen, abseihen, mit kaltem Wasser abfrischen, gut abtropfen lassen. Alle

Zutaten inklusive Käferbohnen mit Essig, Öl, Suppe, Salz und Pfeffer vermengen und einige Zeit marinieren. Nicht zu kalt auftragen.

■ TIPP: Dieser herzhafte Salat kann durch allerlei andere Zutaten, die gerade vorrätig sind, wie etwa Käse, Schinken, Wurst, Bratenreste etc., beliebig ergänzt und abgewandelt werden. Als Garnitur bieten sich dabei Eierscheiben, Vogerl- oder Rapunzelsalat an. Mit einem gepflegten Bier genossen, kann aus diesem »Salat« dann flugs eine veritable Hauptspeise werden.

## EIERSCHWAMMERLSALAT

ZUTATEN

*400 g Eierschwammerl, geputzt*
*300 g Semmel- (oder Servietten)knödel*
*80 g Zwiebeln*
*3 EL Weinessig*
*6 EL Öl (geschmacksneutral)*
*2 EL Petersilie, gehackt*
*Salz, Pfeffer, aus der Mühle*
*Öl zum Anbraten*

Eierschwammerl kalt waschen, abtropfen lassen, mit Küchenkrepp abtrocknen und je nach Größe schneiden oder im Ganzen belassen. Öl in einer Pfanne erhitzen, fein geschnittene Zwiebeln anschwitzen, Schwammerl beigeben, schnell durchrösten, salzen, pfeffern, gehackte Petersilie beigeben. Knödel in nicht zu dünne Streifen schneiden, mit den Schwammerln vermengen, mit Essig und Öl marinieren und einige Stunden ziehen lassen. Im Bedarfsfall mit etwas Essigwasser nachgießen. Der Salat sollte nicht zu kalt aufgetragen werden.

■ TIPPS: Sind keine Knödel verfügbar, kann man diese durch gekochte Teigware ersetzen. Der zarte Pilzgeschmack lässt sich optimal mit kalter Ente, Wildgeflügel oder kaltem Rehrücken kombinieren.

## CHAMPIGNON-KRESSE-SALAT

ZUTATEN FÜR
CA. 6 PORTIONEN

*1 kg Champignons, geputzt*
*6 EL Mayonnaise*
*¼ l Sauerrahm*
*4 EL Kresse, grob gehackt*
*$^{1}/_{16}$ l Öl zum Anbraten*
*Saft einer halben Zitrone*
*Salz, Pfeffer, aus der Mühle*
*marinierte Eisbergsalatblätter*

Champignons waschen, abtrocknen, sechsteln, salzen, pfeffern und mit Zitronensaft beträufeln. Öl in einer flachen Pfanne gut erhitzen, Pilze darin

etwa 3 Minuten rösten, auf ein Sieb leeren, Sud auffangen und diesen reduzierend sirupartig einkochen. Erkalten lassen. Mayonnaise, Sauerrahm und kalten Pilzsud verrühren. Champignons und Kresse untermengen und vor dem Servieren einige Stunden kühl ziehen lassen. Salatplatte oder -schüssel mit marinierten Salatblättern auslegen und den fertigen Champignonsalat darauf anrichten.

■ TIPPS: Statt Champignons eignen sich auch Austernpilze hervorragend für diesen erfrischenden Salat.
Wer es lieber ein bisschen schlanker bevorzugt, der ersetze die angegebene Mayonnaise durch Sauerrahm.

# PENNE-GORGONZOLA-SALAT

ZUTATEN

*100 g Penne (kurze Hohlnudeln oder andere Nudeln), ungekocht*
*200 g Pressschinken*
*40 g Pinienkerne*
*100 g Gorgonzola (oder anderer Blauschimmelkäse)*
*150 g Sauerrahm*
*100 g Mayonnaise*
*2 EL Weißweinessig*
*Salz, Pfeffer, aus der Mühle*
*5 cl Essigwasser zum Verdünnen*
*Chicoréeblätter zum Garnieren*

Penne in etwa einem Liter Salzwasser kernig kochen, abseihen, kalt spülen, abtropfen lassen und mit etwas Essig möglichst trocken marinieren. Schinken in Streifen schneiden. Gorgonzola zerkleinern, mit Sauerrahm aufmixen (Stabmixer) und Mayonnaise einrühren. Penne, Schinken und Pinienkerne mit dem Gorgonzoladressing gut vermengen, pfeffern, mit Essigwasser gegebenenfalls verdünnen und einige Stunden marinieren lassen. Mit marinierten Chicoréeblättern garniert auftragen.

■ KOCHDAUER: ca. 11 Minuten
(Beachten Sie die Kochanleitung auf der Packung.)
■ TIPPS: Durch längeres Marinieren kann der Salat zu trocken werden, weshalb vor dem Servieren die »Cremigkeit« eventuell mit Essigwasser und Rahm wieder reguliert werden sollte. Südliches Flair zaubern Kapern, geschnittene Trockentomaten oder Oliven in diesen Nudelsalat.

# Nudelsalat »Tonnato«

Zutaten

*300 g Nudeln (z.B. Fusilli oder geriffelte Penne), gekocht*
*100 g Schinken (oder gekochte Räucherzunge)*
*100 g Schnittkäse*
*ca. 20 Oliven, grün und schwarz, entkernt, grob gehackt*
*80 g Pinienkerne, grob gehackt*
*1 EL Kapern, klein*
*200 g Thunfisch aus der Dose*
*150 g Mayonnaise*
*1/8 l Sauerrahm*
*Salz*
*Pfeffer, aus der Mühle*
*2 EL Apfel- (oder Wein)essig*
*Essigwasser bei Bedarf*

Gekochte Nudeln mit etwas Essig vermischen und kurz marinieren. Thunfisch abseihen, zerkleinern, das Öl zur Weiterverarbeitung bereithalten. Sauerrahm mit Mayonnaise verrühren. Den Thunfisch unter langsamer Beigabe des Thunfischöls, der Mayonnaise und des Sauerrahms mit dem Mixstab zu einer cremigen Sauce verarbeiten. Schinken und Käse in Streifen schneiden, mit den Nudeln, Oliven, Kapern, Pinienkernen, Salz und Pfeffer vermischen und die Thunfischsauce darunter mengen. Abschließend nochmals abschmecken und eventuell mit Essigwasser auf die gewünschte Konsistenz hin korrigieren.

■ Tipp: Mit geschälten Tomaten, Chicoréeblättern und Eierscheiben belegt, sieht dieser Salat noch dekorativer aus.

## *»Keine Angst vor Dosenthunfisch«*

*Dosenware hat unter Feinschmeckern mit Recht meist keinen guten Ruf. Ausnahmen bestätigen jedoch die Regel. Ohne Thunfisch aus der Dose wären nicht nur Gerichte wie Salade niçoise und Vitello tonnato (s. dort) undenkbar, sondern auch das obige, köstliche Salatrezept. Freilich sollte man auch beim Einkauf von Thunfisch Vorsicht walten lassen. Als bester Thunfisch der Welt gilt der hellfleischige, maximal 30 kg schwere Albacore, der auch als Weißer Thunfisch oder Langflossenthun bekannt ist und warme Meeresgewässer bevorzugt. Wesentlich verbreiteter ist der sich vorzugsweise in Pazifik, Ostatlantik und Mittelmeer tummelnde und bis zu 900 kg auf die Waage bringende Rote Thunfisch (Thunnus thynnus), dessen vitaminreiches, rötliches Fleisch an ein gut abgelegenes Filetsteak erinnert. Unter Gourmets mindestens ebenso angesehen ist der kleine, dem Kalbfleisch ähnelnde »Bonito«. Thunfischkonserven, in denen jährlich immerhin 400 000 Tonnen Fisch auf den Weltmarkt kommen, werden nach Stückgröße in Klassen eingeteilt: Vorzuziehen sind Dosen mit der Aufschrift »solid« oder »solid pack« (we-*

*nige, große, fest gekochte Thunfischstücke). »Chunk« oder »chunk style« weist hingegen auf größere Bruchstücke hin, »flake« oder »flakes« auf geschnetzelte Thunfischabschnitte.*

## Spargelsalat mit Räucherlachs

Zutaten

*600 g Spargel, weiß, geschält und gekocht*
*150 g Räucherlachs*
*100 g Mayonnaise*
*1/8 l Joghurt*
*150 g Vogerlsalat, geputzt*
*2 EL Schlagobers, halb geschlagen*
*1 EL Kren, gerieben*
*1 EL Apfelessig*
*2 EL Pflanzenöl (geschmacksneutral)*
*Salz, Pfeffer, aus der Mühle*
*Prise Zucker, Dillspitzen*

Die Spitzen vom Spargel ca. 3 cm lang abtrennen und für die Garnierung beiseite legen. Den Rest des Spargels in ca. 2 cm lange Stücke schneiden, die holzigen Teile entfernen. Räucherlachs in dünne Streifen schneiden. Mayonnaise und Joghurt glatt verrühren, geriebenen Kren einmengen, Obers unterheben, Spargelstücke und Lachsstreifen dazugeben und alles mit Salz und einer Prise Zucker abschmecken. Gewaschenen Vogerlsalat mit Essig, Öl, Salz und Pfeffer marinieren, auf Teller verteilen, darauf den Spargelsalat mittig anrichten, obenauf die Spargelköpfe und Dillspitzen als Garnitur setzen.

■ Tipp: Eine Kombination von grünem und weißem Spargel ist sowohl in optischer als auch in geschmacklicher Hinsicht äußerst reizvoll. Dies gilt im Übrigen auch für gekochte Eierscheiben als zusätzliche Garnitur.

### *»Matt? – Yes.«*

*»Matt?«, fragte die holde Schöne den müden Seemann – und schob ihm, als dieser mit »yes« antwortete, verführerisch einen Matjeshering zwischen die Lippen. So oder auf ähnliche Weise aphrodisisch soll der Ausdruck Matjeshering zumindest der Anekdote nach entstanden sein. Sprachforscher führen den Matjes jedoch auf den Namen Matthias oder das niederländische Wörtchen »meisje« zurück, was so viel wie Jungfrau bedeutet und dem zarten Geschmack des jungen Herings (lat. clupea harengus) wohl schon etwas näher kommt. Der Höhepunkt der Matjes-Saison ist Ende Juni, wenn die Fischlein so wohlgenährt sind, dass auch Ernährungsphysiologen gar nicht anders können, als ihn von Herzen zu empfehlen: Da strotzt der Matjes geradezu von wertvollem Fischeiweiß, der lebensnotwendigen Aminosäure, essenziellen Fettsäuren, Vitamin A, B und D, knochenbildender Phosphorsäure sowie*

*Jod, das bekanntlich die Kropfbildung verhindert. Seinen unnachahmlichen Geschmack erhält der Matjes übrigens während einer achtwöchigen Reifeperiode, bei der es – ähnlich wie beim Wein – an der richtigen Temperatursteuerung liegt, ob daraus zuletzt eine Gaumenfreude oder ein versalzener Happen wird. Wenn der Matjes jedoch vollreif und richtig gesalzen auf den Tisch kommt, so kann er geradezu süchtig machen. Mediziner konstatieren, ähnlich wie bei Austern, bei manchen Patienten sogar einen regelrechten »Matjes-Rausch«, der auf die hohe Konzentration von Eiweiß und Jod zurückzuführen ist und dem Matjes-Genießer angeblich wie bei einer Droge zu wahrhaft bewusstseinsverändernden Zuständen verhelfen kann.*

## Matjessalat »Sylt«

Zutaten

*200 g Matjesfilets*
*150 g Äpfel, geschält, entkernt*
*60 g Zwiebeln*
*100 g Rote Rüben, gekocht, geschält*
*4 EL Preiselbeerkompott (100 g)*
*120 g Mayonnaise (fettarm)*
*2 dl Schlagobers, halb geschlagen*
*Salz, Pfeffer, aus der Mühle*
*Prise Zucker*
*etwas Zitronensaft*

Matjesfilets in größere Stücke, Äpfel und Rote Rüben in kleine Würfel, Zwiebeln klein schneiden. Mayonnaise und Obers glatt verrühren, Preiselbeeren untermengen, Heringsfilets und sämtliche Zutaten unterrühren. Nach Geschmack süßsauer abschmecken. Etwas kühl ziehen lassen.

## Andalusischer Muschel-Reis-Salat

Zutaten

*160 g Langkornreis, ungekocht*
*4 dl Wasser (oder Suppe)*
*einige Safranfäden*
*½ Zwiebel, mittelgroß*
*je ½ Paprikaschote, gelb, rot, grün, entstielt, entkernt*
*½ kg Miesmuscheln, gewaschen, gebürstet (oder ca. 100 g bereits gekochtes Muschelfleisch)*
*100 g Garnelen, ohne Schale*
*1 dl Olivenöl*
*2 Knoblauchzehen, gepresst*
*ca. 20 Oliven, schwarz*
*5 EL Sherryessig (oder anderer neutraler Essig)*
*Salz*
*Pfeffer, frisch gemahlen*

2 EL Olivenöl in einer Kasserolle leicht erhitzen, Reis darin glasig anlaufen lassen, mit heißem Wasser aufgießen, Safran und reichlich Salz beigeben, zugedeckt aufkochen lassen und bei kleiner Hitze oder am besten im vorge-

heizten Backrohr bei 150 °C ca. 15 Minuten dünsten. Fertigen Reis mit einer Gabel auflockern, Muscheln und Garnelen einsetzen, weitere 10 Minuten im Backrohr dämpfen, dann überkühlen lassen. Paprikaschoten und Zwiebel in kleine Würfeln schneiden, mit den Oliven, Knoblauch, Salz, Pfeffer, Essig und dem restlichen Öl unter den Reis mengen. Einige Zeit marinieren lassen.

- BACKROHRTEMPERATUR: ca. 150 °C
- GARUNGSDAUER: 25 Minuten
- TIPPS: Dieser Salat lässt sich ähnlich wie die Paella je nach Geschmack und Saisonangebot, etwa mit Calamari, Erbsen, Pilzen, Wurst oder Geflügelfleisch, individuell abwandeln. Versuchen Sie einmal, diesem Reissalat mit Mayonnaise oder Joghurt eine zarte Bindung zu verleihen. Schmeckt köstlich!

## RUCOLASALAT MIT PROSCIUTTOCHIPS

ZUTATEN

*300 g Rucola, geputzt*
*200 g Kirschtomaten*
*160 g Prosciutto*
*(oder anderer Rohschinken), hauchdünn geschnitten*
*100 g junger Parmesan (Grana)*
*4 EL Olivenöl extra vergine*
*2 EL Balsamico-Essig*
*Salz, Pfeffer, aus der Mühle*
*Öl zum Frittieren*

Rucola gut waschen, abtropfen lassen oder trockenschleudern. Eine Marinade aus Balsamico-Essig, Olivenöl und Salz anrühren. Die Tomaten halbieren, mit Salz und Pfeffer kurz marinieren. In einer passenden Pfanne fingerhoch Öl erhitzen, den Rohschinken knusprig frittieren, herausnehmen und auf Küchenkrepp trocken abtupfen. Rucola und Kirschtomaten mit der Marinade anmachen, auf 4 Teller verteilen, Parmesan darüber hobeln und mit den knusprigen Prosciuttochips belegen.

## LAUWARMER SCHWEINSFILETSALAT

ZUTATEN

*300 g Schweinsfilet (Lungenbraten), enthäutet*
*60 g Karotten, geschält*
*60 g Knollensellerie, geschält*
*60 g Zucchini*
*60 g Sojakeime*
*1 EL Estragonspitzen, gehackt*
*Sojasauce*
*Saft einer halben Zitrone*
*8 cl Olivenöl*
*Salz*
*Pfeffer, frisch gemahlen*
*2 EL Öl zum Anbraten*

Gewaschene Zucchini, Karotten und Sellerie in hauchdünne Streifen schneiden. Öl in einer flachen Pfanne erhitzen, Schweinsfilet salzen, pfeffern, an allen Seiten braun anbraten. In das auf 220 °C vorgeheizte Backrohr stellen, zuerst forciert, dann bei fallender Hitze, je nach Stärke des Filets, 8–10 Minuten braten. Filet aus der Pfanne heben und etwa 10 Minuten warm rasten lassen. In derselben Pfanne die Gemüsestreifen und Sojakeime anrösten. Olivenöl, Zitronensaft, Salz, Pfeffer, Estragonspitzen und Sojasauce zu einer Marinade verrühren. Das lauwarme Filet in dünne Scheiben schneiden, mit den gerösteten Gemüsestreifen und Keimen vermengen. Marinade vorsichtig unterrühren und noch lauwarm servieren.

- Backrohrtemperatur: 220 °C reduzierend
- Garungsdauer: 8–10 Minuten, anschließend 10 Minuten rasten lassen
- Tipp: Die Zugabe von geschnittenen Chicoréeblättern verleiht dem Salat eine angenehme, herb-bittere Geschmacksnuance, das Hinzufügen von etwas mit Estragon aromatisierter Mayonnaise eine leichte Molligkeit.

## Steirischer Sommersalat

Zutaten für 6 Portionen

*200 g Rindfleisch (z.B. Dicke Schulter), gekocht, mager*
*200 g Knackwurst, geschält (ersatzweise Extrawurst)*
*100 g Schnittkäse*
*1 Zwiebel, mittelgroß (oder 1 Bund Jungzwiebeln)*
*je ½ Paprikaschote, grün, gelb, rot*
*½ Bund Radieschen*
*200 g Käferbohnen (Saubohnen), gekocht*
*100 g Salatgurke, geschält, entkernt*
*4 Eier, hart gekocht*
*8 EL Kürbiskernöl*
*6 EL Schilcheressig (oder anderer Weinessig)*
*Salz, Pfeffer, frisch gemahlen*
*Essigwasser zum Verdünnen*

Knackwurst, Gurke und Radieschen in Scheiben schneiden. Rindfleisch ebenfalls in Scheiben und diese wiederum in mundgerechte Stücke schneiden, Zwiebeln, Paprikaschoten und Käse in Streifen schneiden. Diese Zutaten mit Käferbohnen, Kürbiskernöl, Essig, Salz und Pfeffer gut abmengen. Kühl einige Stunden ziehen lassen. Salat wenn nötig noch mit etwas Essigwasser auf die gewünschte Konsistenz hin korrigieren. Mit Eierscheiben garnieren oder diese vorsichtig unter den fertigen Salat mengen.

- Tipps: Noch steirischer schmeckt dieser Salat, wenn man ihn mit gerösteten Kürbiskernen bestreut. Die Palette der verwendeten Zutaten kann ganz nach Lust und Laune abgewandelt bzw. erweitert werden, etwa durch Maiskörner, Tomaten, Fisolen, Sulz oder Presskopf.

# Eine Prise Venezia

## Carpaccio ist eine Lebensart

*Was ursprünglich nur das berühmte Rot des venezianischen Malers Vittore Carpaccio auf dem Teller widerspiegeln sollte, schillert heute in einer Unzahl von Farben und in höchster Geschmacksvielfalt.*

## Seeteufel-Lachs-Carpaccio

Zutaten für 4–6 Portionen

*250 g Lachsfilet-Mittelstück, ohne Haut und entgrätet*
*200 g Seeteufelfilet-Mittelstück (Lotte), zugeputzt*
*4 EL Dille, gehackt (oder Noriblätter, im Asia-Shop erhältlich)*
*Meersalz, frisch gemahlen*
*Pfeffer, weiß, aus der Mühle*
*Zitronensaft*
*Olivenöl extra vergine*

Gut zugeputzten Seeteufel ohne Gewürze in eine Klarsichtfolie, dann in eine Alufolie rollen, die Enden zusammendrehen, sodass eine ganz runde Rolle entsteht, anschließend tiefkühlen. Lachsfilet durch einen Längsschnitt so aufklappen, dass sich seine Oberfläche verdoppelt, mit Klarsichtfolie bedecken, mit einem Plattiereisen (Fleischklopfer) vorsichtig gleichmäßig plan klopfen. Folie abziehen, Lachs mit Dille bestreuen oder mit Noriblättern belegen. Tiefgekühlten Seeteufel aus der Folie nehmen, auf das Lachsfilet legen und Lachs zu einer Rolle zusammendrehen. Diese Rolle wiederum zuerst in eine Klarsicht-, dann in eine Alufolie eindrehen, Enden gut zusammendrehen. Einige Stunden tiefkühlen, aus der Folie nehmen, etwas antauen lassen und mit einer Aufschnitt- oder Brotmaschine in hauchdünne Scheiben schneiden. Die Scheiben nach jedem Schnitt auf vorbereitete Teller rosettenartig auflegen, mit einer Marinade aus Salz, Pfeffer, Zitronensaft und Olivenöl (am besten mit einem Pinsel) zart bestreichen.

- Garnierung: leichte Senf-Joghurt-Mayonnaise oder Dill-Senf-Sauce sowie Rucola, Kirschtomaten oder erlesene Blattsalate wie Chicorée oder Radicchio
- Tipps: Da die Scheiben beim Schneiden leicht brechen können, sollte man jede Scheibe mit der Hand oder mit einer Teigkarte auffangen. Besseren Halt hat die Roulade, wenn man zwischen die Fischschichten eine Fischfarce aus Zander und Obers hauchdünn aufträgt. Stehen keine Noriblätter zur Verfügung, so streut man reichlich gehackte Dille auf den Lachs.

# Seeteufel-Lachs-Carpaccio

1. Das durch einen Längsschnitt aufgeklappte Lachsfilet mit Klarsichtfolie bedecken und mit einem Plattiereisen (Fleischklopfer) vorsichtig gleichmäßig plan klopfen.

2. Lachs mit gehackter Dille bestreuen (oder mit Noriblättern belegen), das tiefgekühlte Seeteufelfilet auf das Lachsfilet legen.

3. Lachs und Seeteufel zu einer Rolle zusammendrehen, sodass der Seeteufel völlig vom Lachs umhüllt wird.

4. Diese Rolle zuerst in Klarsicht-, dann in Alufolie eindrehen, Enden gut zusammendrehen und einige Stunden tiefkühlen. Anschließend auf der Aufschnittmasche in sehr dünne Scheiben schneiden.

# Thunfisch-Carpaccio

Zutaten für
4–6 Portionen

*400 g Thunfisch, topfrische Sushi-Qualität*
*80 g Jungzwiebeln (Frühlingszwiebeln), fein geschnitten*
*2 EL Essig, 3 EL Sesamöl*
*1 EL Sojasauce*
*2 EL Sesamsamen (vorzugsweise schwarz)*
*1 EL Koriandergrün, grob gehackt*
*Salz, Pfeffer, aus der Mühle*
*Korianderblätter zum Garnieren*
*Öl für die Folie*

Essig mit Öl, Sojasauce, gehacktem Koriandergrün, Salz und Pfeffer zu einer Marinade verrühren. Thunfisch in dünne Scheiben schneiden, zwischen zwei schwach geölten Frischhaltefolien zart plattieren (ausklopfen). Die Hälfte der Marinade auf die vorbereiteten Teller verteilen (aufstreichen), die Thunfischscheiben rosettenartig auflegen, mit der restlichen Marinade bestreichen. Sesamsamen in einer Pfanne oder im Backrohr trocken rösten, auskühlen lassen und über das Carpaccio streuen. Jungzwiebeln sehr fein schneiden, darüber verteilen und mit Korianderblättern garnieren.

- Garnierung: knackig geröstete Sojakeime, marinierte Shiitake-Pilze oder frittierte Glasnudeln
- Tipp: Weniger exotisch ist jene Variante, bei der man den Thunfisch lediglich mit Salz, Pfeffer und Zitronensaft mariniert und mit einer Creme aus Mayonnaise, Sauerrahm und Thunfisch aus der Dose zart dekoriert.

# Gänseleber-Carpaccio

Zutaten

*250 g Gänseleber, enthäutet (am besten 1 A)*
*2 Mangos, vollreif*
*16 Stangen Grünspargel*
*ca. 1 EL Öl zum Braten*
*Salz (Meersalz), aus der Mühle*
*Pfeffer, schwarz und rosa, aus der Mühle*

Grünspargel im unteren Bereich schälen, gleichmäßig kürzen, in leicht wallendem Salzwasser knackig kochen, herausheben, im eiskalten Wasser abfrischen, bei Bedarf etwas nachsalzen. (Die Kochzeit ist von der Stärke des Spargels abhängig.) Mango schälen, halbieren und Kern herauslösen, Fruchtfleisch in dünne Scheiben schneiden. Öl in einer flachen, möglichst beschichteten Pfanne erhitzen, Mangoscheiben ganz kurz beidseitig anbraten, auf kalte Teller dekorativ verteilen, erkalten lassen. Gekühlte Gänseleber mittels Aufschnitt- oder Brotmaschine in hauchdünne Scheiben schneiden, über die Mangos verteilen. Mit Salz und Pfeffer würzen und abschließend den Grünspargel dekorativ dazulegen.

■ TIPPS: Anstelle der Mango harmonieren auch Birnen- oder Apfelscheiben hervorragend mit der Gänseleber.
Ist die Leber nicht fest genug (Güteklasse 2 und 3), so sollte sie vor dem Aufschneiden in Folie gehüllt einige Zeit tiefgekühlt werden.

## KLASSISCHES CARPACCIO

ZUTATEN

*400 g Filet Mignon (Rindslungenbraten)*
*Meersalz, frisch gemahlen*
*Pfeffer, aus der Mühle*

*Für die Sauce:*
*1 Sardellenfilet, fein gehackt*
*6 EL Mayonnaise*
*1 TL Tomatenmark*
*1 EL Schlagobers*
*1 TL Worcestershiresauce*
*Spritzer Tabascosauce*
*1 TL Dijonsenf*
*1 EL Weinbrand*
*etwas Zitronensaft*

Das Filet gut zuputzen und mit einer Schneidemaschine oder einem sehr scharfen Messer in dünne Scheiben von ca. 1–2 mm Dicke schneiden. Die Fleischscheiben leicht überlappend auf Teller drapieren, salzen und pfeffern. Alle Zutaten für die Sauce fein mixen und in einen Spritzsack füllen. Danach gitterförmig auf die Rindsfiletscheiben auftragen.

■ TIPPS: Wenn Sie das Fleisch mit einem Messer schneiden, so empfiehlt es sich, es danach zwischen zwei Klarsichtfolien noch einmal dünn auszuklopfen. Das Fleisch lässt sich leichter hauchdünn schneiden, wenn man das Filet zuvor etwa 1 Stunde im Gefrierfach eist.

## *»Zwischen »Harry's Bar« und Ottakring«*

*Das vielleicht berühmteste Gericht des 20. Jahrhunderts wurde 1950 in Ciprianis legendärer »Harry's Bar« in Venedig erfunden. Die Idee zu diesem kulinarischen Mega-Hit wurde von Arrigo Cipriani sen. allerdings weder in der Küche noch am Tresen geboren. Als der erklärte Kunstfreund Cipriani im Dogenpalast damals eine Retrospektive der Werke des Renaissancemalers Vittore Carpaccio besuchte, bewunderte er ganz besonders die Fähigkeit des Künstlers, ein leuchtendes Rot mit strahlend weißen Farben zu kombinieren, wobei er, ganz Koch und Gastronom, plötzlich an rohes, rotes Fleisch und eine weiße Sauce denken musste. Was Cipriani dann auch prompt in seiner Küche umsetzte, hat sich von seinem Erfinder allerdings längst emanzipiert und ein Eigenleben entwickelt. Die Farbe Rot ist ebenso wenig mehr ein Muss wie das Rindfleisch. Es gibt Carpaccios von Angler, Steinbutt, Wild, Taube und sogar schon von Tomaten, Pilzen, Kartoffeln oder frischen Früchten. Kurzum: Das Carpaccio hat Venedig weit hinter sich gelassen und ist zum Gattungsbegriff für alles und jedes geworden, das sich in irgendeiner Form hauchdünn aufschneiden und marinieren lässt. Die jüngste Carpaccio-Kreation wurde übrigens für Mario Plachuttas Ottakringer Bierlokal »Grünspan« geschaffen.*

# Grünspans Ottakringer Bratl-Carpaccio

### Zutaten

*400 g Schweinsbraten, fertig gebraten, kalt*
*4 EL Kürbiskerne*
*1 EL Öl zum Rösten*
*1 Bund Radieschen*
*Salz*

*Für die Sauce:*
*100 g Mayonnaise (Grundrezept s. S. 33)*
*4 cl Essigwasser, mild*
*1 EL Sauerrahm*
*1EL Kren, gerissen*

Die Kürbiskerne in heißem Öl rösten, dann salzen. Radieschen putzen, waschen, in feine Streifen schneiden. Mayonnaise mit Sauerrahm, Essigwasser und Kren verrühren. Etwa 2/3 der Sauce auf vier große Teller verteilen. Den Braten mit einer Brotschneidemaschine hauchdünn aufschneiden und fächerartig auf die Teller verteilen. Aus Pergamentpapier ein Stanitzel mit dünner Öffnung formen (oder einen Spritzsack verwenden), die restliche Mayonnaisesauce einfüllen und das Bratl-Carpaccio damit gitterartig garnieren. Vor dem Servieren das Carpaccio mit den gerösteten Kürbiskernen und Radieschenstifteln bestreuen.

- Beilagenempfehlung: ein kleines Bukett von mariniertem Vogerlsalat
- Tipp: Verwendet man einen schön durchzogenen Schopfbraten, so gerät dieses Carpaccio besonders saftig.

## *»Gruß vom Grünspan«*

*Das von Mario Plachutta im Frühjahr 2002 eröffnete Bierlokal »Grünspan«, unweit der Ottakringer Brauerei, ist eine Erinnerung an die zuweilen vergessene Tatsache, dass die Heurigenmetropole Wien in ihrer langen Geschichte immer auch eine Bierhauptstadt war. Ewald Plachutta, der den Wiener Traditionen mehr als jeder andere zugetan ist, dachte daher auch lange nach, wie er eine kulinarische Hommage an die Wiener Bierkultur und gleichzeitig ein neues, im leichten, zeitgemäßen Trend liegendes Gericht schaffen könne. Dabei nahm er eine Anleihe bei Arrigo Cipriani und servierte seinen Gästen eine Kreation, die vom Tag der Eröffnung an zu »dem« Grünspan-Renner schlechthin wurde. Und vielleicht wird man dereinst sagen: Wie Radetzky das Schnitzel aus Mailand, so hat Ewald Plachutta das Carpaccio aus Venedig an die Donau gebracht. Wenngleich da wie dort schmeckbar »eingewienert«.*

# Asiatisches Rindercarpaccio

Zutaten

*400 g Ochsenfilet (oder Beiried), gut zugeputzt (pariert)*
*30 g Jungzwiebeln*
*2 EL Sesamsamen, geröstet*
*2 EL Teriyakisauce (im Asia-Shop erhältlich, ersatzweise Sojasauce)*
*4 EL Sesamöl*
*1 Messerspitze Chilischote, rot, gehackt (oder getrocknet und gemahlen)*
*1 EL Koriandergrün, grob gehackt*
*1 TL Ingwerwurzel, gerieben*
*Zitronensaft nach Geschmack*
*etwas Sake (oder Sherry dry)*
*Salz*
*Pfeffer, schwarz, aus der Mühle*
*Korianderblätter zum Garnieren*
*Sesamsamen, geröstet, zum Bestreuen*
*Öl für die Folie*

Ochsenfilet in eine leicht geölte Klarsichtfolie wickeln und tiefkühlen. Teriyakisauce, Sesamöl, Zitronensaft, Ingwer, Sesamsamen, Koriander, Salz, Pfeffer, Chili und Sake miteinander vermengen und 10 Minuten ziehen lassen. Fleisch leicht antauen lassen und mit einer Schneidemaschine (oder einem dünnen Messer) in hauchdünne Scheiben schneiden. Jede Scheibe einzeln durch die Marinade ziehen und auf Teller rosettenartig auflegen.

Jungzwiebeln in feine Scheiben schneiden, der restlichen Marinade zugeben und über das Fleisch träufeln. Geröstete Sesamsamen darüber streuen und mit gezupften Korianderblättern garnieren.

■ TIPPS: Das Filet sollte nicht abgehangen sein, da sonst weder die leuchtend rote Farbe noch die Frische des Geschmacks gewährleistet ist.
Will man Rindscarpaccio noch etwas fantasiereicher gestalten, so klappt man das Filet der Länge nach auf, plattiert es, bestreicht es mit der Marinade, bestreut es mit gehackten Korianderblättern und rollt es ein. Nach dem Tieffrosten in feine Scheiben geschnitten, wird das zu einer optisch wie auch geschmacklich bestechenden Variante.

# Marinierter Tafelspitz

*Ein Klassiker aus Ewald Plachuttas Rindfleisch-Küche*

Zutaten

*500 g Tafelspitz (oder anderes Rindfleisch), gekocht*
*je ½ Paprikaschote, rot und gelb*
*80 g Zwiebeln, gehackt*
*1 EL Petersilie, gehackt*
*1 dl Essig (möglichst geschmacksneutral, bei Bedarf mit Wasser verdünnt)*
*5 EL Pflanzenöl (geschmacksneutral)*
*Schnittlauch zum Bestreuen*
*Salz*

Essig, Öl und Salz verrühren, bei Bedarf mit etwas kaltem Wasser verdünnen. Kalten Tafelspitz mit einer Schneidemaschine dünn aufschneiden. Scheiben in ein passendes flaches Geschirr einlegen, zwischen den Lagen immer wieder mit etwas Marinade begießen. Einige Stunden kalt marinieren (kann am Vortag zubereitet werden). Rest der Marinade mit Zwiebeln, Petersilie und kleinwürfelig geschnittenen Paprikaschoten vermengen. Die Tafelspitzscheiben fächerartig auf Teller verteilen. Mit der Zwiebel-Paprika-Marinade großzügig bedecken und mit Schnittlauch bestreuen.

- Tipps: Das Gericht sollte nicht zu kalt serviert werden, da es bei Zimmertemperatur sein bestes Aroma entwickelt und das Fleisch im Biss weicher und saftiger bleibt.
  Bodenständiger schmeckt der Tafelspitz, wenn man das Pflanzenöl durch Kürbiskernöl ersetzt und statt der Paprikaschoten Radieschen verwendet. Ein Bukett von mariniertem Vogerl- oder Rapunzelsalat wäre dazu die passende Garnitur.

# Vitello tonnato

Zutaten

*600 g Kalbsnuss- (oder -schluss)braten*
*150 g Wurzelwerk (Karotten, Sellerie, Petersilwurzel), geschält*
*½ Zwiebel, geschält*
*1 dl Weißwein, trocken*
*ca. 1 l milde Suppe (oder Wasser)*
*8 Pfefferkörner, 3 Gewürznelken*
*Salz*

*Für die Thunfischsauce:*
*200 g Thunfisch aus der Dose*
*1 Eidotter*
*1/8 l Olivenöl*
*2 EL Kapern*
*etwas Sardellenpaste*
*etwas Weißweinessig (o. Zitronensaft)*
*Pfeffer, weiß, frisch gemahlen, Salz*
*Basilikumblätter und 1 EL Kapern zum Garnieren*

Die Suppe mit Pfefferkörnern, Gewürznelken, Salz und Weißwein aufkochen. Kalbfleisch, Wurzelwerk und Zwiebel beigeben und das Fleisch zart wallend kernig weich kochen, im Sud erkalten lassen.
Für die Sauce Thunfisch samt Öl und etwa 2 EL kaltem Kalbfleischsud fein mixen. Eidotter mit etwas Weißweinessig, Sardellenpaste und 1 EL Kalbfleischsud verrühren, mit schwachem Fluss zimmertemperiertes Olivenöl einfließen lassen und unter ständigem Rühren zu einer Mayonnaise rühren. Thunfischmasse darunter mengen, Konsistenz bei Bedarf mit Kalbfleischsud regulieren, würzen, Kapern untermengen. Fleisch aus dem kalten Sud heben, trockentupfen und mit einer Schneidemaschine in dünne Scheiben schneiden. Etwas Thunfischcreme auf vorbereitete Teller oder eine Platte verteilen, das Fleisch darauf fächerartig auflegen, mit Sauce überziehen und mit Basilikumstreifen und Kapern garnieren.

- Kochdauer: ca. 90 Minuten
- Tipps: Das Kalbfleisch kann auch gebraten statt gekocht werden. Für »Vitello gorgonzola« wird das gekochte Kalbfleisch mit einer Creme aus Sauerrahm, Sud und passiertem Gorgonzola überzogen und mit Pinienkernen bestreut.

# Lauwarmes Zungen-Carpaccio

Zutaten

*400 g Rindszunge, gepökelt, gekocht und geschält*
*200 g Wurzelwerk (Sellerieknolle, Gelbe Rübe, Karotten), geschält*
*60 g Jungzwiebeln, geschält*
*¼ l Rindsuppe, fettfrei (oder Salzwasser)*
*etwas Essig*
*Kren, gerissen*
*Schnittlauch, geschnitten*

Wurzelwerk und Zwiebeln in Streifen schneiden und in der, mit etwas Essig aromatisierten Rindsuppe kernig kochen. Geschälte Rindszunge in etwas Suppe oder in der Mikrowelle erhitzen. Zunge mit der Schneidemaschine in dünne Scheiben schneiden und auf vorgewärmten Tellern rosettenartig aufbreiten. Wurzel- und Zwiebelstreifen in der Mitte aufhäufen, mit etwas warmer Suppe begießen, mit Kren und Schnittlauch bestreuen und sofort auftragen.

- Tipp: Statt Rindszunge kann auch Kalbs-, Schweins- oder Lammzunge verwendet werden. Die Zunge kann jeweils grün (unbehandelt), gepökelt oder geräuchert sein.

# Natur, fein gehackt und pur
## Tatar von Beef bis Lachs

*Den kalten Köstlichkeiten in diesem Kapitel ist zweierlei gemeinsam: Sie belassen dem Grundprodukt den natürlichen Eigengeschmack, und sie zergehen auf der Zunge.*

## Gemüsetatar

Zutaten

*80 g Jungzwiebeln (Frühlingszwiebeln), geschält*
*100 g Kohlrabi, geschält*
*je 80 g Paprikaschote, rot und gelb, entkernt*
*70 g Karotten, geschält*
*80 g Stangensellerie, geschält*
*ca. 1/8 l Sauerrahm (o. Crème fraîche)*
*1 Knoblauchzehe, gepresst*
*1 EL Schnittlauch, geschnitten (oder gezupfte Kresse)*
*Salz, Pfeffer, weiß, gemahlen*
*Radieschenwürfel und gehackter Schnittlauch als Dekor*

Gemüse waschen, abtrocknen. Jungzwiebeln, Kohlrabi, Paprikaschoten, Karotten sowie Stangensellerie in sehr kleine Würfel schneiden. Mit Sauerrahm, Knoblauch, Schnittlauch, Salz und Pfeffer zu einer kompakten und formbaren Masse verrühren. Eine Ringform (z.B. glatter Ausstecher aus Metall oder Kunststoff) mittig auf einen Teller setzen, die Masse einfüllen, glatt streichen, mit Schnittlauch und Radieschenwürfeln bestreuen und den Ring vorsichtig wieder abziehen. Den Vorgang für die restlichen drei Portionen wiederholen.

- Beilagenempfehlung: marinierter Rucola, Pumpernickel oder Vollkornbrot, kleine Kartoffelpuffer, Kartoffel- oder Gemüsechips
- Tipp: Die Auswahl der verwendeten Gemüsesorten ist beliebig. Vorsicht allerdings bei Salatgurken, da diese Wasser absondern und die Masse dadurch wässrig wird.

# Matjestatar

Zutaten

*220 g Matjesfilets*
*80 g Zwiebeln*
*100 g Äpfel, geschält, entkernt*
*50 g Senfgurken*
*1 EL Dillspitzen, gehackt*
*3 EL Sauerrahm*
*Salz*
*Pfeffer, weiß, frisch gemahlen*

Matjesfilets, Zwiebeln, Äpfel und Senfgurken in sehr kleine Würfel schneiden. Mit Sauerrahm, Dillspitzen, Salz sowie Pfeffer abmengen und aus der Masse kleine Laibchen formen.

- Beilagenempfehlung: kleine, frisch gebackene Kartoffelpuffer
- Tipps: Will man das Matjestatar als kleinen Mundhappen reichen, so richtet man es als Mini-Portion auf Gurken- oder kleinen Brotscheiben an. In Sherry marinierte Heringe eignen sich ebenso gut für dieses Tatar.

# Thunfischtatar

Zutaten

*400 g Thunfisch, topfrisch (Sushi-Qualität)*
*2 EL Zwiebeln, sehr fein gehackt*
*1 TL Ingwer, frisch, gerieben (oder eingelegt, gehackt)*
*2 EL Sojasauce, süß*
*1–2 EL Koriandergrün, grob gehackt*
*2 EL Sesamöl*
*1 TL Kapern, gehackt*
*1 TL Zitronensaft*
*1 KL Currypulver*
*1 EL Sesamkörner, geröstet*
*Salz*
*Pfeffer, schwarz, aus der Mühle*

Den Thunfisch mit einem scharfen Messer in ganz kleine Würfel schneiden (nicht hacken oder faschieren). Thunfischwürfel mit sämtlichen Zutaten und Gewürzen vermengen, kühl stellen. Aus der Thunfischmasse Laibchen formen und anrichten.

- Garnierung: geröstete Sesamsamen oder sautierte, marinierte Sojakeime
- Tipp: Zur Abwechslung kann man die Thunfischwürfel auch mit einer Creme aus Dosenthunfisch und Mayonnaise leicht abbinden.

## *»Fleisch aus der Unterwelt«*

*Das Beef Tatar trägt seinen Namen nach dem griechischen Tartaros, jenem Aufenthaltsort der Verdammten in der Unterwelt, nach dem man im Mittelalter unter dem Eindruck der Mongoleneinfälle ganz Mittelasien benannte. In der Tat ist unser heutiges Beef Tatar in seiner »Urfassung« wohl das, was die Reiternomaden des Dschingis Khan der Legende nach unter ihrem Sitzfleisch mürbe ritten und anschließend, in kleine Stücke gehackt, verzehrten. Das mag wenig appetitlich klingen, hatte aber Folgen: Seeleute aus dem Baltikum fanden nämlich an der Tatarensitte Gefallen und begannen, das rohe Fleisch fein zu würzen und zu Bällchen zu formen. Einer von ihnen muss dann wohl auf die Idee gekommen sein, so ein Bällchen in der Pfanne rundum anzurösten, weshalb das Beef Tatar mit Fug und Recht als Vorläufer des »Fleischlaberls« und damit auch des Hamburgers gelten kann.*

# Chili-Beef-Tatar

Zutaten

*800 g Rindfleisch, mager, zugeputzt (pariert) und sehnenfrei (Tafelstück, Hüferscherzel, Dicke Schulter etc.)*
*4 Eidotter*
*80 g Zwiebeln, fein geschnitten*
*Chilischoten, frisch, fein gehackt (oder getrocknet, gemahlen)*
*1 TL Kapern, gehackt*
*100 g Essiggurkerl, gehackt*
*1 Messerspitze Sardellenpaste*
*2 EL Hot Ketchup, 1 TL Estragonsenf*
*Spritzer Chilisauce*
*1 EL Koriandergrün (oder Petersilie), gehackt*
*Salz, Pfeffer, schwarz, aus der Mühle*
*Toasts als Beilage*

Gut gekühltes Fleisch klein schneiden, faschieren oder hacken. Alle Zutaten miteinander gut vermengen, je nach gewünschter Schärfe pikant-würzig abschmecken und aus der Masse vier Laibchen formen. Mit frischem, knusprigen Toast auftragen.

■ Tipps: Das klassische Beef Tatar wird weniger scharf, also ohne Chili, dafür mit einer leichten Prise Paprikapulver und etwas Petersilie gewürzt. Man braucht nicht unbedingt Rindsfilet, um ein erstklassiges Tatar zuzubereiten. Wichtig ist allerdings, dass ausschließlich sehr frisches, kräftigrotes Rindfleisch verwendet wird. Wenn möglich, sollte die Faschiermaschine vor Gebrauch im Kühlschrank gekühlt werden. Außerdem sollte das Tatar so knapp wie möglich vor dem Verzehr zubereitet und keinesfalls länger als einen Tag gelagert werden.
Gourmets bevorzugen die Luxusvariante, in der das Tatar auf Toast oder gebackene Kartoffelscheiben gesetzt und mit echtem Caviar gekrönt wird.

# Der kalte Genuss

## Terrine, Sulz & Mousse

*Gelernte Gastgeber haben die perfekte kalte Vorspeise, wenn die Gäste eintreffen, schon im Kühlschrank. Dann einfach aufschneiden oder ausstechen – und der Erfolg ist gesichert.*

## Tafelspitzsulz

Zutaten für
1 Pastetenwanne
(ca. 15 cm x 30 cm)
*650 g Tafelspitz, gekocht, fettfrei (ersatzweise anderes mageres, gekochtes Rindfleisch)*
*150 g Wurzelwerk (Karotten, Gelbe Rüben etc.), geschält*
*150 g Essiggurkerl*
*1,3 l Rindsuppe, entfettet*
*90 g Aspikpulver*
*4 cl Hesperidenessig*
*10 g Salz*

*Für die Marinade:*
*3 cl Apfelessig*
*5 cl Öl (Kürbiskernöl)*
*3 EL Zwiebeln (nach Belieben auch rote Zwiebeln), gehackt*
*Salz, Prise Zucker*

Rindfleisch in ca. 4 mm starke Würfel schneiden. Wurzelwerk in Salzwasser oder Suppe bissfest kochen, mit kaltem Wasser abfrischen und ebenso wie die Gurkerl in ca. 4 mm große Würfel schneiden. Aspikpulver mit ¼ l kalter Rindsuppe anrühren, einige Minuten anziehen lassen. Restliche Suppe mit Essig und Salz aufkochen lassen, angerührtes Aspik einrühren und unter Umrühren auflösen. Rindfleisch- und Gemüsewürfel beigeben, alles vermengen, dann leicht abkühlen lassen. Vor dem Anstocken in eine mit Klarsichtfolie ausgelegte Form gießen, einige Stunden im Kühlschrank erstarren lassen. Stürzen, Folie abziehen, in 1 cm dicke Scheiben schneiden. Essig, Pflanzen- oder Kürbiskernöl, eine Prise Zucker und Salz zu einer Marinade verrühren, Zwiebeln auf die Sulzscheiben verteilen und mit Marinade übergießen.

- Garnitur: marinierte Blattsalate oder Radieschen
- Tipps: Nach demselben Rezept lassen sich auch Schinken-, Extrawurst- oder Käsesulzen zubereiten.
  Trotz ihres Namens kann für diese populäre Sulz jedes saftige, gekochte Rindfleisch verwendet werden, das gerade zur Verfügung steht.

# Lachssulz

Zutaten für
4–6 Portionen

*500 g Lachsfilet, ohne Haut und entgrätet*
*1,5 dl milde, klare Suppe (oder Wasser)*
*1/16 l Weißwein, Weißweinessig*
*Salz, 6 Pfefferkörner*
*einige Dillstengel*
*150 g Karotten, Sellerie, Gelbe Rüben, geschält*
*10 g Dillspitzen, gehackt*

*Für das Fischaspik:*
*¼ l Fischfond*
*17 g Aspikpulver*
*Weißweinessig*
*Salz*

Suppe mit Weißwein, Essig, Salz und Pfeffer vermengen, in ein flaches, passendes Geschirr gießen, das Lachsfilet einlegen und Dillstengel beigeben. Den Lachs langsam erhitzen und nicht über 80 °C auf den Punkt (etwa 10–12 Minuten) pochieren, im Sud erkalten lassen. Herausheben, beide Seiten mit Dille bestreuen, den Sud abseihen. Wurzelwerk in feine Streifen schneiden, mit einem Teil des Fischsuds kernig kochen und kalt stellen. Wurzelstreifen aus dem Sud heben, gut abtropfen lassen und leicht ausdrücken.
Eine passende Terrinenform mit den Wurzelstreifen auslegen und dann abwechselnd den auf die Form zugeschnittenen Lachs und die Wurzeln einlegen. Aspikpulver in etwa 1/16 l kalten Fischsud einrühren, aufweichen lassen. Restlichen Fischsud aufkochen, eingeweichten Aspik einrühren, mit Essig und Salz abschmecken und überkühlen lassen. Terrine mit Fischaspik auffüllen, anstocken lassen, nochmals eine kleine Schicht Aspik eingießen. Gut durchkühlen lassen, die Form kurz in sehr heißes Wasser tauchen, sofort stürzen und Terrine in Scheiben schneiden.

- Garungsdauer: ca. 10–12 Minuten
- Beilagenempfehlung: Ragout aus Frischgurke, Sauerrahm und Dille
- Tipps: Der Lachs lässt sich auch durch andere Fische wie etwa Angler, Saibling oder Lachsforelle ersetzen.
  Wenn statt Aspikpulver Gelatineblätter verwendet werden, so benötigt man für ¼ l Flüssigkeit 6 Gelatineblätter.

# Räucherfischsülzchen

Zutaten für
4–6 Portionen

*400 g Räucherfische (Forelle, Aal, Lachs, Schillerlocken etc.), gemischt, ohne Gräten*
*1 dl Wasser (oder Fischfond)*
*4 cl Weißwein*
*6 Gelatineblätter*
*Weißweinessig*
*1 EL Dille, gehackt*
*80 g Äpfel, geschält, entkernt*
*Salz*

Gelatineblätter in kaltem Wasser einweichen. Räucherfische in mundgerechte Stücke, Äpfel in etwas kleinere Würfel schneiden.
Wasser oder Fischfond, Essig und Weißwein aufkochen, salzen, die Gelatine aus dem Wasser heben, einrühren und erkalten, aber nicht stocken lassen. Gehackte Dille einrühren, Räucherfischstücke und Apfelwürfel einmengen, in kleine, vorbereitete Portionsförmchen oder in eine entsprechend große Wannenform gießen. Terrine gut durchkühlen lassen, vor dem Servieren die Formen kurz in sehr heißes Wasser tauchen, sofort stürzen und servieren.

- Beilagenempfehlung: Frischgurken in Dillrahm oder Blattsalate
- Tipp: Verwendet man eine größere Terrinenform, so müssen die Fische nicht unbedingt zerkleinert werden. Darüber hinaus kann man die Form mit Klarsichtfolie und Räucherlachsscheiben auslegen. Die dazwischen eingelegten Fisch- und/oder Gemüsescheiben sowie Keniabohnen sorgen gleichermaßen für optisch wie geschmacklich interessante Effekte.

## Räucherfischsülzchen

*1. Mit Folie ausgelegte Form nach Möglichkeit mit Räucherlachsscheiben auslegen, dieser Vorgang kann allerdings auch entfallen.*

*2. Mit Räucherfischmasse auffüllen (optisch besonders attraktiv sind auch beigemengte knackig gekochte Keniabohnen).*

*3/4. Mit etwas kaltem, aber noch nicht gestocktem Gelee abschließend begießen.*

# Spargelmousse

Zutaten für 6 Portionen
*600 g Spargel, weiß*
*Saft einer Zitrone*
*6 Gelatineblätter*
*½ l Schlagobers*
*1 Scheibe Weißbrot*
*Salz, Pfeffer, weiß*
*Prise Zucker*

Spargel schälen, holzige Enden abschneiden und in Salzwasser mit wenig Zucker und einer Scheibe Weißbrot (verhindert das Bitterwerden) nicht bissfest, sondern sehr weich kochen. Erkalten lassen. Spargel durch ein feines Sieb streichen oder sehr fein mixen. Obers steif schlagen. Gelatineblätter in kaltem Wasser einweichen, abtropfen lassen und lauwarm schmelzen. Geschmolzene Gelatine zügig unter die Spargelmasse rühren und diese sofort unter das Schlagobers mengen. Mit weißem Pfeffer und wenig Zitronensaft würzen. In ein passendes flaches Gefäß ca. 4 cm hoch eingießen und einige Stunden gut kühlen. Mit einem in heißes Wasser getauchten Suppenlöffel Nocken herausstechen, auf Teller gruppieren und beliebig garnieren.

- Tipps: Diese zarte Mousse passt hervorragend zu Rind-, Fisch- oder Gemüsecarpaccio sowie zu mariniertem Gemüse.
  Serviert man die Spargelmousse als Fülle von Strudelteigkörbchen, so mundet sie nicht nur vorzüglich, sondern sieht auch noch besonders dekorativ aus.

# Provençalisches Gemüsesülzchen

Zutaten
für 6 Portionen

*1 Paprikaschote, rot*
*1 Paprikaschote, gelb*
*100 g Zucchini*
*100 g Melanzani*
*2 Knoblauchzehen, gepresst*
*12 Oliven, schwarz, entkernt*
*60 g Trockentomaten, ohne Öl (Pomodori secchi)*
*Gemüsesud (oder Salzwasser), zum Aufkochen*
*Olivenöl zum Braten / für die Form*

*Für das Gelee:*
*¼ l Gemüsesud (oder Suppe)*
*7 Gelatineblätter*
*1 EL Estragonspitzen, gehackt*
*etwas Estragonessig (oder neutraler Gärungsessig)*
*Chilisauce*
*Salz, Pfeffer, frisch gemahlen*

Paprikaschoten entstielen, entkernen, vierteln, mit extremer Oberhitze (Hautseite nach oben) braten, bis sich die Haut abziehen lässt. Mit Salz und Pfeffer würzen. Zucchini und Melanzani vom Stielansatz befreien, der Länge nach in ca. 5 mm dicke Scheiben schneiden, salzen und Wasser ziehen lassen. Mit Küchenkrepp trockentupfen, mit Salz, Pfeffer und Knoblauch kräftig würzen. Öl erhitzen, Zucchini- und Melanzanischeiben rasch auf beiden Seiten braten, auf Küchenkrepp abtrocknen, bei Bedarf nachwürzen. Trockentomaten in wenig Gemüsesud aufkochen, abseihen, abtrocknen. Gelatineblätter in kaltem Gemüsefond einweichen, dann lauwarm schmelzen, pikant-säuerlich mit Chilisauce, Salz und Pfeffer würzen und wieder erkalten, aber nicht ganz stocken lassen. Estragonessig und Estragonspitzen einrühren.

Eine passende Terrinenform zart mit Öl ausstreichen, mit Frischhaltefolie auskleiden. Gesamtes Gemüse entweder mit dem nicht ganz gestockten Gelee vermengen und einfüllen oder aber nach Sorten getrennt, mit je einer Lage Gelee dazwischen, einschichten. Sulz ca. 6 Stunden im Kühlschrank durchkühlen, Form stürzen, Folie abziehen und vorsichtig (am besten mit einem Elektromesser) in ca. ½ cm dicke Scheiben schneiden.

- Beilagenempfehlung: Knoblauchrahm, Thunfischsauce oder Sauce vinaigrette
- Tipps: Die Auswahl an den verwendeten Gemüsesorten ist je nach Angebot, Lust und Laune beliebig zu erweitern. Ausgezeichnet passen auch Fenchel, diverse Pilze oder Artischocken in dieses Sülzchen.
  Ersetzt man die Gelatineblätter durch Trockenaspik, so werden 18 g Trockenaspik in ¼ l Flüssigkeit aufgeweicht.

# Räucherforellenmousse

Zutaten

*250 g Räucherforellenfilet (oder Makrele), ohne Haut*
*50 g Butter, handwarm*
*¼ l Schlagobers*
*3½ Gelatineblätter*
*Salz, Pfeffer, weiß*
*Kren, gerieben, nach Belieben*
*Zitronensaft*

Gut entgrätete Räucherforelle mit Butter fein pürieren und durch ein Sieb streichen. Gelatine in kaltem Wasser einweichen, leicht ausdrücken und mit 1 KL Wasser lau schmelzen. Überkühlen lassen und fast erkaltet unter das Forellenpüree rühren. Geschlagenes Obers vorsichtig unterheben und pikant abschmecken. Eine passende Form mit Klarsichtfolie auskleiden, Masse einfüllen, glatt streichen und einige Stunden kühlen. Fertige Mousse entweder mit einem leicht benetzten Messer in Scheiben schneiden oder mit einem Löffel Nocken ausstechen.

Tipp: Diese delikate Mousse eignet sich auch hervorragend als Dekor-Creme für kleine, pikante Happen, wobei man in diesem Fall etwas weniger Gelatine verwendet, um die Creme auch gut aufspritzen zu können.

# Avocado-Gemüse-Terrine

Zutaten
für 6 Portionen

*300 g Gemüse nach freier Wahl (Paprikaschoten, grüne Bohnen, Broccoli, Romanescoröschen, Karotten, Austernpilze, Grünspargel), beliebig geschnitten und bissfest gegart*
*150 g Avocadofruchtfleisch*
*⅛ l Schlagobers, geschlagen*
*2 EL Crème fraîche*
*7 Gelatineblätter*
*Salz, Pfeffer, weiß, frisch gemahlen*
*Saft einer halben Zitrone*
*etwas Öl*

Eine passende eckige oder halbrunde Terrinenform zart mit Öl ausstreichen, mit Frischhaltefolie auskleiden. Gelatine in kaltem Wasser weichen, aus dem Wasser heben, in wenig lauwarmem Wasser schmelzen. Avocadofruchtfleisch sofort nach dem Herausschälen mit Zitronensaft beträufeln, grob schneiden und fein mixen. Mit Crème fraîche vermengen, geschmolzene Gelatine mit einem Schneebesen zügig einrühren, geschlagenes Obers unterheben, mit Salz und Pfeffer würzen. Das gut auf Küchenkrepp abgetrocknete, mit Salz und Pfeffer gewürzte Gemüse vorsichtig mit einem Kochlöffel oder einer Küchenspachtel unterheben. Die Masse in die vorbereitete Form füllen, ca. 6 Stunden im Kühlschrank kühlen. Die gestockte Terrine stürzen, die

Folie abziehen, mit einem dünnen, in lauwarmes Wasser getunkten Messer in fingerdicke Tranchen schneiden.

- BEILAGENEMPFEHLUNG: marinierte Chicoréeblätter
- TIPPS: Noch dekorativer sieht diese Terrine aus, wenn man die Gemüsesorten nach Farben trennt und sie – getrennt von je einer Lage Avocadocreme – einschichtet.
  Die Beigabe von pochierten Garnelen, Muscheln oder Räucherfischen ergänzt diese Gemüseterrine nicht nur in geschmacklicher Hinsicht.

# MOZZARELLATERRINE

ZUTATEN
FÜR 1 TERRINENFORM
(CA. 15 CM X 32 CM)
*500 g Mozzarella*
*150 g Gervais*
*1 ½ Gelatineblätter*
*1/8 l Crème fraîche*
*50 g Oliven, schwarz, entkernt*
*50 g Pinienkerne (oder Pistazien)*
*1 TL Pfeffer, rosa*
*2 EL Basilikum, in Streifen geschnitten*
*einige Trockentomaten, ohne Öl, grob geschnitten (Pomodori secchi)*
*Salz*
*Pfeffer, weiß, frisch gemahlen*
*Öl für die Form*

Terrinenform leicht mit Öl bestreichen, mit Alu- oder Klarsichtfolie auslegen, zart mit Öl bestreichen. Mozzarella in ca. 1 cm dicke Scheiben schneiden, beidseitig mit Salz und Pfeffer würzen. Gelatineblätter in kaltem Wasser einweichen, herausheben, leicht ausdrücken und mit einigen Tropfen Wasser lauwarm schmelzen. Zimmertemperierten Gervais geschmeidig rühren, mit Gelatine zügig vermengen, Crème fraîche sofort unterheben, mit Salz und Pfeffer würzen. Oliven, Pinienkerne, rosa Pfeffer, Trockentomaten und Basilikum einmengen. In die Form abwechselnd je eine Lage Mozzarella und Käsecreme einfüllen und mit Mozzarellascheiben abschließen. Leicht anpressen, mit Folie bedecken und ca. 24 Stunden im Kühlschrank durchkühlen lassen. Terrine stürzen, von der Folie befreien und mit einem wasserbenetzten Messer in Scheiben schneiden (dabei nicht drücken) oder ein Elektromesser verwenden.

- BEILAGENEMPFEHLUNG: mit Balsamico-Essig und Olivenöl marinierte Tomatenscheiben oder kaltes Basilikum-Tomaten-Ragout
- TIPP: Bei den Zutaten lässt sich beliebig variieren. Zum Beispiel kann man ergänzend gekochte Artischockenböden, Avocado-, gebratene Zucchini- oder Melanzanischeiben lagenweise einordnen und mit Creme abdecken.

MOZZARELLATERRINE

1. *Gervais mit flüssiger Gelatine vermengen, Crème fraîche sofort unterheben, restliche Zutaten einrühren.*
2. *Mit Alu- oder Klarsichtfolie auslegen, zart mit Öl bestreichen. Terrinenboden mit gewürzten Mozzarellascheiben auslegen.*
3. *Etwas Creme auftragen, eine Lage Mozzarellascheiben einschichten. Diesen Vorgang fortsetzen, bis die Terrine gefüllt ist.*
4. *Als letzte Lage mit Mozzarellascheiben abschließen, leicht anpressen, mit Folie bedecken und ca. 24 Stunden im Kühlschrank durchkühlen lassen.*

## *»Kleine Mozzarella-Kunde«*

*Wer einen »echten Mozzarella« mit seinem charakteristischen, leicht säuerlichen Aroma essen will, der tatsächlich – wie es der Tradition entspricht – aus Büffelmilch hergestellt wird, der sollte sich entweder in Mittelitalien umtun, wo die Zucht von Wasserbüffelkühen bis heute eine Rolle spielt, oder aber einen gut sortierten Feinkostladen aufsuchen. Zumeist wird der längst nicht mehr nur bei Pizzabäckern beliebte Frischkäse aus Kampanien jedoch aus Kuhmilch, mitunter auch aus einem Gemisch aus Kuh- und Büffelmilch hergestellt. In technischer Hinsicht zählt Mozzarella, der sich mit 50 % Fett i.Tr. sehr leicht schmelzen lässt, zu den so genannten Brühkäsesorten. Der Name Mozzarella stammt übrigens aus dem neapolitanischen Dialekt und geht auf »mozzo« zurück, was so viel bedeutet wie »in Teile geschnitten.«*

## Schinken-Spargel-Terrine

Zutaten für
6 Portionen

*300 g Bein- (oder Press)schinken, in Streifen geschnitten*
*300 g Spargel, grün, geputzt*
*1/8 l Milch*
*1/8 l Schlagobers*
*10 g Maizena*
*30 g Kren, gerissen*
*6 Gelatineblätter*
*Salz, Pfeffer, weiß, frisch gemahlen*
*etwas Öl für die Form*

Terrinenform zart mit Öl ausstreichen, mit Klarsichtfolie auslegen. Spargel in kochendem Salzwasser knackig kochen, in mit Eiswürfeln versetztem kalten Wasser abfrischen, mit Küchenkrepp abtrocknen. Gelatineblätter in kaltem Wasser weichen. Zwei Drittel der Milch aufkochen, ein Dittel mit Maizena verrühren, in die kochende Milch einrühren, nochmals aufkochen, die geweichte Gelatine aus dem Wasser heben, abtropfen lassen und in der heißen Milch auflösen. Masse abkühlen, aber nicht stocken lassen, Kren einrühren. Obers steif schlagen, einmengen, salzen und pfeffern. Etwas Krenmasse in die Form einstreichen, dann abwechselnd Schinken, Krenmasse und Spargel einfüllen, bis alle Zutaten aufgebraucht sind. Im Kühlschrank ca. 6 Stunden kühlen. Terrine stürzen, Folie abziehen, mit einem dünnen, in heißes Wasser getunkten Messer in fingerdicke Scheiben schneiden.

- Beilagenempfehlung: marinierter Vogerl- oder Rapunzelsalat
- Tipps: Grüner Spargel lässt sich selbstverständlich auch durch weißen ersetzen, anstelle von Beinschinken kann man auch gekochte Pökelzunge, Rohschinken oder Räucherlachs verwenden.
  Rascher lässt sich eine Schinken-Spargel-Sulz zubereiten. Dazu rollt man den gekochten Spargel in Schinkenblätter ein, ordnet diese in eine Terrinenform und gießt mit fast kaltem Kräuteraspik auf. Gut durchkühlen lassen, wie üblich stürzen und in Scheiben schneiden.

# Keep cool

## Suppen und Kaltschalen, geeist verspeist

*Wenn alljährlich die Hundstage ausbrechen, sinkt der Hunger, doch es steigt das Bedürfnis nach Kühlung. Ganz sicher hilft jetzt ein kühles Erfrischungsgetränk. Wesentlich raffinierter und mindestens ebenso wirkungsvoll sind freilich die folgenden Rezepte.*

## Avocado-Kaltschale mit Crevetten

Zutaten

*1 Avocado (ca. 250 g), vollreif*
*4 dl Rind- (oder Gemüse)suppe, klar*
*2 dl Schlagobers*
*Saft einer halben Zitrone*
*Salz, Pfeffer, weiß, frisch gemahlen*
*160 g Crevetten für die Einlage*

Die Avocado halbieren, Kern entfernen, das Fruchtfleisch mit einem Löffel aus der Schale lösen und sofort mit Zitronensaft marinieren. Das Fruchtfleisch unter ständiger Zugabe von kalter Suppe und Obers zu einer glatten, cremigen Flüssigkeit mixen (am besten mit einem Standmixer). Mit Salz und frisch gemahlenem Pfeffer abschmecken. Crevetten beigeben und gut kühl stellen. Sehr kalt servieren.

■ Tipps: Ob die Avocado wirklich reif ist, erkennt man daran, dass sich die Frucht von außen weich anfühlt und sich der Kern beim Schütteln der Avocado lose im Inneren hin- und her bewegt.
Statt Crevetten können auch Krebsschwänze oder Hummerfleisch, aber auch kostengünstigere Schinkenstreifen als Einlage verwendet werden.

## Geeiste Buttermilchsuppe mit Räucherforelle

Zutaten

*6 dl Buttermilch*
*3 EL Gemüse- oder Hühnersuppe, klar und fettfrei*
*2 EL Sauerrahm*
*150 g Räucherforellenfilet, ohne Haut*
*120 g Salatgurke, geschält, entkernt*
*80 g Äpfel, geschält, entkernt*
*1 EL Preiselbeeren*
*1 EL Dillspitzen, gehackt*
*Salz, Pfeffer, frisch gemahlen*

Räucherforellenfilet und Äpfel in kleine Würfel, Gurke in feine Streifen schneiden. Gurke etwas salzen, nach 10 Minuten leicht ausdrücken. Buttermilch, Sauerrahm und kalte Suppe glatt verrühren, Preiselbeeren und Dille untermengen, mit Salz und Pfeffer würzen. Räucherforellen- und Apfelwürfel sowie Gurkenstreifen einrühren und über Nacht (12 Stunden) kühl ziehen lassen. In vorgekühlten Tassen auftragen.

■ TIPP: Was die Einlage betrifft, so lassen sich da recht unterschiedliche Effekte erzielen: Mit Räucherlachs oder Schillerlocken als Variante bleibt das Räucherfischaroma erhalten, mit im letzten Moment beigegebenen heißen, geschälten Kartoffeln lässt man norddeutsche Geschmacksassoziationen aufblitzen.

# KALTE KÜRBISSUPPE

ZUTATEN

*300 g Kürbisfleisch (Muskatkürbis), geschält, entkernt*
*40 g Zwiebeln, fein geschnitten*
*1-2 EL Pflanzenöl*
*1 TL Paprikapulver, edelsüß*
*1/8 l Gemüse- (oder Hühner)suppe, klar und fettfrei*
*3 dl Buttermilch*
*2 dl Schlagobers*
*3 EL Schlagobers, cremig geschlagen*
*1 TL Dillspitzen, gehackt*
*Spritzer Essig*
*Salz, Pfeffer, weiß, frisch gemahlen*
*Kürbiskernöl zum Beträufeln*

Kürbisfleisch messerrückendick schneiden, salzen, 30 Minuten ziehen lassen und anschließend leicht ausdrücken. Öl heiß werden lassen, Zwiebeln darin hell anlaufen lassen. Kürbisfleisch und Paprikapulver beigeben, gut durchrühren, mit Suppe untergießen und alles ca. 15 Minuten zugedeckt sehr weich dünsten. Erkalten lassen. Suppe (am besten in einem Standmixer) unter Zugabe von Buttermilch und flüssigem Obers glatt mixen, nicht ganz fest ausgeschlagenes Obers einrühren. Mit Salz, Pfeffer und Essig abschmecken, Dillspitzen einrühren und gut durchkühlen. In kalten Schalen oder Tellern anrichten und erst unmittelbar vor dem Servieren mit Kürbiskernöl beträufeln.

■ GARUNGSDAUER: ca. 15 Minuten
■ TIPPS: Besonders dekorativ sieht diese Suppe aus, wenn man sie in kleinen, ausgehöhlten Kürbissen serviert und den Deckel nur schräg aufsetzt oder anlehnt.
Etwas mehr Biss und Pfiff erhält die Suppe durch extra knackig gegarte Kürbisstreifen, Selchfleisch- und Schinkenstreifen oder Rohschinkenchips. Keinesfalls sollten knusprig geröstete Kürbiskerne fehlen.

## *»Vichy lag am Hudson River«*

*Wer meint, die Vichyssoise sei in dem gleichnamigen Seebad in der Auvergne erfunden worden, das durch das Vichy-Regime im Zweiten Weltkrieg zu trauriger Berühmtheit gelangte, der irrt. Die Vichyssoise, von vielen Köchen als »beste Suppe der Welt« bezeichnet, ist vielmehr eine amerikanische Erfindung. Ihr Urheber ist dennoch ein Franzose: nämlich der aus Vichy gebürtige Meisterkoch Louis Diat, der die kalte Kartoffel-Porree-Suppe im New Yorker »Bourbonnais« ersann. Auch das vor allem von Literaten und Journalisten frequentierte Restaurant im New Yorker Hotel »Algonquin« erhebt Anspruch auf die Urheberschaft und meint, dass eine Vichyssoise mit einer winzigen Prise Curry noch erheblich besser munde.*

# Vichyssoise

Zutaten

*200 g Kartoffeln, mehlig*
*80 g Lauch (nur das Weiße), in Ringe geschnitten*
*6 dl Hühner- (oder Rind)suppe, fettfrei*
*40 g Butter*
*2 dl Schlagobers*
*3 EL Schlagobers, halb geschlagen*
*2 EL Crème fraîche*
*Salz, Muskatnuss, gerieben*
*Pfeffer, weiß, frisch gemahlen*
*Schnittlauch (oder geschnittene Frühlingszwiebeln), zum Bestreuen*

Geschälte Kartoffeln in feine Scheiben schneiden. Butter in einer Kasserolle schmelzen, Lauchringe darin hell anschwitzen, Kartoffelscheiben beigeben, kurz andünsten und mit Suppe sowie flüssigem Obers aufgießen. Alles gemeinsam sehr weich kochen. Im Mixglas oder mit einem Stabmixer sehr fein passieren. Kalt stellen. Crème fraîche einrühren, mit Salz, Pfeffer und Muskatnuss würzen, zum Schluss das cremig geschlagene Obers unterheben. In eiskalten Tassen oder Tellern anrichten und vor dem Servieren mit Schnittlauch oder Frühlingszwiebelstreifen bestreuen.

- Kochdauer: ca. 15 Minuten
- Tipp: Die noble geschmackliche Zurückhaltung dieses echten Klassikers verträgt zur Abwechslung durchaus auch einmal pikante Spielarten, etwa durch die Zugabe von Kartoffelchips, Graved Lachs, Räucherfischstückchen, Croûtons oder Hummerscheiben. Nicht minder nobel ist die Krönung durch einen Tupfen echten Caviars.

# Kalte Minestrone

Zutaten für
ca. 6 Portionen

*1 l Rindsuppe, fettfrei*
*(oder Gemüsebrühe)*
*4 EL Olivenöl*
*2 EL Tomatenmark*
*170 g Pomodori pelati*
*(geschälte Tomaten aus der Dose)*
*50 g Lauch, in Ringe geschnitten*
*80 g Karotten u. Knollensellerie, geschält*
*100 g Zucchini*
*50 g Erbsen, ausgelöst*
*50 g Karfiolröschen, geputzt*
*80 g Tomaten, geschält, entkernt*
*Salz, Pfeffer, aus der Mühle*
*Oregano*
*2 Knoblauchzehen, gepresst*
*1 EL Basilikumstreifen*
*Parmesan, gerieben (oder gehobelt)*
*Olivenöl extra vergine zum Beträufeln*

Karotten und Sellerie in kleine Würfel oder Scheibchen schneiden (eventuell halbieren oder dritteln), Zucchini in etwas größere Würfel schneiden. Pelati passieren. Öl erhitzen und Lauch darin anschwitzen. Karotten, Zucchini, Karfiolröschen und Sellerie beigeben, kurz andünsten, Tomatenmark einrühren, mit heißer Suppe und passierten Pelati samt Saft aufgießen. Etwa 5 Minuten kochen, Erbsen beigeben und kernig kochen. Frische, geschälte Tomaten in kleine Würfel schneiden, Knoblauch beifügen und mit Salz, Pfeffer sowie Oregano abschmecken. Suppe überkühlen lassen. Basilikumstreifen einrühren und entweder eiskalt oder zimmertemperiert anrichten. Vor dem Auftragen mit Olivenöl beträufeln und mit Parmesan bestreuen.

- Kochdauer: ca. 15 Minuten
- Beilagenempfehlung: Knoblauchcroûtons, Prosciutto-Chips oder Olivenbrot
- Tipp: Die Auswahl an verwendeten Gemüsesorten kann beliebig ergänzt und erweitert werden, etwa durch weiße Bohnen, Staudensellerie, Pilze, Rohschinkenstreifen, kleine Teigwaren oder Reis.

## *»Das rechte Borschtsch-Maß«*

*Der Borschtsch, ursprünglich eine russische Suppe aus Roten Rüben (russ. Burák), ist auch in der Ukraine (aus der angeblich das Originalrezept stammen soll), aber auch in Polen und sogar in Rumänien dermaßen beliebt, dass man ihn fast als »osteuropäisches Leibgericht« bezeichnen könnte. Borschtsch wird nach ungezählten Rezepturen, zu denen keineswegs nur Rote Rüben, sondern auch Kohl, Schinken, Rindfleisch, Speck, Kartoffeln, Knoblauch, Dörrzwetschken, Pilze, Sauerrahm und Würste gehören, warm oder kalt ser-*

*viert und fand bis in die entlegensten Regionen des alten Zarenreichs Verbreitung. In manchen Gegenden aß man den Borschtsch bis zu dreimal am Tag, was sogar die Bildung eines neuen Wortes zur Folge hatte: »pereborschtschit« heißt nicht nur »zu viel Borschtsch essen«, sondern ganz allgemein: das Maß überschreiten.*

# Kalter Borschtsch

Zutaten

*150 g Rote Rüben, roh, geschält*
*8 dl Rindsuppe, mild, fettfrei*
*100 g Schinken, gekocht*
*6 EL Sauerrahm*
*1 TL Kümmel, ganz*
*Spritzer Essig (Rotweinessig)*
*Prise Zucker, Salz*
*Pfeffer, aus der Mühle*
*1 EL Dillspitzen, gehackt*

Rohe Rote Rüben in hauchdünne Streifen schneiden, mit Rindsuppe zum Kochen bringen, Kümmel beigeben, knackig kochen und wieder erkalten lassen. Schinken in feine Streifen schneiden, gemeinsam mit den Dillspitzen unter die Suppe rühren und mit Essig, Salz, Pfeffer sowie Zucker abschmecken. In kalten Tassen oder Tellern anrichten und mit glatt gerührtem Sauerrahm garnieren.

■ Kochdauer: ca. 12 Minuten

# Hausgemachtes schmeckt am besten

## Wenn es in der Küche um die Wurst geht

*Je globalisierter die Ernährungsgewohnheiten und je vielfältiger das Angebot an vorgefertigten Convenience-Produkten werden, desto mehr steigt auch die Sehnsucht nach dem Einfachen, Altbewährten und Selbstgemachten. Man sollte halt bloß die richtigen Rezepte kennen … Hier sind einige der feinsten davon aufgezeichnet. Und keine Angst: Sie sind in jeder Haushaltsküche mit etwas Liebe zum Detail leicht nachkochbar. Ein hilfreicher Fleischhauer, der Sie bei der Beschaffung der nötigen Grundzutaten unterstützt, wird sich mit Sicherheit finden. Das Ergebnis sind nicht nur hausgemachte Fleischwaren vom Feinsten, sondern auch solche, von denen Sie – im Gegensatz zur üblichen Handelsware – ganz genau wissen, was alles drin ist.*

## Leberwurst

Zutaten für ca. 8–10 Würste

*250 g Schweinsschopf, ausgelöst*
*300 g Schweinskopf, ausgelöst*
*300 g Schweinsleber*
*4 Semmeln, in Würfel geschnitten*
*150 g Zwiebeln, fein geschnitten*
*60 g Schweineschmalz*
*2 EL Petersilie, gehackt*
*2 Knoblauchzehen, gepresst*
*1 TL Pastetengewürz*
*1 Lorbeerblatt*
*ca. 20 Pfefferkörner, Salz*
*Schweineschmalz (Butterschmalz oder Öl), zum Braten*
*geweichte Schweinsdärme zum Füllen (beim Fleischhauer oder auf Bio-Bauernmarkt vorbestellen)*

Schweinsschopf und Kopffleisch in grobe Würfel schneiden, in einen passenden Topf geben, reichlich mit siedendem Salzwasser bedecken, Lorbeerblatt und Pfefferkörner beifügen und das Fleisch weich kochen. Im Sud erkalten lassen. Zwiebeln in heißem Schweineschmalz licht anrösten, Petersilie beigeben, erkalten lassen. Rohe Leber und gekochtes Fleisch klein schneiden und mit dem Zwiebel-Petersilgemisch fein faschieren. Semmelwürfel, Knoblauch, Pastetengewürz und etwa 25 g Salz untermengen. Sollte die

Masse zu kompakt erscheinen, mit etwas Sud verdünnen. Fertige Masse mit einem Wurst-Füllgerät (im Fachhandel erhältlich) oder einem Spritzsack in die geweichten Därme füllen, in gewünschter Größe abbinden. In auf 80 °C erhitztem Wasser ca. 30 Minuten brühen, anschließend in kaltes Wasser legen. Sollten sich in den Würsten Luftblasen zeigen, diese mit einer Nähnadel anstechen. In einer passenden Pfanne etwas Schmalz oder Fett erhitzen und die Würste darin langsam rundum braun braten.

- Kochdauer des Fleisches: ca. 80–90 Minuten
- Pochierdauer der Würste: ca. 30 Minuten
- Beilagenempfehlung: Erdäpfelpüree, Röst- oder Kümmelerdäpfel, Sauerkraut, Kohl nach Wiener Art
- Tipp: Bei weitem unkomplizierter, dabei nicht weniger schmackhaft ist es, die Masse statt in Därme zu füllen, als kleine Plätzchen oder Laibchen in heißem Schmalz knusprig zu braten.

## Bratwurst

Zutaten für
ca. 12–15 Würste

*1,5 kg Schweinsschulter, ausgelöst*
*400 g Speck, ungeräuchert oder fettes Kleinfleisch (Abschnitte) vom Schwein*
*2 dl Eiswasser*
*3 Knoblauchzehen, gepresst (oder 2 g Knoblauchgranulat)*
*40 g Salz*
*4 g Pfeffer, gemahlen*
*1 EL Majoran*
*2 Eiklar*
*etwas Zitronenschale, gerieben*
*1 EL Petersilie, gehackt*
*geweichte Schweinsdärme zum Füllen (beim Fleischhauer oder auf Bio-Bauernmarkt vorbestellen)*
*Öl zum Braten*

Ein Drittel (500 g) des Schweinefleisches in kleine Stücke schneiden, faschieren und in der Küchenmaschine unter Zugabe von 20 g Salz, Knoblauch, rohem Eiklar und eiskaltem Wasser fein cuttern bzw. zu einer feinen, cremigen Masse mixen oder fein pürieren. Restliches Schweinefleisch und Speck ebenfalls in kleine Stücke schneiden und gröber faschieren. Grob und fein faschierte Massen mit sämtlichen Gewürzen und dem restlichen Salz gut miteinander vermengen, sodass eine geschmeidige Masse entsteht. Fertige Bratwurstmasse mit einem Füllgerät (im Fachhandel erhältlich) oder einem Spritzsack mit glatter Tülle in die geweichten Schweinsdärme oder Schafsaitlinge füllen und je nach gewünschter Größe abdrehen (zweimal um die Achse drehen). Die Enden fixieren. In einer passenden Pfanne etwas Öl erhitzen und die Bratwürste darin langsam rundum braun braten.

- Beilagenempfehlung: Sauerkraut, Wiener Kohl, Rösterdäpfel, Erdäpfelpüree, Erdäpfelschmarren
- Tipps: Werden die Bratwürste nicht am selben Tag gebraten, so müssen sie bei etwa 75–80 °C in heißem Wasser kurz überbrüht werden.
  Besonders knusprig und goldgelb werden Bratwürste, wenn man sie vor dem Braten in etwas Milch wendet.

## Bratwurst

*1. Zwei Drittel des Fleisches mit Speck grob faschieren und alle Zutaten und Gewürze für die Bratwurstfarce bereitstellen.*

*2. Restliches Schweinefleisch faschieren und in der Küchenmaschine (Kleinschneider) unter Zugabe von Salz, Knoblauch, rohem Eiklar und eiskaltem Wasser fein cuttern (mixen).*

*3. Grob und fein faschierte Massen mit sämtlichen Gewürzen und dem restlichen Salz gut miteinander vermengen.*

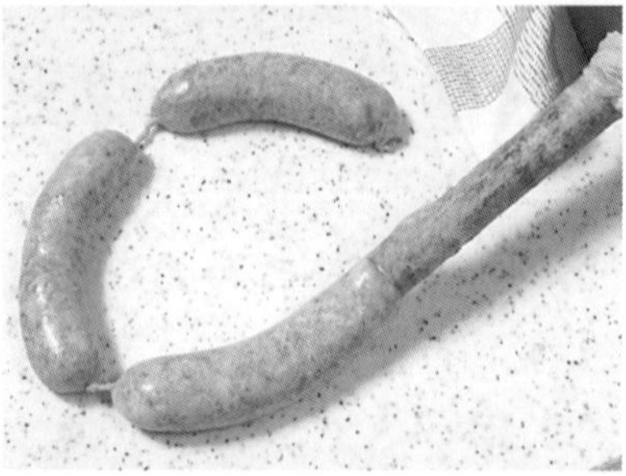

*4. Fertige Bratwurstmasse mit einem Füllgerät oder einem Spritzsack mit glatter Tülle in die geweichten Därme füllen und je nach gewünschter Größe abdrehen (zweimal um die Achse drehen). Die Enden fixieren.*

## *»Wie kommt die Leber in den Käse?«*

*Die Zeiten, in denen der Leberkäse wie in früheren Jahrhunderten noch großteils aus Wild- und Geflügelleber bestand, sind längst vorbei. In den meisten handelsüblichen Leberkäsen ist längst keine oder fast keine Leber mehr drin, und tatsächlich hat der Leberkäse, einmal rein sprachwissenschaftlich betrachtet, mit der Leber nicht das Geringste zu tun. Etymologen sind jedenfalls der Ansicht, dass der Leberkäse einfach ein nach der Form der »Läber« (ein aus dem Schweizerischen stammender Ausdruck für Laibe) benannter Fleischkäse sei. Andere Deutungen führen den Leberkäse auf die mittelalterlichen Mönche zurück, die aufgrund der strengen Fastengebote meinten, sie äßen »lieber Käse« als Fleisch.*

# Leberkäse

Zutaten

*160 g Rinds- (oder Schweins)leber*
*650 g Rindfleisch*
*600 g Speck, ungeräuchert*
*200 g Schweinskopffleisch (oder Bauchfleisch), ausgelöst*
*350 ml Eiswasser*
*30 g Pökelsalz (im gut sortierten Delikatessenhandel erhältlich oder beim Fleischhauer Ihres Vertrauens vorbestellen)*
*3 Eiklar*
*20 g Zwiebeln, sehr fein gehackt*
*20 g Salz*
*4 g Pfeffer, weiß, frisch gemahlen*
*etwas Muskatnuss*
*1 EL Majoran*
*3 Knoblauchzehen, gepresst (oder 2 g Knoblauchgranulat)*
*1 TL Maizena*
*Öl für die Form*

Rindfleisch klein schneiden, mit Pökelsalz vermengen, 1 Stunde eiskalt rasten lassen und anschließend fein faschieren. Unter Beigabe von rohem Eiklar und Eiswasser fein cuttern oder mixen. Rindsleber, Speck sowie Schweinefleisch klein schneiden, fein faschieren, mit dem Rindfleischbrät vermengen und gemeinsam cuttern. Masse mit Salz, Pfeffer, Muskatnuss, Majoran und Knoblauch würzen, Zwiebeln und Maizena beigeben, nochmals gut cuttern. Masse in eine oder mehrere gefettete Kastenformen (Leberkäswannen) oder Alufix-Einwegwannen füllen. Im vorgeheizten Backrohr bei etwa 160 °C je nach Größe der Form 40–60 Minuten backen. Den perfekten Garungsgrad dadurch prüfen, dass man ein Holzspießchen in den Leberkäse steckt und daran kein rohes Brät mehr haften bleibt.

- Backrohrtemperatur: 160 °C
- Backdauer: 40–60 Minuten
- Tipp: Die Masse kann auch ohne Leberzusatz hergestellt werden.

*1. Sämtliche Zutaten und Gewürze für die Leberkäsfarce bereitstellen.*

*2. Mit Pökelsalz mariniertes, faschiertes Rindfleisch mit rohem Eiweiß und Eiswasser fein cuttern.*

*3. Faschierte Leber, Speck und Schweinefleisch mit dem Rindfleischbrät vermengen und gemeinsam cuttern. Gewürze und restliche Zutaten beigeben, nochmals gut cuttern, Masse in gefettete Formen (Leberkäswannen) füllen.*

*4. Im vorgeheizten Backrohr bei etwa 160 °C je nach Größe der Form backen, aus der Form stürzen.*

# LEBERWURST IM GLAS

ZUTATEN FÜR 2 GLÄSER MIT JE 750 ML INHALT

*800 g Schweinsgoder (Wamme) oder fettes Bauchfleisch*
*200 g Schweins- (oder Kalbs)leber*
*60 g Schweineschmalz*
*100 g Zwiebeln, fein geschnitten*
*150 g Räucherspeck, fein geschnitten*
*½ Apfel, geschält, entkernt*
*1 EL Honig*
*Salz, 15 g Pökelsalz*
*Pfeffer, schwarz*
*1 Lorbeerblatt, 8 Pfefferkörner*
*2 Knoblauchzehen, gepresst*
*1 EL Majoran*
*Prise Vanillezucker*

Schweinefleisch in grobe Stücke teilen, mit kochendem Salzwasser bedecken, Pfefferkörner und Lorbeerblatt beigeben, sehr weich kochen, im Sud erkalten lassen. Schweineschmalz erhitzen, fein geschnittenen Speck und

Zwiebeln darin anrösten, in grobe Stücke geschnittene Leber beigeben und weiterrösten. Apfel fein schaben, beigeben, kurz weiterrösten und alles erkalten lassen. Fleisch herausheben und gemeinsam mit dem Leber-Speckgemisch fein faschieren. Mit Knoblauch, Majoran, Salz, Pfeffer und Pökelsalz würzen, Honig und Vanillezucker beigeben und nochmals gut durchrühren. Gläser zu drei Viertel mit der Masse füllen und gut verschließen. Wasser in einem Wasserbad auf ca. 90 °C erhitzen (am besten im Backrohr) und Leberwurst darin etwa 40 Minuten ziehen lassen. Gläser aus dem Wasserbad nehmen, auf ein nasses Tuch stellen und in Abständen von einer 30 Minuten leicht schütteln, damit sich das Fett verteilt, erkalten lassen.

- Wasserbadtemperatur: 90 °C
- Garungsdauer: 40 Minuten
- Tipps: Besonders fein wird die Leberwurst, wenn man die erkaltete Masse nochmals mixt oder cuttert.
  Bei kühler Lagerung ist die Leberwurst problemlos bis zu 2 Monate haltbar.

# Fleischschmalz

Zutaten für 2 Gläser
mit je 750 ml Inhalt
*400 g Schweinsgoder (Wamme) oder fettes Bauchfleisch*
*450 g Kleinfleisch (Abschnitte) vom Schwein (Schopf etc.)*
*150 g Schweinsschwarten*
*1 EL Zwiebelgranulat*
*3 Knoblauchzehen*
*Salz, 13 g Pökelsalz*
*Pfeffer, schwarz, frisch gemahlen*
*½ Lorbeerblatt, 6 Pfefferkörner*

Schwarten in grobe Streifen schneiden, mit kochendem Salzwasser bedecken, Pfefferkörner und Lorbeerblatt beigeben, sehr weich kochen, im Sud erkalten lassen. Goder- und Kleinfleisch in kleine Stücke schneiden, mit Pökelsalz vermengen und einige Stunden kühl beizen lassen. Schwarten aus dem Sud heben und mit dem gepökelten Fleisch fein faschieren. Knoblauch pressen, Zwiebelgranulat in wenig kaltem Sud einweichen. Faschiertes mit Zwiebelgranulat, Knoblauch, Salz und Pfeffer gut verrühren. Gläser zu drei Viertel mit der Masse füllen und gut verschließen. Wasser in einer Bratenwanne auf ca. 90 °C erhitzen. Die Gläser ins Wasserbad stellen und im vorgeheizten Backrohr etwa 40 Minuten pochieren. Aus dem Wasserbad nehmen, auf ein nasses Tuch stellen, erkalten lassen.

- Wasserbadtemperatur: 90 °C
- Garungsdauer: 40 Minuten

# Warme Gerichte

# Löffelweise geniessen

## Die hohe Schule der Suppenkunst

*Dass Wien eine Suppen-Welthauptstadt mit ungezählten Goldaugen ist, wird niemand bestreiten. Wer die Geheimnisse der Suppenkunst jedoch einmal beherrscht, der kann sie auf höchst vielfältige Weise variieren.*

## Klare Hühnersuppe

*Geflügelfond*

Zutaten für ca. 1 Liter

*1 ½ l Wasser*
*800 g Hühnerklein (Flügerl, Hals, Magen), eventuell auch Karkassen*
*50 g Lauch*
*50 g Karotten*
*50 g Sellerie*
*50 g Petersilwurzel*
*10 Pfefferkörner, Salz*

Hühnerklein lauwarm waschen, mit kaltem Wasser bedecken. Geschältes, gewaschenes Wurzelwerk, Lauch und Pfefferkörner beigeben, langsam aufkochen lassen und währenddessen stets mit einem Schaum- oder Schöpflöffel den aufsteigenden Schaum abschöpfen. Etwa 30 Minuten zart wallend kochen, abseihen und mit Salz mild abschmecken. Durch ein feines Sieb oder Tuch (Etamin) seihen. Das Fleisch von Flügerl, Magen und Hals ablösen und anderweitig, etwa als Einlage für Geflügelcremesuppe, verwenden.

- Kochdauer: ca. 40 Minuten
- Tipps: Wird die Suppe nicht mehr weiterverwendet, etwa zum Aufgießen o.ä., sondern als klare Suppe serviert, so kann man den Geschmack durch etwas gekörnte Hühnerbrühe verstärken.
  Verwenden Sie ruhig Suppenhühner. Sie sind nicht nur billiger, sondern auch geschmacksintensiver.

# Klare Gemüsesuppe

## *Gemüsefond*

Zutaten für ca. 1 Liter

*1 ¼ l Wasser*
*80 g Karotten*
*80 g Gelbe Rüben*
*80 g Sellerieknolle*
*80 g Petersilwurzel*
*1 Zwiebel*
*½ Stange Lauch*
*etwas Liebstöckel*
*etwas Petersilgrün*
*15 Pfefferkörner, Salz*

Wurzelgemüse schälen, waschen, in Würfel schneiden. Zwiebel schälen halbieren, Lauch halbieren und gut waschen. Gemüse, Liebstöckel, Petersilgrün und Pfefferkörner mit kaltem Wasser bedecken, aufkochen lassen und ca. 15 Minuten schwach wallend kochen. Mit Salz mild abschmecken und durch ein feines Sieb oder Tuch (Etamin) seihen.

- Kochdauer: ca. 20 Minuten
- Tipps: Das Wurzelgemüse kann anderweitig weiterverwendet werden, zum Beispiel für Gemüsesalat, Französischen Salat (kalt abfrischen) oder als Einlage einer Gemüseragoutsuppe.
  Man kann das Gemüse und die Zwiebel (mit Schale) zuerst auch in wenig Öl braun rösten und dann erst mit Wasser aufkochen. Die Brühe wird dann geschmacklich würziger, eignet sich allerdings nicht mehr als Aufgussmittel für helle Einmach- oder Schaumsuppen.

## *Ewald Plachutta:*
## *»Das Geheimnis meiner Suppe«*

*»Eine exzellente Rindsuppe ist für mich ein wahres Lebenselexier, und ich werde oft gefragt, wie ich sie zubereite. Tatsächlich ist das »Geheimnis« dahinter kein besonders großes und für jedermann sichtbar. Es handelt sich schlicht und einfach um die Goldaugen.*
*Während man sich bei der klaren Consommé langwierig darum bemüht, sie völlig zum Verschwinden zu bringen, sind die Goldaugen bei der klassischen Rindsuppe das A und O. Sie stammen vom sich auskochenden Fett von Fleisch und Markknochen, also von dort, wo der eigentliche Rindfleischgeschmack sitzt. Wer dieses wertvolle Oberflächenfett abschöpft, der spart zwar ein paar Kalorien, bringt sich aber in Wahrheit um den eigentlichen Suppengenuss.*

*Lassen Sie sich durch die lange Kochzeit einer »echten Rindsuppe« bitte nicht abschrecken. Tatsächlich erfordert eine solche nämlich nur wenig Aufwand. Ist die Suppe erst einmal aufgekocht, braucht man nur noch die Temperatur zu regeln, und Suppe wie Fleisch kochen sich ganz von alleine fertig. Sie brauchen nicht einmal zu kontrollieren. Das Resultat ist ein zweigängiges Menü, bestehend aus Suppe und gekochtem Rindfleisch, mit dem Sie bei Gästen und in Ihrer Familie gleichermaßen Erfolg haben werden.«*

## Rindsuppe

Zutaten für 6 Portionen

*3,5 l Wasser*
*600 g Suppenfleisch (Schulterscherzel oder Beinfleisch), nicht geputzt*
*500 g Rindfleischknochen (Rippe)*
*4–6 Scheiben Markknochen, ca. 2 cm dick*
*1 Zwiebel in der Schale*
*je 70 g Karotten, Petersilwurzel, Knollensellerie und Lauch*
*einige Petersilstengel und -grün*
*etwas Liebstöckel*
*15 Pfefferkörner*
*etwas Suppenwürze, Salz*
*Schnittlauch, geschnitten*

Knochen mit warmem Wasser gut waschen und mehrmals spülen, oder in reichlich siedendes Wasser legen, aufkochen, sofort warm, dann kalt abschwemmen (verhindert das Trübwerden der Suppe). Zwiebel samt Schale waschen, Wurzelansatz entfernen, halbieren, in einer Pfanne ohne Fett sehr dunkel bräunen (Schale und Bräunung verleihen der Suppe die goldbraune Farbe). Rindfleischknochen mit kaltem Wasser bedecken, langsam aufkochen, aufsteigenden Schaum vorsichtig abschöpfen. Lauwarm gewaschenes Fleisch und Zwiebeln einlegen, zart wallend kochen. Nach ca. 2 Stunden geschältes, gewaschenes Wurzelwerk, Lauch, Petersilstengel und -grün, Liebstöckel, Pfefferkörner und Suppenwürze beigeben. 15 Minuten vor Kochende die gewaschenen oder blanchierten Markknochenscheiben beigeben. Wenn nötig, mit Wasser auf die gewünschte Menge von 1,5 Liter auffüllen. Fleisch und Wurzelwerk herausheben, in kaltem Wasser abfrischen. Suppe durch ein feines Sieb oder Tuch (Etamin) seihen und mit Salz abschmecken. Vor dem Servieren mit Schnittlauch bestreuen.

- Kochdauer: ca. 2 ½ Stunden
- Tipps: Statt Markknochen kann sehr fettes Suppenfleisch verwendet werden. »Kalorienzähler« schöpfen das Fett von der fertigen Suppe ab. Am besten gelingt dies in abgekühltem Zustand (Kühlschrank), wo man das erstarrte Fett nur abzuheben braucht.
  Um eine Suppe vom Vortag wieder aufzufrischen, kocht man einige Markknochen und etwas Suppengrün etwa 15 Minuten in der Suppe.

# Die besten Suppentipps aus Plachuttas Rindfleischküche

Wie man zu einer guten Rindsuppe kommt:

- Verwenden Sie nur gut gewaschene oder blanchierte Rippenknochen, gesägte Markknochen und reichlich fetteres (und daher auch geschmackvolleres) Suppenfleisch.
- Vergessen Sie die völlig unbewiesene Behauptung, man müsse sich vor dem Kochen entscheiden, ob man ein saftiges Rindfleisch oder eine gute Suppe bevorzuge. Selbst wenn man das Rindfleisch mit kaltem Wasser zustellt und dann sofort zum Kochen bringt, ist kein Qualitätsverlust des Fleisches bemerkbar. Im umgekehrten Fall erzielt man keine wesentlich schlechtere Suppe, wenn man das Fleisch ins kochende Wasser gibt.
- Zu viel Grün macht die Suppe, wie der Name schon sagt, grün. Geben Sie das Wurzelwerk erst in der letzten halben Stunde in die Suppe. Nur so verleiht das Gemüse frischen Geschmack, ist nicht verkocht und kann auch klein geschnitten der Suppe beigegeben oder anderweitig verarbeitet werden.
- Halten Sie den Karottenanteil im Suppengemüse möglichst gering, da die Suppe sonst zu süß wird.
- Gebräunte Zwiebelhälften mit Schale verleihen der Suppe neben Aroma auch die bernsteinfarbene Tönung.
- Seien Sie vorsichtig beim Würzen der Suppe. Rezepten, die zur Verwendung von Lorbeerblatt, Muskatnuss oder Knoblauch raten, sollte man mit Skepsis begegnen. Solche Aromen beeinflussen den Geschmack negativ und übertönen den Eigengeschmack. Selbst das »Suppenkraut« Liebstöckel, auch Maggikraut genannt, sollte man, wenn überhaupt, äußerst sparsam verwenden.
- Die Verwendung von gekörnter Suppenwürze, Suppenwürfeln oder Glutamat gilt, zumindest in Fachkreisen, als obsolet. In Wahrheit können solche Geschmacksverstärker jedoch, wohldosiert eingesetzt und kurz mitgekocht, eine gut gelungene Rindsuppe auf höchst angenehme Weise abrunden.
- Schöpfen Sie das Fett, das der hauptsächliche Geschmacksträger der Suppe ist, nur ab, wenn Sie gerade auf Diät sind.
- Bestreuen Sie Ihre Suppe beim Anrichten mit reichlich frisch geschnittenem Schnittlauch. Er ist bei einer echten Rindsuppe (im Gegensatz etwa zu einer Consommé) unumgänglich.
- Bringen Sie durch Variation der Einlagen Abwechslung in Ihren Suppenalltag. Die Alt-Wiener Küche bietet – man denke nur an Backerbsen, Schöberl, Bröselknödel, Butternockerln, Frittaten, Leberknödel, Grießnockerln, Milzschnitten oder Reibgersteln – eine Vielzahl von Möglichkeiten.

### Wie man kalte Rindsuppe wieder auffrischt:

- Wenn Sie Rindsuppe im Kühlschrank gelagert haben, reicht es nicht, diese einfach zu erhitzen, da sie mit zunehmender Lagerung an frischem Aroma verliert.
- Kochen Sie die kalte Suppe daher mit Rindermarkscheiben oder etwas faschiertem Kernfett sowie etwas Suppengrün auf.
- Seihen Sie die heiße Suppe vor dem Servieren noch einmal ab.

### Wie man Creme- und Ragoutsuppen richtig legiert:

- Verrühren Sie zunächst Eidotter und Schlagobers mit einem Schneebesen.
- Rühren oder mixen Sie etwas von der heißen Suppe langsam unter die Dotter-Obers-Mischung.
- Rühren oder mixen Sie dieses Gemisch zügig unter die restliche Suppe.
- Lassen Sie die Suppe danach nicht mehr aufkochen, denn es besteht Gerinnungsgefahr.

### Wie man Cremesuppen richtig montiert:

- Rühren Sie etliche kleine, möglichst eiskalte Butterstücke in die Suppe ein, bis diese »homogenisiert« – also molliger – wird. Die Suppe erhält dadurch auch noch einen runderen Geschmack.

### Wie man Suppen dekorativ aufschäumt:

- Viele Suppen (z.B. Kräutersuppen) sehen noch hübscher aus, wenn man sie zum Schluss mit cremigem (nicht ganz ausgeschlagenem), ungesüßten Schlagobers aufmixt. Voraussetzung, dass die Sache auch klappt, ist ein schnelltouriger Stab- oder Standmixer.

### Wie man Creme- und Schaumsuppen ein frisches Grün verleiht:

- Blanchieren Sie einige, möglichst junge Spinatblätter kurz in kochendem Wasser und mixen Sie diese mit dem Mixstab in die Suppe ein.

### Wie man industriell vorgefertigte Suppen verfeinert:

- Verbessern Sie *klare Suppen* mit etwas tierischem Fett. Geeignet sind vor allem Kernfett, Rindermark oder – bei Geflügelsuppen – Hühnerfett. Auch die Zugabe von etwas Suppengrün verbessert den Geschmack.
- Mixen Sie in *gebundene Suppen* etwas flüssiges oder cremig geschlagenes Obers oder aber auch etliche eiskalte Butterstücke ein.
- Verfeinern Sie *Suppen von Krustentieren* mit Obers und Weinbrand bzw. Cognac. Besonders fein werden Hummer- oder Krebssuppen, wenn man sie mit cremig geschlagenem Obers aufmixt.

# Consommé double

*Rinderessenz*

Zutaten für
12 kleine Tassen

*2,2 l kräftige Rindsuppe, fettfrei und kalt*
*1,2 kg Rindfleisch (z.B. Dicke Schulter), mager, grob faschiert*
*4 Eiklar*
*1 EL Tomatenmark*
*100 g Karotten, Sellerieknolle, Petersilwurzel, geschält, grob faschiert*
*50 g Lauch, geputzt, grob faschiert*
*Salz*

Rindfleisch, Wurzelwerk, Lauch, Tomatenmark, Eiklar und Salz mit ½ Liter kalter Rindsuppe gut verrühren. (Das Eiklar muss völlig aufgelöst und untermengt sein.) Masse 30 Minuten kühl rasten lassen, mit restlicher kalter Suppe aufgießen und unter vorsichtigem Rühren zum Kochen bringen. Etwa 2 Stunden an der Siedegrenze ziehen lassen. Ab und an vorsichtig umrühren, um ein Anlegen zu verhindern. Langsam durch ein feinmaschiges Sieb oder Tuch (Etamin) abseihen, abschmecken.

- Kochdauer: ca. 2 Stunden
- Einlagenempfehlung: kleine Farce-Nockerl, pochierte Wachteleier, Gemüsebrunoise (kleine Gemüsewürfel), Teigtäschchen, Gänseleberprofiterolen, Eistich (Royale)
- Tipps: Ein Schuss Madeira oder Portwein verleiht dieser alle Lebensgeister stärkenden Consommé, die meist im Rahmen eines mehrgängigen Menüs als kleiner Zwischengang serviert wird, noch intensiveres Aroma. Auf dieselbe Weise werden Essenzen von Wild oder Geflügel zubereitet.

# Bärlauchcremesuppe

Zutaten

*7 dl Gemüse- (oder Hühner)suppe*
*50 g Butter, 20 g Mehl*
*80 g Zwiebeln, fein geschnitten*
*50 g Bärlauch, geschnitten*
*40 g Lauch, geschnitten*
*2 dl Schlagobers*
*3 EL Schlagobers, halb geschlagen*
*Salz*
*2 Knoblauchzehen, gepresst*
*einige Bärlauchblätter für die Einlage*

Butter in einem passenden Topf schmelzen. Fein gehackte Zwiebeln und Lauch beigeben, kurz anschwitzen. Mehl einrühren, ebenfalls kurz anschwitzen und mit heißer Suppe sowie flüssigem Obers aufgießen, knotenfrei verrühren, so lange kochen, bis Zwiebeln und Lauch weich sind. Mit

Salz und Knoblauch würzen. Im Mixer oder mit einem Stabmixer fein pürieren, seihen. Bärlauch einmixen, aber nicht mehr seihen. Nicht ganz fest geschlagenes Obers beigeben, mit dem Mixer kurz aufschäumen. Vor dem Servieren den in feine Streifen geschnittenen Bärlauch einmengen.

- Kochdauer: ca. 15 Minuten
- Tipp: Rohschinkenchips, pochierte Eier, Butternockerln oder geröstete Speck- sowie Brotwürfel verleihen der Suppe den gewissen Pfiff.

## Kresseschaumsuppe mit Tomatenwürfeln

Zutaten

*Für die Kressepaste:*
*4 EL Kresse (vorzugsweise Brunnenkresse)*
*4 EL Petersilblätter*
*2 dl Sauerrahm*

*Für die Schaumsuppe:*
*60 g Zwiebeln, fein geschnitten*
*40 g Butter*
*4 dl Gemüse- (oder Hühner)suppe*
*2 dl Schlagobers*
*4 EL Schlagobers, halb geschlagen*
*30 g Butter, kalt*
*Salz*
*Muskatnuss, gerieben*
*Pfeffer, weiß*
*Würfel von 2 geschälten, entkernten Tomaten*

Zuerst die Kressepaste zubereiten. Dafür Kresse und Petersilblätter kalt waschen, abtropfen lassen, mit Sauerrahm zu einer cremigen Masse pürieren (mixen). Für die Suppe Butter schmelzen, Zwiebeln darin farblos anschwitzen, mit heißer Suppe und flüssigem Obers aufgießen und ca. 10 Minuten kochen lassen. Fein pürieren, passieren und nochmals erhitzen. Vorbereitete Kressepaste einrühren, nicht ganz fest geschlagenes Obers beigeben, mit einem Mixstab (Standmixer) unter ständiger Beigabe kleiner, kalter Butterstücke schaumig aufmixen. Mit Salz, Pfeffer und Muskatnuss abschmecken. Tomatenwürfel beigeben und in vorgewärmten Tassen oder Tellern anrichten.

- Kochdauer: ca. 15 Minuten
- Tipps: Pochierte Wachteleier und knusprig gebratene, kleine Kartoffelwürfelchen runden diese mollige Cremesuppe zusätzlich harmonisch ab. Nach demselben Rezept lassen sich übrigens ganz nach Saison und Angebot die unterschiedlichsten Kräuterschaumsuppen zubereiten.

# Erbsencremesuppe

Zutaten

*300 g Erbsen, frisch, ausgelöst (oder tiefgekühlt)*
*40 g Zwiebeln, fein geschnitten*
*30 g Butter, 20 g Mehl, glatt*
*7 dl Gemüse- (oder Rind)suppe*
*2 dl Schlagobers*
*2 EL Schlagobers, halb geschlagen*
*Salz, Muskatnuss, gerieben*
*20 g Kristallzucker*

Butter in einem passenden Topf schmelzen, Zwiebeln glasig anlaufen lassen, Zucker beifügen, kurz anschwitzen. Mehl einrühren, farblos anrösten, mit heißer Suppe und flüssigem Obers aufgießen, knotenfrei verrühren. Erbsen beigeben, ca. 10 Minuten weich kochen (je nach Größe und Qualität anschließend fein mixen und nach Belieben seihen. Mit Salz und Muskatnuss abschmecken. Nicht fest geschlagenes Obers kurz vor dem Servieren einrühren (einmixen) oder als Tupfen auf die angerichtete Suppe drapieren.

- Kochdauer: ca. 15 Minuten
- Tipp: In Butter geröstete Weißbrotcroûtons, Prosciuttochips, knackig gekochte Erbsen und Kerbelblätter als harmonische Ergänzung.

# Paparot

*Friulanische Spinatsuppe*

Zutaten

*700 g Blattspinat, gewaschen*
*7 dl Rindsuppe*
*ca. 80 g Polenta (Maisgrieß)*
*2 EL Weizenmehl*
*2 EL Butter*
*1 Knoblauchzehe, grob gehackt*
*Salz, Pfeffer*
*Muskatnuss, gerieben*

Spinat kurz in kochendem Wasser blanchieren (überbrühen), Sud aufheben, Spinat cuttern oder faschieren. Butter schmelzen, Knoblauch hell anschwitzen lassen und Knoblauch wieder herausheben. In das verbliebene Fett Mehl einrühren, Spinat und angerösteten Knoblauch dazugeben und nach und nach mit der Rindsuppe unter ständigem Rühren aufgießen. Aufkochen, Polenta in einem dünnen Strahl einlaufen lassen und dabei abermals ständig rühren. Auf kleiner Flamme 30 Minuten dahinköcheln lassen. Die Suppe sollte auf keinen Fall zu flüssig, aber auch nicht so sämig geraten, dass sie sich am Topfboden anlegt. Falls nötig, nach dem Einlaufenlassen der Polenta aufgehobenes Blanchierwasser unter ständigem Rühren nachgießen. Mit Salz, Pfeffer und etwas Muskatnuss abschmecken.

- Kochdauer: 30 Minuten

# Morchelcremesuppe

Zutaten

*150 g Morcheln, frisch (oder*
*15 g getrocknete Morcheln)*
*40 g Butter*
*20 g Mehl, glatt*
*50 g Zwiebeln, fein gehackt*
*1 l Gemüse- (oder Hühner)suppe*
*2 dl Schlagobers*
*3 EL Schlagobers, halb geschlagen*
*4 cl Vermouth, trocken*
*Salz*
*Pfeffer, weiß, frisch gemahlen*
*Butter für die Morchelköpfe*

Stiele abtrennen, putzen und waschen. Morchelköpfe mehrmals kalt schwemmen, Wasser wechseln, je nach Größe in Stücke schneiden oder ganz lassen. Butter in einer passender Kasserolle schmelzen, Zwiebeln und geschnittene Morchelstiele darin anschwitzen, mit Mehl stauben, licht rösten, mit heißer Suppe und flüssigem Obers aufgießen, gut verrühren und ca. 15 Minuten kochen. Cremig mixen. Morchelköpfe in etwas geschmolzener Butter anschwitzen, mit Vermouth ablöschen, gemixte Suppe zugießen, kurz durchkochen und nicht fest geschlagenes Obers unterrühren. Mit Salz und frisch gemahlenem Pfeffer abschmecken.

- Kochdauer: ca. 20 Minuten
- Tipps: Verwendet man getrocknete Morcheln, so müssen diese in reichlich lauwarmem Wasser mindestens 2 Stunden eingeweicht werden.
  Da diese Cremesuppe nicht gerade billig ist, sollte man sich auch für die Einlage etwas Zeit und Mühe nehmen. Am besten eignen sich kleine Farcenockerln oder mit Geflügelfarce gefüllte Morchelköpfe.

## *»Der urigste Modewein der Welt«*

*Das ist zweifellos der Schilcher, dessen Name darauf zurückgeht, dass er in unterschiedlichen Farbstufen von Rubin bis Rosa im Glase so schön schillert. Der einst auf Anraten von Erzherzog Johann in der Weststeiermark ausgepflanzte Wein aus der Blauen Wildbacherrebe galt über ein Jahrhundert lang als so genannter »Heckenklescher«, bevor er in den 80er-Jahren des vorigen Jahrhundert in chicen Weinbars und vor allem von einem jugendlichen Publikum als Modewein entdeckt wurde. Das ändert freilich nichts daran, dass der Schilcher aufgrund seiner hohen Säurewerte, die 12 Promille und mehr betragen können, auch eine Herausforderung an Kopf, Bauch und Speiseröhre ist. Und genauso wie Schilcher am Heurigentisch das Gegengewicht von Verhackert und Grammelschmalzbroten geradezu herausfordert, braucht er, wenn er verkocht wird, viel Schlagobers. Und eine Prise Zucker kann ihm, wie im folgenden Rezept, auch nicht schaden.*

# Schilchersuppe

Zutaten

*30 g Butter*
*20 g Mehl, glatt*
*3 Eidotter*
*½ l Rindsuppe, mild*
*¼ l Schlagobers*
*2 dl Schilcher (oder anderer kräftiger Roséwein)*
*1 EL Kristallzucker, Zimtpulver*
*Salz*
*Schwarzbrot nach Belieben*

Schwarzbrot (am besten mit der Brotschneidemaschine) in hauchdünne Scheiben schneiden, im vorgeheizten Backrohr bähen, bis es braun und richtig kross ist. In einer Kasserolle Butter schmelzen, Mehl einlaufen lassen, licht anrösten, mit heißer Suppe aufgießen und mit einem Schneebesen glatt verrühren. Schilcher mit Zucker vermengen, in die kochende Suppe einrühren. In einer anderen Kasserolle Obers mit Dotter glatt verrühren. Nun die Suppe nach und nach zugießen und mittels Schneebesen oder Stabmixer einrühren, dabei erhitzen, aber nicht mehr kochen. Mit Salz abschmecken, in vorgewärmten Tassen anrichten, mit Zimt bestreuen, mit den knusprigen Brotscheiben belegen und sofort auftragen, damit das Brot nicht aufweicht. (Oder das Brot gesondert als Beilage servieren.)

- Kochdauer: ca. 8 Minuten
- Tipp: Möchte man auf die Einmach verzichten, so bindet man die Suppe mit etwas in Schilcher aufgelöstem Maizena und verwendet vier Dotter.

# Muschelsuppe mit Safran

Zutaten

*500 g Miesmuscheln*
*1–2 EL Olivenöl*
*30 g Zwiebeln, fein gehackt*
*⅛ l Weißwein*
*1 Knoblauchzehe, gepresst*
*Salz*

*Für die Suppe:*
*40 g Butter*
*2 EL Mehl, glatt*
*6 dl Fischfond (oder milde, fettfreie Gemüsebrühe)*
*¼ l Schlagobers*
*4 cl Vermouth*
*1 Briefchen Safranfäden*
*1 TL Kurkuma (oder Currypulver)*
*100 g Karotten, Gelbe Rüben, Sellerieknolle, alles geschält und kleinwürfelig geschnitten*
*geröstete Knoblauchbaguettes*

Mit einem kleinen Messer den Bart der Muscheln abschaben, unter fließendem, kaltem Wasser gut bürsten, geöffnete Muscheln aussortieren. Olivenöl in einer Kasserolle erhitzen, Zwiebeln darin anschwitzen, Knoblauch und

Muscheln beigeben. Kurz anrösten, mit Weißwein sowie etwas Wasser ablöschen, einige Minuten zugedeckt dämpfen, bis sich die Muscheln öffnen. Sud seihen, beiseite stellen, Muschelfleisch aus den Schalen lösen und mit nassem Küchenkrepp abdecken. Für die Suppe Butter in einer Kasserolle schmelzen, Wurzelwerkwürfel beigeben, anschwitzen, Mehl unterrühren, kurz anrösten. Mit verbliebenem Muschelsud und Fischfond aufgießen, glatt rühren, Obers und Vermouth zugießen und mit Salz, Kurkumapulver und Safran würzen. Noch einige Minuten kochen, aber das Wurzelwerk soll knackig sein. Ausgelöste Muscheln in der Suppe kurz erhitzen. Suppe in vorgewärmten Tellern oder Tassen anrichten und nach Belieben mit knusprigem Knoblauchbaguette servieren.

- Garungsdauer: Muscheln 3–5 Minuten, Suppe ca. 10 Minuten
- Tipp: Die Muschelsuppe kann auch ganz »natur«, sprich ohne Einmach, zubereitet werden.

## Hühnersuppe mit Curry

Zutaten

*1 Hühnerkeule*
*80 g Wurzelwerk (Sellerie, Karotten, Petersilwurzel)*
*20 g Butter für die Einmach*
*30 g Butter zum Anbraten*
*20 g Mehl, glatt*
*80 g Zwiebeln, fein geschnitten*
*1 Banane, geschält*
*1 Apfel*
*2 EL Kokosraspel*
*1 EL Currypulver*
*8 Pfefferkörner*
*1 Lorbeerblatt*
*¼ l Schlagobers*
*1 ¼ l Wasser*
*Salz, etwas Zitronensaft*

20 g Butter in einem Topf schmelzen, gesalzenes Hühnerbügerl darin leicht anbraten, mit Wasser auffüllen, gewaschenes Wurzelwerk, Pfefferkörner, Lorbeerblatt und wenig Salz beigeben. Etwa 30 Minuten kochen, bis das Fleisch weich ist. Hühnerbügerl aus der Suppe heben, diese durch ein feines Sieb seihen und beiseite stellen. Haut vom Hühnerbügerl abziehen, Fleisch von den Knochen lösen und in ca. 1 cm große Würfel schneiden. Für die Einmach in einer Kasserolle 20 g Butter schmelzen, Zwiebeln darin glasig anschwitzen, in Scheiben geschnittene Banane beigeben, Currypulver und Kokosraspel einstreuen, kurz rösten. Mehl unterrühren, mit Hühnersuppe und Obers aufgießen und alles gut verrühren. 10 Minuten kochen lassen, mit Salz abschmecken und fein mixen. Apfel schälen, entkernen, in kleine Würfel schneiden, mit Zitronensaft beträufeln und in restlicher zerlassener Butter kurz anbraten. Hühnerfleisch- und Apfelwürfel in die Suppe geben und auftragen.

■ GARUNGSDAUER: Hühnersuppe ca. 30 Minuten, Suppe ca. 15 Minuten
■ TIPPS: Nach demselben Rezept lassen sich auch Kalb- und Putenfleisch sowie Fische mit festem Fleisch verarbeiten.
Bei der Einlage erzielen etwa Selleriewürfel oder Mangostückchen interessante Geschmackseffekte, bei der Bindung bringt etwas Kokosmilch (aus der Dose) noch molligere Konsistenz.

# PASTA E FAGIOLI

## *Bohnensuppe mit Nudeln*

ZUTATEN
*250 g weiße Bohnen, getrocknet*
*150 g Zwiebeln, fein gehackt*
*3 Tomaten, geschält, entkernt*
*2 dl Pomodori pelati*
*(geschälte Tomaten aus der Dose)*
*50 g Nudeln (Penne, Orechiette oder Fusilli)*
*3 EL Olivenöl*
*1 Lorbeerblatt*
*1 Thymianzweig*
*(o. ½ TL getrockneter Thymian)*
*1 Rosmarinzweig*
*(o. ½ TL getrockneter Rosmarin)*
*2 Knoblauchzehen, gepresst*
*ca. 1 l Wasser (oder milde Suppe), zum Aufgießen*
*Pfeffer, frisch gemahlen, Salz*
*Olivenöl extra vergine, Parmesan*

Bohnen in reichlich kaltem Wasser einige Stunden (am besten über Nacht) einweichen, Wasser abschütten. Olivenöl in einem tiefen Topf erhitzen, Zwiebeln, Knoblauch, Lorbeerblatt, Rosmarin und Thymian einige Minuten farblos anschwitzen. Bohnen beigeben, mit Wasser aufgießen, wenig salzen und kochen, bis die Bohnen weich sind. Lorbeerblatt, Rosmarin und Thymian entfernen. Zwei Drittel der Bohnen aus der Suppe heben, fein mixen und wieder der Suppe beigeben. Fein gehackte Pelati samt Flüssigkeit sowie Nudeln in die Suppe mengen und diese darin unter wiederholtem Umrühren al dente garen. Kurz bevor die Nudeln fertig sind, würfelig geschnittene Tomaten beigeben und mit Salz und Pfeffer abschmecken. In vorgewärmten tiefen Tellern anrichten, vor dem Servieren mit etwas Olivenöl beträufeln und mit geriebenem Parmesan bestreuen.

■ KOCHDAUER: ca. 1 Stunde
■ TIPP: Noch etwas urtümlicher mundet diese, im venezianischen Bergland entstandene Spezialität, wenn man etwas Geselchtes oder klein geschnittene Würste beifügt.

# Misosuppe mit Austernpilzen

Zutaten
*180 g Tofu*
*120 g Austernpilze*
*4 EL Miso*

*Für die Dashi-Suppe:*
*1 Konbu-Seetang, ca. 10 cm lang*
*250 g Bonitoflocken, getrocknet*
*1 l kaltes Wasser*

Für die Dashi-Suppe den weißen Belag vom Konbu-Tang abwischen und mit Bonitoflocken in kaltem Wasser zustellen, langsam zum Kochen bringen. Abseihen, nochmals erhitzen und 5–10 Minuten reduzierend kochen. Inzwischen Tofu in größere Würfel, Austernpilze in dünne Streifen schneiden. Pilze in die köchelnde Dashi geben und 2 Minuten lang ziehen lassen. Tofu hinzufügen, Miso in einen Schöpflöffel legen, in die Suppe tauchen und mit einem Essstäbchen gut durchrühren. Die Miso-Mischung unter weiterem Rühren in die Suppe einlaufen lassen, bis diese glatt und klümpchenfrei ist. Noch einmal kurz aufkochen und heiß servieren.

- Kochdauer: ca. 10 Minuten
- Tipp: Noch rascher lässt sich Misosuppe zubereiten, wenn Sie bereits fertige Dashi (unserer Suppenwürze ähnlich) im Asia-Shop kaufen.

# Wan-Tan-Suppe

Zutaten:
*Für den Teig:*
*125 g Mehl*
*1 Ei*
*Salz*
*Mehl zum Ausrollen*

*Für die Füllung:*
*60 g Hühnerbrustfleisch*
*150 g Schweineschulter, mit Fett, aber ohne Schwarte*
*1 Frühlingszwiebel*
*1 TL Chinesische Fischsauce (im Asia-Shop erhältlich)*
*1 TL Ingwer, klein gehackt*
*1 TL Knoblauch, klein gehackt*
*1 TL helle Sojasauce*
*1 TL Sesamöl*
*Prise Zucker*
*Prise Sichuan- (oder Chili)pfeffer*

*Für die Suppe:*
*8 dl Hühnersuppe*
*Schuss Sesamöl*
*Prise Ingwer*
*1 Frühlingszwiebel, in hauchdünne Ringe geschnitten*

Mehl mit Ei und Salz vermengen, kneten und zu einem hauchdünnen Teig ausrollen, in 10 cm x 10 cm große Quadrate schneiden. Unter einem feuchten Tuch beiseite stellen. Gut gekühltes Fleisch im Blitzcutter zerkleinern (Vorsicht: Es darf dabei nicht zu Brei werden!). Mit Ingwer, Knoblauch, gehackten Frühlingszwiebeln, Fischsauce, Sesamöl, Sojasauce und Gewürzen zu einem elastischen Fleischteig verkneten. Je ca. 1 TL dieser Fleischfarce auf die Teigblätter setzen, den Teig darüber einschlagen und über dem Fleisch so andrücken, dass die Ecken nicht aneinander kleben. Hühnersuppe mit Frühlingszwiebeln, Sesamöl und Ingwer aufkochen, Wan Tans einlegen und knapp unter dem Siedepunkt, je nach gewünschter Bissfestigkeit, 4–5 Minuten gar ziehen lassen. Heiß servieren.

- KOCHDAUER: 4–5 Minuten
- TIPP: Für Eilige gibt es Wan-Tan-Teig tiefgekühlt im Asia-Shop zu kaufen.

## BOUILLABAISSE

*Provençalische Fischsuppe mit Rouille*

ZUTATEN FÜR CA. 8–10 PORTIONEN

*Für die Rouille:*
*150 g Kartoffeln, mehlig, roh geschält*
*1 Paprikaschote, rot, entkernt*
*1 Pfefferschote, rot, entkernt*
*3 Knoblauchzehen, gepresst*
*etwas Chilipulver*
*2 Eidotter, einige Safranfäden*
*2 dl Olivenöl, Dijonsenf*
*Salz, Essig*
*Pfeffer, aus der Mühle*

*Für die Court bouillon (Suppe):*
*1 kg Fischkarkassen (Köpfe, Gräten, Flossen)*
*¾–1 kg Tomaten*
*2 Stangen Lauch*
*5 Schalotten (oder 2–3 Zwiebeln)*
*2 Knoblauchzehen*
*8 EL Olivenöl*
*1 Lorbeerblatt*
*Prise Fenchel, getrocknet*
*Prise Thymian, getrocknet (oder frische Zweige)*
*einige Petersilstengel*
*½ TL Safranfäden*
*Zesten einer halben Orange*
*½ l Weißwein, trocken*
*1 ½ l Wasser*

*Für die Einlage:*
*ca. 2 kg gemischte Meeresfische mit weißem Fleisch, möglichst mit Drachenkopf, Steinbeißer und Steinbutt*
*1–2 kg Pfahl- (Kamm- oder Mies)muscheln*
*1–2 Hummer (ersatzweise Langusten), nach Belieben*
*einige Krebse*
*Baguettescheiben*
*Knoblauchbutter zum Bestreichen*
*Salz*
*Pfeffer, aus der Mühle*

*Für die Rouille* die Kartoffeln vierteln, in Salzwasser weich kochen, passieren. Paprikaschote in siedendem Wasser kurz überkochen, die Haut abziehen und wie die Pfefferschote klein schneiden. Eidotter und Senf beifügen und mit dem Mixstab unter langsamer Zugabe von Öl (wie bei einer Mayonnaise) zu einer breiigen Masse verarbeiten. Kartoffeln und Safran einmixen, mit Salz, Pfeffer und Essig abschmecken. Sollte die Sauce zu dick geraten, mit etwas Essigwasser oder Fischfond verdünnen.

*Für die Court bouillon* Lauch, Schalotten und Knoblauchzehen in grobe Stücke teilen, Tomaten vierteln. In einem großen Suppentopf Olivenöl erhitzen, Lauch und Schalotten einige Minuten hell anschwitzen. Nach und nach Tomatenwürfel, Knoblauch, Fischkarkassen, sämtliche Gewürze und Aromastoffe zugeben. Mit Wein und Wasser aufgießen und alles etwa 30–40 Minuten zugedeckt kochen lassen. Abseihen. Fischstücke in mundgerechte Stücke teilen, Muscheln unter kaltem, fließenden Wasser sauber bürsten, geöffnete Muscheln aussortieren. In einem anderen großen Topf Wasser zum Kochen bringen, Hummer kopfüber hineingeben und kurz im Wasser lassen, bis sie rot werden. Herausnehmen und aufschneiden. Abgeseihte Court bouillon (Suppe) wieder erhitzen, Fischstücke einlegen und einige Minuten ziehen lassen. Muscheln, Hummer und Krebse zugeben und noch kurz köcheln lassen, bis alle Muscheln geöffnet sind. Mit Knoblauchbutter bestrichene Baguettes im Backrohr knusprig rösten. Fisch- und Muscheleinlage wieder herausheben, auf vorgewärmter Vorlegeplatte anrichten, Suppe mit Salz und Pfeffer abschmecken und in eine vorgewärmte Suppenterrine füllen. Suppe, Fischeinlage, Croûtons und Rouille jeweils getrennt auftragen. Bei Tisch jeweils ein Knoblauch-Croûton in den Teller legen, mit Fisch- und Muscheleinlage umkränzen und mit Suppe übergießen. Etwas Rouille in die Suppe einrühren.

- KOCHDAUER: ca. 50 Minuten
- TIPPS: Wenn Ihnen die Herstellung einer Court bouillon zu umständlich ist, so können Sie sich auch mit gekauftem Fischfond behelfen, den Sie nach Geschmack mit Wasser und Wein verdünnen.
  Unproblematischer ist Bouillabaisse zu essen, wenn Sie entgrätete Fischfilets verwenden.
  Man kann die Rouille auch statt der Knoblauchbutter auf die Croûtons streichen und diese entweder in die Suppe setzen oder als Beilage servieren.
  Schnellversion für die Rouille: Eingelegte Paprikaschoten mit Mayonnaise pürieren, mit Knoblauch, Chilipulver und Senf würzen.

# Machome

## Burger wie in den USA

*Wer sagt eigentlich, dass Burger immer nur industriell gefertigtes Fast-Food sein müssen? Wer weiß, wie's gemacht wird, der kann sich auch daheim in der Einbauküche problemlos ein wohlschmeckendes Laibchen dekorativ zwischen zwei Buns zaubern.*

### »God's own Burger«

*Hamburger sind, auch wenn ihre Geburtsstunde ohne Zweifel in deutschen Landen schlug, das Manna des American Dream. Der Name »Hamburger« wurde nämlich auf jener Hamburg-Amerika-Schiffslinie geprägt, die deutsche Emigranten um die Jahrhundertwende in die Neue Welt brachte. Auf den Unterdecks der Emigrantendampfer war das Essen karg, und es gab meist Frikadellen oder jenes in Hamburg bereits im 17. Jahrhundert be-*

*kannte, allerdings gewöhnlich nicht aus Rindfleisch, sondern aus Schweinehack bestehende, »Rundstück warm«, das damals von einer großen Hamburger Fleischverwertungsgesellschaft hergestellt wurde.*
*Als einem Würstelbrater namens Charlie Nagreen auf einem Jahrmarkt in Akron in Ohio 1892 die Schweinswürstel ausgingen und der vife Besitzer sich an dieses »Rundstück warm« erinnerte, servierte er statt dessen Rinderhackfleisch, und der Archetypus des Hamburgers von heute war – so wollen es jedenfalls manche unter den »Hamburger-Archäologen« genau wissen – geboren.*
*Eine Speisekarte aus »Delmonico's Steakhouse« nimmt sich gegen derlei Erwähnungen indessen geradezu altmodisch aus – stammt sie doch bereits aus dem Jahre 1834.*
*Der Hamburger ist so gesehen ein echter Old Boy der amerikanischen Küche. Zum Fast-Food-King wurde er erst viel später, als Ray Croc Mitte der 50er Jahre des vorigen Jahrhunderts in Illinois den Grundstein zum heutigen Hamburger-Imperium McDonald's legte.*

# Hamburger

## *Grundrezept*

Zutaten

*4 Buns (Hamburger-Brötchen, s. S. 313)*
*400 g Rindfleisch, durchzogen, ausgelöst (am besten Schulter)*
*Eisbergsalatblätter, geschnitten*
*2 Tomaten*
*8 Essiggurkerlscheiben, süßsauer*
*3 EL Zwiebeln, grob gehackt*
*Senf, Ketchup*
*3 EL Öl zum Braten*
*Salz*
*Pfeffer, schwarz, frisch gemahlen*

Gut gekühltes Rindfleisch in Streifen schneiden, faschieren, mit Salz und Pfeffer gut vermengen und zu flachen Laibchen (Patties) formen. Öl in einer flachen Pfanne erhitzen, die Laibchen einlegen, braun anbraten, wenden, saftig (medium) oder ganz durchbraten, herausheben und warm stellen. Buns (Hamburger-Brötchen) halbieren und an den Schnittflächen toasten. Unterteile der Buns mit Salatblättern belegen, das Laibchen darauf setzen, je nach Geschmack mit mehr oder weniger Tomaten, Zwiebeln, Gurkerln, Ketchup und Senf belegen. Oberteile aufsetzen und leicht andrücken.

- Garungsdauer: je nach gewünschtem Garungsgrad und Größe der Laibchen ca. 4–5 Minuten
- Tipps: Das Grundrezept des klassischen Burgers besteht aus reinem, unterspickten Rindfleisch mit einem ca. 16-prozentigen Fettanteil. Wäh-

len Sie daher, wenn Sie dem Original nacheifern wollen, ein möglichst saftiges, unterspicktes Fleisch (Schulter).
Da der Hamburger im Gegensatz zum so genannten »Faschierten Laibchen« ohne Bindemittel wie Semmelbrösel, geweichte Semmeln oder Eier auskommt, können Sie ihn wie ein Steak in der Pfanne braten oder am Rost grillen und zwar ganz nach Wunsch, medium oder durch.
Lassen Sie beim Burger zur Abwechslung die Buns weg und servieren Sie stattdessen »Idaho Baked Potatoes« und Salat.
Für die Herstellung von Cheeseburger wird auf das Rindfleischlaibchen zusätzlich eine Käsescheibe (Chester, Butterkäse etc.) gelegt, die leicht schmelzend überbacken wird.
Ein Burger wird im Nu zum Chiliburger, wenn Sie unter das Faschierte fein gehacktes Chili und einen Schuss Tabascosauce mengen, was dem Laibchen ein pikant-scharfe Note verleiht.

## Beef-Mozzarella-Burger

Zutaten

*4 Buns (Hamburger-Brötchen, s. S. 313), halbiert*
*400 g Rindsschulter, durchzogen, ausgelöst*
*etwas Rucola, geputzt*
*2 Tomaten, in Scheiben geschnitten*
*1 Mozzarella*
*1 TL Zitronensaft*
*1 EL Ölivenöl*
*3 EL Öl zum Braten*
*Salz*
*Pfeffer, schwarz*

Gut gekühlte Rindsschulter in Streifen schneiden, faschieren, mit Salz und Pfeffer vermengen und zu Laibchen (Patties) formen. Öl in einer flachen Pfanne erhitzen, die Laibchen einlegen, braun anbraten, wenden, saftig (medium) oder ganz durchbraten, herausheben und warm stellen. Rucola mit Zitronensaft, Olivenöl und Salz marinieren, Tomatenscheiben mit Salz und Pfeffer würzen. Die an den Schnittflächen getoasteten Unterteile der Buns (Hamburger-Brötchen) mit mariniertem Rucola und Tomatenscheiben belegen, gebratene Laibchen darauf setzen. Mozzarella in vier Scheiben schneiden, jeweils mit Salz und Pfeffer würzen und mit Olivenöl beträufeln, auf die Laibchen legen und die ebenfalls an den Schnittflächen getoasteten Oberteile der Buns darauf setzen.

- Garungsdauer: je nach gewünschtem Garungsgrad und Größe der Laibchen ca. 4–5 Minuten
- Tipp: Noch saftiger schmeckt dieser Burger, wenn man den Mozzarella bei starker Oberhitze kurz überbäckt.

# Beef-Tatar-Burger

Zutaten

*4 Buns (Hamburger-Brötchen, s. S. 313), halbiert*
*400 g Rindfleisch, völlig mager und sehnenfrei (Keulenfleisch)*
*2 Eidotter, 4 Eier*
*Spritzer Tabasco- (oder Chili)sauce*
*3 EL Zwiebeln, fein gehackt*
*1 TL Kapern, fein gehackt*
*1 EL Gewürzgurkerl, fein gehackt*
*4 Sardellenfilets*
*Dijonsenf zum Bestreichen*
*Öl und Butter zum Braten*
*Salz*
*Pfeffer, frisch gemahlen*

Gut gekühltes Rindfleisch in Streifen schneiden, faschieren, mit Eidottern, Zwiebeln, Kapern, Gurkerln, Tabascosauce, Salz und Pfeffer vermischen und pikant abschmecken. Aus der Masse Laibchen formen. In einer Pfanne wenig Öl erhitzen, Laibchen einlegen, braun anbraten, wenden und nach gewünschtem Garungsgrad braten, allerdings sollten die Laibchen eher roh (rare) als allzu durchgebraten sein. Währenddessen in einer weiteren Pfanne Butter schmelzen und 4 Spiegeleier braten. An den Schnittflächen getoastete Unterteile der Buns (Hamburger-Brötchen) mit je einem Laibchen belegen, diese mit Dijonsenf bestreichen, je ein Spiegelei darauf setzen und auf dieses je ein der Länge nach halbiertes Sardellenfilet kreuzweise drapieren. Die ebenfalls an den Schnittflächen getoasten Brötchenoberteile entweder zart darauf setzen oder nur schräg anlehnen.

- Garungsdauer: je nach gewünschtem Garungsgrad und Größe der Laibchen ca. 1–4 Minuten
- Tipp: Um ein Ausfließen des Eidotters zu verhindern, empfiehlt es sich, das Spiegelei beim Braten vorsichtig einmal zu wenden.

# Lamm-Burger

Zutaten

*4 Buns, (Hamburger-Brötchen, s. S. 313), halbiert*
*400 g Lammschulter, durchzogen, ausgelöst*
*1 Ei*
*100 g Zwiebeln*
*Salatblätter, geschnitten*
*Paprikaschote, grün und/oder rot, nach Belieben, in Ringe geschnitten*
*einige Minzeblätter, gehackt*
*1 EL angerührtes Mustardpulver (oder Dijonsenf)*
*3 EL Öl zum Braten*
*Salz, Pfeffer, weiß, frisch gemahlen*

Gut gekühlte Lammschulter in Streifen schneiden, faschieren, mit Ei, Minze, Senf, Salz und Pfeffer vermengen und aus der Masse vier Laibchen formen.

Öl in einer flachen Pfanne erhitzen, die Laibchen einlegen, braun anbraten, wenden, saftig fertig braten, herausheben und warm stellen. Zwiebeln in dickere Scheiben schneiden und diese im verbliebenen Fett beidseitig braten. Warme, an der Schnittfläche getoastete Unterteile der Buns (Hamburger-Brötchen) mit geschnittenen, leicht gesalzenen Salatblättern belegen, gebratene Laibchen darauf setzen, mit Zwiebelscheiben und Paprikaringen belegen, getoastete Oberteile aufsetzen, leicht andrücken.

- GARUNGSDAUER: je nach gewünschtem Garungsgrad und Größe der Laibchen ca. 4–5 Minuten
- TIPPS: Echte Burger-Freaks werden auch hier nicht auf Ketchup und/oder Mayonnaise verzichten können.
  Käse-Freaks können hingegen das Lammfleischlaibchen noch mit Ziegenkäse belegen und dann bei starker Oberhitze überbacken.

## CHICKEN-BURGER

ZUTATEN FÜR 6 PORTIONEN

*6 Buns (Hamburger-Brötchen, s. S. 313), halbiert*
*600 g Hühnerkeulenfleisch, ausgelöst und ohne Haut*
*100 g Semmeln, in Wasser geweicht*
*1 EL Semmelbrösel*
*1 Ei*
*1 EL Petersilie, gehackt*
*4 EL Maiskörner, aus der Dose*
*12 Scheiben Frühstücksspeck*
*4 Fleischtomaten, dick geschnitten*
*Salz*
*Pfeffer, frisch gemahlen*
*Chilischote, frisch, gehackt (ersatzweise getrocknet, gemahlen)*
*Öl zum Braten*
*Salatblätter, geschnitten*
*Mayonnaise und Ketchup*

Eingeweichte Semmeln ausdrücken und gemeinsam mit kaltem Hühnerfleisch faschieren. Ei, Semmelbrösel, Petersilie, Salz, Chili und Pfeffer einmengen, abgetropfte Maiskörner einrühren und aus der Masse sechs Laibchen formen. Öl in einer flachen Pfanne erhitzen, die Laibchen einlegen, braun anbraten, wenden, fertig braten, herausheben und warm stellen. In derselben Pfanne die Speckscheiben beidseitig knusprig, dann die gesalzenen, gepfefferten Tomaten kernig braten. Warme, getoastete Unterteile der Buns (Hamburger-Brötchen) mit geschnittenen, leicht gesalzenen Salatblättern belegen, gebratene Hühnerlaibchen darauf setzen, mit Speck- und Tomatenscheiben belegen, nach Belieben mit Mayonnaise und/oder Ketchup garnieren und die an den Schnittflächen getoasteten Oberteile aufsetzen.

- GARUNGSDAUER: je nach gewünschtem Garungsgrad und Größe der Laibchen ca. 4–5 Minuten

# Fisch-Burger

Zutaten für 6 Portionen

*6 Buns (Hamburger-Brötchen, s. S. 313), halbiert*
*600 g Kabeljaufilet*
*90 g Semmeln, in Wasser eingeweicht*
*1 EL Semmelbrösel*
*1 Ei*
*150 g Salatgurke*
*4 EL Mayonnaise*
*2 EL Dillspitzen, gehackt*
*1 Ei, hart gekocht*
*Salatblätter*
*Salz, Pfeffer, weiß*
*Öl zum Herausbacken*

*Für die Panier:*
*Mehl, glatt*
*1 Ei, verschlagen*
*Semmelbrösel*

In feine Streifen geschnittene Gurke mit 1 TL Dillspitzen, fein gehacktem Ei, Salz, Pfeffer und Mayonnaise vermengen und nochmals abschmecken. Gut gekühltes Kabeljaufilet in kleine Stücke schneiden und mit der in Wasser eingeweichten, gut ausgedrückten Semmelmasse faschieren. Mit Ei und Semmelbröseln vermengen, mit restlicher Dille, Salz und Pfeffer würzen, sechs flache Laibchen daraus formen und diese im Kühlschrank rasten lassen. Die Laibchen in Mehl, verschlagenem Ei und Semmelbröseln panieren. Öl erhitzen und die Laibchen darin schwimmend beidseitig knusprig braun backen, herausheben, trockentupfen und warm stellen. Warme, getoastete Unterteile der Buns (Hamburger-Brötchen) mit geschnittenen, leicht gesalzenen Salatblättern belegen, etwas Gurkenmayonnaise darauf verteilen, heiße Fischlaibchen darauf setzen, mit restlichem Gurkenragout bestreichen. Die an der Schnittfläche getoasteten Oberteile aufsetzen und leicht andrücken.

- Öltemperatur: ca. 165 °C
- Garungsdauer: 4–5 Minuten
- Tipps: Die Gurkenmayonnaise kann auch durch Gurken- und Eierscheiben, Mayonnaise und/oder Ketchup ersetzt werden.
  Einen pikanten Akzent setzt fein geschnittener Räucherlachs, den man unter die Fischmasse mengt.

# Palatschinken, Crêpe & Co.

## Hauchdünne Hülle, hochfeine Fülle

*Das Wort Palatschinke hat, vom Lateinischen bis zum Ungarischen, viele Wurzeln. Allen gemeinsam ist ein Fladenteig, der früher, etwa in Siebenbürgen, auf heißen Steinen ausgebacken wurde. In heimische Kochbücher fand die Palatschinke erst im 19. Jahrhundert Eingang, davor war stets von Pfannzelten, Pfannkuchen oder Eierkuchen die Rede. In den letzten Jahren haben auch die französischen »Crêpes« – obersreiche, hauchdünne Pfannkuchen – und die italienischen Crespelle vor allem unter jüngeren Leuten immer mehr Freunde gewonnen.*

## Palatschinken

*Grundrezept*

Zutaten für
ca. 9 Palatschinken

*125 g Mehl, glatt*
*2 Eier*
*¼ l Milch*
*1 EL Pflanzenöl (oder Butter)*
*1 EL Petersilie, gehackt*
*Salz*
*Öl (oder Butterschmalz), zum Backen*

Mehl, Milch und Öl mit einem Schneebesen glatt rühren (keinen Mixstab verwenden, durch die schnelle Drehzahl wird der Teig zäh). Eier einrühren, salzen, Petersilie beifügen und 30 Minuten kühl rasten lassen. In einer flachen, am besten beschichteten Pfanne Butterschmalz erhitzen, Teig einfließen lassen, anbacken, wenden, fertig backen.

Tipps: Sollten sich Knoten bilden, so lassen Sie den Teig durch ein feines Sieb laufen.
Durch das Beimengen zusätzlicher Zutaten (geröstete Speck- oder Zwiebelwürfelchen, gehackter, blanchierter Spinat, gehackte Trockentomaten, Knoblauch, Paprikapulver, Currypulver, geriebener Parmesan oder Kräuter) erzielt man völlig unterschiedliche Geschmacksnuancen.
Für süß gefüllte Palatschinken lässt man die Petersilie einfach weg.

# Crêpes

## *Grundrezept*

Zutaten für
ca. 15 Crêpes

*ca. 120 g Mehl, glatt (wenn möglich Typ W 480)*
*1 Ei*
*2 Eidotter*
*200 ml Schlagobers*
*200 ml Milch*
*Prise Salz*
*Butterschmalz (oder Öl), zum Backen*

Mehl, Obers und Milch mit einem Schneebesen knotenfrei glatt rühren. Salz, Ei und Eidotter untermengen und 30 Minuten rasten lassen. In einer flachen, am besten beschichteten Pfanne Butterschmalz erhitzen, Teig dünn einfließen lassen, anbacken, wenden und fertig backen.

■ Tipp: Den Teig nicht zu hochtourig mixen, da er sonst zäh wird.

# Weizentortillas

Zutaten für
ca. 12 Tortillas

*250 g Weizenmehl, glatt*
*150 ml Wasser*
*30 g Kokosfett*
*Salz*
*wenig Öl zum Backen*
*Mehl für die Arbeitsfläche*

Kokosfett schmelzen, mit Mehl, Wasser und Salz zu einem Teig verkneten, zugedeckt ca. 30 Minuten rasten lassen. Teig in ca. 12 Stücke teilen, Kugeln daraus formen, auf einer bemehlten Unterlage zu ca. 15 cm großen, runden Fladen ausrollen. Beschichtete Pfanne erhitzen, mit wenig Öl ausstreichen, die Fladen beidseitig ca. 2 Minuten braten, in Folie gehüllt für die Weiterverwendung warm stellen. (Tortillas schmecken nur frisch gebacken gut.)

■ Tipps: Tortillas sind für die Snack-Küche zwischendurch äußerst vielseitig einsetzbar. Probieren Sie einmal Fritos (frittierte Tortillachips), Tacos (Tortillataschen mit fantasievollen Füllungen) oder Enchiladas (gerollte Tortillas mit Fleisch- oder Käsefüllung).
Maistortillas kauft man am besten fertig, da herkömmliches Maismehl bei der Verarbeitung mit Wasser nicht bindet.

# Räucherlachs-Crêpe

Zutaten

*8 Crêpes (Grundrezept s. S. 115)*
*200 g Räucherlachs*
*50 g Zwiebeln, fein geschnitten*
*3 Eier, hart gekocht*
*1 EL Dillspitzen, gehackt*
*1 EL Schnittlauch, geschnitten*
*40 g Butter*
*20 g Mehl, glatt*
*2 dl Schlagobers*
*3 EL Sauerrahm*
*Salz*
*Pfeffer, frisch gemahlen*
*Butter zum Bestreichen*
*Parmesan, frisch gerieben*

Butter schmelzen, Zwiebeln darin hell anschwitzen, Mehl einrühren, mit warmem Obers aufgießen, mit einem Schneebesen knotenfrei verrühren und 2–3 Minuten kochen. Masse überkühlen lassen, Sauerrahm untermengen. Räucherlachs in Streifen schneiden oder fein hacken, mit den gehackten Eiern, Dille und Schnittlauch in die Sauce einrühren, salzen und pfeffern. Die Masse auf die vorbereiteten Crêpes verteilen, jeweils zu einem Dreieck falten und alle Crêpes in eine gebutterte Auflaufform gruppieren. Mit geschmolzener Butter bestreichen, mit Parmesan bestreuen und im vorgeheizten Backrohr bei 250 °C und extremer Oberhitze ca. 4 Minuten überbacken.

- Backrohrtemperatur: 250 °C bei extremer Oberhitze
- Backdauer: ca. 4 Minuten
- Beilagenempfehlung: Gurkensalat mit Dille und Rahm
- Tipp: Der Räucherlachs kann durch andere Räucherfische (Schillerlocken Räucherforelle etc.) oder Schinkenwürfel ersetzt werden.

# Pikante Crespelle

Zutaten

*12 Crêpes (Grundrezept s. S. 115)*
*60 g Speck*
*300 g Wurzelwerk (Karotten, Gelbe Rüben, Sellerie), geschält*
*80 g Zwiebeln, fein geschnitten*
*1 EL Tomatenmark*
*2 Tomaten, geschält, entkernt (oder Pelati aus der Dose)*
*2 EL Oliven, grün, entkernt, gehackt*
*5 EL Olivenöl*
*1/16 l Weißwein*
*1 EL Basilikum, grob gehackt*
*2 Knoblauchzehen, gepresst*
*etwas Suppe zum Aufgießen*
*1/8 l Tomatensaft*
*Salz, Pfeffer, frisch gemahlen*
*Oregano*
*Parmesan, frisch gerieben*

Öl in einer Kasserolle erhitzen, würfelig geschnitten Speck darin anrösten, Zwiebeln unterrühren, anschwitzen, grob faschiertes oder kleinwürfelig geschnittenes Wurzelwerk beifügen, weiterrösten. Tomatenmark einrühren, mit Weißwein, Tomatensaft und etwas Suppe untergießen, 5 Minuten dünsten, bei Bedarf noch etwas Suppe beifügen, wobei die Masse aber eher sämig sein sollte. Fein gehackte Tomaten, Salz, Pfeffer, Oregano, Knoblauch, Basilikum und Oliven beigeben. Nochmals abschmecken. Die vorbereiteten Crêpes mit der heißen Masse kräftig bestreichen, einrollen, mit Parmesan bestreuen und servieren.

- BEILAGENEMPFEHLUNG: Blattsalate
- TIPP: Ohne Speck wird dieses Gericht zu schmackhaften vegetarischen Crespelle.

# TOMATEN-SALBEI-CRESPELLE

ZUTATEN

*12 Crêpes (Grundrezept s. S. 115)*
*1 kg Tomaten, geschält, entkernt*
*250 g Zwiebeln, fein geschnitten*
*1/8 l Olivenöl*
*½ l Tomatensaft*
*120 g Stracchino oder Mozzarella*
*Salz*
*Pfeffer, schwarz, frisch gemahlen*
*8 Salbeiblätter*
*Parmesan, frisch gerieben, zum Bestreuen*
*Butter für die Form*

Tomaten in kleine Würfel schneiden. Öl in einer flachen Kasserolle erhitzen, Zwiebeln darin farblos anschwitzen, Tomatenwürfel beigeben, kurz andünsten, mit Tomatensaft aufgießen, gehackte Salbeiblätter beigeben und kurz weiterdünsten, bis die Masse dickflüssig erscheint. Mit Salz und Pfeffer würzen. Vorbereitete Crêpes mit Tomatenragout bestreichen, Stracchino kleinwürfelig schneiden, darüber streuen. Zu Dreiecken falten und in eine gebutterte Auflaufform schichten, im heißen Backrohr nochmals kurz erhitzen, mit frisch geriebenem Parmesan bestreuen.

- BEILAGENEMPFEHLUNG: italienische Blattsalate
- TIPP: Opulenter gerät die Fülle, wenn man Schinken- oder Salamistreifen sowie Pinienkerne untermengt.

# Panierte Putenpalatschinken

Zutaten

*4 Palatschinken, kalt*
*(Grundrezept s. S. 113)*
*400 g Putenfleisch (oder Hühnerfleisch), gegart, ohne Knochen*
*20 g Butter*
*20 g Mehl, glatt*
*1/8 l Hühnersuppe*
*8 cl Schlagobers*
*2 Eier*
*1 EL Petersilie, gehackt*
*Salz*
*Pfeffer, frisch gemahlen*
*Öl zum Backen*

*Für die Panier:*
*Mehl, glatt*
*2 Eier*
*Semmelbrösel*

Putenfleisch fein faschieren. Butter schmelzen, Mehl licht anschwitzen, heiße Hühnersuppe und Obers unterrühren, 2 Minuten kochen. Putenfaschiertes in die Sauce einmengen, verschlagene Eier einrühren und so lange erhitzen, bis die Masse anstockt. Petersilie zugeben, mit Salz und Pfeffer würzen. Masse auf die vorbereiteten kalten Palatschinken streichen, diese straff einrollen und im Kühlschrank gut durchkühlen. Jede Palatschinke in drei Teile schneiden, in Mehl, verschlagenem Ei und Semmelbröseln panieren. In einer tiefen Pfanne ausreichend viel Öl erhitzen, Palatschinken goldgelb anbacken, wenden, fertig backen, herausheben und Öl gut abtupfen.

- Öltemperatur: ca. 160 °C
- Backdauer: ca. 5 Minuten
- Beilagenempfehlung: Kräuterrahm, Sauce tartare, Blattsalate
- Tipps: Panierte Putenpalatschinken eignen sich sehr gut für Gäste, da die Palatschinken bereits im Voraus gefüllt werden können. Paniert sollten sie allerdings erst unmittelbar vor der Fertigstellung werden.
  Die Fülle kann beliebig variiert werden, etwa durch faschiertes Wildfleisch, das mit Wildsauce gebunden wird.

# Süsssaure Geflügelpalatschinken

Zutaten

*8 Palatschinken*
*(Grundrezept s. S. 113)*
*400 g Hühnerbrust, ohne Haut und Knochen*
*70 g Frühlingszwiebeln*
*120 g Sojakeime*
*100 g Karotten*
*180 g Austernpilze*
*1 TL Ingwer, gerieben*
*Sojasauce*
*1 EL Honig*
*1 dl Orangensaft*
*½ Ei, verschlagen*
*etwas Mehl*
*5 EL Pflanzenöl*
*1 TL Koriandergrün, gehackt*
*1 TL Maizena*
*Salz, Pfeffer, frisch gemahlen*

Hühnerbrust in feine Streifen schneiden, salzen, pfeffern, mit Sojasauce beträufeln, mit Mehl stauben, das Ei beigeben, abmengen. Frühlingszwiebeln, Karotten und Pilze in Streifen schneiden. 3 EL Öl in einem Wok oder einer flachen Pfanne erhitzen, Sojakeime, Frühlingszwiebeln, Austernpilze sowie Karottenstreifen darin rösten, mit Sojasauce beträufeln, salzen, aus der Pfanne heben, warm stellen. Restliches Öl erhitzen, Hühnerstreifen rasch unter ständigem Rühren anbraten, Orangensaft (etwas noch zur Seite stellen) zugießen, Honig, Ingwer und das angebratene Gemüse zugeben. Maizena mit restlichem Orangensaft anrühren, untermengen, kurz erhitzen, bis die Flüssigkeit glasig wird, gehackten Koriander einstreuen. Die vorbereiteten warmen Palatschinken mit der süßsauren Geflügelmasse füllen, einrollen und servieren.

Tipps: Süßsaure Palatschinken können ebenso mit Streifen von gebratener Ente, Schinken oder Bratenresten gefüllt werden. Diese exotische Geflügelfülle könnte zur Abwechslung auch einmal unter Glasnudeln oder gebratenen Reis gemengt werden.

## *»Die Tortillas der Konquistadoren«*

*Als die ersten spanischen Eroberer sahen, wie die indianische Urbevölkerung Mexikos aus Masa (= Maismehl) einen Teig knetete und diesen mit Hilfe eines Metate genannten Steines zu kreisförmigen Fladen von 20 cm Durchmesser und 3 mm Dicke plätteten, fühlten sie sich an ein Gericht aus ihrer Heimat erinnert und nannten die Maisfladen Tortillas (was auf Spanisch soviel wie Törtchen, vor allem aber ein Gericht aus Omelettenteig bedeutet). Ein Stapel solcher runder, geschmeidiger Fladen gehört in Mexiko bis heute zu jeder Mahlzeit wie bei uns das Brotkörbchen. Von Tortillas kann man sich in Mexiko ernähren und für viele bildet sie auch – zum Frühstück mit Bohnen, zum Mittagessen mit Avocados und zum Abendessen mit Truthahn- oder Hühnerfleisch – bis heute das wichtigste Nahrungsmittel.*

# Hühner-Tortilla

Zutaten

*8 Weizentortillas*
*(Grundrezept s. S. 115)*
*350 g Hühnerbrustfleisch, gegart*
*2 dl Guacamole*
*(Avocadopüree, s. S. 39)*
*150 g Tomaten, geschält, entkernt*
*(oder Pelati aus der Dose)*
*300 g Butterkäse, gerieben*
*1 dl Sauerrahm*
*100 g Topfen (oder Hüttenkäse)*
*Salz*
*Chilischote, entkernt, fein gehackt*
*(oder Chilipulver)*
*1 EL Koriandergrün, gehackt*
*Butter für die Form*

Hühnerfleisch in feine Streifen oder Würfel schneiden, mit gehackten Tomaten, Sauerrahm, Topfen, 100 g Butterkäse, Koriandergrün, Salz und Chili verrühren. Vorbereitete Tortillas mit Guacamole bestreichen, die Hühnermasse darüber verteilen, Tortillas locker einrollen und in eine gebutterte Auflaufform schichten, mit Alufolie bedecken und 25 Minuten bei 200 °C backen. Folie abheben, restlichen geriebenen Käse darüber streuen und nochmals 10 Minuten im Backrohr überbacken.

- Backrohrtemperatur: 200 °C
- Backdauer: 35 Minuten
- Beilagenempfehlung: marinierte Avocadoscheiben
- Tipps: Noch feuriger schmecken diese Tortillas, wenn man sie nach dem Entfernen der Folie mit scharfem Tomaten-Chilisugo bedeckt und anschließend mit Käse gratiniert.
  Tortillas können auf die unterschiedlichste Weise, etwa mit Chili con Carne oder gedünstetem Gemüse, gefüllt werden.

# Natur pur

## Fleischlose und gesunde Köstlichkeiten

*Die »Veggies« sind weltweit im Vormarsch. Doch die meisten von ihnen haben längst begriffen, dass fleischlose Küche nur dann eine Chance hat, wenn die vegetarischen KöchInnen glaubhaft vermitteln, dass sie mit Lust, Spaß und Sinnenfreude bei der Sache sind. Dies kann mit den folgenden Rezepten durchaus gelingen.*

## Gebratener Radicchio

Zutaten

*600 g Radicchio, geputzt*
*3 EL Olivenöl*
*Salz*
*Olivenöl extra vergine zum Beträufeln*
*Pfeffer, frisch gemahlen*
*Parmesan, frisch gerieben*

Die äußeren Blätter und Strunk entfernen, Radicchio vierteln, waschen, in lauwarmes Wasser legen, damit sich die Bitterstoffe reduzieren, aus dem Wasser heben, abtupfen. In einer flachen Pfanne Öl nicht zu stark erhitzen, Radicchio einlegen und an allen Seiten nicht zu forciert braten. Mit Salz und Pfeffer würzen, anrichten, mit kaltem Olivenöl beträufeln und mit frisch geriebenem Parmesan bestreuen.

- Bratdauer: ca. 5 Minuten
- Verwendung: als Beilage für kurz gebratenes Lamm, Kalb, Huhn, Bistecca oder Fisch
- Tipp: Klein geschnittene Schalotten in Butter anschwitzen, klein gehackte Sardellen und gehackte Kapern daruntermengen, über den gebratenen Radicchio verteilen und mit Parmesan bestreuen.

## Gedünsteter Chicorée

Zutaten

*800 g Chicorée*
*60 g Frühstücksspeck*
*50 g Karotten, geschält*
*50 g Sellerieknolle, geschält*
*¼ l Rindsuppe, fett*
*Salz*
*Pfeffer, frisch gemahlen*
*Petersilie, gehackt*

Chicoréeblätter ablösen, den Strunk und unschöne Blätter entfernen. Blätter in reichlich kochendem Salzwasser blanchieren, in Eiswasser rasch überkühlen, abseihen und abtropfen lassen. Speck und Wurzelwerk in ganz kleine Würfel schneiden, in einen passenden Bräter (Auflaufform) streuen, die Chichoréeblätter darauf legen, salzen, pfeffern, mit Suppe begießen, am Herd aufkochen lassen und im vorgeheizten Backrohr bei 200 °C ca. 15 Minuten dünsten. Bei Bedarf noch etwas Suppe nachgießen. Vor dem Servieren mit gehackter Petersilie bestreuen.

- Backrohrtemperatur: 200 °C
- Backdauer: ca. 15 Minuten
- Verwendung: zu Lamm, Steaks, Roastbeef, gebratenem Kalb oder Huhn

# Gefüllte Zucchiniblüten

Zutaten

*12 Zucchiniblüten mit Frucht*
*200 g Lachsfilet, enthäutet*
*2 dl Schlagobers*
*Salz, Pfeffer, frisch gemahlen*
*Zitronensaft*
*Butter zum Bestreichen*

*Für Variante B:*
*1/8 l Weißwein*
*etwas Fischfond (oder Suppe), zum Aufgießen*

Blüten öffnen, den Stempel innen entfernen, vom Fruchtkörper die Enden abschneiden, dann diesen ähnlich einem Gurkerlfächer einschneiden und flachpressen. Klein geschnittenen Lachs salzen, unter langsamer Zugabe von eiskaltem Obers cuttern (zu einer homognen Farce mixen), mit Salz, Pfeffer und Zitronensaft abschmecken. Lachsmasse mit einem Spritzsack mit glatter Tülle in die Blütenbätter hineinspritzen, Blätter kugelförmig darüber anpressen.

Variante A: Die Blüten samt Frucht auf einen zart gebutterten Dämpfeinsatz legen, mit Butter bestreichen, mit Salz und Pfeffer würzen. Dämpfuntersatz mit etwas Wasser füllen, aufkochen, Dämpfeinsatz einsetzen, ca. 10 Minuten dämpfen, nochmals mit Butter abstreichen.

Variante B: Die Blüten samt Frucht auf ein gebuttertes Backblech (oder flache Gratinierform) gruppieren, mit Butter bestreichen, mit Salz und Pfeffer würzen.
Mit Weißwein und etwas Fischfond oder Suppe begießen und mit Alufolie bedeckt im vorgeheizten Backrohr garen, nochmals mit Butter bestreichen.

■ Garungsdauer: ca. 10 Minuten, je nach Größe der Blüten und Frucht
■ Beilagenempfehlung: Weißwein- oder Krebssauce
■ Tipps: Wenn Sie dieses Gericht ganz und gar fleischlos zubereiten wollen, so machen Sie es wie in Ligurien: Dort füllt man die Blüten (ohne Frucht) mit einer Mischung aus gewürfeltem Mozzarella und Basilikum, bevor man sie durch Wein-Backteig zieht und schwimmend in heißem Öl ausbäckt. Falls Sie nicht so puristisch-vegetarisch sein wollen, dann fügen Sie dieser Fülle auch noch fein gehackte Sardellen hinzu.
Statt mit Lachs können Zucchiniblüten auch mit einer Duxelles- oder Geflügelfarce gefüllt werden.

## Schwarzwurzeln in Käsebackteig

Zutaten

*600 g Schwarzwurzeln*
*1/8 l Milch*
*Zitronensaft*
*Salz*
*etwas Mehl*
*Öl zum Backen*

*Für den Käsebackteig:*
*180 g Mehl, glatt*
*1/4 l Weißwein, trocken*
*(oder Mineralwasser)*
*2 Eidotter, 2 Eiklar*
*2 EL Parmesan, frisch gerieben*
*40 g Butter, geschmolzen*
*Salz*

Schwarzwurzeln schälen, in 4 cm lange Stücke schneiden und sofort in mit Zitronensaft versetztes Wasser legen, um einer Verfärbung vorzubeugen. Milch mit 1 EL Mehl glatt rühren. In einer Kasserolle Schwarzwurzeln mit gesalzenem Zitronenwasser bedecken, aufkochen, das Milchgemisch rasch einrühren und Schwarzwurzeln ca. 15 Minuten bissfest kochen, erkalten lassen. Flüssigkeit abgießen, Schwarzwurzeln auf Küchenkrepp abtrocknen.
Für den Backteig Mehl, Wein und Eidotter mit einem Schneebesen zu einem glatten Teig verrühren. (Nicht mixen, der Teig wird zäh.) Geschmolzene Butter, Parmesan und Salz unterrühren. Eiklar zu Schnee schlagen und untermengen, Schwarzwurzeln kräftig mit Salz würzen, in Mehl wälzen, abschütteln, einzeln durch den Backteig ziehen und in einer tiefen Pfanne in heißem Öl schwimmend goldgelb herausbacken. Auf Abtropfrost oder Küchenkrepp legen und rasch auftragen, damit der Teig knusprig bleibt.

■ Öltemperatur: 180 °C
■ Backdauer: ca. 4–5 Minuten
■ Beilagenempfehlung: kalte Basilikum-Tomatensauce, Kräuterjoghurt, Sauce tartare
■ Tipps: Auf dieselbe Weise lassen sich Broccoli, Zwiebelringe, Karfiol, wei-

ßer oder grüner Spargel, aber auch Tintenfischringe, King-Prawns (Hummerkrabben), Scampi oder Fischstücke frittieren.
Ziehen Sie das Gemüse zur Abwechslung einmal durch einen Tempurateig.

## Überbackener Spargel

Zutaten

*1 kg Spargel, weiß*
*1 Semmel*
*Butter für die Form*
*Salz*
*1 TL Kristallzucker*

*Für die Gratiniermasse:*
*¼ l Crème fraîche*
*2 Eidotter*
*2 Eiklar*
*50 g Käse (Emmentaler oder Edamer), gerieben*
*1 EL Parmesan, frisch gerieben*
*1 EL Kren, gerissen*
*Salz*
*einige Butterflocken zum Gratinieren*

Spargel schälen, holzige Teile an den Enden großzügig wegschneiden. Reichlich Salzwasser zum Sieden bringen, halbierte Semmel und Zucker beigeben, Spargel vorsichtig einlegen, aufkochen, mit einer reinen Serviette bedecken und je nach Stärke ca. 15–20 Minuten an der Siedegrenze ziehen lassen. Herausheben, abtropfen lassen, in eine gebutterte Auflaufform einordnen. Für die Gratiniermasse Crème fraîche mit Eidottern, Reibkäse, Kren und Salz verrühren. Eiklar zu Schnee schlagen, unter die Käsemasse rühren. Masse über Spargel verteilen, mit Parmesan bestreuen, einige Butterflocken darauf setzen und im vorgeheizten Backrohr bei 200 °C etwa 20 Minuten backen.

- Backrohrtemperatur: 200 °C Umluft
- Backdauer: ca. 20 Minuten
- Tipps: Versuchen Sie, beim Einkauf möglichst gleichmäßig dicke Spargelstangen zu wählen. Bei ungleich dickem Spargel muss man die dickeren Stangen zuerst kochen, dann nach einigen Minuten die dünneren beigeben.
  Vor dem Überziehen mit Gratiniersauce kann der Spargel auch noch mit Räucherlachs- oder Schinkenstreifen sowie Eierscheiben belegt werden.

# Melanzani mit Schafkäse gefüllt

Zutaten

*2 Melanzani à ca. 700 g*
*200 g Tomaten, geschält, entkernt*
*100 g Zwiebeln, fein gehackt*
*180 g Feta (griechischer Schafkäse)*
*50 g Pinienkerne*
*1 EL Petersilie, gehackt*
*2 Knoblauchzehen, gepresst*
*4 EL Olivenöl*
*1 dl Tomatensaft*
*Salz, Pfeffer, frisch gemahlen*
*einige gehackte Minzeblätter*
*Öl für die Form*

Gewaschene Melanzani der Länge nach halbieren, Stielansätze wegschneiden. Schnittflächen salzen, pfeffern, in einer flachen beschichteten Pfanne ohne Fett anbraten und im auf 200 °C erhitzten Backrohr unter oftmaligem Wenden ca. 8 Minuten braten. Überkühlen lassen. Fruchtfleisch herauslösen, sodass ein etwa 1 cm starker Rand erhalten bleibt. Zwiebeln in heißem Olivenöl anrösten, gehacktes Melanzanifruchtfleisch beigeben, mit Tomatensaft untergießen, einige Minuten dünsten. Würfelig geschnittene Tomaten beimengen, kurz aufkochen, Salz, Pfeffer, Minze, Knoblauch, Pinienkerne und Petersilie beigeben. Überkühlen lassen. Überschüssige Flüssigkeit in eine mit Olivenöl ausgestrichene Gratinierform gießen. Gewürfelten Feta unter die Masse mengen, in die Melanzanihälften füllen, in die Form ordnen und im auf 200 °C temperierten Backrohr ca. 8 Minuten backen.

- Backrohrtemperatur: 200 °C
- Backdauer: ungefüllte Melanzani 8 Minuten, gefüllte Melanzani ebenfalls 8 Minuten
- Tipp: Oft werden der Melanzanimasse noch faschiertes Lammfleisch, geröstete Zwiebeln, Mandeln und Zimt beigemengt, wobei die gefüllten Melanzani dann in Tomatensugo gesetzt und im Backrohr gebacken werden.

# Gebackene Gemüsesticks

Zutaten

*300 g Gemüse (Karotten, Sellerie, Grünspargel), bereits gekocht*
*50 g Erbsen, gekocht*
*50 g Maiskörner, gekocht*
*100 g Pilze (Champignons oder Austernpilze)*
*30 g Butter*
*30 g Mehl, glatt*
*¼ l Milch (oder Gemüsesuppe)*
*2 Eidotter, 1 Ei*
*Salz*
*Muskatnuss, gerieben*
*Butter zum Anbraten*
*2 EL Petersilie, gehackt*
*Öl zum Backen*

*Für die Panier:*
*Mehl, glatt; Eier, Semmelbrösel*

Gekochte Karotten und Sellerie in sehr kleine Würfel, Spargel in Scheiben schneiden. Gewaschene, abgetrocknete Pilze ebenfalls würfeln. Etwas Butter in einer Pfanne erhitzen, Pilze darin kurz braten, restliches Gemüse beigeben, salzen. Butter schmelzen, Mehl licht anlaufen lassen, mit heißer Milch oder Gemüsebrühe aufgießen, mit Schneebesen knotenfrei verrühren und 3 Minuten unter ständigem Rühren kochen. Gut verschlagenes Ei und Eidotter in die noch heiße, aber nicht mehr kochende Béchamelsauce einrühren. Mais, Erbsen und Petersilie zugeben, so lange erhitzen, bis die Masse bindet, mit Salz und Muskatnuss würzen. Masse mit einem Spritzsack ohne Röhrchen auf eine zart geölte Alufolie aufspritzen, im Kühlschrank gut durchkühlen (die Masse muss schnittfest werden). In ca. 6 cm lange Sticks oder Röllchen schneiden, diese in Mehl, verschlagenem Ei und Semmelbröseln panieren. In einer tiefen Pfanne in heißem Öl unter einmaligem Wenden goldbraun backen. Herausheben, gut abtropfen lassen und mit Küchenkrepp abtupfen.

- Öltemperatur: 170 °C
- Backdauer: ca. 4 Minuten
- Beilagenempfehlung: Kräutersauce, Sauce tartare, Blattsalate, Gemüsesalate
- Tipp: Die Wahl der Gemüsesorten kann individuell erfolgen, wer es »fleischiger« liebt, der menge Schinkenwürfel oder gebratenes Geflügelfleisch unter die Gemüsemasse.

# Kürbisstrudel

Zutaten

*750 g Kürbisfleisch, geschält, entkernt*
*120 g Kartoffeln, gekocht, geschält*
*2 EL Sauerrahm*
*40 g Kürbiskerne, geröstet*
*1 Ei*
*Salz*
*Pfeffer, schwarz, gemahlen*
*Kümmel, ungemahlen*
*2 Knoblauchzehen, gepresst*
*2 TL Paprikapulver*
*1 EL Dillkraut, gehackt*
*Strudelteig, frisch (oder tiefgekühlt)*
*Mehl für die Arbeitsfläche*
*Butter zum Bestreichen*

Kürbisfleisch in feine Streifen schneiden, einsalzen, 1 Stunde stehen lassen, gut ausdrücken. Kartoffeln mit einem Röstireißer reiben. Kürbisstreifen mit gerissenen Kartoffeln, Sauerrahm, Ei, Dillkraut, Kürbiskernen und sämtlichen Gewürzen sowie Knoblauch vermengen. Strudelteig auf bemehltem Tuch ausrollen, mit flüssiger Butter bestreichen, hauchdünn ausziehen, Ränder abschneiden, mit Kürbismasse belegen und straff einrollen. Die Enden fixieren und abdrehen oder abschneiden. Strudel auf ein befettetes oder mit

Trennpapier belegtes Backblech legen, mit flüssiger Butter bestreichen und im auf 220 °C vorgeheizten Backrohr etwa 20 Minuten knusprig backen.

- Backrohrtemperatur: 220 °C
- Backdauer: ca. 20 Minuten
- Beilagenempfehlung: leichte, warme Kräutersauce

## Spinat-Käse-Quiche

Zutaten

*Für den Teig:*
*150 g Mehl, glatt*
*100 g Butter*
*2 cl Milch*
*Salz*
*1 Ei*

*Für den Belag:*
*200 g Blattspinat, blanchiert*
*100 g Butterkäse*
*100 g Champignons*
*100 g Speck, durchzogen*
*60 g Zwiebeln*
*3 EL Öl*
*Salz, Pfeffer, frisch gemahlen*
*Muskatnuss, gemahlen*

*Für den Überguss:*
*3 Eier*
*150 ml Schlagobers*
*1 dl Milch*
*50 g Parmesan, gerieben*
*Salz, Pfeffer, frisch gemahlen*
*Muskatnuss, gerieben*

Für den Teig Mehl, zerkleinerte Butter, verschlagenes Ei, Milch und Prise Salz rasch zu einem Teig verkneten (nicht lange kneten, da der Teig sonst die Haftung verliert). Zugedeckt 30 Minuten kühl rasten lassen. Inzwischen für den Belag Öl erhitzen, klein gewürfelten Speck anrösten, Zwiebeln beigeben, mitrösten, geschnittene Champignons beigeben und mit Salz und Pfeffer würzen. Grob gehackten, gut ausgedrückten, blanchierten Blattspinat mit Salz, Pfeffer und Muskatnuss würzen, mit klein gewürfeltem Käse und der Champignonmasse vermengen. Teig auf ca. 30 cm Durchmesser rund ausrollen und eine Springform (24 cm Ø) damit so auslegen, dass der Teig am Rand etwa 3–4 cm hinaufgeht. Für den Überguss Obers, Milch, Eier, Parmesan, Salz, Pfeffer und Muskatnuss mit einem Schneebesen verrühren. Spinatfülle auf den Teig verteilen, mit dem Eiguss übergießen und im auf 210 °C vorgeheizten Backrohr backen. Anschließend etwa 5 Minuten rasten lassen, Kuchen aus der Form lösen, wie eine Torte aufschneiden.

- Backrohrtemperatur: ca. 210 °C
- Backdauer: ca. 25 Minuten
- Tipp: Man kann die Fülle mit der Beigabe von Tomatenwürfeln, Ziegenkäse und Lauch variieren.

# Kräuter-Topfen-Nockerln

Zutaten

*500 g Topfen 20 %, passiert*
*2 Eidotter*
*2 Eier*
*100 g Grieß*
*2 EL Parmesan, frisch gerieben*
*Kräuter nach Saison (vorzugsweise Estragon, Minze oder Kerbel)*
*Salz, Pfeffer, weiß, frisch gemahlen*
*2 Knoblauchzehen, gepresst*
*40 g Butter*
*40 g Butter zerlassen und gebräunt, zum Übergießen*
*Parmesan, frisch gerieben, zum Bestreuen*

Topfen mit Eidottern, ganzen Eiern, Kräutern, Parmesan, Grieß, Salz und Pfeffer vermengen. Butter bräunen, Knoblauch beigeben, aufschäumen lassen und unter die Masse rühren, gut durchkühlen lassen. Salzwasser aufkochen. Aus der kalten Masse mit einem in kaltes Wasser getauchten Suppenlöffel Nocken formen, einlegen, aufkochen und anschließend 10 Minuten ziehen lassen. Die Nockerln mit einem Schaumlöffel herausheben, abtropfen lassen und auf vorgewärmten Tellern anrichten. Mit brauner Butter übergießen und mit geriebenem Parmesan bestreuen.

- Garungsdauer: ca. 10 Minuten
- Tipp: Man kann die Nocken als selbstständiges Gericht auftragen (Beilage Blattsalate), aber auch als Beilage zu Fisch, Kalbfleisch-, Lamm- oder Geflügelgerichten reichen.

# Bärlauchknöderl

Zutaten

*700 g Topfen, unpassiert*
*200 g Semmelbrösel*
*100 g Butter, handwarm*
*3 Eier*
*2 Eidotter*
*150 g Bärlauch*
*Salz*
*Pfeffer, frisch gemahlen*
*3 Knoblauchzehen, gepresst*

*Für die Kürbiskernbutter:*
*180 g Butter*
*300 g Kürbiskerne, fein gehackt*
*Salz*

Für die Masse Bärlauch waschen, in siedendem Salzwasser kurz überkochen, abseihen, in kaltem Wasser abfrischen, sehr gut ausdrücken, fein hacken. Topfen mit Bärlauch und allen anderen Zutaten verrühren, mindestens 2 Stunden kühl rasten lassen, damit die Masse gut formbar ist. Masse mit nasser Handfläche zu Knöderln formen, ca. 12 Minuten in leicht wallendem Salzwasser kochen. Butter in einer flachen Pfanne schmelzen, die gehackten

Kürbiskerne darin rösten, salzen. Knöderl aus dem Wasser heben, gut abtropfen lassen, in Kürbiskernbutter wenden und anrichten.

- Garungsdauer: ca. 12 Minuten
- Tipps: Statt in Kürbiskernbutter können die Knöderl auch in Butterbröseln gewälzt werden. Nach demselben Rezept lassen sich auch Spinat- und Lauchknödel herstellen.

# Blätterteigstrudel mit Mangold-Ricotta-Fülle

Zutaten

*300 g Blätterteig, frisch*
*(oder tiefgekühlt)*
*2 kg Mangold, roh*
*(400 g Mangold, blanchiert)*
*60 g Zwiebeln, fein geschnitten*
*50 g Butter*
*150 g Ricotta oder Bröseltopfen*
*100 g Tomaten, geschält, entkernt*
*Salz*
*Pfeffer, schwarz, frisch gemahlen*
*Muskatnuss, gerieben*
*1 Eidotter zum Bestreichen*
*Butter für das Backblech*

Geputzten Mangold waschen und in reichlich siedendem Salzwasser knackig blanchieren. Mit eiskaltem Wasser abfrischen, gut ausdrücken und grob hacken. Butter nussbraun erhitzen, Zwiebeln kurz anschwitzen, Mangold mit Ricotta und in Würfel geschnittenen Tomaten untermengen. Mit Salz, Pfeffer und Muskatnuss herzhaft würzen. Blätterteig rechteckig etwa 3 mm dünn auf die Maße von 25 cm x 35 cm ausrollen. Mangoldmasse auftragen, leicht zusammenpressen und fassonieren (in Form bringen). Den Strudel so einrollen, dass sich die Teigenden gerade überlappen. Diese mit Eidotter bestreichen und gut verschließen. Strudel auf ein gebuttertes oder mit Trennpapier belegtes Backblech legen, mit Eidotter bestreichen und im vorgeheizten Backrohr bei 220 °C 15–18 Minuten goldbraun backen.

- Backrohrtemperatur: 220 °C
- Backdauer: ca. 15–18 Minuten
- Verwendung: als Beilage zu Lammkarree, Schweinsmedaillons oder gebratenem Fisch sowie als eigenständiges Gericht
- Tipp: Man kann die Mangoldmasse auch im Verhältnis 1:1 mit gewürzter Eiermilch vermengen, ohne Blätterteig in eine gebutterte, flache Auflaufform füllen und im Backrohr bei 180 °C etwa 20–25 Minuten bis zum Abstocken backen.

# Vollwert & wertvoll
## Kochen mit schmackhaften »Bodenschätzen«

*Immer mehr Genießer erkennen, dass vollwertige Ernährung und feine Gaumenfreuden einander nicht nur nicht ausschließen, sondern sogar ergänzen. Die folgenden Rezepte eignen sich für fleischlose Haupt- und Zwischengerichte gleichermaßen wie als ernährungsphysiologisch hochwertige Beilagen zu Fisch, Geflügel oder Fleisch.*

## Buchweizenpalatschinken mit Gurkenfülle

Zutaten

*130 g Buchweizenmehl*
*120 g Weizenmehl, glatt*
*5 g Germ*
*1 Ei*
*2 Eidotter*
*2 Eiklar*
*¼ l Milch*
*20 g Butter*
*Salz*
*Butterschmalz zum Backen*

*Für die Fülle:*
*¼ l Sauerrahm*
*100 g Salatgurke, geschält, entkernt*
*2 Knoblauchzehen, gepresst*
*Salz, Pfeffer*

Für die Fülle Gurke raspeln, mit Salz verkneten, 20 Minuten rasten lassen, gut ausdrücken und unter den Rahm rühren. Mit Salz, Pfeffer und Knoblauch würzen. Für den Teig beide Mehlsorten vermischen, Germ zerbröseln und dazugeben, zerlassene Butter sowie lauwarme Milch einrühren. Ei und Eidotter untermengen, alles glatt rühren. Eiklar mit einer Prise Salz zu steifem Schnee schlagen, unter den Teig heben und bei Raumtemperatur ca. 30 Minuten gehen lassen. Butterschmalz in einer flachen beschichteten Pfanne erhitzen, etwas Teig einfließen lassen, beidseitig braun backen, Palatschinke herausheben und warm stellen. Restliche Palatschinken genauso backen, mit vorbereiteter Fülle bestreichen und zusammenklappen.

Tipp: Die Fülle kann beliebig variiert werden, wobei mit Rahm vermengter Räucherlachs oder Caviar besonders gut zu Buchweizenpalatschinken passt.

## »Der afrikanische Beitrag«

*Bulgur, auch Boulgour oder Burghul genannt, ist vorgegarter Hartweizenschrot und stammt ursprünglich aus Nordafrika. Bulgur wird grundsätzlich wie Reis gedünstet, man kann es jedoch auch mit Gemüsewürfeln verfeinern oder diverse Gewürze wie Kurkuma, Safran oder Currypulver und Misopasten beimengen. Bulgur ist höchst vielseitig verwendbar und bringt Abwechslung in den Speiseplan, wenn man sich an Reis, Nudeln oder Erdäpfeln einmal satt gegessen hat.*
*Ein fast noch populäreres afrikanisches Geschenk an die Küchen der Welt ist das aus Hartweizengrieß hergestellte Couscous. Dieses traditionelle nordafrikanische Beduinengericht wird oft mit Kichererbsen vermischt und dann gemeinsam mit Lamm, Fisch und Geflügel aufgetragen. Couscous ist auf ähnliche Weise vielseitig wie Bulgur, liebt die Harmonie mit exotischen Aromen von Safran über Gelbwurz bis Kreuzkümmel – und hat den Vorteil, dass es mittlerweile auch in vorgedämpftem Zustand erhältlich ist, was die Garzeit erheblich verkürzt.*

## Bulgurlaibchen

Zutaten

*250 g Bulgur*
*30 g Butter*
*2 EL Zwiebeln, fein geschnitten*
*450 ml Wasser (oder Gemüsesuppe)*
*1 EL Kerbelkraut, gehackt*
*1 EL Petersilie, gehackt*
*Salz*

*Pflanzenöl zum Braten*

*Für die Bindung:*
*20 g Butter*
*30 g Mehl, glatt*
*1 dl Milch*
*3 Eier*

Butter in einer flachen Kasserolle erhitzen, Zwiebeln glasig anschwitzen, Bulgur beigeben, unter ständigem Rühren farblos anrösten, mit heißem Wasser oder Gemüsesuppe aufgießen, salzen. Zugedeckt aufkochen, bei reduzierter Hitze (am besten im Backrohr bei 140 °C) wie Reis 20 Minuten dünsten, mit einer Gabel auflockern und die Kräuter untermengen. Zum Binden Butter in einer kleinen Kasserolle schmelzen, Mehl einrühren, anschwitzen, mit heißer Milch aufgießen, mit einem Schneebesen knotenfrei verrühren, einige Minuten kochen. Bulgur einrühren, dann die Eier einmengen. Am Herd so lange rühren, bis die Masse anstockt, vom Herd nehmen, erkalten lassen. Aus der Masse mit nassen Handflächen kleine Laibchen formen. Etwas Öl in einer beschichteten Pfanne erhitzen, die Laibchen beidseitig braun braten, aus der Pfanne heben und Fett abtupfen.

- Garungsdauer: 20 Minuten dünsten, ca. 5 Minuten braten
- Beilagenempfehlung: Tomatenragout, Tsatsiki, Gemüse oder Blattsalate
- Tipps: Ohne Bindung, also nur gedünstet, ergibt Bulgur eine schmackhafte Beilage zu gedünsteten Fleisch- und Fischgerichten.
  Für Bulgurkroketten aus der Masse Kroketten formen, in Mehl, verschlagenem Ei und Semmelbröseln panieren und in heißem Öl knusprig herausbacken.

## Veggie-Couscous

Zutaten

*250 g Couscous-Grieß*
*3 dl Wasser (oder Gemüsesuppe)*
*2 EL Olivenöl*
*50 g Karotten, geschält*
*50 g Zwiebeln, fein geschnitten*
*50 g Sellerieknolle, geschält*
*½ Paprikaschote, rot, ohne Stiel und Kerne*
*1 TL Selleriegrün, gehackt*
*etwas Chilischote, entkernt, gehackt*
*einige Safranfäden*
*Salz*

Karotten, Sellerie und Paprikaschote in 3 mm große Würfel schneiden. Öl in einer flachen Kasserolle erhitzen, Zwiebeln glasig anschwitzen, Gemüsewürfel beigeben und ebenfalls rösten, salzen und mit 5 cl Wasser oder Suppe aufgießen. Zugedeckt bei schwacher Hitze dünsten, bis die Flüssigkeit aufgesogen worden ist. Couscous-Grieß einrühren, mit restlichem heißen Wasser oder Suppe aufgießen, Safran, Chili und Selleriegrün beigeben, aufkochen lassen und 2–3 Minuten zugedeckt dünsten. Vor dem Servieren mit einer Gabel auflockern.

- Garungsdauer: 6–8 Minuten
- Tipp: Wird Couscous als Beilage serviert, so dünstet man den Grieß (250 g) etwa 3 Minuten mit nur 1 EL Öl, Salz und ¼ Liter Suppe oder Wasser oder man befeuchtet den gewürzten Grieß mit etwas Suppe und dämpft ihn in einem feinen Sieb zugedeckt über siedendem Wasser.

# Hirseflan

Zutaten für 4–6 Portionen

*120 g Hirse*
*70 g Karotten, geschält*
*70 g Lauch, geputzt*
*100 g Broccoli*
*30 g Butter*
*2 Eier*
*1/8 l Schlagobers*
*Gemüsesud (oder klare Suppe)*
*60 g Hart- (oder Schnitt)käse, gerieben*
*1 EL Petersilie, gehackt*
*Salz, Pfeffer, frisch gemahlen*
*Muskatnuss, gemahlen*
*Butter für die Form*

Hirse abschwemmen, in Gemüsesud 20 Minuten weich kochen und 15–20 Minuten quellen lassen, abseihen, gut abtropfen lassen. Sud bereithalten. Karotten in kleine Würfel, gut gewaschenen Lauch in Scheiben schneiden, Broccoli in kleine Röschen teilen, in zerlassener Butter anschwitzen, mit wenig Sud untergießen, mit Salz und Pfeffer würzen und zugedeckt kernig weich dünsten, überschüssigen Sud abschütten. Gemüse mit Hirse vermengen. Eier mit Obers, Petersilie, Salz und Muskatnuss gut verschlagen, mit der Hirsemasse vermengen und in eine gebutterte Auflaufform füllen, mit Käse bestreuen. Im vorgeheizten Backrohr bei 180 °C 35 Minuten goldbraun backen, warm stürzen und in Scheiben schneiden.

- Backrohrtemperatur: 180 °C Umluft
- Garungsdauer: Hirse 20 Minuten, 35 Minuten überbacken
- Beilagenempfehlung: Blattsalate, Kräutersauce, Tomatensugo
- Tipp: Pilze, Kohlrabi, Sellerie, aber auch Speck oder Geselchtes sind kongeniale Ergänzungsmöglichkeiten für diesen Auflauf.

# Die tollen Knollen der guten Küche

## Erdäpfel sind die billigste Delikatesse der Welt

*Wären Erdäpfel so selten wie Trüffeln, man könnte sie sich kaum leisten. Gottlob sind sie das nicht, und so lassen sich auch im Küchenalltag jede Menge preisgünstige Gerichte mit hohem Nährwert zubereiten.*

## Gefüllte Rosmarinerdäpfel

Zutaten

*1 kg Erdäpfel, speckig, möglichst gleich groß*
*60 g Zwiebeln, fein gehackt*
*100 g Speck, durchzogen (oder Selchfleisch)*
*100 g Butterkäse*
*2 EL Öl*
*1 Eidotter zum Bestreichen*
*Salz, Pfeffer, frisch gemahlen*
*2 EL Rosmarin, frisch gehackt*
*Schnittlauch, geschnitten*
*Butter für die Form*

Gewaschene Erdäfel mit kaltem Wasser bedecken, zugedeckt kernig kochen, abseihen, schälen. Jeden Erdapfel an der Längsseite abkappen, Deckel beiseite legen. Unterseite ebenfalls leicht abkappen, damit die Erdäpfel plan stehen. Das Innere sowie den Deckel der Erdäpfel vorsichtig aushöhlen, sehr fein hacken. Öl erhitzen, feinwürfelig geschnittenen Speck anrösten, Zwiebeln beigeben, weiterrösten. Erdäpfelwürfel, gewürfelten Käse und Schnittlauch untermengen, mit Salz, Pfeffer und Rosmarin würzen (etwas Rosmarin beiseite legen). Ausgehöhlte Erdäpfel innen und außen salzen und Masse einfüllen, gesalzenen Deckel aufsetzen, andrücken, mit Eidotter bestreichen und mit einigen Rosmarinnadeln bestreuen. In eine gefettete Auflaufform eingliedern und im vorgeheizten Backrohr bei 240 °C backen.

- Backrohrtemperatur: 240 °C
- Garungsdauer: ca. 18 Minuten kochen, ca. 18 Minuten backen
- Tipps: Die übrig gebliebene Erdäpfelfülle in eine geölte Alufolie eindrehen und mitbacken.
  Werden die Erdäpfel nicht als Beilage zu gegrilltem Fleisch, sondern als eigenständige Hauptspeise gereicht, so passen Blatt- und Gemüsesalate gut als Beilage dazu.

# Kleiner Erdäpfel-Kompass

In Österreich werden die Erdäpfel nach Handelsklassen (I und II) sowie nach ihrer äußeren Form (lang-ovale bis lange und runde bis ovale Sorten) unterschieden. In der Praxis gilt es jedoch vor allem, die jeweils geeignetsten Erdäpfel optimal für die richtigen Gerichte einzusetzen:

- **Speckige Erdäpfel**, die man im Fachjargon auch »festkochend« nennt, haben eine feinkörnige Struktur, zerfallen nicht und eignen sich daher perfekt für Erdäpfelsalat, Salzerdäpfel oder gratinierte Aufläufe (z.B. Pommes dauphinoises). Typische Sorten sind u.a.: Agata, Ditta, Evita, Exquisa, Julia, Kipfler, Linzer Delikatess, Nicola, Rosella, Sieglinde, Sigma oder Sonja.
- **Vorwiegend festkochende Erdäpfel** haben eine etwas weichere, mitunter sogar schon schwach mehlige Struktur, halten aber immer noch gut zusammen und eignen sich hervorragend für Pommes frites, Erdäpfelpuffer, Braterdäpfel, Erdäpfelsuppen und Eintopfgerichte aller Art. Berühmte Sorten sind u.a. Bintje, Bionta, Christa, Desiree, Frieslaender, Gina, Goldsegen, Linzer Gelbe, Linzer Rose, Minerva, Optima, Quarta, Romina, Rubinia, Salenta, Siegfried oder Ukama.
- **Mehlige Erdäpfel**, auch »mehlig kochend« genannt, erweisen sich beim Kochen als von lockerer, fast breiiger Konsistenz. Sie sind für Erdäpfelsalat oder Pommes frites völlig ungeeignet, aber dafür ein idealer und leicht formbarer Grundstoff für Erdäpfelpüree sowie für sämtliche Knödel- und Nockerlteige. Mit gekochten mehligen Erdäpfeln lassen sich übrigens auch Suppen und Saucen leicht binden. Berühmte Sorten sind Agria, Ackersegen, Asterix, Cosima, Donald, Erntestolz, Hermes, Remarka, Saturna, Solara, Treff, Van Gogh oder Welsa.
- **Heurige Erdäpfel** gehören meist zu den fest- oder vorwiegend festkochenden Sorten. Früh reifende Erdäpfel werden bereits ab dem 1. Jänner angeboten. In diesem Fall stammen sie gewöhnlich aus Ägypten, Jordanien, Zypern, Griechenland oder Süditalien. Der österreichische Ausdruck »Heurige« ist freilich nur bei einheimischer Ware wirklich angebracht, sprich bei solchen Erdäpfeln, deren Erntebeginn Ende Mai/Anfang Juni liegt. Sie eignen sich perfekt für Petersil- oder Braterdäpfel.

# Gebackene Kartoffelnester

## Zutaten

*400 g Kartoffeln, mehlig, roh geschält* *Öl zum Backen, Salz*

Kartoffeln in hauchdünne Scheiben hobeln oder schneiden (am besten mit einer Brotschneidemaschine), mit einem Messer in feinste Streifen schneiden. Sofort in kaltes Wasser legen, Wasser mehrmals wechseln. Kartoffelstreifen in die kleinen Frittierkörbchen geben (s. Phasenfoto), den Oberteil des Korbes darüber stülpen, fixieren. Den Korb in das auf ca. 160 °C erhitzte Öl halten und Kartoffelnester goldbraun knusprig backen, aus dem Öl heben, Korb öffnen, umdrehen und das Nestchen durch leichtes Anschlagen am Körbchenrand (Gabel) vom Gerät lösen. Restliche Nester ebenso backen. Kartoffelnestchen salzen und beliebig füllen. Die Nestchen können kalt oder warm gereicht werden.

## Kartoffelkörbchen

*1. Kartoffeln mit einer Mandoline (spezieller Gemüsehobel) in dünne geraffelte Scheibchen hobeln, die Kartoffeln jeweils um 90 ° drehen, damit bei richtiger Wahl der Einstellungsstärke ein Gitter entsteht. Die Kartoffeln können aber auch zuerst in feine Scheiben und dann in feinste Streifen geschnitten werden.*

*2. Etwas von den Kartoffelscheiben bzw. -streifen in den Unterteil des geöffneten Körbchens einlegen, den Oberteil des Korbes darüber stülpen und mit dem Fixierring stabilisieren.*

*3. Das Körbchen in das auf ca. 160 °C erhitzte Öl halten und goldbraun sowie knusprig backen, aus dem Öl heben.*

*4. und 5. Korb öffnen, umdrehen und das Nestchen durch leichtes Anschlagen am Körbchenrand lösen, Kartoffelnest aus dem Körbchen heben, leicht mit Salz besteuen. Die Körbchen können beliebig gefüllt werden.*

Füllvorschläge kalt: als Snack oder Garnitur
Oberskren mit kleinen Rosen aus Räucher- oder Graved Lachs, Caviar oder Ketakaviar, Räucherfischmousse, Avocadomousse mit Fischtatar, Apfelsalat mit Matjestatar, mariniertes kleines Gemüse (Oliven, Perlzwiebeln, Champignons, Radieschen, Maiskölbchen etc.), klein geschnittene, mit Mayonnaise oder Sauerrahm gebundene Salate.

FÜLLVORSCHLÄGE WARM: als Garnitur zu Fleisch- und Fischgerichten
Kleine Gemüse wie Broccoliröschen, Erbsen, gemischtes Gemüse, Pilzduxelles, Pürees aus Zwiebeln, Broccoli, Sellerie etc.

- ÖLTEMPERATUR: ca. 160 °C
- BACKDAUER: 4–6 Minuten
- TIPPS: Für dieses Rezept ist zwar der Ankauf von Frittierkörbchen nötig, der optische Effekt, den Sie etwa bei Partys und Einladungen mit den »Nids de pommes de terre« erzielen werden, lohnt die Ausgabe sicher. Neue Körbchen neigen dazu, dass die Kartoffelstreifen daran kleben bleiben. Daher leeres Gerät vor dem Füllen einige Minuten in heißem Frittierfett erhitzen
  PROFI-TIPP: Anstelle der Kartoffelstreifen können Gitterkartoffeln in die Körbchen eingeschichtet und frittiert werden.

## SPANISCHE KARTOFFEL-TORTILLA

ZUTATEN FÜR 2–3 PORTIONEN

*6 Eier*
*4 EL Schlagobers (oder Milch)*
*150 g Räucherwurst, enthäutet (idealerweise die etwas schärfere spanische Chorizo)*
*250 g Kartoffeln, speckig, gekocht, geschält*
*80 g Zwiebeln, fein gehackt*
*½ Paprikaschote, rot, entkernt*
*½ Paprikaschote, grün, entkernt*
*10 Oliven, schwarz, entkernt*
*3 EL Maiskörner, gekocht (aus der Dose)*
*2 Knoblauchzehen, gepresst*
*4 EL Olivenöl*
*Oregano, Salz, Pfeffer*
*1 EL Petersilie, gehackt*
*Öl zum Ausstreichen*

Eier mit Obers, Petersilie und Salz gut verschlagen. 2 EL Öl in einer beschichteten Pfanne erhitzen, blättrig geschnittene Kartoffeln darin unter ständigem Wenden braten, mit Salz, Pfeffer und Oregano würzen. Die in Scheiben geschnittene Wurst kurz mitbraten, alles aus der Pfanne heben und zur Weiterverarbeitung bereitstellen. Restliches Öl in der Pfanne erhitzen, Zwiebeln anschwitzen, klein gewürfelte Paprikaschoten beigeben, glasig rösten, halbierte Oliven, Maiskörner und Knoblauch hinzufügen und würzen. Passende Pfanne oder Auflaufform mit Öl ausstreichen, Eier einfließen lassen und alle Zutaten darauf verteilen. Die Form in das auf 200 °C vorgeheizte Backrohr schieben und ca. 10 Minuten backen.

- BACKROHRTEMPERATUR: 200 °C
- BACKDAUER: ca. 8 Minuten
- BEILAGENEMPFEHLUNG: Blattsalate

## *»Wie das Ofetori erfunden wurde« …*

*… das kann selbst Ewald Plachutta nicht genau sagen, obwohl es seit Kindestagen zu seinen erklärten Lieblingsspeisen zählt. Plachutta erinnert sich nur noch, wie er im Jahr 1947 als Siebenjähriger vom Roten Kreuz zum »Aufpäppeln« auf 3 Monate in die Schweiz verfrachtet wurde: Das »Ofetori« hat mir meine heute noch lebende, heiß geliebte 92-jährige Ziehmutter Rösli Wismer, die heute noch kocht, putzt, näht und selbst einkauft, nebst dem besten »Zürcher Gschnetzelten« aller Zeiten öfter gekocht.*
*Hier lesen Sie das »Originalrezept«.*

# Ofetori

Zutaten
*1 kg Kartoffelpüree*
*(Grundrezept s. S. 141)*
*150 g Zwiebeln*
*80 Hartkäse zum Bestreuen*
*(Greyerzer)*
*100 g Frühstücksspeck, im Ganzen*
*reichlich Öl zum Backen*
*Butter für die Form*

Kalten Speck zu Stiftchen von 2,5 cm x 0,5 cm schneiden, gut kühlen, damit sie steif bleiben. Zwiebeln am besten mit der Aufschnittmaschine in dünne gleichmäßige Ringe schneiden. Reichlich Öl erhitzen, Zwiebeln darin lichtbraun kross backen (wie für einen Zwiebelrostbraten), abseihen, mit Küchenkrepp abtupfen und Öl mit einem Suppenlöffel gut auspressen. Geröstete Zwiebeln unter das Püree mengen und die Masse in eine gebutterte Auflaufform geben, glatt verstreichen, mit geriebenem Käse gleichmäßig bestreuen. Speckstifteln nebeneinander so in die Masse hineinstecken, dass diese zur Hälfte herausragen. Bei extremer Oberhitze ca. 10 Minuten knusprig überbacken, in der Form zu Tisch bringen.

- Backrohrtemperatur: extreme Oberhitze
- Backdauer: ca. 10 Minuten
- Beilagenempfehlung: Blatt- oder Gemüsesalate

# Savoyer Kartoffeln

Zutaten für
8 Beilagenportionen

*500 g Kartoffeln, speckig, roh geschält*
*150 g Karotten, Sellerieknolle, Gelbe Rübe, geschält*
*50 g Lauch*
*50 g Hamburger Speck*
*3 dl Bouillon (oderRindsuppe), fettfrei*
*5 Eier*
*3 Zehen Knoblauch, gepresst*
*Salz*
*Butter für die Auflaufform*

Kartoffeln, Sellerie, Gelbe Rüben und Karotten in messerrückendicke Scheiben schneiden und diese vierteln. Lauch in Ringe, Speck in Würfel schneiden. Alles vermengen und reichlich (!) salzen, nochmals abmischen und in eine gebutterte Auflaufform füllen. Kalte Bouillon oder Rindsuppe mit Eiern und Knoblauch verschlagen, kräftig würzen (eher überwürzen) und über das Gemüse gießen, sodass alles bedeckt ist. Im vorgeheizten Backrohr bei 220 °C 35 Minuten garen.

- Backrohrtemperatur: 220 °C
- Garungsdauer: 35 Minuten
- Verwendung: als Beilage zu diversen Braten, Steaks und Barbecue, aber auch als schmackhaftes Hauptgericht, zu dem man Blatt-, Rahmgurken- oder Tomatensalat reicht
- Tipp: Nach der Originalversion kann auch geriebener Hartkäse unter die Eierbouillon gemengt werden.

# Delikate Pürees

## Es muss nicht immer nur Beilage sein

*Pürees sind die geschmackliche Umrahmung jeder guten Küche. Sie können fein, pikant und kalorienarm oder aber auch deftig und sättigend sein. Erfolg werden Sie mit den folgenden Rezepten auf alle Fälle haben.*

## Erdäpfelpüree

*Grundrezept*

Zutaten

*800 g Erdäpfel, mehlig, geschält*
*90 g Butter*
*2 dl Milch*
*Salz, Muskatnuss, gerieben*

Erdäpfel vierteln, mit kaltem Wasser bedecken, salzen, zugedeckt kernig kochen, abseihen, heiß am Herd oder im vorgeheizten Backrohr ausdampfen lassen, bis sie ganz trocken sind. Sofort durch ein feines Sieb passieren (nicht mit dem Mixstab), handwarme Butter mit einem Schneebesen einrühren, nach und nach die sehr heiße Milch untermengen. Mit Salz und Muskatnuss abschmecken.

- Kochdauer: ca. 15 Minuten
- Tipps: Schneiden Sie die Erdäpfel immer in gleich große Stücke, da sonst beim Kochen ein Teil schon weich, der andere Teil noch hart ist.
  Erdäpfelpüree lässt sich relativ einfach geschmacklich abwandeln, etwa durch die Zugabe von gerösteten Speckwürfeln oder Zwiebelringen, gehackten Salzgurken und Matjesheringen.
  Auf die gleiche Weise kann man Püree aus Süßerdäpfel oder Topinambur zubereiten.

## Getrüffeltes Erdäpfelpüree

Zutaten

*1 kg Erdäpfelpüree (Grundrezept s. oben)*
*1–2 EL Trüffelöl*

In das vorbereitete Erdäpfelpüree je nach gewünschter Aroma-Intensität mehr oder weniger Trüffelöl einmengen. Heiß servieren.

- Verwendung: als Beilage zu Rindsfilet, gedünstetem Rindsbraten, Wild, Steaks, Kalbfleisch, Brust von weißem Geflügel, Beinschinken sowie festfleischigen Fischen
- Tipp: Trüffelöl verleiht dem Püree zwar den unverwechselbaren Trüffelgeschmack, kann allerdings das Aroma frisch gehobelter weißer Trüffeln niemals ganz ersetzen. Wenn Sie frische Trüffeln vorrätig haben, kann das Trüffelöl bei diesem Rezept daher wegbleiben, es sei denn, die Trüffeln haben zu Beginn der Saison noch zu wenig Eigenaroma.

## Lauch-Erdäpfelpüree

Zutaten

*500 g Erdäpfel, mehlig, roh geschält*
*100 g Butter*
*300 g Lauch, nur grüne Teile*
*2 dl Milch*
*Salz*
*Pfeffer, frisch gemahlen*
*Muskatnuss, gerieben*
*1 TL Natronpulver*

Gut gewaschenen Lauch klein schneiden. Reichlich gesalzenes Wasser zum Sieden bringen, Natron einstreuen, Lauch beigeben, weich kochen, abseihen, in Eiswasser abkühlen und ausdrücken. Lauch mit handwarmer Butter in einem Kleinschneider zu einer feinen Creme cuttern (pürieren). Erdäpfel vierteln, mit kaltem Wasser bedecken, salzen, zugedeckt kernig kochen, abseihen, heiß am Herd oder im vorgeheizten Backrohr ausdampfen lassen, bis sie ganz trocken sind. Sofort durch ein feines Sieb oder mit der »Flotten Lotte« passieren (nicht mit dem Mixstab). Lauchcreme mit einem Schneebesen einrühren, nach und nach die sehr heiße Milch untermengen. Mit Salz Pfeffer und Muskatnuss abschmecken.

- Kochdauer: ca. 15 Minuten
- Verwendung: als Beilage zu Rindsfilet, Steaks, Lammfleisch und festfleischigen Fischen
- Tipp: Geschmacksintensiver wird das Lauchpüree durch das Einmengen von sehr fein geschnittenem rohen Lauch.

## Kren-Erdäpfelpüree

Zutaten

*1 kg Erdäpfelpüree (Grundrezept s. S. 141)*
*2–3 EL Kren, frisch gerieben*

Frisch gerissenen Kren unmittelbar vor dem Servieren unter das vorbereitete heiße Erdäpfelpüree mengen.

■ Tipp: Experimentieren Sie ruhig einmal mit diesem Kren-Erdäpfelpüree und zaubern Sie aus dieser Beilage, etwa durch die Zugabe von gehacktem Matjeshering, Salzgurken oder Roten Rüben eine aparte Vorspeise. Deftiger und ausgiebiger, daher auch als Hauptspeise geeignet, ist jene Variante, in der würfelig geschnittenes Geselchtes, gekochter Schinken, geräucherte Zunge, Räucherwurst oder Schweinsbraten beigefügt wird.

## Selleriepüree

Zutaten

*800 g Sellerieknolle, geschält*
*80 g Butter*
*ca. 6 cl Schlagobers*
*Salz, Muskatnuss, gerieben*

*Für das Selleriestroh:*
*80 g Sellerieknolle, geschält*
*Salz*
*Öl zum Backen*

Sellerie für das gebackene Stroh mit einer Brotschneidemaschine oder einem Hobel in hauchdünne Scheiben schneiden, in Salzwasser kurz überkochen, kalt abschwemmen, auf Küchenkrepp abtrocknen. In feinste Streifen schneiden. In reichlich heißem Öl goldgelb herausbacken, auf Küchenkrepp abtropfen lassen, salzen, warm stellen. Sellerie in 1 cm große Würfel schneiden, mit kaltem Wasser bedecken, salzen, zugedeckt kernig kochen, abseihen, heiß am Herd oder im vorgeheizten Backrohr ausdampfen lassen. Sellerie, handwarme Butter und Obers mit dem Mixstab fein pürieren. Die Zugabemenge des Obers hängt von der Feuchtigkeit des Selleries ab. Püree mit Salz und Muskatnuss abschmecken, anrichten und gebackene, leicht gesalzene Selleriestreifen obenauf setzen.

■ Kochdauer: ca. 15 Minuten
■ Tipps: Wenn Sie Selleriepüree einmal nicht als Beilage servieren wollen, so bestreichen Sie damit hauchdünne heiße Lasagneblätter, klappen diese zusammen, beträufeln sie mit Butter und streuen frisch geriebenen Parmesan darüber.
Auf die gleiche Weise kann man Püree aus Karotten, Rüben oder Kohl erzeugen.

# Pasta, Tascherln, Gnocchi & Co.

## Versuchung made in Italy

*Ob wir die Erfindung der Nudeln und Teigwaren nun den Italienern, den Chinesen oder den Arabern verdanken, weiß niemand ganz genau. Fest steht, dass alle Welt dabei an »Bella Italia« denkt – und von dort stammen fast immer auch die besten Rezepte, um geradewegs in den Pasta-Himmel aufzufahren.*

## Nudelteig

*Grundrezept*

Zutaten

*500 g Mehl, glatt (Typ W 480)*
*4 Eier, 4 Eidotter*
*4 cl Wasser*
*2 EL Olivenöl*
*Salz*
*Mehl für die Arbeitsfläche*

Alle Zutaten händisch oder mit dem Knethacken in der Küchenmaschine zu einem geschmeidigen Teig verkneten und zugedeckt 1 Stunde rasten lassen. Auf einer bemehlten Arbeitsfläche mit Rollholz (Nudelwalker) oder in einer Nudelmaschine beliebig dünn ausrollen, auf die gewünschte Form hin schneiden (Tagliarini, Tagliatelle, Pappardelle etc.) oder beliebig weiterverarbeiten. Frischer, geschnittener Nudelteig benötigt eine Kochzeit von etwa 2 ½ Minuten.

Variante: 500 g Mehl, 5 Eier, 1 EL Olivenöl und eine Prise Salz werden wie im Grundrezept beschrieben verarbeitet.

## Tomatensugo

*Grundrezept*

Zutaten

*1 kg Tomaten, geschält, entkernt*
*250 g Zwiebeln, fein geschnitten*
*1/8 l Olivenöl*
*½ l Tomatensaft*
*Salz, Pfeffer, schwarz, frisch gemahlen*
*3 Salbeiblätter*

Tomaten in kleine Würfel (Conassée) schneiden. Öl in einer flachen Kasserolle erhitzen, Zwiebeln farblos anschwitzen, Tomaten beigeben, kurz andünsten, mit Tomatensaft aufgießen. Geschnittene Salbeiblätter beigeben, kurz weiterdünsten, bis die Masse dickflüssig erscheint, und mit Salz sowie Pfeffer abschmecken.

- Kochdauer: ca. 6–8 Minuten
- Verwendung: als Grundlage für viele Pastagerichte sowie zu gebratenem oder pochiertem Fisch
- Tipps: Der Tomatensugo kann durch Gewürze und Kräuter, wie etwa Rosmarin, Oregano, Basilikum oder Estragon geschmacklich beliebig abgewandelt werden.
  Für die Verwendung als Pizzabelag werden die Tomaten feiner gehackt.

## Die Tipps und Tricks der Nudelköche

Im Handel werden heute vielerlei italienische Teigwaren allererster Qualität angeboten. Die hohe Schule der Pastaküche besteht jedoch immer noch darin, den Nudelteig selbst zu machen. Verfahren Sie dabei nach dem angeführten Originalrezept, das sich allerdings auf vielerlei Weise abwandeln und variieren lässt.

So verarbeiten Sie Nudelteige richtig:
- Bestauben Sie, bevor Sie den Teig ausrollen, Arbeitsfläche und Nudelwalker immer gut mit griffigem Mehl.
- Besonders praktisch ist eine zum Kneten von Teig geeignete Küchenmaschine. Aber Vorsicht: Der zähe Nudelteig kann Maschinen mit Planetengetriebe leicht beschädigen.

So rollen Sie Pasta mit dem Nudelwalker aus:
- Lassen Sie den Nudelteig rasten und legen Sie ihn auf eine mit griffigem Mehl bestaubte Arbeitsfläche.
- Reiben Sie den Nudelwalker mit griffigem Mehl ab und walzen Sie den Teig mit Druck gleichmäßig und gleichförmig aus.
- Heben Sie den Teig öfter von der Arbeitsfläche ab und bestauben Sie ihn in Abständen mit Mehl, um ein »Klebenbleiben« zu verhindern.
- Der Kleber im Mehl lässt während des Knetens nach. Lassen Sie den Teig beim händischen Ausrollen daher zwischendurch immer wieder einige Zeit zugedeckt rasten, damit er geschmeidig bleibt.

So rollen Sie Pasta mit der Nudelmaschine aus:

- Verwenden Sie eine Nudelwalzmaschine mit Schneideaufsatz. Achten Sie beim Ankauf auf eine stabile Metallausführung. Selbst Profimaschinen mit elektrischem Walz- und Schneidewerk sind durchaus erschwinglich und sehr komfortabel.
- Legen Sie den fertigen Nudelteig nach dem Rasten auf eine mit griffigem Mehl bestaubte Arbeitsfläche.
- Schneiden Sie den Teig in passende Bahnen vor.
- Bestauben Sie das Walzwerk der Maschine mit griffigem Mehl und führen Sie den Teig bei Einstellung 1 in die Walze ein, bevor Sie ihn mit der Kurbel durchrollen.
- Wiederholen Sie die Rollvorgänge mehrmals. Stauben Sie dabei immer wieder mit Mehl nach und vermindern Sie die Walzenabstände, bis Sie die gewünschte Teigstärke erreicht haben.

So trocknen Sie den Pastateig richtig:

Nachdem Sie den auf Vorrat hergestellten Teig auf die gewünschte Stärke gerollt haben, gibt es zwei Möglichkeiten:

- Breiten Sie die Pasta zum Trocknen in einem nicht zu feuchten Raum einfach flach auf einer bemehlten Unterlage aus.
- Verwenden Sie zum Trocknen die im Handel erhältlichen speziellen Drahtgeflechte mit Trockenrahmen oder -stangen.

So färben Sie den Nudelteig ein:

Nichts ist leichter als das. Arbeiten Sie, ganz nach Lust und Laune, gleich zu Beginn des Knetvorgangs Sepiatinte (in kleinen Beuteln im Feinkosthandel erhältlich), Roten-Rüben-Saft, frische, gehackte Kräuter, gekochten und passierten Blattspinat, Lauch, Bärlauch, Tomatenmark oder (für die süße Küche) geschmolzene Schokolade bzw. Kakao in den Teig ein. Gelegentlich kann es nötig sein, bei feuchtem Material (z.B. Spinat) die Mehlzugabe für den Teig etwas zu erhöhen.

So kochen Sie Teigwaren richtig:

- Verwenden Sie reichlich kochendes Salzwasser im Verhältnis 100 g Teigware und 10 g Salz auf 1 Liter Wasser.
- Fügen Sie dem Wasser etwas Olivenöl hinzu, dann werden die Nudeln geschmeidiger und kleben nicht aneinander.
- Geben Sie die Teigwaren erst ins Wasser, wenn dieses leicht wallend köchelt.
- Rühren Sie von Zeit zu Zeit vorsichtig um.
- Beachten Sie, dass frisch zubereiteter, geschnittener Nudelteig nur etwa eine Kochzeit von 2 bis 3 Minuten benötigt, während Handelsware wesentlich länger benötigt (Packungshinweis beachten).

- Beachten Sie, dass Pasta aus Eierteig weniger lang haltbar ist, als solche aus Hartweizengrieß.
- Unter italienischen Köchen und Hausfrauen ist das Abschwemmen der Pasta mit kaltem Wasser verpönt. Dennoch kann es von Vorteil sein, die Nudeln nach dem Abseihen mit kaltem Wasser zu überkühlen, da dies den Garungsprozess abrupt unterbricht.

So wärmen Sie gekochte Pasta richtig auf:
Zugegeben: Pasta sollte im Idealfall immer frisch gekocht werden. Wenn Ihnen dennoch Nudeln übrig bleiben, so können Sie diese »retten«: Wärmen Sie einfach die Pasta mit heißem Wasser im Sieb vor und erhitzen Sie diese mit etwas Wasser oder Suppe in einem geeigneten Gefäß. Fügen Sie, um die Nudeln geschmeidiger zu machen, noch Butter oder Öl hinzu. Befeuchtet und mit Folie bedeckt (bzw. in einem Spezialgeschirr) lassen sich Nudeln übrigens auch im Mikrowellenherd sehr gut erwärmen.

So bearbeiten Sie industriell vorgefertigten Frischteig richtig:
Wenn Zeit und Muße für selbst gemachte Pasta fehlen, kann man auch frischen Nudelteig aus Hartweizengrießmehl und Eiern aus dem Supermarkt verwenden. Ravioli oder Tortellini mit »hausgemachter Fülle«, werden auf diese Weise zu einem ziemlich risikolosen Unterfangen.

## Spaghetti milanese

Zutaten

*400 g Spaghetti, roh*
*120 g Champignons*
*120 g Press- (oder Bein)schinken*
*200 g Tomatensugo (s. S. 144)*
*5 Basilikumblätter*
*30 g Butter*
*1 EL Olivenöl*
*Salz*
*Pfeffer, schwarz, frisch gemahlen*
*Parmesan, frisch*

Schinken sowie geputzte Champignons in Streifen schneiden. Etwa 4 Liter Wasser mit Olivenöl zum Kochen bringen, Spaghetti einlegen und al dente (bissfest) kochen, währenddessen öfter umrühren, damit sich nichts anlegt. Spaghetti abseihen, abtropfen lassen. Inzwischen in einer größeren Pfanne oder Kasserolle Butter erhitzen, Champignons darin leicht anrösten, salzen, pfeffern, die Schinkenstreifen unterrühren. Abgetropfte Spaghetti unter die Champignon-Schinkenmasse mengen, in Streifen geschnittenes Basilikum darunter heben, mit Salz und Pfeffer würzen. Anrichten, heißen Tomatensugo darüber verteilen, mit frisch geriebenem Parmesan bestreuen.

■ KOCHDAUER: Spaghetti, je nach Sorte und Garungsgrad, 9–12 Minuten
■ TIPP: Eine andere Geschmacksnote erhalten diese Spaghetti, wenn man sie mit Rohschinkenstreifen und Austernpilzen zubereitet.

## SPAGHETTINI DI MARE

ZUTATEN

*400 g Spaghettini (dünne Spaghetti)*
*200 g Tomaten, geschält, entkernt (oder Pomodori pelati aus der Dose)*
*200 g Tintenfische, geputzt, gekocht*
*300 g Miesmuscheln*
*200 g Venusmuscheln*
*100 g Crevetten (oder geschälte, kleine Garnelen, gegart)*
*80 g Zwiebeln, fein geschnitten*
*4 Knoblauchzehen, gepresst*
*2 EL Petersilie (oder Basilikum), gehackt*
*1/8 l Weißwein, trocken*
*6 EL Olivenöl*
*1 Peperoncino (rote Pfefferschote), fein gehackt*
*Salz*
*Pfeffer, frisch gemahlen*
*Suppe (oder Wasser), zum Aufgießen*
*Olivenöl zum Beträufeln*

In einer tiefen Kasserolle 3 EL Öl erhitzen, Zwiebeln anschwitzen, mit Wein ablöschen, Knoblauch beigeben nochmals mit etwas Suppe oder Wasser ablöschen. Salzen, pfeffern und einige Minuten kochen. Gut gereinigte und gewaschene Mies- und Venusmuscheln (geschlossene Muscheln aussortieren) beigeben und 3–5 Minuten zugedeckt dämpfen. Muscheln überkühlen lassen, den Sud durch ein Sieb oder Etamin seihen, reduzierend einkochen. Den Großteil der Muscheln aus den Schalen lösen. Restliches Öl erhitzen, fein geschnittene Tintenfische anrösten, mit etwas Muschelsud aufgießen, einige Minuten dünsten, klein gewürfelte Tomaten und Petersilie beigeben, weiterdünsten. Crevetten, ausgelöste Muscheln sowie die Muscheln in der Schale beigeben, ohne zu kochen noch kurz erhitzen. Währenddessen Spaghettini in ca. 4 Liter siedendem Salzwasser al dente kochen, öfter mit einer Bratengabel auflockern, abseihen, gut abtropfen lassen. Die warmen Meeresfrüchte unter die Spaghettini mengen, mit Peperoncino, Salz und Pfeffer würzen, anrichten, mit kaltem Olivenöl beträufeln.

■ KOCHDAUER: Spaghettini ca. 9 Minuten
■ TIPPS: Verwenden Sie zur Abwechslung auch einmal schwarze Spaghettini. Sie verleihen dem Gericht nicht nur eine neue Geschmacksnote, sondern sehen auch wirklich dekorativ aus. Die Auswahl an Meeresfrüchten hängt vom Angebot ab, wobei Scampi, Jakobsmuscheln oder Moscardini dieses Gericht noch delikater machen. Dies gilt übrigens auch für eine eventuell vorhandene Hummersauce, die man unter die Spaghettini mengt.

## Pappardelle mit Rucola-Tomatensugo

Zutaten

*350 g Pappardelle (Bandnudeln), roh*
*200 g Rucola, geputzt, ohne Stiele*
*600 g Tomaten, geschält, entkernt (oder Pomodori pelati aus der Dose)*
*150 g Zwiebeln, fein geschnitten*
*8 EL Olivenöl*
*¼ l Tomatensaft*
*Salz*
*Pfeffer, schwarz, frisch gemahlen*
*Olivenöl zum Beträufeln*
*60 g Rucola zum Bestreuen*
*Parmesan, frisch gerieben*

Tomaten in kleine Würfel (Conassée), Rucola in etwa 1 cm große Stücke schneiden. Öl in einer flachen Kasserolle erhitzen, Zwiebeln farblos anschwitzen, Tomaten beigeben, kurz andünsten, mit Tomatensaft aufgießen, kurz weiterdünsten, bis die Masse dickflüssig erscheint. Rucola einmischen, nicht mehr dünsten, mit Salz und Pfeffer würzen. Pappardelle in ca. 3,5 Liter siedendem, mit etwas Olivenöl versetzten Salzwasser al dente kochen, öfter mit einer Bratengabel auflockern, abseihen, gut abtropfen lassen. Heiße Nudeln salzen, den Rucola-Tomatensugo darunter mengen, anrichten, mit kaltem Olivenöl beträufeln, mit geschnittenem, leicht gesalzenem Rucola und geriebenem Parmesan bestreuen.

- Kochdauer: ca. 9–11 Minuten, je nach Stärke und Qualität der Pappardelle
- Tipp: So wie bei fast allen Pastagerichten können die Pappardelle beliebig durch andere Nudeln (Tagliatelle, Taglierini etc.) ersetzt werden.

## Fettuccine mit Thunfischsauce

Zutaten

*350 g Fettuccine (breite Bandnudeln), roh*
*200 g Thunfisch aus der Dose*
*1 dl Sauerrahm*
*1 EL Pinienkerne*
*2 EL Kapern, gehackt*
*1 EL Petersilie, gehackt*
*8 cl Schlagobers nach Bedarf*
*Salz, Pfeffer, frisch gemahlen*
*Olivenöl*

Thunfisch mit Sauerrahm fein mixen, etwas Thunfischöl unterrühren. Fettuccine in ca. 3,5 Liter kochendes, mit etwas Olivenöl versetztes Wasser geben, öfter mit einer Bratengabel auflockern, al dente kochen, abseihen, gut abtropfen lassen. Heiße Nudeln salzen, Thunfischcreme untermengen, Kapern, Pinienkerne und Petersilie einrühren, mit Salz und Pfeffer würzen. Nach Bedarf noch etwas Obers untermengen.

- Kochdauer: ca. 9–11 Minuten, je nach Stärke und Sorte der Fettuccine
- Tipp: Man kann die Thunfischsauce noch durch geweichte, geschnittene Pomodori secchi (sonnengetrocknete Tomaten) verfeinern.

# Pasta alla mamma

Zutaten

*250 g Taglierini*
*(sehr feine Bandnudeln), roh*
*300 g Fisolen, geputzt*
*250 g Kartoffeln, speckig, in der Schale gekocht*
*4 EL Basilikum, fein geschnitten*
*4 Knoblauchzehen, gepresst*
*100 g Pinienkerne*
*1/8 l Olivenöl*
*Salz*
*Pfeffer, schwarz, gemahlen*
*Parmesan, frisch gerieben*

Fisolen in 2 cm große Stücke schneiden, in Salzwasser kernig kochen, abseihen, kalt schwemmen, abtropfen lassen. Gekochte Kartoffeln schälen, in ½ cm dicke Scheiben schneiden. Nudeln in reichlich Salzwasser bissfest kochen, abseihen, (eventuell mit kaltem Wasser abfrischen) und abtropfen lassen. Olivenöl in einer passenden Pfanne oder Kasserolle erhitzen, Kartoffelscheiben leicht anbraten, Pinienkerne einstreuen, weiterrösten. Fisolen beigeben und kräftig mit Knoblauch, Salz und Pfeffer würzen. Nudeln ebenfalls würzen und mit den Basilikumstreifen untermengen. Alles nochmals erwärmen, anrichten und kräftig mit frisch geriebenem Parmesan bestreuen.

- Kochdauer: je nach Stärke der Nudeln ca. 6–10 Minuten
- Beilagenempfehlung: italienische Blattsalate
- Tipps: Anstelle von Taglierini können selbstverständlich auch andere Pastasorten (Penne, Fusilli oder auch Fleckerl) verwendet werden.
  Opulenter wird diese Pasta, wenn man sie mit Schinkenstreifen, gebratenem Speck oder Bratenresten abrundet.

# Steinpilznudeln

Zutaten

*350 g Tagliatelle (feine Bandnudeln), roh*
*250 g Steinpilze, geputzt*
*3 dl Schlagobers*
*3 EL Sauerrahm*
*40 g Butter*
*40 g Zwiebeln, fein gehackt*
*1 EL Petersilie, gehackt*
*Salz, Pfeffer, frisch gemahlen*
*etwas Zitronensaft*
*Petersilie zum Bestreuen*
*Olivenöl für das Kochwasser*

In einer passenden Pfanne oder Kasserolle Butter schmelzen, Zwiebeln glasig anschwitzen, blättrig geschnittene Steinpilze fast farblos unter ständigem Wenden anbraten, mit Obers aufgießen und einige Minuten reduzierend kochen. Mit Salz, Pfeffer und gehackter Petersilie würzen. Inzwischen die Nudeln in etwa 3,5 Liter kochendes, mit etwas Olivenöl versetztes Salzwasser geben, öfter auflockern, al dente kochen, abseihen, gut abtropfen lassen und unter die Pilze mengen. Sauerrahm und etwas Zitronensaft einrühren, abschmecken, anrichten und mit Petersilie bestreuen.

- Kochdauer: ca. 7–11 Minuten, je nach Stärke und Sorte der Tagliatelle
- Beilagenempfehlung: Rucolasalat
- Tipp: Anstelle der Steinpilze können auch Eierschwammerl, Morcheln oder Champignons verwendet werden.

# Gratinierte Tagliatelle verdi

Zutaten

*500 g Tagliatelle verdi (grüne Bandnudeln), al dente*
*20 g Butter*
*20 g Mehl, glatt*
*2 dl Milch (oder Schlagobers)*
*1 dl Sauerrahm*
*1 dl Hühnersuppe, klar (oder milde, neutrale Suppe)*
*200 g Bein- (oder Press)schinken*
*60 g Pecorino (oder anderer Schafkäse), gerieben*
*50 g Parmesan, gerieben*
*Salz*
*Pfeffer, frisch gemahlen*
*Muskatnuss, gerieben*
*Butter für die Auflaufform*

Butter in einer kleinen Kasserolle schmelzen, Mehl beigeben, mit heißer Milch und Hühnersuppe aufgießen, mit einem Schneebesen knotenfrei verrühren und 2 Minuten kochen lassen. Mit Salz, Pfeffer und Muskatnuss würzen. Gekochte, gut abgetropfte Nudeln salzen, mit der Béchamelsauce vermengen. Schinken in Streifen schneiden, mit der Hälfte des Parmesans und dem geriebenen Pecorino vermischen, mit dem Sauerrahm unter die Nudelmasse mengen, diese in eine gebutterte Auflaufform füllen und glatt streichen. Mit restlichem Parmesan bestreuen und im vorgeheizten Backrohr bei 230 °C ca. 8 Minuten backen.

- Backrohrtemperatur: ca. 230 °C Umluft
- Backdauer: 8 Minuten
- Beilagenempfehlung: italienische Blattsalate
- Tipp: Man kann die Zutaten etwa mit Broccoli, Zucchini oder Pilzen ganz nach persönlichem Geschmack beliebig variieren.

## Farfalle mit Bärlauchpesto

Zutaten

*350 g Farfalle (Schmetterlingsnudeln), roh*
*50 g Bärlauch, gewaschen*
*2 Knoblauchzehen*
*50 g Mandeln, geschält (oder Pinienkerne)*
*50 g Parmesan im Ganzen*
*3 EL Olivenöl*
*6 cl Schlagobers*
*Salz*
*Pfeffer, schwarz, frisch gemahlen*
*Parmesan, frisch gerieben*
*Bärlauchblätter als Garnitur nach Belieben*

Farfalle in ca. 3,5 Liter Salzwasser kernig kochen, abseihen, mit kaltem Wasser abfrischen. Bärlauch fein schneiden. Mandeln, Knoblauch und Parmesan hacken oder im Schnellschneider zerkleinern. Bärlauch, Mandel-Parmesanmasse und Olivenöl vermengen. In einer Pfanne oder Kasserolle Obers erhitzen, zu sämiger Konsistenz kochen, Bärlauchpesto beigeben. Gut abgetropfte Farfalle untermengen und gemeinsam nochmals erhitzen, mit Salz und Pfeffer würzen. Anrichten und mit geriebenem Parmesan bestreuen. Nach Belieben mit Bärlauchblättern garnieren.

- Kochdauerdauer: Farfalle ca. 10–12 Minuten, je nach Sorte
- Tipps: Kalorienbewusste können das Obers einfach weglassen und lediglich das Bärlauchpesto unter die Nudeln mischen. Für dieses Nudelgericht, das übrigens mit fast allen anderen Pastasorten zubereitet werden kann, passen auch Schinkenstreifen und halbierte Cocktailtomaten ganz hervorragend.

## Lauchnudeln

Zutaten

*350 g Penne oder Fusilli (Röhrennudeln oder Spiralen), roh*
*4 dl Sauerrahm*
*160 g Hamburger Speck*
*120 g Lauch (nur das Weiße), geputzt, gewaschen*
*3 EL Öl (oder Schmalz)*
*Salz, Pfeffer, schwarz, frisch gemahlen*
*2 EL Schnittlauch, geschnitten*

Speck und Lauch in feine Streifen schneiden. Nudeln in reichlich Salzwasser al dente kochen, abseihen, gut abtropfen lassen. Fett in einer Kasserolle erhitzen, Speck darin anrösten, Lauch beigeben, weiterrösten, gekochte Penne untermengen, mit Salz und Pfeffer würzen. Rahm einrühren, nochmals kurz erhitzen, aber nicht mehr kochen, abschließend abschmecken. Anrichten und mit gehacktem Schnittlauch bestreuen.

- Kochdauer: je nach Nudelsorte ca. 9–12 Minuten
- Beilagenempfehlung: italienische Blattsalate

## Cannelloni mit Schinken-Ricotta-Fülle

Zutaten

*12 Nudelteigblätter, ca. 7 cm x 10 cm (Grundrezept s. S. 144) oder fertige Lasagneblätter*
*1 Becher Ricotta (ca. 200 g)*
*150 g Bein- (oder Press)schinken*
*1 EL Basilikum, grob geschnitten*
*6 EL Parmesan, gerieben*
*150 ml Milch*
*1 EL Butter*
*10 g Mehl, glatt*
*1 EL Zwiebeln, fein geschnitten*
*1 Ei*
*Salz*
*Pfeffer, frisch gemahlen*
*Muskatnuss, gerieben*
*Butter für die Form*

Nudelblätter in reichlich siedendem Salzwasser 1–2 Minuten al dente kochen (fertige Lasagneblätter entsprechend der Packungsanleitung kochen), abseihen, mit kaltem Wasser abfrischen, mit Küchenkrepp abtrocknen. Klein geschnittenen Schinken mit Ricotta, Ei, Basilikum und 3 EL geriebenem Parmesan gut vermischen, mit Salz und Pfeffer würzen. Teigblätter mit etwas Ricottafülle bestreichen, einrollen und mit der Teignaht nach unten in eine gebutterte Auflaufform einordnen. Butter in einer kleinen Kasserolle schmelzen, Zwiebeln glasig anschwitzen, Mehl beigeben, mit heißer Milch aufgießen, mit einem Schneebesen knotenfrei verrühren, 2 Minuten kochen lassen und abschließend mit Salz, Pfeffer und Muskatnuss würzen. Teigrollen mit der Béchamelsauce überziehen, mit restlichem Parmesan bestreuen und im vorgeheizten Backrohr goldbraun überbacken.

- Backrohrtemperatur: ca. 230 °C Umluft
- Backdauer: ca. 15 Minuten
- Beilagenempfehlung: italienische Blattsalate, Tomatensugo
- Tipp: Die Fülle der Cannelloni kann beliebig abgewandelt werden, etwa durch Radicchio, Pilze oder Prosciutto crudo (Rohschinken). Ricotta muss allerdings stets mitverwendet werden.

# Gorgonzola-Tortellini

Zutaten für
30–40 Stück

*400 g Nudelteig*
*(Grundrezept s. S. 144)*
*150 g Gorgonzola*
*150 g Ricotta*
*50 g Pecorino (oder anderer Schafkäse zum Reiben), gerieben*
*30 g Weißbrotbrösel*
*50 g Pinienkerne*
*Salz, Pfeffer, frisch gemahlen*
*Wasser (oder Eidotter), zum Bestreichen*
*Butter zum Übergießen*
*Parmesan zum Bestreuen*
*Mehl für die Arbeitsfläche*

Gorgonzola passieren, mit Ricotta, Pecorino und Bröseln gut verrühren, Pinienkerne untermengen, mit Salz und Pfeffer abschmecken. Nudelteig dünn ausrollen (mit der Nudelmaschine oder auf einer bemehlten Unterlage mittels Rollholz), mit einem runden Ausstecher (6 cm Ø) Kreise ausstechen. Aus der Käsemasse kleine Kügelchen formen, auf jedes Nudelstück eine Kugel setzen. Teigränder mit etwas kaltem Wasser oder verschlagenem Eidotter zart bestreichen, die linke Teighälfte darüber ziehen und Ränder gut andrücken. Die Täschchen an den Enden fassen und diese fest miteinander zu einer Art Schlaufe zusammendrücken. Reichlich Salzwasser aufkochen, Tortellini einlegen, schwach wallend ca. 4 Minuten kochen, aus dem Wasser heben, abtropfen lassen. Anrichten, mit reichlich brauner Butter übergießen und mit frisch geriebenem Parmesan bestreuen.

- Kochdauer: ca. 4 Minuten
- Tipp: Angenehm herb-pikant schmeckt die Fülle, wenn man sie aus geräuchertem Ricotta und Basilikumpesto herstellt.

# Gemüse-Lasagne

Zutaten für 6 Portionen

*18 Lasagneblätter, grün (oder weiß)*
*80 g Zwiebeln*
*300 g Zucchini, gewaschen*
*300 g Melanzani, gewaschen*
*6 Tomaten, geschält, entkernt*
*6 EL Olivenöl*
*1 dl Tomatensaft*
*2 Knoblauchzehen, gepresst*
*150 g Pecorino (oder anderer geeigneter Schafkäse), gerieben*
*Salz*
*Pfeffer, frisch gemahlen*
*Oregano*
*Butter für die Form*

*Zum Gratinieren:*
*¼ l Sauerrahm*
*3 Eidotter*
*80 g Pecorino (oder vergleichbarer Käse), gerieben*
*Salz*
*Pfeffer, frisch gemahlen*

Lasagneblätter in reichlich Salzwasser al dente kochen, abseihen, auf einem Tuch aufbreiten und mit Küchenkrepp abtupfen. Ungeschälte Zucchini und Melanzani (ohne Stielansatz) in 1 cm große Würfel schneiden, kräftig salzen, 30 Minuten ziehen lassen, mit Küchenkrepp trocknen. Öl in einer flachen Pfanne erhitzen, Zucchini- und Melanzaniwürfel leicht bräunend rösten, Knoblauch beigeben, aus der Pfanne heben. Die Zwiebeln im restlichen Öl anschwitzen, klein gewürfelte Tomaten beigeben, kurz anbraten, mit Tomatensaft ablöschen und reduzierend einige Minuten kochen lassen. Zucchini-Melanzanigemisch einrühren, mit Salz, Pfeffer und Oregano herzhaft würzen. Ragout erkalten lassen, Pecorino einmengen. Eine passende Auflaufform mit Lasagneblättern auslegen, ein Drittel der Gemüsemasse darüber verteilen, mit Lasagneblättern bedecken und diesen Vorgang wiederholen, bis alle Lasagneblätter und das gesamte Gemüseragout aufgebraucht sind. Sauerrahm mit Eidotter und geriebenem Käse vermischen, mit Salz und Pfeffer würzen und über die Lasagne verteilen. Im vorgeheizten Backrohr bei 210 °C ca. 25 Minuten backen, 10 Minuten warm rasten lassen.

- Backrohrtemperatur: 210 °C
- Backdauer: ca. 25 Minuten
- Beilagenempfehlung: Blattsalate
- Tipp: Man kann diese Gemüse-Lasagne auch in Anlehnung an die Original-Lasagne mit Béchamelsauce (½ Liter Milch, 50 g Butter und 50 g Mehl) und Tomatensugo (s. S. 144) zubereiten. In diesem Fall werden die Melanzani und Zucchini in Scheiben geschnitten.

## Tomaten-Ricotta-Ravioli

Zutaten für 30–40 Stück

*400 g Nudelteig (Grundrezept s. S. 144)*
*200 g Ricotta (oder anderer Schafkäse zum Reiben)*
*200 g Tomaten, geschält, entkernt*
*40 g Parmesan, frisch gerieben*
*80 g Weißbrotbrösel*
*1 EL Basilikum, gehackt*
*Salz, Pfeffer*
*Mehl für die Arbeitsfläche*
*Wasser (o. Eidotter), zum Bestreichen*
*Butter zum Beträufeln*
*Parmesan zum Bestreuen, nach Belieben*

Tomaten in sehr feine Würfel schneiden, salzen und pfeffern. Ricotta mit Parmesan, Weißbrotbröseln, Basilikum, Salz und Pfeffer vermengen, Tomatenwürfel einrühren. Nudelteig dünn ausrollen (mit der Nudelmaschine oder auf einer bemehlten Unterlage mittels Rollholz). Eine Hälfte des Teiges mit Wasser oder verschlagenem Ei dünn bestreichen und in regelmäßigen Abständen von ca. 4–5 cm kleine Häufchen Tomatenmasse darauf auftragen. Andere Teighälfte darüber klappen und Teig in den Zwischenräumen gut andrücken. Mit einem Teigrad viereckige Ravioli schneiden. Ravioli in siedendem Salzwasser al dente kochen, aus dem Wasser heben, gut abtropfen lassen. Anrichten, mit brauner Butter begießen und nach Belieben mit geriebenen Parmesan bestreuen.

■ Kochdauer: ca. 4 Minuten.

## Kürbis-Ravioli

Zutaten für 30–40 Stück

*400 g Nudelteig (Grundrezept s. S. 144)*
*350 g Kürbis, geschält, entkernt (wenn möglich Muskatkürbis)*
*80 g Zwiebeln, fein gehackt*
*50 g Pinienkerne, 60 g Butter*
*1 EL Petersilie, gehackt*
*Spritzer Weißwein, trocken*
*Salz, Pfeffer, frisch gemahlen*
*Mehl für die Arbeitsfläche*
*Wasser (o. Eidotter), zum Bestreichen*
*Butter zum Begießen*

Kürbis in feine Würfel schneiden, salzen und pfeffern. Zwiebeln in heißer Butter glasig anschwitzen, Pinienkerne beifügen, weiterrösten, Kürbiswürfel beigeben und unter Rühren andünsten. Mit Weißwein ablöschen, kernig garen, die Masse soll dann eher trocken sein. Petersilie beifügen, eventuell nachwürzen. Nudelteig dünn ausrollen. Eine Hälfte des Teiges mit Wasser oder verschlagenem Ei dünn bestreichen und in regelmäßigen Abständen von ca. 4–5 cm kleine Häufchen Tomatenmasse darauf auftragen. Andere Teighälfte darüber klappen und Teig in den Zwischenräumen gut andrücken. Mit einem Teigrad viereckige Ravioli schneiden. Ravioli in siedendem Salzwasser al dente kochen, aus dem Wasser heben, gut abtropfen lassen. Anrichten und mit brauner Butter begießen.

- KOCHDAUER: ca. 4 Minuten
- TIPP: Zur Verfeinerung kann man die angerichteten Ravioli zusätzlich noch mit gerösteten, gehackten Kürbiskernen bestreuen und mit Kürbiskernöl beträufeln.

## SO FÜLLEN SIE TEIGTASCHEN:

- Bestreichen Sie den Nudelteig nach dem Ausrollen dünn mit Wasser oder verschlagenem Ei und stechen Sie mit einem runden Ausstecher ca. 6 cm große Teigkreise aus. Für Täschchen wird der Teig in zwei Hälften geteilt.
- Tragen Sie die Füllmasse mittels Spritzsack mit glattem Spritzröhrchen oder mit einem Löffel in Abständen von ca. 4–5 cm auf jeweils die Hälfte der Teigplättchen auf.
- Ziehen Sie die Ränder zueinander, pressen Sie diese mit leichtem Fingerdruck an. Die Teigränder müssen hauchdünn sein.
- Bei Kärntner Kasnudeln werden die Tascherln durch wellenartiges Falten der Teigränder verschlossen bzw. auf gut kärntnerisch »gekrendelt«.

RAVIOLI FÜLLEN

*1. Ausgerollten Nudelteig dünn mit verschlagenem Ei oder Wasser bestreichen.*

*2. Die Füllmasse mit einem Spritzsack mit glattem Spritzröhrchen oder einem Teelöffel in Abständen von ca. 4–5 cm auftragen.*

*3. Ein Teigblatt in gleicher Größe darüber legen, in den Zwischenräumen das obere Teigblatt mit den Fingerspitzen oder einem Ravioli-Rollholz an das untere Teigblatt andrücken.*

*4. Mit einem Teigrad zu gleichmäßigen Vierecken durchtrennen.*

# Kartoffel-Gnocchi

## *Grundmasse*

Zutaten

*750 g Kartoffeln, mehlig, roh geschält*
*300 g Mehl, griffig*
*60 g Butter*
*3 Eidotter*
*1 Ei*
*Salz*
*Muskatnuss, gerieben*
*Mehl für die Arbeitsfläche*
*Butter zum Schwenken*
*Parmesan zum Bestreuen*

Kartoffeln in gleichmäßige, kleine Stücke schneiden, mit kaltem Salzwasser bedecken, kernig kochen, abseihen, im heißen Backrohr ca. 15 Minuten ausdampfen lassen. Heiße Kartoffeln durch ein feines Sieb drücken oder mit der »Flotten Lotte« fein passieren (nicht mixen, der Teig wird sonst zäh), erkalten lassen. Mit geschmolzener, aber nicht mehr warmer Butter und den restlichen Zutaten verkneten und möglichst rasch weiterverarbeiten.
Teig auf einer bemehlten Arbeitsfläche zu einer dünnen Rolle formen, leicht flach andrücken, mit Teigkarte oder Messer in ca. 2 cm lange Stücke abtrennen. Gnocchi nach Belieben formen. (Zum Beispiel jedes einzelne Gnocchi über die Zinken einer Gabel oder einen verkehrt gehaltenen Krenreißer drehen, die Gnocchi bekommen dadurch eine leichte Wölbung und außen das Karo oder Streifenmuster.) Gnocchi in reichlich kochendes Salzwasser geben, einmal aufkochen lassen, dann ca. 3 Minuten ziehen lassen. Aus dem Wasser heben, entweder kalt schwemmen und in Butter erwärmen oder sofort in Butter schwenken. Anrichten, mit Parmesan bestreuen oder mit anderen Zutaten weiterverarbeiten.

- Kochdauer: Kartoffeln ca. 15 Minuten, Gnocchi ca. 4–5 Minuten
- Beilagenempfehlung: Blattsalate
- Tipps: Die Kartoffeln können auch bereits am Vortag in der Schale gekocht und am nächsten Tag fein faschiert werden.
  Wie Nudeln lassen sich Gnocchi farblich oder geschmacklich verändern, zum Beispiel durch die Beigabe von Kräutern, Safran, passiertem Spinat, Tintenfischtinte oder Roten-Rüben-Saft, wobei sich dann mitunter die Mehlmenge erhöht.

# Topfen-Gnocchi

Zutaten

*500 g Topfen*
*200 g Semmelbrösel*
*100 g Butter, raumtemperiert*
*5 Eier*
*3 EL Minzblätter, gehackt*
*2 EL Kerbel, gehackt*
*Salz, Muskatnuss, gerieben*
*40 g Butter, leicht gebräunt, zum Schwenken*
*Parmesan zum Bestreuen*

Alle Zutaten zu einem Teig vermengen. Teig auf einer bemehlten Arbeitsfläche zu einer dünnen Rolle formen, leicht flach andrücken, mit Teigkarte oder Messer in ca. 2 cm lange Stücke abtrennen. Gnocchi nach Belieben formen. (Zum Beispiel jedes einzelne Gnocchi über die Zinken einer Gabel oder einen verkehrt gehaltenen Krenreißer drehen, die Gnocchi bekommen dadurch eine leichte Wölbung und außen das Karo oder Streifenmuster.) Gnocchi in reichlich kochendes Salzwasser geben, einmal aufkochen lassen, dann ca. 3 Minuten ziehen lassen. Aus dem Wasser heben, entweder kalt schwemmen und in Butter erwärmen oder sofort in Butter schwenken. Anrichten, mit Parmesan bestreuen oder mit anderen Zutaten weiterverarbeiten.

- Garungsdauer: ca. 4–5 Minuten

# Überbackene Käse-Gnocchi

Zutaten

*Kartoffel- oder Topfen-Gnocchi (Grundrezept s. S. 158 bzw. oben)*
*150 g Frühstücksspeck*
*150 g Bergkäse, gerieben*
*50 g Parmesan, gerieben*
*40 g Butter (oder Schmalz)*
*1 EL Petersilie, gehackt*
*Salz*
*Pfeffer, frisch gemahlen*
*Butter für die Form*

Gnocchi wie im Grundrezept (s. S. 158 bzw. oben) beschrieben zubereiten, kochen und abseihen. Butter in einer (am besten beschichteten) Pfanne erhitzen, kleinwürfelig geschnittenen Speck rösten, Gnocchi beigeben, mit Petersilie, Salz und Pfeffer würzen und Gnocchi vorsichtig erwärmen. Ein Drittel der Gnocchi in eine gebutterte Auflaufform schichten, mit einem Drittel beider Käsesorten bestreuen, Vorgang wiederholen, bis alle Zutaten verbraucht sind, abschließend kräftig mit Käse bestreuen. Im vorgeheizten Backrohr bei 250 °C ca. 10 Minuten überbacken.

- Backrohrtemperatur: 250 °C
- Backdauer: ca. 10 Minuten

# Pizzafestival daheim

## Schlemmen wie in Napoli

*Eine Pizza zu backen ist viel leichter, als viele glauben. Im Grunde braucht man pro Person nur etwa 140 g Teig, 50 g Tomatensauce und schwache 100 g Mozzarella. Sobald man das hat, kann man freilich die Fantasie ins Spiel bringen, der gerade beim Thema Pizza keinerlei geschmackliche Grenzen gesetzt sind. Kreativität ist alles.*

## Pizzateig

*Grundrezept*

Zutaten für
2 Bleche o. 4 runde Pizzas

*500 g Mehl, glatt*
*3 dl Wasser*
*2 EL Olivenöl*
*20 g Germ*
*½ TL Salz*
*Prise Zucker*
*Mehl für die Arbeitsfläche*
*Olivenöl zum Bestreichen*

In einer Schüssel Germ mit etwas lauwarmem Wasser und Zucker verrühren, Mehl, restliches Wasser, Öl und Salz zu einem glatten Teig verarbeiten (kneten), zugedeckt etwa 30 Minuten warm rasten lassen.

Blechpizza: Den Teig mit bemehltem Rollholz (Nudelwalker) auf einer bemehlten Unterlage auf Backblechgröße ausrollen. Der Teig sollte an den Rändern etwas dicker (wulstig) sein. Teig auf ein zart geöltes Backblech legen, zart mit Olivenöl bestreichen, Tomaten-Grundsauce (s. S. 162) ganz dünn auftragen, beliebig belegen und backen.

- Backrohrtemperatur: 220 °C
- Backdauer: je nach Belag 12–14 Minuten
- Tipps: Abwechslung kommt in die Pizzaküche, wenn man die Pizza aus Roggen- oder Polentamehl zubereitet. Mitunter sind auch Topfen-, Plunder- oder Blätterteig Basis für unkonventionelle Pizzarezepte.
  Für den Grundteig ist es nicht notwendig, das sonst für Germteig übliche Dampfl zu erzeugen. Selbstverständlich kann man aber auch an dieser traditionellen Methode festhalten.

Runde Pizza: Teigmenge vierteln, mit den für Pizzabäcker typischen kreisenden Bewegungen händisch jeweils zu einer Kugel formen, 5 Minuten rasten lassen. Teigkugeln mit bemehlten Händen auseinander drücken oder mit kreisenden Bewegungen Teig dünner formen. Hat man damit Probleme, Teig mit einem Rollholz (Nudelwalker) auf einer bemehlten Unterlage zu runden Fladen ausrollen. Der Teig sollte an den Rändern etwas dicker (wulstig) sein. Zart mit Olivenöl bestreichen, Tomaten-Grundsauce (Rezept s. unten) ganz dünn auftragen, beliebig belegen, auf ein zart geöltes, möglichst schon erhitztes Backblech legen und backen.

# Kartoffelpizzateig

Zutaten für
2 Bleche o. 4 runde Pizzas

*300 g Mehl, griffig*
*50 g Grieß*
*300 g Kartoffeln, mehlig*
*25 g Germ, 3 dl Milch,*
*2 EL Olivenöl*
*½ TL Salz, Prise Zucker*

Rohe Kartoffeln schälen, vierteln, mit kaltem Salzwasser bedecken, kernig kochen, abseihen, gut ausdampfen lassen und fein passieren (nicht mixen). In einer Schüssel Germ mit 3 EL lauwarmer Milch verrühren, 3 EL Mehl und Zucker untermengen, mit Mehl dicht bestauben und an einem warmen Ort ca. 30 Minuten zugedeckt rasten lassen, bis sich das Teigvolumen verdoppelt hat.
Mehl, Grieß, passierte Kartoffeln, Dampfl, Milch, Öl und Salz zu einem glatten Teig verarbeiten (kneten), zugedeckt etwa 1 Stunde rasten lassen.
Für die weitere Verarbeitung folgen Sie dem Pizzateig-Grundrezept.

# Pizza-Tomatensauce

Zutaten

*400 g Tomaten geschält, entkernt*
*80 g Zwiebeln, fein geschnitten*
*4 EL Olivenöl, Salz*
*Pfeffer, frisch gemahlen*

Olivenöl in einer Kasserolle erhitzen, Zwiebeln darin leicht anschwitzen, würfelig geschnittene Tomaten beigeben, mit Salz und Pfeffer würzen und sämig einkochen lassen.

- Kochdauer: 5 Minuten
- Tipps: Man kann die Sauce auch mit Knoblauch, Lorbeerblatt, Oregano oder Basilikum würzen.

## Calzone mit Pignoli-Spinat

Zutaten für
4 Calzoni

*Pizzateig (Grundrezept s. S. 160)*
*250 g Blattspinat, blanchiert*
*100 g Tomaten, sonnengetrocknet*
*200 g Ricotta*
*4 EL Pecorino, gerieben*
*4 EL Parmesan, frisch gerieben*
*Minzeblätter, frisch*
*80 g Pinienkerne (Pignoli)*
*60 g Butter*
*Salz, Pfeffer, frisch gemahlen*
*Muskatnuss, gemahlen*
*Olivenöl zum Bestreichen*

Butter in einer größeren Pfanne schmelzen, Pinienkerne beigeben, beides lichtbraun rösten. Grob gehackten, blanchierten Blattspinat und in Wasser kurz eingeweichte, geschnittene Trockentomaten sowie gehackte Minze, Pecorino, Ricotta, Parmesan und Gewürze untermengen. Teigmenge vierteln, mit den für Pizzabäcker typischen kreisenden Bewegungen händisch jeweils zu einer Kugel formen, 5 Minuten rasten lassen. Teigkugeln mit bemehlten Händen auseinander drücken oder mit kreisenden Bewegungen Teig dünner formen (oder mit Rollholz zu Fladen ausrollen). Spinat jeweils auf eine Teighälfte auftragen (2 cm vom Rand freilassen), andere Teighälfte darüber klappen und die Ränder gut festdrücken oder krendeln (mit dekorativem Wellenmuster zusammendrücken). Pizzataschen auf ein leicht geöltes Backblech legen, mit Öl einstreichen und im vorgeheizten Backrohr bei 220 °C ca. 20 Minuten backen.

- Backrohrtemperatur: 220 °C Umluft
- Backdauer: ca. 20 Minuten

## Rucola-Pizza mit Rohschinken

Zutaten für
2 Bleche o. 4 runde Pizzas

*Pizzateig (Grundrezept s. S. 160)*
*200 g Pizza-Tomatensauce (Grundrezept s. S. 162)*
*150 g Rucola, geputzt*
*400 g Mozzarella, grob gewürfelt*
*500 g Tomaten, geschält, entkernt*
*50 g Pinienkerne*
*200 g Rohschinken, dünn geschnitten*
*60 g Parmesan, dünn gehobelt*
*3–4 EL Olivenöl zum Bestreichen*
*Salz, Pfeffer, frisch gemahlen*
*Weizenmehl für die Arbeitsfläche*

Vorbereiteten Pizzateig mit bemehltem Rollholz auf einer bemehlten Unterlage auf die gewünschte Größe ausrollen oder wie beschrieben runde Pizzas formen. Der Teig sollte an den Rändern etwas dicker (wulstig) sein. Teig auf

ein schwach geöltes Backblech legen, Teig mit Öl zart bestreichen, Tomatensauce dünn darauf verteilen. Tomaten würfelig schneiden, salzen, pfeffern, auf den Teig verteilen. Mit halbierten Rohschinkenscheiben locker belegen, Rucola grob schneiden, darüber streuen, Mozzarellawürfel und Pinienkerne gleichmäßig verteilen, Parmesanspäne darauf legen und im vorgeheizten Backrohr bei 220 °C ca. 12 Minuten backen.

■ BACKROHRTEMPERATUR: 220 °C Umluft
■ BACKDAUER: ca. 12 Minuten

# FRÜHSTÜCKS-PIZZA MIT SPIEGELEI

ZUTATEN FÜR
1 BLECH (BLECHPIZZA)

*Pizzateig von 250 g Mehl*
*laut Grundrezept (s. S. 160)*
*200 g Tomaten*
*2 EL Olivenöl*
*100 g Pizza-Tomatensauce*
*(Grundrezept s. S. 162)*
*150 g Frühstücksspeck,*
*in dünne Scheiben geschnitten*
*200 g Mozzarella*
*4 Eier*
*Salz*
*Pfeffer, frisch gemahlen*
*Oregano*
*Öl zum Bestreichen*
*Mehl für die Arbeitsfläche*

Vorbereiteten Pizzateig mit bemehltem Rollholz auf einer bemehlten Unterlage auf die Größe des Backblechs ausrollen. Der Teig sollte an den Rändern etwas dicker (wulstig) sein. Teig auf ein schwach geöltes Backblech legen, Teig mit Öl zart bestreichen, Tomatensauce dünn aufstreichen. Frühstücksspeck in einer Pfanne in wenig heißem Öl beidseitig anbraten. Tomaten in Scheiben schneiden, Teig damit belegen, mit Salz und Pfeffer würzen, Speckscheiben darauf verteilen. Mit Mozzarellawürfeln belegen, mit Oregano bestreuen und im vorgeheizten Backrohr bei 220 °C ca. 11 Minuten backen. Eier einzeln in Schälchen aufschlagen, ohne dass die Dotter zerrinnen. Pizza aus dem Backrohr nehmen, Eier vorsichtig auf die Pizza verteilen, Blech wieder ins Rohr schieben und Eier etwa 2 Minuten stocken lassen, ohne dass die Dotter hart werden, sondern kernweich bleiben.

■ BACKROHRTEMPERATUR: 220 °C Umluft
■ BACKDAUER: ca. 13 Minuten

# Risotto mit Seele

## Einführung in eine italienische Geheimwissenschaft

*Die Italiener kochen den Reis nicht nur mit Wasser, sondern können sich auch stundenlang über die Wahl der richtigen Reissorte unterhalten. Die ist allerdings noch längst nicht das Einzige, was für das Gelingen eines wirklich guten Risottos entscheidend ist. Den Rest erfahren Sie hier.*

## Risotto

*Grundrezept*

Zutaten

*250 g Risottoreis (Arborio oder Vialone)*
*6 EL Olivenöl*
*40 g Butter*
*60 g Zwiebeln (oder Schalotten), fein geschnitten*
*50 g Parmesan, frisch gerieben*
*1 l Flüssigkeit zum Aufgießen (Geflügel-, Fisch- oder Gemüsefond, je nach Art des Risottos)*
*1 dl Weißwein, trocken (oder Prosecco)*
*Salz, Pfeffer, weiß, gemahlen*

In einem tiefen Topf Olivenöl erhitzen, fein gehackte Zwiebeln farblos anschwitzen. Den Reis beigeben, glasig anlaufen lassen, mit Wein oder Prosecco ablöschen, Hitze reduzieren, nach und nach unter ständigem Rühren heiße Flüssigkeit nachgießen, wobei der Reis niemals »schwimmen« soll. Nach 18–20 Minuten kleine Butterstücke, Parmesan sowie Salz und Pfeffer unter den al dente (kernig) gegarten Reis mengen.

- Garungsdauer: 18–20 Minuten
- Tipp: Besonders mollig und cremig wird der Risotto, wenn man kurz vor Garungsende etwa 8 cl Schlagobers einrührt. Besonders suppige Risotti kann man auch zum Schluss noch mit 1–2 Eidotter binden. Beides ist zwar nicht wirklich »authentisch«, geschmacklich lohnt es sich aber.

## *»Rund das Korn, rund im Geschmack«*

*Nach dieser alten italienischen Weisheit eignet sich für echten italienischen Risotto am besten Rundkornreis (oder auch längerkörniger Reis mit abgerundet-ovalem Korn). Welche Sorte man verwendet, ist selbstverständlich Geschmackssache. Arborioreis ist leicht oval gekörnt, bedarf sehr behutsamer Garung und dankt diese durch Erhaltung eines kräftigen Bisses im Inneren. Vialonereis ist klassisch rund gekörnt sowie sehr geschmeidig und lässt sich, ähnlich wie Nudeln, schön bissfest kochen. Als König der italienischen Reissorten gilt vielen Risotto-Feinschmeckern der rundlich-ovale Carnarolireis, der, wenn er entsprechend langsam gegart wird, fast nicht klebt.*
*Wie cremig und bissfest ein Risotto tatsächlich sein soll, bleibt letztlich Geschmackssache. Manche italienischen Köche lösen das Problem poetisch und meinen, ein richtig gegarter Risotto müsse ›all‹ onda sein – flüssig wie eine Welle.*

# Risotto mit Rucola und Prosciutto

Zutaten

*100 g Rucola, geputzt*
*80 g Prosciutto crudo (Rohschinken)*
*250 g Risottoreis*
*(Arborio oder Vialone)*
*60 g Zwiebeln, fein geschnitten*
*5 EL Olivenöl*
*40 g Butter*
*50 g Parmesan, gerieben*
*1 l Hühner- (oder Gemüse)fond*
*1 dl Weißwein (oder Prosecco)*
*1 EL Petersilie, gehackt*
*Salz*
*Pfeffer, frisch gemahlen*
*Parmesan zum Bestreuen*

In einem Topf Olivenöl erhitzen, fein gehackte Zwiebeln glasig anschwitzen, aber nicht bräunen. Den Reis beigeben, glasig anlaufen lassen, mit Wein oder Prosecco ablöschen, Hitze reduzieren, nach und nach unter ständigem Rühren heißen Fond nachgießen, wobei der Reis niemals »schwimmen« soll. Nach ca. 15 Minuten gewaschenen, grob geschnittenen Rucola untermengen. Nach weiteren 5 Minuten Butter, dann in feine Streifen geschnittenen Rohschinken, gehackte Petersilie, Parmesan, Salz und Pfeffer unter den al dente gegarten Reis mengen. Vor dem Servieren mit frisch geriebenem Parmesan bestreuen.

▪ Garungsdauer: 18–20 Minuten

# Radicchio-Risotto

Zutaten

*300 g Radicchio (runder Chioggia- oder länglicher Treviso-Radicchio), geputzt, ohne Strunk*
*250 g Risottoreis (Arborio oder Vialone)*
*60 g Zwiebeln, fein geschnitten*
*5 EL Olivenöl*
*40 g Butter*
*50 g Parmesan, frisch gerieben*
*1 l Gemüsefond (oder milde Suppe)*
*1 dl Weißwein (oder Prosecco)*
*Salz*
*Pfeffer, frisch gemahlen*
*Parmesan zum Bestreuen*

Radicchio waschen, 20 Minuten in warmes Wasser legen (um die Bitterstoffe zu lösen), mit Küchenkrepp trockentupfen, Blätter in grobe Streifen schneiden. In einem Topf Olivenöl erhitzen, Zwiebeln glasig anschwitzen (nicht bräunen), Radicchio beigeben, einige Minuten andünsten, währenddessen öfter durchrühren. Den Reis beigeben, glasig anlaufen lassen, mit Wein oder Prosecco ablöschen, Hitze reduzieren, nach und nach unter ständigem Rühren heißen Gemüsefond nachgießen, wobei der Reis niemals »schwimmen« soll. Nach etwa 20 Minuten, wenn der Reis al dente gegart ist, Butter, Parmesan, Salz und Pfeffer untermengen. Vor dem Servieren mit frisch geriebenem Parmesan bestreuen.

- Garungsdauer: 18–20 Minuten
- Tipp: Man kann statt Radicchio auch Chicorée oder Stangensellerie verwenden.

# Safran-Risotto mit kleinem Gemüse

Zutaten

*250 g Risottoreis (Carnaroli, Arborio oder Vialone)*
*8 EL Olivenöl*
*60 g Zwiebeln (oder Schalotten), fein geschnitten*
*40 g Butter*
*50 g Parmesan, frisch gerieben*
*1 l Kalbs- oder Geflügelfond (oder milde Suppe)*
*1 dl Weißwein, trocken (oder Prosecco)*
*Briefchen Safranfäden*
*100 g Karotten und Sellerieknolle*
*100 g Erbsen, ausgelöst (frisch oder tiefgekühlt)*
*2 Eidotter*
*Salz, Pfeffer, weiß, gemahlen*
*Parmesan zum Bestreuen*

Geschälte Karotten und Sellerie in sehr kleine Würfel schneiden. In einem Topf Olivenöl erhitzen, fein gehackte Zwiebeln glasig anschwitzen, Karotten- und Selleriewürfel beigeben, kurz farblos weiterrösten. Den Reis beige-

ben, glasig anlaufen lassen, mit Wein oder Prosecco ablöschen, Hitze reduzieren, Safran beigeben. Nach und nach unter ständigem Rühren heißen Fond nachgießen, wobei der Reis niemals »schwimmen« soll. Nach ca. 12 Minuten die Erbsen beifügen und unter ständigem Aufgießen und Rühren Reis al dente fertig garen. Nun kleine Butterstücke, Parmesan, Salz und Pfeffer untermengen. Abschließend zügig die Eidotter einrühren, anrichten, mit geriebenem Parmesan bestreuen.

- Garungsdauer: 18–20 Minuten
- Tipp: Opulenter gerät dieser Risotto, wenn man ihm von Beginn an etwas gehacktes Rindermark beifügt, dann aber weniger Olivenöl verwendet.

## *»Die Reisarie«*

*Als eine jener Arien, die Gioacchino Rossini Weltruhm verschafften, gilt ohne Zweifel die Arie des Tancredi »Di tanti palpiti«, die – wie der französische Schriftsteller Stendhal zu berichten wusste – nach der Uraufführung bald jedem venezianischen Gondoliere geläufig war. In Fachkreisen hieß sie bald nur noch »die Reisarie«, weil Rossini, der Schnellschreiber, einmal bemerkt hatte, er habe sie exakt in jener Zeit komponiert, die man zum Reiskochen braucht. Wenn man für einen echten italienischen Risotto rund 18 Minuten veranschlagt, so ist dies in der Tat eine beachtliche Leistung.*

# Risotto mit weissen Trüffeln

Zutaten

*250 g Risottoreis (Carnaroli, Arborio oder Vialone)*
*3 EL Trüffelöl*
*30 g Butter (im Idealfall Trüffelbutter)*
*1 l Gefügelsuppe, mild*
*1 dl Prosecco*
*8 cl Schlagobers*
*Salz, Pfeffer, weiß, frisch gemahlen*
*weiße Trüffeln nach Belieben, gereinigt*

In einem tiefen Topf Trüffelöl ganz schwach erhitzen. Den Reis beigeben, glasig anlaufen lassen, mit Prosecco ablöschen, Hitze reduzieren, nach und nach unter ständigem Rühren heiße Geflügelsuppe nachgießen, wobei der Reis niemals »schwimmen« soll. Obers zugießen und reduzierend kochen. Nach 18–20 Minuten kleine Butterstücke, Salz und Pfeffer untermengen. Anrichten und je nach Freigiebigkeit mehr oder weniger weiße Trüffeln über den Risotto hobeln.

- Garungsdauer: 18–20 Minuten
- Tipp: Die Schlagobersbeigabe macht diesen Risotto besonders rund. Puristen können sie allerdings auch weglassen.

# Risotto mit Steinpilzen

Zutaten

*250 g Steinpilze, klein und fest, geputzt*
*60 g Zwiebeln, fein geschnitten*
*250 g Risottoreis (Arborio oder Vialone)*
*4 EL Pflanzenöl, geschmacksneutral*
*1 EL Steinpilzöl (nach Möglichkeit)*
*40 g Butter*
*50 g Parmesan, frisch gerieben*
*1 l Hühnersuppe, mild (oder Pilzsud)*
*1 dl Weißwein, trocken*
*1 EL Petersilie, gehackt*
*Salz, Pfeffer, weiß, frisch gemahlen*

Geputzte Steinpilze in Scheiben oder Würfel schneiden. In einem Topf Öl erhitzen, Zwiebeln glasig anschwitzen, Pilze beigeben und vorsichtig rösten. Reis beigeben, behutsam durchrühren, mit Wein ablöschen, Hitze reduzieren, nach und nach unter ständigem Rühren heiße Suppe nachgießen, wobei der Reis niemals »schwimmen« soll. Nach ca. 20 Minuten Steinpilzöl, kleine Butterstücke, Parmesan, Petersilie, Salz und Pfeffer unter den al dente gegarten Reis mengen.

- GARUNGSDAUER: 18–20 Minuten
- TIPPS: Morchel-Risotto wird auf dieselbe Weise zubereitet. Dabei ist zu beachten, dass die Morcheln sehr gut und gründlich gewaschen werden müssen. Hat man nur getrocknete Morcheln zur Verfügung, müssen sie einige Stunden eingeweicht werden. Das Wasser dient dann zum Aufgießen, sollte aber gefiltert werden. Morcheln mit Zwiebeln und etwas Morchelfond ca. 15 Minuten dünsten, dann erst den Reis beigeben.
  Nach demselben Rezept kann man Risotto mit Eierschwammerln, Misch- oder Austernpilzen zubereiten.

## RISOTTO MIT GRÜNSPARGEL

ZUTATEN

*500 g Grünspargel*
*60 g Zwiebeln, fein gehackt*
*100 g Beinschinken*
*250 g Risottoreis (Arborio o. Vialone)*
*6 EL Olivenöl, 40 g Butter*
*3 EL Parmesan, frisch gerieben*
*1 l Gemüsesuppe (oder Spargelfond)*
*1 dl Weißwein, trocken (oder Prosecco)*
*Salz, Pfeffer, frisch gemahlen*
*Parmesan zum Bestreuen*

Spargel waschen, trocknen, holzige Teile entfernen. Die Stangen nur im unteren Teil schälen, Köpfe abtrennen, beiseite legen, den Rest in 5 mm dicke, schräg angeschnittene Stücke schneiden. In einem tiefen Topf Olivenöl erhitzen, Zwiebeln farblos anschwitzen, Spargelstücke beifügen, andämpfen lassen, mit etwas Suppe bedecken und reduzierend ca. 5 Minuten dünsten. Spargelköpfe beigeben, nochmals 5 Minuten garen, salzen und pfeffern. Den Reis beigeben, mit Wein oder Prosecco auffüllen, Hitze reduzieren, nach und nach unter ständigem Rühren heiße Suppe nachgießen. Nach 18–20 Minuten kleine Butterstücke, in Streifen geschnittenen Beinschinken, Parmesan, Salz und Pfeffer untermengen. Vor dem Servieren mit frisch geriebenem Parmesan bestreuen.

- GARUNGSDAUER: 18–20 Minuten
- TIPPS: Statt Schinken kann man auch kurz gebratene Hühnerbruststreifen unterheben. Risotto mit weißem Spargel wird ebenso zubereitet.

# Pikante Aufläufe

## So laufen Sie zu kulinarischer Höchstform auf

*Der Auflauf ist die gut ausgebackene Schwester des Eintopfs, mit dem er mancherlei gemeinsam hat. Unter anderem, dass es sich um eine der preisgünstigsten und schmackhaftesten Möglichkeiten handelt, ein Festessen für die ganze Familie herzustellen.*

## Ricotta-Melanzani-Auflauf

Zutaten für
6 Portionen

*750 g Melanzani*
*500 g Tomaten*
*1/8 l Tomatensaft*
*80 g Zwiebeln, fein geschnitten*
*2 Knoblauchzehen, gepresst*
*8 cl Olivenöl*
*4 EL Basilikumblätter*
*Salz, Pfeffer, frisch schwarz*
*Oregano*

*Für den Überguss:*
*130 g Ricotta*
*(oder Hüttenkäse)*
*1 Ei*
*40 g Parmesan, frisch gerieben*
*1 dl Schlagobers*
*Salz*
*Pfeffer, weiß*
*Öl für die Form*

Melanzani ungeschält in ca. 1 cm dicke Scheiben schneiden, beidseitig salzen und pfeffern, 20 Minuten stehen lassen, mit Küchenkrepp abtrocknen. In einer flachen Pfanne etwas Öl erhitzen, Melanzani beidseitig braun braten, auf Küchenkrepp legen und Öl gut abtupfen. Tomaten schälen, entkernen, in Würfel schneiden. Zwiebeln in heißem Öl anschwitzen, Tomaten beigeben, andünsten, mit Tomatensaft aufgießen, reduzierend ohne Deckel dünsten, bis die Masse sämig erscheint. Mit Salz, Pfeffer, Oregano und Knoblauch würzen. Eine passende Auflaufform mit Öl ausstreichen, Melanzanischeiben hineingeben, mit Tomatenragout bedecken, mit grob geschnittenen Basilikumblättern bestreuen und wieder mit Melanzanischeiben belegen. Ricotta, Parmesan und Ei verrühren, Schlagobers darunter mengen und mit Salz und Pfeffer würzen. Über die Melanzani verteilen, glatt streichen und im auf 220 °C vorgeheizten Backrohr bei fallender Hitze backen.

- Backrohrtemperatur: 220 °C auf 180 °C fallend
- Backdauer: 10 Minuten bei 220 °C und 13 Minuten bei 180 °C
- Tipp: Mit Pelati aus der Dose erspart man sich das mühsame Schälen der Tomaten, statt Melanzani können auch Zucchini verwendet werden.

# Schinken-Nockerl-Auflauf

Zutaten für
4–6 Portionen

*Für die Nockerlmasse:*
*150 g Mehl, glatt*
*20 g Butter*
*¼ l Milch*
*1 Ei*
*2 Eidotter*
*Salz*
*½ l Milch zum Kochen der Nockerln*
*Mehl für die Arbeitsfläche*

*Für die Auflaufmasse:*
*40 g Butter, 20 g Mehl, glatt*
*3 Eidotter*
*3 Eiklar*
*2 EL Sauerrahm*
*250 g Schinken*
*(oder Geselchtes)*
*150 g Lauch, nur das Weiße*
*1 EL Petersilie, gehackt*
*Butter zum Anrösten*
*Salz*
*Pfeffer, frisch gemahlen*
*Muskatnuss, gemahlen*
*Butter für die Form*

Schinken in Würfel, gut gewaschenen Lauch in feine Streifen schneiden. Butter schmelzen, Lauch darin andünsten, mit Salz und Pfeffer würzen, Schinken unterrühren, erkalten lassen. Für die Nockerln ¼ l Milch zum Kochen bringen, Butter und Salz beifügen. Mehl mit einem Schneebesen einrühren und mit dem Kochlöffel so lange rühren, bis sich der Teig vom Geschirr löst. Ei mit Eidotter verschlagen und langsam in den heißen Teig einarbeiten. Den Teig auf einer bemehlten Arbeitsfläche zu einer fingerdicken Rolle formen, in ca. 2 cm große Nockerln teilen. Milch (½ l) salzen, zum Kochen bringen und Nockerln einlegen. Einige Minuten kochen lassen, herausheben, abtropfen und erkalten lassen.
Nun handwarme Butter (40 g) schaumig rühren, Eidotter nach und nach unterrühren, Sauerrahm, Petersilie, Lauch und Schinken einrühren. Eiklar zu steifem Schnee schlagen und zugleich mit dem Mehl vorsichtig unter die Masse heben. Nockerln unter die Masse mischen, mit Salz und Muskatnuss würzen und in eine gebutterte Auflaufform füllen. Im vorgeheizten Backrohr bei 180 °C 35–40 Minuten goldbraun backen.

- Backrohrtemperatur: 180 °C
- Backdauer: ca. 35–40 Minuten
- Beilagenempfehlung: Blattsalate mit Kräuter- oder Joghurtdressing

# Gemüse-Nudelauflauf

Zutaten

*150 g Bandnudeln (auch Spiralen oder Fleckerln), ungekocht*
*4 Eidotter*
*4 Eiklar*
*1 Ei*
*60 g Semmelbrösel*
*2 dl Schlagobers*
*2 dl Sauerrahm*
*200 g Broccoli oder Romanesco*
*200 g Erbsen*
*100 g Karottenwürfel*
*4 EL Öl (oder Butterschmalz)*
*100 g Frühstücksspeck*
*80 g Zwiebeln*
*Salz, Pfeffer, frisch gemahlen*
*Muskatnuss, gerieben*
*Petersilie, gehackt*
*Butter und Semmelbrösel für die Form*

Nudeln in reichlich Salzwasser kernig kochen, abseihen, mit kaltem Wasser abschwemmen, gut abtropfen lassen. Broccoli, Erbsen und Karottenwürfel in Salzwasser gesondert sehr kernig kochen, in mit Eiswürfeln versetztes Wasser legen, abkühlen, aus dem Wasser heben, gut abtropfen lassen. Öl in einer Kasserolle erhitzen, klein geschnittenen Speck darin anrösten, fein geschnittene Zwiebeln beifügen, glasig anlaufen lassen, das Gemüse beifügen, salzen, pfeffern und kalt stellen. Dotter mit Ei, Semmelbröseln, Sauerrahm, Schlagobers sowie gehackter Petersilie verrühren, unter die Nudeln mengen, Gemüsegemisch unterheben, mit Salz, Pfeffer und Muskatnuss würzen. Eiklar mit Salz zu festem, aber noch cremigen Schnee schlagen, vorsichtig unter die Nudelmasse heben. Die Masse in eine gebutterte und mit Bröseln bestreute Auflaufform füllen, glatt streichen und im vorgeheizten Backrohr bei 190 °C ca. 35 Minuten backen.

- Backrohrtemperatur: 190 °C
- Backdauer: ca. 35 Minuten
- Beilagenempfehlung: Blattsalate, Gemüsesalate
- Tipps: Die Gemüsezutaten können beliebig erweitert oder ausgetauscht werden. Zum Beispiel: Karfiolröschen, Paprikaschoten, Kürbiswürfel, Pilze etc.
  Sollte etwas Gemüseauflauf übrig bleiben, so lässt sich dieser später im Mikrowellenherd bestens schmackhaft aufwärmen.

# Makkaroni-Käseauflauf

Zutaten

*150 g Makkaroni (oder Penne), ungekocht*
*150 g Emmentaler, gerieben*
*300 g Broccoliröschen, kernig gekocht*
*150 g Frühstücksspeck*
*5 Tomaten, in grobe Würfel geschnitten*
*2 EL Pflanzenöl, geschmacksneutral*
*50 g Parmesan, frisch gerieben*
*1 EL Petersilie, gehackt*
*4 Eier*
*3 dl Schlagobers (oder Milch)*
*Salz*
*Pfeffer, frisch gemahlen*
*Muskatnuss, gerieben*
*Butter für die Form*

Nudeln in kochendem Salzwasser al dente kochen, abseihen, mit kaltem Wasser abfrischen, abtropfen lassen. Öl in einer flachen Kasserolle erhitzen, in Streifen geschnittenen Speck anrösten, Makkaroni beigeben, durchmischen, Broccoli und Tomatenwürfel unterheben, herzhaft mit Salz und Pfeffer würzen. Etwa zwei Drittel des geriebenen Käses untermischen und die Masse in eine gebutterte Auflaufform füllen. Eier mit Obers, Petersilie, Salz, Pfeffer und Muskatnuss gut verschlagen, über die Nudeln gießen. Mit restlichem Käse und Parmesan bestreuen und im vorgeheizten Backrohr bei 190 °C 30 Minuten backen.

- Backrohrtemperatur: 190 °C
- Backdauer: ca. 30 Minuten
- Beilagenempfehlung: Blattsalate, Gurkensalat mit Dillrahm
- Tipp: Durch die Verwendung von mediterranem Gemüse und Prosciutto crudo zaubern Sie ein bisschen Italianità in Ihre Küche.

# Kräutersoufflé

Zutaten für 6 Portionen

*500 g Topfen, 10 %, passiert*
*200 g Butter*
*5 Eiklar*
*5 Eidotter*
*40 g Semmelbrösel*
*3 EL Kräuter, gemischt (Petersilie, Kerbel, Zitronenmelisse etc.), gehackt*
*Salz, Pfeffer, weiß, frisch gemahlen*
*Muskatnuss, gerieben*
*Butter für die Form*

Handwarme Butter schaumig rühren, die nicht zu kalten Eidotter nach und nach einmengen, gemeinsam (am besten in der Küchenmaschine) sehr schaumig rühren. Nicht zu kalten Topfen, Kräuter und Semmelbrösel einrühren. Eiklar mit Salz zu cremigem, aber nicht zu fest ausgeschlagenen

Schnee schlagen, unter die Masse heben, mit Salz, Pfeffer und Muskatnuss würzen. Kräutermasse in eine oder mehrere kleine gebutterte Auflaufformen füllen, glatt verstreichen und im vorgeheizten Backrohr bei 200 °C 20–25 Minuten backen. Fertiges Soufflé sofort auftragen.

- BACKROHRTEMPERATUR: 200 °C
- BACKDAUER: 20–25 Minuten
- BEILAGENEMPFEHLUNG: Rahmgurken oder Blattsalate
- TIPPS: Die Kräutermasse kann durch die Beigabe von gekochten Teigwaren (Fleckerln, Farfalle etc.), Schinkenwürfeln, Rohschinkenstreifen, sautierten Pilzen, gekochtem Gemüse (Broccoliröschen, gekochten Artischockenböden, sautierten Zucchiniwürfeln etc.) ideenreich abgewandelt werden.
  Die Topfenmasse unter Zugabe von 100 g Zucker und Weglassen der Kräuter und Gewürze ergibt eine köstliche Süßspeise, zu der man verrührten Sauerrahm und Fruchtröster reicht.

# Hummer und andere Hämmer

## Schal- und Krustentiere machen das Essen zum Fest

*Es sind zugegebenermaßen nicht die billigsten Zutaten, die Sie für die folgenden Rezepte benötigen. Doch wenn es etwas zu feiern gibt, so eignet sich eben kaum eine Zutat so gut dafür wie der König der Meere und seine mehr oder weniger gut gepanzerte Verwandtschaft.*

## Gebratener Hummer

Zutaten

*2 Hummer zu je 600–800 g (im Idealfall bretonische Hummer), lebend*

*3 EL Olivenöl (o. Butterschmalz)*
*Salz (am besten Meersalz)*
*Pfeffer, weiß, gemahlen*

Wasser in einem ausreichend großen Topf zum Sieden bringen. Die Hummer mit dem Kopf voran in das Wasser gleiten lassen (dies ist die humanste Art der Tötung), nach ca. 2 Minuten aus dem Wasser heben, überkühlen lassen. Hummer flach auf eine Arbeitsfläche drücken und vom Kopf her mit stark angewinkeltem massiven Messer der Länge nach durchtrennen. Die Schwanzhälften aus dem Panzer heben, den dunklen Darmstrang entfernen. Hummerscheren vom Panzer abdrehen, unteres Glied mit drehender Bewegung abtrennen, auslösen. Hummerscheren hochkant aufstellen, mit dem Rücken eines schweren Messers anschlagen, bis sich der Panzer öffnet (aufspringt). Den Scherenpanzer vorsichtig aufbrechen, das Scherenfleisch durch leichtes Hin- und Her-Bewegen aus dem Panzer ziehen, das dünne Mittelblatt aus der Schere vorsichtig herausziehen. Die ausgelösten Scheren und halbierten Schwänze zart salzen und mit weißem Pfeffer bestreuen. Öl in einer flachen Pfanne schwach erhitzen, auf jeder Seite ca. 1 Minute bei mäßiger Hitze braten.

■ Garungsdauer: 2 Minuten kochen, 2–3 Minuten braten
*Anmerkung:* Hier handelt es sich um eine Grundzubereitung. Mit welchen Beilagen oder Garnituren der Hummer dann serviert wird, hängt ganz vom persönlichen Geschmack ab. Man kann den gebratenen Hummer beispielsweise auf zarten Salaten wie Eichblatt oder Rucola anrichten, oder aber mit Kürbis, Linsen oder Kraut auftragen. Hervorragend passen

auch Teigwaren zu Hummer, wie etwa Taglierini mit Basilikum und Hummersauce.

- Tipp: Krustentiere sind sehr hitzesensibel und werden bei forciertem oder zu langem Garen rasch zäh.

# Muschelfrikassee

Zutaten

*3 kg Miesmuscheln*
*1/8 l Weißwein, trocken*
*1/8 l Wasser oder ungewürzte Suppe (Fond)*
*3 dl Schlagobers*
*150 g Zwiebeln (oder Schalotten)*
*150 g Stangensellerie, geschält*
*100 g Karotten, geschält*
*1 Kohlrabi, geschält*
*50 g Butter*
*10 g Mehl, glatt*
*3 EL Olivenöl*
*Salz*
*Pfeffer, frisch gemahlen*
*3 Knoblauchzehen, gepresst*
*einige Safranfäden*

Muscheln unter fließendem kalten Wasser gründlich bürsten, Bart entfernen, offene Muscheln entfernen. Öl in einem großen, tiefen Topf erhitzen, klein geschnittene Zwiebeln anschwitzen, mit Weißwein ablöschen, Knoblauch beigeben, mit Wasser aufgießen, mit Salz und Pfeffer würzen und 2 Minuten kochen lassen. Muscheln einlegen und zugedeckt je nach Größe der Muscheln 3–5 Minuten dämpfen. Sud abseihen, Muscheln überkühlen lassen, aus der Schale lösen. Kohlrabi und Karotten in ca. 6 mm große Würfel, Stangensellerie in feine Scheiben schneiden. 30 g Butter in einer Kasserolle schmelzen. Gemüse darin kurz anschwitzen, mit Obers und Muschelsud aufgießen, Safran beigeben, knackig kochen, Gemüse herausheben. Restliche Butter und Mehl zu einer kleinen Kugel verkneten und diese knotenfrei unter die kochende Flüssigkeit rühren, einige Minuten kochen, Muscheln und Gemüse wieder beifügen und alles erwärmen.

- Kochdauer: Muscheln 3–5 Minuten
- Beilagenempfehlung: Basmati- oder Wildreis
- Tipps: Sowohl bei den verwendeten Gemüsesorten als auch bei den Muscheln lässt sich je nach Marktlage und Angebot beliebig variieren, etwa mit Grünspargel, Tomatenwürfeln, Champignons oder Austernpilzen einerseits, mit Jakobsmuscheln, Austern, Garnelen oder Fischwürfeln andererseits.
  Auch bei der Bindung der Sauce ergeben sich statt der Mehl-Butter-Kugel mehrere Möglichkeiten, beispielsweise durch längere Reduktion der Flüssigkeit und Einrühren von kalter Butter oder durch die Legierung mit etwas Schlagobers und 2 Eidottern.

# Jakobsmuscheln mit Pernod-Sabayon

Zutaten

*600 g Jakobsmuscheln mit Rogen, ausgelöst*
*3 EL Öl zum Braten*
*200 g Tomaten, geschält, entkernt, gewürfelt*
*Salz*
*Pfeffer, weiß, frisch gemahlen*

*Für das Sabayon:*
*2 Eidotter*
*1/16 l Fond (Muschel- oder Fischfond oder neutrale Suppe)*
*4 cl Weißwein, 2 cl Pernod*
*einige Safranfäden*
*Salz, Pfeffer, weiß, frisch gemahlen*

Muscheln sowie Rogen (Corail) salzen und pfeffern. Öl in einer flachen, beschichteter Pfanne erhitzen, die Muscheln beidseitig kurz braten, aus der Pfanne heben, warm stellen. Rogen ganz kurz unter Schwenken erhitzen, ebenfalls warm stellen. In restlichem Öl Tomaten erhitzen, salzen und pfeffern. Inzwischen in einer Rührschüssel Fond, Weißwein, Pernod, Safran, Eidotter, Salz und Pfeffer mit einem Schneebesen verrühren. Masse über Dampf schaumig warmschlagen.
Die Tomaten auf warmen Tellern verteilen, Muscheln und Rogen darauf gruppieren und mit dem fertigen Sabayon überziehen.

- Bratdauer: ca. 4 Minuten, je nach Größe der Muscheln
- Beilagenempfehlung: Wild- oder Basmatireis, Couscous
- Tipp: Für gratinierte Jakobsmuscheln werden Muscheln und Rogen wie oben beschrieben gebraten und in Muschelschalen oder Gratinschälchen mit Bröseln, gehackter Petersilie, Parmesan, Knoblauch, Olivenöl und Zitronensaft überbacken.

# Warmer Garnelenkuchen

Zutaten

*Für den Teig:*
*140 g Mehl, glatt*
*90 g Butter*
*2 cl Schlagobers*
*Salz*
*½ Ei*
*Mehl für die Arbeitsfläche*

*Für den Belag:*
*300 g Garnelen, roh, ohne Schale*
*100 g Lauch*
*100 g Tomaten, sonnengetrocknet*
*3 EL Öl*
*Salz*
*Pfeffer, frisch gemahlen*

*Für den Eiguss:*
*2 Eier*
*1 dl Schlagobers*
*70 g Sauerrahm*
*Salz*
*Pfeffer*
*Chili, getrocknet, gemahlen*
*etwas Currypulver*

Mehl, Butter, Ei, Obers und Salz rasch zu einem Mürbteig verkneten. Teig zugedeckt 30 Minuten kühl rasten lassen. Auf einer bemehlten Unterlage mit einem Rollholz kreisrund auf ca. 30 cm Durchmesser ausrollen, eine passende Springform (24 cm Ø) damit auskleiden, den Teig am Rand andrücken. Für den Belag geputzten, gut gewaschenen Lauch in feine Streifen schneiden, Garnelen am Rücken der Länge nach zart einschneiden, den Darm vorsichtig abziehen, mit Salz und Pfeffer würzen, Tomaten in kleine Würfel schneiden. Öl in einer flachen Pfanne erhitzen, Garnelen ganz kurz anrösten, in eine Schüssel geben. Im verbliebenen Öl Lauchstreifen kurz anrösten, mit den Tomaten zu den Garnelen geben, alles vermischen, würzen und überkühlen lassen. Für den Eiguss Eier, Obers, Sauerrahm, Curry, Chili, Salz und Pfeffer mit einem Schneebesen verrühren. Teig mit Garnelen-Lauchmasse belegen, Eiguss darüber gießen, in das auf 220 °C vorgeheizte Backrohr stellen (unterste Schiene) und ca. 25 Minuten backen, 5 Minuten rasten lassen. Aus der Form lösen und in Tortenecken schneiden.

- Backrohrtemperatur: 220 °C Umluft
- Backdauer: ca. 25–30 Minuten

# Aus Fluss, See und Meer

## Von der Kunst, das Beste aus dem Wasser zu kochen

*Fisch ist aufgrund seiner Kalorienarmut, seines guten Cholesterins und seines Reichtums an wertvollem Eiweiß zu einer der Lieblingszutaten jeder modernen, linien- und ernährungsbewussten Küche geworden. Fisch zählt freilich auch zu jenen Grundstoffen, die mit Liebe, Sorgfalt und einiger Erfahrung behandelt sein wollen. Wenn man jedoch alles richtig macht, zählen Fischgerichte zum Verführerischsten auf dem Speiseplan.*

## Ottakringer Bierkarpfen

Zutaten

*800 g Karpfenfilet, küchenfertig*
*100 g Zwiebeln, fein geschnitten*
*80 g Frühstücksspeck*
*5 EL Öl*
*1 EL Paprikapulver, edelsüß*
*3 dl Bier, dunkel*
*2 dl Suppe*
*1 EL Honig*
*1/8 l Sauerrahm*
*10 g Mehl, glatt*
*Salz, Pfeffer, frisch gemahlen*
*1 Lorbeerblatt*
*Spritzer Apfelessig*
*Mehl zum Bestauben*

Karpfenfilets in 4 oder 8 Stücke schneiden, an der Hautseite in Abständen von 1 cm zart einschneiden, kräftig salzen und pfeffern, mit der Hautseite in Mehl wenden, leicht andrücken, überschüssiges Mehl abschütteln. In einer flachen Kasserolle oder einem Bräter Öl erhitzen, die Karpfenstücke mit der Hautseite nach oben einlegen, anbraten, wenden, an der Hautseite bräunen, aus der Kasserolle heben. Im restlichen Öl kleinwürfelig geschnittenen Speck anrösten, Zwiebeln beigeben, zart bräunen, Paprikapulver einrühren, mit Essig ablöschen. Bier und Suppe zugießen, Honig, Salz und Pfeffer einrühren. Karpfenstücke mit der Haut nach unten einlegen, Lorbeerblatt zugeben, aufkochen, 7–10 Minuten zugedeckt, am besten im Backrohr bei 180 °C, dünsten lassen. Die Karpfenstücke auf eine tiefe Anrichteplatte legen. Sauerrahm mit Mehl verrühren, unter die kochende Biersauce rühren, das Lorbeerblatt entfernen und fertige Sauce über die Karpfenstücke gießen.

- Backrohrtemperatur: 180 °C
- Garungsdauer: 7–10 Minuten, je nach Stärke der Filets
- Beilagenempfehlung: Tarhonya, Kartoffel-Gnocchi
- Tipp: Runden Sie den Bierkarpfen nach dem Anrichten noch mit etwas glatt gerührtem Sauerrahm ab, den Sie dekorativ über die Karpfenfilets verteilen.

### *»Bier und Karpfen – eine gute Ehe«*

*Das oben stehende Rezept hat seinen Ursprung in einer langjährigen Zusammenarbeit des Hauses Plachutta mit der Ottakringer Brauerei in Wien. Nicht nur im neuen Bierlokal »Grünspan« lässt es sich nämlich aufs Schmackhafteste beweisen, wie sehr gerade der Karpfen mit dem Gerstensaft harmoniert. Gute Köchinnen und Köche haben das auch schon früher erkannt und in den unterschiedlichsten Ländern jeweils auf ihre Weise reagiert. In Preußen, Pommern, Mecklenburg, Brandenburg und Schlesien wird der Karpfen fast immer als »Bierfisch« in einer möglichst »malzigen« Sauce zubereitet. Auch in Böhmen dominieren süßsaure Zubereitungen auf der Basis von Bier, das häufig mit Kapern, Dörrzwetschken, Lebkuchen und Gewürzen aromatisiert wird. Da Ottakringer Bier jedoch wesentlich frischer und spritziger mundet als etwa die tschechischen und polnischen Biere, verträgt Plachuttas »Ottakringer Bierkarpfen«-Rezept auch eine Prise Paprika sehr gut.*

## Fisch-Gratin

Zutaten

*400 g Zanderfilet, küchenfertig*
*250 g Kartoffeln, speckig, gekocht, geschält*
*300 g Blattspinat, blanchiert*
*3 Tomaten, geschält und entkernt*
*2 EL Zwiebeln, fein geschnitten*
*50 g Butter*
*Salz*
*Pfeffer, frisch gemahlen*
*Mehl zum Wenden*
*Öl (oder Butterschmalz), zum Braten der Kartoffeln*
*Butter für die Form*
*Semmelbrösel zum Bestreuen*
*30 g Butterflocken*

*Für die Gratinsauce:*
*¼ l Milch*
*⅛ l Weißwein*
*30 g Butter*
*30 g Mehl, glatt*
*2 Eidotter*
*Salz, Pfeffer, weiß, frisch gemahlen*
*Muskatnuss, gerieben*

Zanderfilets an der Hautseite in regelmäßigen Abständen zart einschneiden, in 8 Stücke schneiden, mit Salz und Pfeffer beidseitig würzen, Hautseite in

Mehl tauchen, abschütteln, gut andrücken. Etwas Butter in einer beschichteten flachen Pfanne erhitzen, die Zanderstücke einlegen, ganz kurz anbraten, wenden, kurz bräunen, sofort aus der Pfanne heben. (Der Fisch soll innen noch roh bleiben.) In der restlichen Butter Zwiebeln anschwitzen. Tomaten in Würfel schneiden, beigeben, kurz durchrühren, blanchierten Blattspinat beigeben, salzen, pfeffern, gut durchmischen, aus der Pfanne herausheben. In derselben, mit Küchenkrepp ausgewischten Pfanne Öl oder Butterschmalz erhitzen, gekochte, in Scheiben geschnittene Kartoffeln darin rundum goldbraun braten, salzen.
Für die Gratinsauce Butter schmelzen, Mehl einrühren, anschwitzen, mit heißer Milch aufgießen und mit einem Schneebesen knotenfrei verrühren. Wein einrühren, ca. 4 Minuten kochen lassen, mit Salz, Pfeffer und Muskatnuss würzen, Eidotter in die noch warme, aber nicht mehr kochende Sauce einrühren. Die Kartoffeln in eine ausgebutterte Auflaufform einlegen, Zanderfilets aneinander gereiht darauf legen, mit Blattspinat bedecken und mit noch nicht ganz erkalteter Sauce übergießen, glatt verstreichen. Mit Semmelbröseln bestreuen, mit Butterflocken belegen und im vorgeheizten Backrohr bei 250 °C ca. 12 Minuten backen. Sollte die Bräunung zu schwach sein, kurz extreme Oberhitze (Grillschlange) zuschalten.

- Backrohrtemperatur: 250 °C (bei Bedarf mit extremer Oberhitze bräunen)
- Backdauer: ca. 12 Minuten
- Tipp: Für Fisch-Gratin eignen sich auch Lachs, Kabeljau oder Angler.

## Zander mit Erdäpfelkruste

Zutaten

*600 g Zanderfilet, enthäutet, küchenfertig*
*120 g Zanderfilet, enthäutet, küchenfertig, für die Farce*
*1 dl Schlagobers*
*200 g Erdäpfel, klein, speckig, roh geschält*
*Butter zum Bestreichen*
*2 Knoblauchzehen, gepresst*
*Salz*
*Pfeffer, frisch gemahlen*
*Zitronensaft*
*Butterschmalz (oder Öl), zum Braten der Zanderfilets*

Zanderfilets in 4 Stücke schneiden, beidseitig mit Salz, Pfeffer und Zitronensaft würzen. Mit Knoblauch gut einreiben. Für die Farce gut gekühltes, klein geschnittenes Zanderfilet mit kaltem Obers im Kleinschneider zu einer sämigen Farce cuttern (mixen), mit Salz und Pfeffer würzen. Zanderfilets auf der ehemaligen Hautseite mit Farce bestreichen. Erdäpfel mit einer Aufschnittmaschine oder Gemüsehobel in ca. 2 mm dicke Scheiben schneiden, mit Küchenkrepp abtrocknen und schuppenartig (überlappend) auf die Fischfilets auflegen. Mit flüssiger Butter bestreichen und 15 Minuten in den Kühlschrank stellen. Butterschmalz in einer flachen Pfanne erhitzen, die Zanderfilets mit der Erdäpfelseite nach unten in die Pfanne legen, sehr langsam bräunend braten. Nach ca. 5 Minuten vorsichtig wenden, auf der Erdäpfelseite salzen und noch 3 Minuten, je nach Stärke der Filets, fertig braten.

- Bratdauer: 8–10 Minuten, je nach Stärke der Filets
- Beilagenempfehlung: Weißwein- oder Krensauce, Blatt- oder Gemüsesalate
- Tipp: Will man sich die Zubereitung der Farce ersparen, so bestreicht man die Filets an der ehemaligen Hautseite mit Eiklar und bestreut diese dicht mit fein geschnittenen, rohen, gut ausgedrückten Erdäpfelstreifen. Die weitere Zubereitung erfolgt wie oben beschrieben.

## Welsfilet mit pikantem Gurkenragout

Zutaten

*4 Welsfilets (Waller) mit Haut, à 150–180 g*
*300 g Salatgurke, geschält, entkernt*
*150 g Champignons*
*150 g Tomaten, geschält*
*100 g Zwiebeln*
*2 EL Ketchup*
*1 dl Weißwein, trocken*
*etwas Zitronensaft*
*3 EL Öl zum Braten*
*2 EL Öl für das Ragout*
*Salz*
*Pfeffer*
*Dillspitzen, gehackt*
*Mehl zum Bestauben*

Zwiebeln, Gurke und Tomaten in Würfel schneiden, Champignons in mundgerechte Stücke schneiden. Zwiebeln in heißem Öl hell anschwitzen, Gurkenwürfel beigeben, mit Salz und Pfeffer würzen, einige Minuten mitdünsten. Ketchup einrühren, mit Weißwein aufgießen und Gurkenwürfel kernig dünsten. Champignons beigeben, 2 Minuten dünsten, Tomatenwürfel und Dille untermengen, alles aufkochen, würzen. Haut der Welsfilets in regelmäßigen Abständen leicht einschneiden (ziselieren), mit Zitronensaft einreiben, mit Salz und Pfeffer kräftig würzen, Hautseite bemehlen, überschüssiges Mehl gut abschütteln, leicht andrücken. Öl in einer flachen Pfanne erhitzen, Filets mit der Hautseite nach oben einlegen, bräunen, wenden und kross (knusprig) fertig braten. Der Fisch soll innen noch leicht glasig sein. Gurkenragout auf Tellern anrichten, den Wels mit der Hautseite nach oben darauf setzen.

- Garungsdauer: Ragout ca. 10 Minuten, Wels 5–6 Minuten
- Beilagenempfehlung: Petersilerdäpfel, Tarhonya
- Tipp: Das Gurkenragout harmoniert auch mit Zander, Angler, Steinbutt oder Kabeljau ganz hervorragend.

## Lachsfilet mit Sauerampfercreme

Zutaten

*600 g Lachsfilet (Mittelstück), enthäutet, entgrätet*
*60 g Sauerampfer, entstielt*
*1 dl Weißwein, trocken*
*1 EL Noilly-Prat (Vermouth, trocken)*
*1 dl Fischfond (Suppe)*
*50 g Schalotten (oder Zwiebeln)*
*¼ l Schlagobers*
*50 g Butter*
*Salz, Pfeffer, frisch gemahlen*
*etwas Zitronensaft*
*Butter zum Braten*

Lachsfilet in 3 mm dicke Scheiben schneiden, dabei den Schnitt in einem Winkel von 45 ° führen, damit größere Filets entstehen. Lachsfilets beidseitig zart mit Salz und Pfeffer würzen. Weißwein, Noilly-Prat, Fischfond, fein geschnittene Schalotten reduzierend (bei großer Hitze) kochen, Obers beigeben, nochmals einkochen lassen, bis die Sauce eine sämige Konsistenz hat. Sauce mit dem Mixstab fein pürieren. Gewaschene, abgetrocknete Sauerampferblätter in feine Streifen schneiden, in die Sauce geben, 20 Sekunden kochen und in die dann nicht mehr kochende Sauce kleine, kalte Butterstücke einrühren. Mit Salz, Pfeffer und Zitronensaft würzen. Butter in zwei flachen beschichteten Pfannen schmelzen, alle Lachsfilets gleichzeitig einlegen, mäßig erhitzen, nach ca. 20–30 Sekunden wenden und noch einige Sekunden farblos auf den Punkt braten. Sauce auf heißen Tellern verteilen, die Lachsfilets darauf gruppieren.

- Bratdauer: weniger als 1 Minute
- Beilagenempfehlung: keine, man sollte diese Kreation ganz für sich selbst wirken lassen
- Tipps: Einfacher ist dieses Gericht zuzubereiten, wenn man statt der vielen kleinen Filets nur vier schöne Lachsmittelstücke oder Lachsforellenfilets saftig brät und diese dann auf der Sauce anrichtet.
  Dieses Rezept lehnt sich an den großen Klassiker »Escalope de saumon à l'oseille« der Brüder Troisgros an. Damit es auch wirklich gelingt, ist es wichtig, dass die dünnen Lachsfilets in einer beschichteten Pfanne genau auf den Punkt gebraten werden, da sie sonst schnell austrocknen.

# Sardinen mit Ricottafülle

Zutaten

*1 kg Sardinen, frisch, mit Kopf*
*100 g Ricotta (oder Hüttenkäse)*
*50 g Weißbrot, getrocknet, entrindet und gerieben (oder Semmelbrösel)*
*1 Eidotter*
*1 Ei*
*30 g Butter*
*60 g Sauerrahm*
*1 EL Parmesan, gerieben*
*1 EL Pecorino, gerieben (oder anderer Schafkäse zum Reiben)*
*Salz*
*Pfeffer, frisch gemahlen*
*etwas Zitronensaft*
*2 Knoblauchzehen, gepresst*
*2 EL Basilikum, grob gehackt*
*4 EL Pinienkerne, grob gehackt*
*Olivenöl zum Bestreichen*

Sardinen am Bauch öffnen, Eingeweide herausziehen, Kopf mit Rückgrat abziehen, waschen und abtrocknen. Sardinen mit Salz, Pfeffer und Zitronensaft marinieren. Handwarme Butter mit Eidotter verrühren, Sauerrahm und Ricotta untermengen. Weißbrotbrösel und Parmesan sowie Pecorino einmengen, verschlagenes Ei, Basilikum, Knoblauch, Salz und Pfeffer einrühren. Masse 1 Stunde im Kühlschrank ziehen lassen, in die Bauchhöhlen der Sardinen füllen. Sardinen in eine mit Olivenöl ausgestrichene Form legen, mit Olivenöl bestreichen, mit Pinienkernen bestreuen und nochmals mit Salz würzen. Im vorgeheizten Backrohr bei 200 °C ca. 15–20 Minuten braten.

- Backrohrtemperatur: 200 °C
- Backdauer: 12–15 Minuten, je nach Größe der Fische
- Beilagenempfehlung: knuspriges Baguette
- Tipp: Mit der gleichen Fülle kann man auch größere Fische wie Dorade oder Branzino füllen.

# Gedämpfter Kabeljau mit Senfsauce

Zutaten

*800 g Kabeljaufilet*
*1 EL Zitronensaft*
*Salz*
*Pfeffer, frisch gemahlen*
*Öl (oder Butter), zum Bestreichen*
*etwas Thymian, frisch (oder getrocknet)*

*Für die Sauce:*
*50 g Schalotten (oder Zwiebeln)*
*30 g Butter*
*3 TL Dijonsenf*
*1 EL Noilly-Prat (Vermouth)*
*1/16 l Weißwein*
*2 dl Schlagobers*
*2 dl Fischfond (oder Suppe)*
*20 g Butter zum Montieren*

Für die Sauce zunächst Butter in einer Kasserolle schmelzen, fein geschnittene Schalotten glasig anschwitzen, mit Weißwein ablöschen, einkochen lassen, Fischfond beigeben, 5 Minuten kochen, mit Obers aufgießen und zu sämiger Konsistenz einkochen. Mit Noilly-Prat und Senf abrunden. Sauce mixen und aufkochen, kalte Butterstücke in die Sauce einrühren, aber nicht mehr kochen.
Währenddessen Kabeljaufilets in 4 oder 8 Stücke teilen, mit Zitronensaft einreiben, beidseitig mit Salz und Pfeffer würzen. Einen Dämpfuntersatz einige Zentimeter hoch mit Wasser füllen, zum Kochen bringen. Filets mit ehemaliger Hautseite nach oben in den kalten, zart mit Öl oder Butter bestrichenen Dämpfeinsatz legen, jedes Filet mit etwas Thymian belegen und zugedeckt, je nach Stärke der Filets ca. 6–8 Minuten dämpfen. Thymian entfernen, fertige Sauce auf vorgewärmte Teller eingießen, den Kabeljau darauf anrichten.

- Dämpfdauer: ca. 6–8 Minuten, je nach Stärke der Filets
- Beilagenempfehlung: Petersil- oder Salzerdäpfel, glacierte zarte Gemüse
- Tipps: Die Filets dürfen keinesfalls zu lange gedämpft werden, nur so bleibt das Innere glasig und die Fleischschichten lösen sich wie von selbst. Wenn Sie das Glück haben, über Meaux-Senf zu verfügen, so ersetzen Sie den Dijonsenf durch diesen – die Sauce wird noch harmonischer.

## Scholle mit Duxelles-Sauce

Zutaten
*4 Schollen im Ganzen (küchenfertig)*
*oder 700 g Schollenfilets*
*5 EL Öl (oder Butterschmalz), zum Braten*
*1 Ei*
*Mehl, glatt, zum Wenden*
*Zitronensaft*
*Salz*
*Pfeffer, frisch gemahlen*
*Petersilie zum Bestreuen*

*Für die Sauce:*
*80 g Schalotten (oder Zwiebeln)*
*40 g Butter*
*200 g Champignons, geputzt, gewaschen*
*2 EL Petersilie, gehackt*
*3 EL Noilly-Prat (Vermouth)*
*1 dl Weißwein*
*2 dl Schlagobers*
*1/8 l Fischfond (oder Suppe)*
*20 g Butter zum Montieren der Sauce*

Für die Sauce Butter in einer Kasserolle schmelzen, fein geschnittene Schalotten glasig anschwitzen, mit Weißwein ablöschen, reduzierend einkochen (bei großer Hitze), Fischfond beigeben, 5 Minuten kochen. Mit Obers aufgießen, zu sämiger Konsistenz kochen, Noilly-Prat und sehr fein gehackte Champignons beifügen. Abermals Sauce einige Minuten reduzierend kochen, Petersilie zugeben, zum Montieren kalte Butterstücke einrühren, aber nicht mehr kochen. Inzwischen Schollen mit Zitronensaft einreiben, beidseitig salzen, pfeffern, in Mehl wenden, überschüssiges Mehl abschütteln, zart andrücken und beidseitig zart mit Ei bestreichen. Öl oder Butterschmalz in einer beschichteten Pfanne erhitzen, die Schollen einlegen, braun anbraten, wenden, fertig braten. Die Schollen auf vorgewärmten Tellern anrichten, mit heißer Sauce übergießen oder umranden und mit gehackter Petersilie bestreuen.

- Bratdauer: Scholle im Ganzen, je nach Größe ca. 7–10 Minuten, Filets ca. 3–4 Minuten
- Beilagenempfehlung: gedämpfte oder Petersilerdäpfel, Taglierini oder Gnocchi
- Tipps: Die Scholle sollte keinesfalls zu lange gebraten werden, da sie sonst matschig wird und zerfällt.
  Duxelles-Sauce passt auch zu Seezunge, Steinbutt, Zander und Seeteufel ganz hervorragend.

## Seezungenroulade mit geräuchertem Lachs

Zutaten
*4 Schollen im Ganzen (küchenfertig)*
*oder 700 g Schollenfilets*
*5 EL Öl (oder Butterschmalz), zum Braten*
*1 Ei*
*Mehl, glatt, zum Wenden*
*Zitronensaft*
*Salz*
*Pfeffer, frisch gemahlen*
*Petersilie zum Bestreuen*

*Für die Sauce:*
*80 g Schalotten (oder Zwiebeln)*
*40 g Butter*
*200 g Champignons, geputzt, gewaschen*
*2 EL Petersilie, gehackt*
*3 EL Noilly-Prat (Vermouth)*
*1 dl Weißwein*
*2 dl Schlagobers*
*1/8 l Fischfond (oder Suppe)*
*20 g Butter zum Montieren der Sauce*

Seezungenfilets beidseitig mit Salz, Pfeffer und Zitronensaft würzen. Klein geschnittenes, gut gekühltes Zanderfilet mit kaltem Obers und Eiklar zu einer sämigen Farce cuttern (mixen), mit Salz und Pfeffer würzen. Filets eng nebeneinander mit ehemaliger Hautseite nach oben auf eine Klarsichtfolie legen. Gesamte Fläche mit Fischfarce bestreichen, mit Dille bestreuen und Räucherlachs darauf legen. Nun mit Hilfe der Folie (Anheben wie bei einem Strudel) die bestrichenen Filets rouladenartig einrollen, ohne die Folie mit zu rollen. Alufolie in mindestens drei Lagen übereinander auflegen, die oberste mit zerlassener Butter einstreichen, die Roulade darauf legen, straff einrollen, die Enden gut verschließen. Roulade auf ein bereits erwärmtes Backblech legen, ca. ½ Liter heißes Wasser untergießen. Im auf 180 °C vortemperierten Backrohr ca. 10–12 Minuten garen. Anschließend aus der Folie rollen und in 2 cm dicke Scheiben schneiden.

- Backrohrtemperatur: 180 °C
- Garungsdauer: 10–12 Minuten
- Beilagenempfehlung: Weißwein- oder Krensauce, Grünspargel, glacierte Kirschtomaten, Basmati- oder Wildreis
- Tipp: Statt mit Dille kann die Farce auch mit anderen Kräutern, zum Beispiel Kerbel, Estragon, Sauerampfer oder Basilikum, geschmacklich abgerundet werden.

## Heringe mit Dill-Tomaten

Zutaten

*1 kg Grüne Heringe, filetiert, ohne Kopf*
*150 g Zwiebeln, fein geschnitten*
*250 g Tomaten, geschält, entkernt, gewürfelt*
*200 g Ketchup*
*1 EL Tomatenmark*
*3 EL Dillspitzen, gehackt*
*1/16 l Weißwein*
*8 cl Olivenöl*
*Spritzer Essig*
*Salz, Pfeffer, frisch gemahlen*

Heringsfilets locker zueinander falten, in eine leicht geölte Auflaufform mit der Haut nach außen dachziegelartig (überlappend) einlegen. Alle restlichen Zutaten vermengen, würzig abschmecken und über die Heringe verteilen. Die Auflaufschüssel in das auf 150 °C vorgeheizte Backrohr stellen und ca. 20 Minuten zugedeckt gut dünsten. Anschließend leicht überkühlen lassen und zimmertemperiert servieren.

- Backrohrtemperatur: 150 °C
- Garungsdauer: 20 Minuten
- Beilagenempfehlung: Reis, Salzerdäpfel oder knuspriges Weißbrot
- Tipps: Die schwer erhältlichen Grünen Heringe kann man auch durch Saibling, Forelle oder Zander ersetzen.
  Dieses Gericht wird zwar in der Regel kalt serviert, kann aber auch warm oder lauwarm genossen werden.

## *»Die zehn Frischfisch-Gebote«*

1. Kaufen Sie montags und dienstags möglichst keine Meeresfische ein. Sie sind aufgrund der Transportsituation kaum jemals wirklich frisch.

2. Achten Sie beim Einkauf in erster Linie auf den Geruch. Bei Meeres- wie auch bei Süßwasserfischen gilt die Maxime: Fisch darf nicht »fischeln«.

3. Fangfrische Fische haben einen feinen, frischen Geruch, klare Augen, rote Kiemen (hier wird durch Einfärben bereits getrickst), Schleim ist noch reichlich vorhanden. Frische Fische erkennt man an einem metallischen Schimmer. Glanzlose, matte Fische, die bei Tageslicht keinerlei Reflexe zeigen, haben das Meer mit Sicherheit schon lange nicht mehr gesehen.

4. Achten Sie auf die Schuppen. Sie lassen sich bei einem frischen Fisch niemals mit der Hand abstreifen und fallen durch einen zarten, seidigen Glanz auch optisch angenehm ins Auge.

5. Seefische, deren Haut Falten wirft, haben eine (zu) lange Reise hinter sich und sind, zumindest was die Lagerung betrifft, Senioren. Nur wenn die Haut so straff sitzt wie nach einem Lifting, ist der Fisch frisch.

6. Auch wenn sie unter Wasser so wirken, so sind Fische in Wahrheit selten grau. Jede Spezies hat ihre unverwechselbare Farbschattierung. Wo Sie keinerlei Farbpigmente erkennen, sehen Sie vom Kauf besser ab.

7. Ein besonders wichtiger Indikator für die Frische eines Fisches sind seine Augen. Wirken sie gebrochen, glasig, flach und glanzlos oder haben gar bereits einen beigen Farbton angenommen, so lassen Sie den Fisch lieber in der Vitrine weiter vor sich hin gammeln.

8. Schauen Sie dem Fisch in die Kiemen und prüfen Sie, ob diese hellfarbig, glänzend und feucht sind. Ein Fisch mit ausgetrockneten, grauen Kiemen macht auch am Gaumen keine Freude.

9. Bitten Sie Ihren Fischhändler um eine Druckprobe. Die Delle, die nach einem festen Daumendruck entsteht, muss in Sekundenschnelle wieder verschwunden sein. Bleibt sie länger sichtbar, ist der Fisch alt.

10. Achten Sie darauf, wie Ihr Fischhändler die Ware lagert. Eine Vitrine mit viel Eis ist in jedem Fall ein gutes Zeichen. Fische, die nur auf Alufolie, in Holzkisten oder gar auf dem bloßen Vitrinenboden gelagert werden, sollten Sie Ihrem Händler lieber zum häuslichen Verzehr überlassen.

# Branzino mit Basilikum-Tomaten-Vinaigrette

Zutaten

*700 g Branzinofilets (Wolfsbarsch), küchenfertig*
*1 EL Zitronensaft*
*1 EL Olivenöl*
*Salz*
*Pfeffer, weiß, gemahlen*
*Öl zum Braten*

*Für die Vinaigrette:*
*140 g Tomaten, geschält, entkernt*
*5 EL Olivenöl extra vergine*
*1 EL Zitronensaft*
*1 EL Weinessig*
*3 EL Basilikum, geschnitten*
*Salz, Pfeffer, frisch gemahlen*

Für die Vinaigrette zunächst Öl mit Zitronensaft und Essig gut verrühren, geschnittenes Basilikum und klein gewürfelte Tomaten beigeben, mit Salz und Pfeffer würzen. Branzinofilets an der Hautseite in regelmäßigen Abständen zart einschneiden (ziselieren). Filets je nach Größe portionieren, mit Olivenöl, Zitronensaft, Salz und Pfeffer marinieren. Öl in einer flachen beschichteten Pfanne erhitzen, Filets mit der Hautseite nach oben einlegen, braten, nach einigen Minuten wenden und bei kräftiger Hitze fertig braten. Die Haut soll kross (knusprig), das Fischfleisch innen glasig sein. Filets aus der Pfanne heben und auf vorgewärmten Tellern anrichten. Die leicht erwärmte Vinaigrette gesondert servieren und erst bei Tisch über den Fisch träufeln.

- Bratdauer: je nach Stärke der Filets 4–8 Minuten
- Beilagenempfehlung: Artischocken, Fenchel, Melanzani oder Zucchini sowie italienische Blattsalate
- Tipp: Wenn Sie die Hautseite der Filets vorher in Mehl wälzen, überschüssiges Mehl abklopfen und dann leicht andrücken, dann werden die Filets noch knuspriger.

# Thunfischscheiben mit Sesam gebraten

Zutaten

*600 g Thunfischfilet, frisch (Sushi-Qualität)*
*5 EL Sesamkörner*
*1 TL Englisches Senfpulver (ersatzweise Dijon- oder Estragonsenf)*
*2 Eidotter*
*Sojasauce*
*Salz*
*Pfeffer, schwarz, frisch gemahlen*
*Sesamöl zum Braten*

Thunfischfilet in dünne Scheiben schneiden, salzen, pfeffern und mit Sojasauce bestreichen. Eidotter und Senfpulver verrühren, die Thunfischscheiben damit zart bestreichen und mit Sesam bestreuen. Öl in einer flachen beschichteten Pfanne erhitzen. Die Thunfischscheiben mit der mit Sesam bestreuten Seite nach unten einlegen, braun anbraten, wenden, kurz braten und aus der Pfanne heben. Die Scheiben sollen innen noch rosa, also nicht durchgebraten sein.

- Bratdauer: 1–2 Minuten, je nach Stärke der Scheiben
- Beilagenempfehlung: Wokgemüse oder marinierter Rucola
- Tipp: Noch aparter schmeckt dieses Gericht mit schwarzem Sesam, den man in Asia-Shops kaufen kann.

# Geräucherte Forelle

Zutaten

*4 Forellen (oder Saiblinge) à 250 g, ausgenommen, gewaschen*
*Räuchermehl*

*Für die Lake:*
*1 l Wasser*
*80 g Salz*
*20 g Zucker, braun*
*2 Lorbeerblätter*
*8 Wacholderbeeren, angedrückt*
*10 Pfefferkörner*
*1 EL Senfkörner*
*Dillkraut (oder -stengeln), grob gehackt*

Für die Lake alle Zutaten vermischen, aufkochen und wieder erkalten lassen. Die ganzen Fische in die Lake legen, so dass diese zur Gänze bedeckt sind, und etwa 10 Stunden marinieren. Aus der Lake heben, mit kaltem Wasser abspülen und mit Küchenkrepp abtrocknen. Räuchermehl in die Bodenvertiefung einstreuen, Abdeckung darüber legen und Rost einsetzen. Fische darauf legen, ohne dass sie mit dem Ofenrand in Berührung kommen, Deckel aufsetzen. Brenner anzünden, die Fische 25 Minuten räuchern, Deckel abnehmen und geräucherte Fische aus der Wanne heben.

- Räucherdauer: 20–25 Minuten
- Tipps: Zum Räuchern eignen sich Hering, Dorade, Aal, portionierte Stücke vom Seeteufel, Lachs, aber auch Hühner- oder Putenbrust, Kalbsbries, angebratene Schweinskoteletts oder Würste.
  Räuchermehl wird aus verschiedenen Hölzern wie Buche, Erle oder Eiche angeboten. Durch die Beimischung von Wacholder, Rosmarin oder Kräutern der Provence ergeben sich zusätzliche Geschmacks- und Duftkomponenten.

# »Selber Räuchern ist gar nicht so schwer«

*Man braucht dafür weder eine Rauchkuchl noch eine Selch, sondern lediglich eine kleine Räucherwanne mit Rost, Deckel und Brenner (Cormoran-Räucherofen), den man auch beim Campieren im Freien verwenden kann. Solche Geräte werden, ebenso wie das dazugehörige Räuchermehl, in Geschäften für Anglerbedarf angeboten. Wer sich die Kosten ersparen will, kann das Räuchermehl allerdings ebenso gut in einen ausgedienten großen Topf streuen, einen Rost oder Dämpfeinsatz hineinlegen und die marinierten Fische bei verschlossenem Deckel auf dem heißen Herd räuchern. Das dauert etwa 20–25 Minuten, und schon sind die Fische servierbereit.*
*Zum Heißräuchern (das Kalträuchern bleibt nach wie vor den Profis vorbehalten) eignen sich unter den Süßwasserfischen vor allem Forelle, Saibling, Aal, Lachs und Wels. Sehr gut geeignet sind aber auch Meeresfische wie Hering, Dorade, Seeteufel (in portionierten Stücken). Außer Fischen lassen sich im Räucheröfchen auch mit Hühner- oder Putenbrust, Kalbsbries, kurz angenbratenen Schweinskoteletts oder Würsten hervorragende Erfolge erzielen.*

## Forellen räuchern

1. *Die ausgenommenen Fische (Forellen oder Saiblinge) zur Gänze mit der vorbereiteten, erkalteten Marinade bedecken und etwa 10 Stunden marinieren. Fische aus der Lake heben, mit kaltem Wasser abspülen und mit Küchenkrepp abtrocknen. Brenner in den Räucherofen einsetzen. Räuchermehl in die Bodenvertiefung der Räucherwanne einstreuen, Abdeckung darüber legen.*
2. *Räucherwanne auf den Brennuntersatz stellen.*

3./4. *Rost einsetzen, Fische darauf legen, ohne dass sie mit dem Ofenrand in Berührung kommen. Deckel aufsetzen, Brenner anzünden und die Fische 25 Minuten räuchern.*

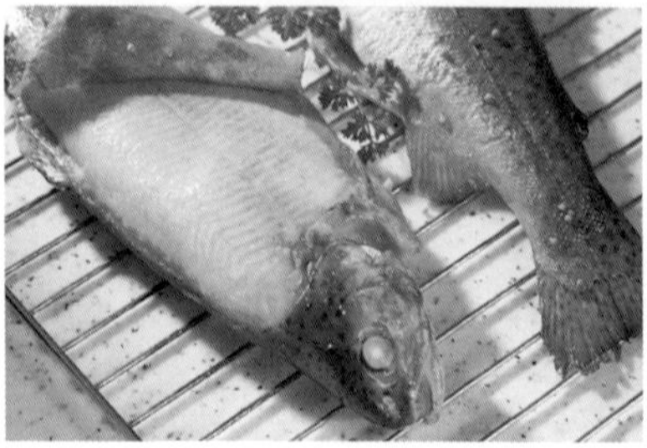

# Wok, Tempura & Dim Sum

## Verführung made in Asia

*Keine andere Küche der Welt hat in den letzten zwei Jahrzehnten einen ähnlich weltweiten Boom erlebt wie die asiatische. Und da die Globalisierung auch in kulinarischer Hinsicht munter voranschreitet, ist es heute weniger denn je ein Problem, zu den oft etwas ausgefallenen Grundzutaten dieser hocharomatischen, würzigen und vor allem sehr gesunden Küche zu kommen. Asia-Shops gibt es heute fast überall, und Sojasauce, Koriander & Co. werden schon in jedem besseren Supermarkt angeboten.*

## Wan-Tan-Teig zum Dämpfen

Zutaten für
40–50 Stück

*280 g Mehl, glatt (Typ W 480)*
*2 EL Maizena (40 g)*
*¼ l Wasser*
*Mehl für die Arbeitsfläche*

Mehl mit 1 EL Maizena versieben, in eine Schüssel geben. Wasser aufkochen, unter das Mehl mischen, mit einem feuchten Tuch abdecken und erkalten lassen. Auf einer bemehlten Arbeitsfläche unter Zugabe des restlichen Maizenas zu einem sehr glatten Teig verkneten, abdecken, 20 Minuten rasten lassen, dann ca. 2 mm stark ausrollen und Kreise mit ca. 8 cm Durchmesser ausstechen. Mit Frischhaltefolie abdecken und für die Weiterverarbeitung bereithalten.

## Wan-Tan-Teig zum Frittieren

Zutaten für ca. 60 Stück

*400 g Mehl, glatt*
*100 g Maizena*
*5 Eier, 3-4 cl Wasser*
*Mehl für die Arbeitsfläche*

Alle Zutaten miteinander vermischen und zu einem geschmeidigen Teig verarbeiten. Teig 30 Minuten zugedeckt rasten lassen und auf einer bemehlten Unterlage mit bemehltem Rollholz (Nudelwalker) haudünn ausrollen. In 10 cm x 10 cm große Quadrate teilen, bis zur Weiterverarbeitung mit einer Klarsichtfolie oder einem feuchten Tuch abdecken.

## *»Ist er Koch oder Arzt?«*

*So beginnt ein bekanntes chinesisches Gedicht. »Ist dies eine Apotheke oder ein Restaurant«, heißt es weiter. »Köstliche Gerichte verbannen Tabletten und Pillen. Nahrhafte Speisen sind das Mittel gegen alle Leiden.« Wesentlich mehr als die europäische Küche ist die asiatische eine gesundheitsbewusste. Wohlgeschmack ist zwar erwünscht, Zuträglichkeit und Harmonie der »kalten« Zutaten des Yin (z.B. Salat, Fisch, Tee) und der »heißen« Elemente des Yang (z.B. Fleisch, Chili, Ingwer) sind jedoch viel wichtiger.*

# Wan Tan mit Geflügelfülle

Zutaten für 40 Stück

*20 Wan-Tan-Teigblätter (Wan-Tan-Teig zum Frittieren,* *s. S. 193**, oder fertig gekauft)*
*200 g Hühnerkeulen, ausgelöst, ohne Haut*
*80 g Frühlingszwiebeln, fein gehackt*
*80 g Sojakeime*
*1 EL Sojasauce*
*1 Chilischote, entkernt*
*1 EL Ingwerwurzel, frisch gerieben*
*Salz, Szechuanpfeffer, gestoßen*
*1 EL Sesamöl*
*1 EL Weizenmehl, glatt*
*Pflanzenöl zum Backen*

Gehackte Frühlingszwiebeln und grob geschnittene Sojakeime in heißem Sesamöl anrösten, mit Sojasauce ablöschen, erkalten lassen. Hühnerfleisch sehr fein hacken oder faschieren, Ingwer, Zwiebelmischung, fein gehackte Chilischote, Salz und Pfeffer untermengen. Wan-Tan-Teigblätter in der Größe von ca. 10 cm x 10 cm aufbreiten und schräg halbieren. In der Mitte jedes Blattes 1 TL Fülle platzieren. Mehl mit etwas Wasser zu einem dicken Brei vermischen, Teigränder damit zart bestreichen, die Teigblätter zueinander falten und Ränder gut zusammendrücken. Linken und rechten Zipfel zueinander ziehen, mit etwas Mehlbrei bestreichen und mit Druck verschließen. In ausreichend viel heißem Öl ca. 3–4 Minuten frittieren, aus dem Öl heben und gut abtropfen lassen.

- Öltemperatur: 180 °C
- Garungsdauer: 3–4 Minuten
- Beilagenempfehlung: asiatische Dip-Saucen
- Tipps: Die Füllungen können beliebig verändert werden. Zutaten wie Fischfilet, Enten- oder Schweinefleisch, Garnelen, Bambussprossen oder Wasserkastanien bieten Möglichkeiten zur Abwechslung.
  Diese Wan Tans können selbstverständlich auch gedämpft werden. Dafür setzt man sie auf einen Bambusdämpfer (oder ähnlichen Dämpfeinsatz) und gart sie etwa 4–5 Minuten zugedeckt über siedendem Wasser.

# Gedämpfte Schweinefleisch-Dim-Sum

Zutaten für 30 Knöderl

*Für den Teig:*
*150 g Mehl, glatt (Typ W 480)*
*½ Päckchen Backpulver*
*1 TL Kristallzucker*
*6 cl Milch*
*5 cl Wasser*
*1 TL Öl (geschmacksneutral)*

*Für die Fülle:*
*300 g Schweinsschulter, faschiert*
*1 EL Rote-Bohnen-Paste aus der Dose*
*1 EL Korianderblätter, gehackt*
*80 g Frühlingszwiebeln, gehackt*
*80 g Bambussprossen, gehackt*
*1 TL Ingwer, frisch gerieben*
*1 EL Sesamöl*
*Prise Zucker*
*1 EL Sojasauce*
*Salz*
*Mehl für die Arbeitsfläche*
*Öl (oder Wasser), zum Bestreichen des Dämpfeinsatzes*

Für den Teig Mehl und Backpulver versieben, mit Milch, Wasser, Zucker und Öl vermengen, zu einem glatten Teig verarbeiten, zu einer Kugel formen und zugedeckt kühl rasten lassen. Fein faschiertes Fleisch mit Bohnenpaste, Koriander, Frühlingszwiebeln, Bambussprossen, Ingwer, Sesamöl, Sojasauce, Salz und Zucker vermengen. Teig auf einer bemehlten Arbeitsfläche zu einer Rolle formen, in 30 Stücke teilen. Jedes Stück zu einer Kugel formen, platt drücken und mit dem Daumen zu einer Schale formen. Aus der Fleischmasse 30 gleichmäßige Kugeln formen, in die Teigstücke setzen, den Teig nach oben ziehen und mit einer Drehung verschließen. Die Unterseite durch Druck etwas abflachen, damit die Knöderl gerade stehen bleiben. Dämpfeinsatz mit Öl oder Wasser bestreichen, Knödel einschichten. Dämpfuntersatz (Wok oder Dämpfer) zu einem Viertel mit Wasser füllen, Dämpfeinsatz einsetzen und zudecken. Dämpfwasser aufkochen und ca. 10 Minuten dämpfen.

- Garungsdauer: ca. 10 Minuten
- Beilagenempfehlung: asiatische Dip-Saucen, Sojasauce
- Tipp: Legen Sie den Bambusdämpfer mit Pak-Choi oder Chinakohlblättern aus, dann geraten die Dim-Sum besonders aromatisch und saftig.

# Frühlingsrollen mit Gemüsefülle

Zutaten für 8 Rollen

*8 Frühlingsrollenblätter*
*(im Asia-Shop erhältlich)*
*250 g Chinakohl, geputzt*
*8 g Mu-err-Morcheln*
*100 g Karotten, geschält*
*150 g Tofu*
*150 g Sojakeime*
*5 EL Ingwer, mariniert*
*Sojasauce (Ketjap Manis)*
*Salz*
*Sesamöl*
*4 EL Korianderblätter, gehackt*
*Eiklar zum Bestreichen*
*Pflanzenöl zum Frittieren (Backen)*

Morcheln gut waschen, 2 Stunden in kaltem Wasser quellen lassen. In Salzwasser 5 Minuten kochen, abfrischen, gut ausdrücken und in Streifen schneiden. Karotten in sehr feine Streifen, Chinakohl in etwas gröbere Streifen, Tofu in kleine Würfel schneiden. Sesamöl in einem Wok oder einer Pfanne stark erhitzen, Tofu anbraten, aus der Pfanne heben. Im verbleibenden Öl Chinakohl, Karotten und Sojakeime knackig rösten, mit etwas Sojasauce ablöschen. Pilze, marinierten Ingwer sowie Koriander unterrühren, mit Salz würzen. Tofuwürfel wieder untermengen, überkühlen lassen. Teigblätter aufbreiten, in die Mitte jeweils 2–3 EL Gemüsemasse platzieren. Teig an den Rändern mit verschlagenem Eiklar bepinseln, eine Ecke einschlagen, dann die beiden anderen darüber schlagen und die Hülle zur letzten Ecke hin aufrollen. In ausreichend viel heißem Öl knusprig und goldbraun frittieren. Aus dem Öl heben, auf einen Rost legen und mit Küchenkrepp abtupfen.

- Öltemperatur: 180 °C
- Garungsdauer: 4–5 Minuten
- Beilagenempfehlung: Sojasauce sowie asiatische Dip-Saucen
- Tipp: Opulenter gerät die Fülle, wenn man zusätzlich noch etwas geröstete Hühnerbrust- oder Schweinefleischstreifen untermengt.

# Tempura-Teig

Zutaten

*120 g Mehl, glatt*
*120 g Maizena*
*¼ l Soda (oder Mineralwasser), eiskalt*
*Salz*

Mehl und Maizena mit Salz und Wasser glatt rühren und mindestens 1 Stunde kalt rasten lassen.

# Gemüse-Tempura

Zutaten für
4–6 Portionen

*100 g Erbsenschoten, geputzt*
*100 g Grünspargel, geputzt*
*100 g Mini-Maiskölbchen, frisch*
*100 g Paprikaschote, rot, entstielt, entkernt*
*100 g Broccoliröschen*
*100 g Zucchini (oder Melanzani)*
*100 g Frühlingszwiebeln, halbiert*
*100 g Austernpilze*
*Salz*
*Tempura-Teig (s. 196)*
*Öl zum Backen*

Erbsenschoten, Broccoli, Frühlingszwiebeln, Maiskölbchen und Grünspargel in kochendem Salzwasser sehr knackig überkochen. In Eiswasser abfrischen, abseihen, abtropfen lassen und salzen. Zucchini oder Melanzani ungeschält in dünne Scheiben, Austernpilze, Paprikaschoten in dicke Streifen schneiden, salzen. Frühlingszwiebeln der Länge nach halbieren. Das Gemüse durch den Tempura-Teig ziehen. In ausreichend viel heißem Öl ca. 3 Minuten knusprig backen, auf einem Rost abtropfen lassen.

- Öltemperatur: 180 °C
- Backdauer: 3–4 Minuten
- Beilagenempfehlung: Dip-Saucen
- Tipps: Frittieren Sie nicht zu viel Gemüse auf einmal, da sonst die Stücke aneinander kleben bleiben. Wenn man das Gemüse zuerst in etwas Mehl und dann erst in den Teig taucht, bleibt dieser besser haften.

# Garnelenschwänze in Tempura-Teig

Zutaten

*600 g Riesengarnelen*
*(empfohlene Sortierung 8/12)*
*Szechuanpfeffer*
*Zitronensaft (oder Zitronengras-Sirup)*
*Soja- (oder Teriyaki)sauce*
*2 EL Mehl, glatt, zum Wenden*
*Tempura-Teig (s. 196)*
*Öl zum Backen*

Garnelen bis zu den Schwanzflossen schälen, diese sollen am Körper haften bleiben. Schwanz so halbieren, dass er auseinander geklappt werden kann, aber nicht völlig durchgeschnitten ist (Butterfly-Schnitt), oder im Ganzen belassen, Darm entfernen. Soja- oder Teriyakisauce mit Zitronensaft oder Zitronengras-Sirup und Szechuanpfeffer vermengen und Garnelen damit gut einstreichen, 1 Stunde kühl marinieren. Garnelenschwänze in Mehl wenden, einzeln in Tempura-Teig tauchen, abtropfen lassen und in ausreichend viel heißem Öl ca. 2–3 Minuten knusprig backen, auf einem Rost abtropfen lassen.

- Öltemperatur: 180 °C
- Backdauer: 2–3 Minuten
- Beilagenempfehlung: Soja- oder Orangen-Sesam-Dip
- Tipp: Auf die gleiche Weise kann man marinierte, halbierte Jakobsmuscheln, Tintenfischringe, Fischstreifen (Zander, Hecht, Wels) oder Geflügelbruststreifen zubereiten.

## Turkey-Tempura am Spiess

Zutaten für
16 kleine Spiesse

*400 g Putenbrust (Turkey), ausgelöst, ohne Haut*
*2 Mangos, geschält, ohne Kern*
*150 g Austernpilze*
*1 Zucchini, nicht zu groß*
*Salz, 1 EL Sojasauce*
*ca. 2 EL Kokosraspel*
*Tempura-Teig (s. S. 196)*
*Mehl zum Wenden*
*Öl zum Backen*

Putenbrust in ca. 2 cm x 2 cm große Würfel schneiden, mit Sojasauce vermengen und kühl marinieren lassen. Ungeschälte Zucchini in Scheiben, Austernpilze und Mangos in 2 cm x 2 cm große Stücke schneiden. Mangostücke in Kokosflocken wälzen, Zucchini und Austernpilze salzen, Pute nur wenig salzen. Putenfleisch, Zucchini, Mangos und Austernpilze abwechselnd auf Holzspieße stecken. Spieße in Mehl wenden, gut abschütteln, einzeln in Tempura-Teig tauchen, abtropfen lassen und in ausreichend viel heißem Öl ca. 3–4 Minuten knusprig backen, auf einem Rost abtropfen lassen.

- Öltemperatur: 180 °C
- Backdauer: 3–4 Minuten
- Beilagenempfehlung: diverse Dip-Saucen
- Tipp: Kombinieren Sie zur Abwechslung einmal auch Jakobsmuscheln, Garnelen, Fischstücke, Schweinsfilet und diverse Gemüsesorten ganz nach Lust und Laune miteinander.

# Gebratene Reisnudeln mit Gemüse und Pilzen

Zutaten

*250 g Reisnudeln, breit*
*100 g Karotten, geschält*
*½ Paprikaschote, rot, entstielt, entkernt*
*80 g Shiitake-Pilze, entstielt*
*8 g Mu-err-Pilze, getrocknet*
*80 g Sojasprossen*
*150 g Pak-Choi (Japankohl) oder Chinakohl, geputzt*
*1 Chilischote, geputzt, fein gehackt*
*3 EL Sojasauce*
*1/16 l Reiswein (oder neutrale Suppe)*
*½ TL Maizena*
*Salz, Pfeffer, frisch gemahlen*
*4 EL Erdnuss- (oder Pflanzen)öl zum Braten*

Reisnudeln in kochendem Salzwasser kernig kochen, abseihen, kalt abschwemmen und gut abtropfen lassen. Mu-err-Pilze 20 Minuten in 1 Liter lauwarmem Wasser einweichen, dann abseihen und beliebig schneiden. Pak-Choi-Blätter oder Chinakohl sowie Paprika in Streifen, Karotten in 2 mm dicke Scheiben schneiden. In einen Wok oder eine beschichtete Pfanne Öl

einfließen lassen, stark erhitzen, Nudeln darin unter ständigem Rühren ca. 2 Minuten braten, herausheben. Gemüse, Chilischote, Sojasprossen und Pilze in den Wok geben, ebenfalls ca. 4 Minuten rösten, Pak-Choi einmengen, mit Salz und Pfeffer würzen, etwa 2 Minuten weiterrösten, aus der Pfanne heben. Maizena mit Reiswein oder kalter Suppe und Sojasauce anrühren, im Wok aufkochen, bis die Flüssigkeit glasig ist. Nun alle Zutaten wieder in den Wok geben und alles gemeinsam nochmals kurz erhitzen.

- Bratdauer: ca. 6–8 Minuten
- Tipp: Nicht ganz so vegetarisch schmecken die gebratenen Reisnudeln, wenn man im Wok gebratene Garnelen, Jakobsmuscheln, Geflügel-, Rindfleisch- oder Schweinefleischstreifen einmengt.

## Frittierte Glasnudeln

Zutaten

*20 g Glasnudeln, roh*
*Öl zum Frittieren*
*Salz*

Reichlich Öl in einem Wok oder einer geeigneten Kasserolle erhitzen, wenig Glasnudeln ins Öl geben, nach dem ersten Aufzischen wenden, aus dem Öl heben und auf Küchenkrepp gut abtropfen lassen, salzen. Den Vorgang so lange wiederholen, bis die Nudeln aufgebraucht sind.

- Öltemperatur: ca. 180 °C
- Garungsdauer: 4–6 Sekunden
- Tipp: Da Glasnudeln, ähnlich wie Popcorn, durch das rasche Erhitzen im Öl an Volumen gewinnen und sehr »krisp« werden, eignen sie sich nicht nur als Beilage und Dekor zu vielen asiatischen Gerichten, sondern auch ideal als kleine Näscherei zum Aperitif oder für zwischendurch.

## Wok-Gemüse

Zutaten

*150 g Zucchini*
*100 g Broccoliröschen, geputzt*
*100 g Erbsenschoten, geputzt*
*150 g Shiitake-Pilze*
*80 g Sojakeimlinge, frisch*
*80 g Bambussprossen aus der Dose*
*80 g Mini-Maiskölbchen, frisch*
*Sojasauce*
*3 EL Erdnuss- (oder Pflanzen)öl*
*1 EL Ingwer, frisch gerieben*
*2 Knoblauchzehen, fein geschnitten*
*Salz, Szechuanpfeffer, gemahlen*
*1 TL Maizena*
*etwas Mirin (süßer Reiswein) oder neutrale Suppe*
*2 EL Koriandergrün, gehackt*

Zucchini ungeschält in dickere Streifen, Shiitake-Pilze in dünnere Streifen, Bambussprossen in feine Scheiben schneiden. Wok ohne Öl erhitzen, Öl einfließen lassen, erhitzen, bis das Öl zu rauchen beginnt. Knoblauch unter Rühren kurz rösten, Ingwer beigeben, durchrühren. Nun alle Gemüsesorten und Pilze beigeben, unter ständigem Rühren rösten, mit Salz und Pfeffer würzen. Sojasauce und Mirin (Reiswein) mit Maizena verrühren, unter das Gemüse rühren, noch einmal aufkochen. Vor dem Servieren mit gehacktem Koriander bestreuen.

- Garungsdauer: 3–4 Minuten
- Verwendung: als Beilage zu gebratenem Fisch (Thunfischsteak), Steaks, Rumpsteak oder hellem Geflügel (Brust)
- Tipp: Wie bei fast allen Wok-Gerichten können die Zutaten je nach Marktlage und persönlicher Vorliebe variiert oder ergänzt werden. Zu empfehlen sind diesbezüglich Pak-Choi (Japankohl), Mangold, Paprikaschoten, Grünspargel, Austernpilze oder Mu-err-Morcheln.

## *»Wok'n Roll«*

*Der Wok ist das Herzstück jeder chinesischen Küche. Das Wort stammt aus dem Kantonesischen und bedeutet schlicht »Kochgefäß«. Dennoch ist der ursprünglich ausschließlich für offenes Feuer gedachte Wok mit seinem schweren, gewölbten Boden nicht nur ein Gefäß, sondern steht auch für eine Methode. Sie besteht aus dem Anbraten unterschiedlichster Zutaten, die je nach notwendiger Kochzeit zwischen einer und vier Minuten nacheinander gegart und erst am Schluss zusammengefügt werden. Der Umgang mit dem Wok ist eine Kunst, die man nur durch viel Übung erlernt. Dazu einige Tipps:*

- *Damit der Wok seine Eigenschaften voll entfalten kann, bedarf es sehr großer Hitze. Wenn diese nicht vorhanden ist, wird man auch mit dem besten Wok keine wesentlich anderen Ergebnisse erzielen als mit einer guten Bratpfanne. Ideal ist die Anschaffung eines Induktionswoks, der allerdings ziemlich teuer ist.*
- *Der Wok duldet nichts Überkochtes, kein zahnloses Gemüse und schon gar kein Fleisch mit harter Faser.*
- *Um das Bratgut so wok-gerecht vorzubereiten, dass es unter ständigem Wenden gleichmäßig gegart werden kann, müssen alle verwendeten Stücke in Form, Dicke und Länge möglichst gleichartig sein.*
- *Verwenden Sie nur wirklich hitzebeständige Öle (z.B. Erdnussöl) und sparen Sie damit nicht, da sich das Bratgut sonst leicht anlegt. Besser ist es, gleich mehr Öl zu verwenden und es nach dem Braten wieder abzugießen.*

# Spicy King Prawns

Zutaten

*20 King Prawns (Hummerkrabben oder Riesengarnelen)*
*2 Knoblauchzehen, gepresst*
*Salz*
*Tabascosauce*
*Sojasauce*
*1 EL Sesamöl*
*3 EL Erdnussöl zum Braten*

*Für die Fertigstellung:*
*2 Knoblauchzehen, gepresst*
*80 g Zwiebeln, fein geschnitten*
*1 TL Ingwerwurzel, geschält, fein gehobelt*
*2 Chilischoten, rot, entkernt, gehackt*
*1 EL Korianderblätter grob gehackt*
*1 EL Sojasauce, ½ TL Zucker*
*½ TL Maizena*
*etwas klare Suppe*

Geschälte Prawns an der Außenseite vorsichtig der Länge nach einschneiden und Darm entfernen. Salz, Knoblauch, Tabasco- und Sojasauce sowie Sesamöl vermischen, Prawns damit marinieren. Erdnussöl im Wok erhitzen, Prawns einlegen, unter Rühren braten (sollen innen noch glasig sein), aus dem Wok heben und warm stellen. Für die Fertigstellung im verbleibenden Öl den Zucker leicht karamellisieren, Zwiebeln glasig anlaufen lassen, Knoblauch und Ingwer beigeben und kurz andünsten. Mit wenig Suppe untergießen, Chilischote und Sojasauce beigeben und aufkochen lassen. Maizena mit wenig kaltem Wasser anrühren, zügig unter die Sauce rühren, Korianderblätter einmengen. Die Prawns in der heißen Sauce wenden, anrichten.

- Garungsdauer: ca. 5–6 Minuten
- Beilagenempfehlung: Basmati- oder Jasminreis sowie Wok-Gemüse

# Gebackenes vom Feinsten

## Die Kunst, aus Bröseln Gold zu spinnen

*Zu den erfolgreichsten Küchentechniken aller Zeiten zählt ohne Zweifel das Panieren und Schmalzbacken. Ob Fisch, Geflügel, Fleisch oder auch Gemüse – die knusprig ausgebackene Hülle macht fast jede Fülle zum Genuss.*

## So panieren und backen Sie richtig:

- Schlagen Sie die Eier für die Panier mit einer Gabel so lange, bis Eiweiß und Dotter homogen miteinander verbunden sind. Bitte nie mixen! Denn sonst verdünnt sich das Ei und die Panier wird schlaff.

- Wenden Sie das Backgut in glattem Mehl und schütteln Sie überschüssiges Mehl gleich wieder ab. Ziehen Sie das Backgut durch gut verschlagenes Ei und wenden Sie es, ohne diese anzupressen, locker in Semmelbröseln.

- Backen Sie das Panierte in einer tiefen Pfanne in reichlich Öl und/oder Butterschmalz, das auf ca. 160 °C–180 °C erhitzt ist.

- Wenden Sie das Backgut nur einmal.

- Schwingen Sie während des Ausbackens die Pfanne durch regelmäßiges Hin-und-her-Ziehen immer wieder gründlich aus. Das Schnitzel wird dadurch von heißem Öl umspült, wodurch die Panier souffliert und die erwünschten Blasen wirft.

- Falls Sie eine Pfanne mit geeignetem Deckel verwenden, bei dem der Dampf durch entsprechende Dampfrillen entweichen kann, ist auch das »Zugedeckt-Backen« empfehlenswert, bei dem sich die Wärme ideal über die ganze Pfanne verteilt.

- Heben Sie das Backgut vorsichtig aus dem Fett und vermeiden Sie es, das Gebackene dabei mit einer Gabel anzustechen.

- Tupfen Sie das Fett gründlich mit Küchenkrepp ab.

- Servieren Sie Gebackenes immer unmittelbar nach dem Ausbacken (niemals abdecken oder aufwärmen).

## Spargel-Cordon-bleu

Zutaten

*12 Stangen Solospargel, weiß, (22 mm Ø), kernig gekocht*
*12 Scheiben Press- (oder Bein)schinken, dünn geschnitten*
*12 Scheiben Edamer, dünn geschnitten*
*2 EL Kren, gerieben*
*mit Mayonnaise vermengter Estragon- oder Dijonsenf (im Handel bereits fertig gemischt erhältlich)*
*Öl zum Backen*

*Für die Panier:*
*3 Eier*
*Mehl, glatt*
*Semmelbrösel*

Bissfest gekochten Spargel mit Küchenkrepp abtrocknen. Die Schinkenscheiben dünn mit dem mit Mayonnaise vermengten Senf bestreichen, mit Kren bestreuen, Käsescheiben darauf pressen, jeweils eine Spargelstange darauf legen und straff einrollen. Eier mit einer Gabel verschlagen, nicht mixen. Die Spargelrollen in Mehl, verschlagenen Eiern und abschließend in Semmelbröseln panieren. In einer tiefen Pfanne ausreichend viel Öl erhitzen, Spargel darin knusprig braun backen, aus dem Öl heben, abtropfen lassen, auf Küchenkrepp legen und abtupfen.

- Öltemperatur: 180 °C
- Backdauer: ca. 3 Minuten
- Beilagenempfehlung: Schnittlauch- oder Cocktailsauce, Krenmayonnaise, Vogerl-, Rucola- oder Rapunzelsalat
- Tipp: Spargel-Cordon-bleu passt übrigens auch hervorragend zu gratinierten »verlorenen Eiern«.

## Gebackene Melanzani mit Ziegenkäsefülle

Zutaten

*400 g Melanzani*
*400 g Ziegenfrischkäse (am besten griechischer)*
*3 Eidotter*
*80 g Pinienkerne*
*4 Knoblauchzehen, gepresst*
*2 EL Weißbrotbrösel*
*Salz*
*Pfeffer, frisch gemahlen*
*Thymian, gerebelt*
*Rosmarinnadeln, sehr fein gehackt*
*Pflanzenöl zum Backen*

*Für die Panier:*
*Mehl, glatt*
*2–3 Eier*
*Semmelbrösel*

Ziegenfrischkäse mit Dottern glatt rühren, Brösel, Knoblauch, Pinienkerne, Thymian, Rosmarin, Salz und Pfeffer beifügen. Gewaschene, ungeschälte Melanzani (am besten mit der Aufschnittmaschine) in 4 mm dicke Scheiben schneiden, beidseitig kräftig salzen und pfeffern. Käsemasse auf eine Melanzanischeibe ca. 3 mm dick streichen, mit einem zweiten Melanzaniblatt abdecken. So lange fortfahren, bis alle Melanzanischeiben und die gesamte Fülle verbraucht sind. Die gefüllten Melanzanischeiben in Mehl, verschlagenem Ei und Semmelbröseln panieren und in ausreichend viel heißem Öl beidseitig goldbraun backen. Aus dem Öl heben und mit Küchenkrepp gut abtupfen.

- Öltemperatur: 180 °C
- Backdauer: ca. 3 Minuten
- Beilagenempfehlung: Tsatsiki oder Gurkensalat
- Tipp: Man kann die Melanzanischeiben auch dünner (2 mm) schneiden, mit Käse bestreichen und dann straff eingerollt panieren.

## Hühnerkroketten

Zutaten

*500 g Hühnerfleisch, gekocht (oder gebraten), ausgelöst*
*100 g Erbsen, gekocht*
*30 g Butter*
*30 g Mehl, glatt*
*¼ l Milch (oder Hühnersuppe)*
*2 Eidotter*
*1 Ei*
*Salz*
*Muskatnuss, gerieben*
*Öl zum Backen*

*Für die Panier:*
*Mehl, glatt*
*2 Eier*
*Semmelbrösel*

Gegartes Hühnerfleisch in ca. ½ cm große Würfel schneiden. Butter schmelzen, Mehl licht anlaufen lassen, mit heißer Milch oder Hühnersuppe aufgießen und mit einem Schneebesen knotenfrei verrühren. 5 Minuten unter ständigem Rühren kochen. Ei und Eidotter in die noch heiße, aber nicht mehr kochende Béchamelsauce einrühren, Hühnerfleisch und Erbsen zugeben und so lange erhitzen, bis die Masse steif zu werden beginnt. Mit Salz und Muskatnuss würzen. Masse auf eine zart geölte Alufolie 2 cm hoch aufstreichen, erkalten lassen und im Kühlschrank gut durchkühlen, bis die Masse erstarrt. Krokettenmasse in 2 cm dicke und ca. 6 cm lange Stangen teilen, diese in Mehl, verschlagenem Ei und Semmelbröseln panieren, mit der Hand nachformen (fassonieren). Ausreichend Öl erhitzen und Kroketten unter einmaligem Wenden goldbraun backen. Aus dem Öl heben, gut abtropfen lassen und mit Küchenkrepp abtupfen.

- Öltemperatur: 170 °C
- Backdauer: 3–4 Minuten
- Beilagenempfehlung: Kräutersauce, Sauce tartare, zarte Blatt- sowie Gemüsesalate
- Tipps: Statt die Kroketten zu panieren, kann man sie durch Bierteig ziehen und anschließend backen.
  Auf dieselbe Art lassen sich Schinken- oder Wildkroketten herstellen. Zum Aufgießen der Sauce verwendet man anstelle von Milch am besten den jeweiligen Fond (Selchsuppe bzw. braunen Wildfond).

## Hendlhaxerl mit Kürbiskernpanier

Zutaten

*8 Hendlhaxerl (Unterkeulen)*
*100 g Kürbiskerne, gerieben*
*100 g Semmelbrösel*
*3 Eier*
*Salz*
*Mehl zum Panieren*
*Öl zum Backen*

*Für den Kren-Dip:*
*1 Becher Crème fraîche*
*Salz*
*Pfeffer, frisch gemahlen*
*Spritzer Zitronensaft*
*1 EL Kren*
*1 EL Kräuter nach Belieben, gehackt*

Die Hendlhaxerl gut salzen und in Mehl, verschlagenem Ei und mit Semmelbröseln vermengten geriebenen Kürbiskernen panieren. In einer tiefen Pfanne ausreichend viel Öl erhitzen und Hendlhaxerl langsam rundum goldbraun backen. Herausheben und gut abtropfen lassen. Für den Dip (Sauce) Crème fraîche mit Salz, Pfeffer, Zitronensaft, Kren und gehackten Kräutern vermengen und gemeinsam mit den Hendlhaxerln auftragen.

- Öltemperatur: 160 °C
- Backdauer: ca. 10 Minuten
- Beilagenempfehlung: mit Vogersalat und Kürbiskernöl angerichteter Erdäpfelsalat

# Putenbruststreifen in Kokospanier

Zutaten

*600 g Putenbrust, ohne Haut und Knochen*
*1 TL Currypulver*
*2 EL Sojasauce, süß (Ketjap Manis)*
*Mehl, glatt, zum Panieren*
*3 Eiklar*
*30 g Weißbrot, getrocknet, entrindet und gerieben*
*30 g Kokosraspel*
*Salz*
*Pfeffer, frisch gemahlen*
*Chilischoten, getrocknet, gemahlen*
*Koriandergrün als Garnitur*
*Öl zum Backen (vorzugsweise Erdnussöl)*

Putenbrust in 2 cm dicke, längliche Stücke (Sticks) schneiden, mit Salz, Pfeffer und Chili würzen. Sojasauce mit Currypulver verrühren, die Putenbruststücke damit einreiben und 1 Stunde marinieren. Eiklar leicht cremig schlagen, mit Kokosraspeln und Weißbrotbröseln vermengen. Putenbruststücke zuerst in Mehl wenden, überschüssiges Mehl abschütteln und durch die Kokos-Eischneemischung ziehen. In einer tiefen Pfanne ausreichend viel Öl erhitzen, Putenbruststreifen einlegen, rundum knusprig backen, aus dem Öl heben und mit Küchenkrepp abtrocknen. Koriandergrün entstielen, im heißen Öl frittieren, auf Küchenkrepp abtropfen lassen und Putenbruststreifen damit garnieren.

- Öltemperatur: 180 °C
- Backdauer: ca. 2 Minuten
- Beilagenempfehlung: Mango- oder Rhabarber-Chutney sowie Orangen-Ingwer-Sauce
- Tipps: Weniger exotisch gerät dieses Gericht, wenn man die gewürzten (unmarinierten) Putenstreifen in Mehl, verschlagenem Ei und einem Weißbrotbrösel-Kokosraspel-Gemisch paniert und in Öl knusprig herausbäckt. Die Putenstreifen eignen sich sowohl als Hauptgericht als auch als »Finger Food« auf Partys.

## *»Die Geschichte des Panierens«*

*Wann das Panieren erfunden wurde, das weiß niemand so ganz genau. Erste Spuren des bröselgebackenen Fleisches finden sich bereits bei den mittelalterlichen Mauren. Und bereits im 12. Jahrhundert erfreute sich ein vergleichbares gebackenes Fleischgericht in Konstantinopel, vor allem bei der jüdischen Bevölkerung, allergrößter Beliebtheit. Eine weitere Fährte auf den Spuren der Kunst der knusprigen Bröselhülle führt zu der in der Renaissance weit verbreiteten Sitte, Speisen nicht nur um seinen Wohlstand zu beweisen, sondern auch aus (mittlerweile widerlegten) diätetischen Gründen zu vergolden. Im 16. Jahrhundert verbreitete sich dieser Brauch von Venedig aus über ganz Oberitalien bis nach Mailand. Als das Vergolden von Speisen 1514 verboten wurde, besannen sich findige Köche wieder des alten, mittlerweile von Konstantinopel auch nach Italien gelangten Brauchs des Umhüllens von Fleisch mit einem Bröselkleid, das – wenn es richtig gemacht wurde – ähnlich gülden zu schimmern vermochte wie die verbotene Blattgoldauflage. Die Technik des Ausbackens mit »abgeschlagenen Eyern, Meel und Semmel-Bröslein« war, wie sich Conrad Haggers Backhendl-Rezept entnehmen lässt, in Österreich schon lange bevor Radetzky das Wiener Schnitzel von Mailand nach Wien brachte, bekannt.*

## Gebackene Lammkoteletts in Kräuterpanier

Zutaten

*12 Lammkoteletts à ca. 60 g, zugeputzt*
*3 Knoblauchzehen, gepresst*
*Salz*
*Pfeffer, frisch gemahlen*
*Öl zum Backen*

*Für die Panier:*
*Mehl, glatt*
*2–3 Eier*
*300 g Semmelbrösel*
*je 1 EL Petersilie, Estragon, Minze, gehackt*
*etwas Rosmarin und Thymian, gemahlen*
*2 Bund Petersilie, gezupft*

Lammkoteletts leicht plattieren (klopfen), Ränder einschneiden, mit Salz und Pfeffer würzen, mit Knoblauch einreiben. Brösel mit allen Kräutern (außer Petersilie) und Gewürzen vermengen. Koteletts in Mehl, verschlagenem Ei und den Kräuterbröseln panieren. Reichlich Öl in einer tiefen Pfanne erhitzen, die Koteletts darin unter einmaligem Wenden goldbraun backen. (Die Koteletts sollen innen noch zart rosa bleiben.) Koteletts aus dem Öl heben, abtropfen lassen, mit Küchenkrepp abtupfen. Im restlichen Öl gezupfte Petersilblätter kurz frittieren, mit einem Schaumlöffel auf Küchenkrepp heben, abtupfen und salzen. Koteletts anrichten und mit gebackener Petersilie garnieren.

- Öltemperatur: 170 °C
- Backdauer: ca. 3 Minuten
- Beilagenempfehlung: Rahm-Gurkensalat, Fenchel- oder Tomatensalat sowie kalte Ratatouille

■ TIPPS: Das zu Ostern so geschätzte gebackene Kitz kann durchaus auch einmal in Kräuterbröseln paniert werden.
Eine raffiniertere Variante ist jene, bei der die Koteletts mit einem mit Ei verrührten, gewürzten Ziegenfrischkäse einseitig bestrichen und dann in Kräuterbröseln paniert werden.

## WIENER BACKFLEISCH

ZUTATEN

*600 g Lungenbraten von Schwein, Rind, Kalb (oder gemischt), zugeputzt*
*60 g Estragonsenf*
*30 g Kren, gerieben*
*2 EL Salz*
*1 Bund Petersilie, gezupft*
*Öl zum Backen*

*Für die Panier:*
*Mehl, glatt*
*2 Eier, verschlagen, Semmelbrösel*

Lungenbraten in Scheiben schneiden, mit Klarsichtfolie bedecken, auf ca. 6 mm Stärke platt drücken (zart klopfen) und beidseitig salzen. Senf und Kren miteinander verrühren und auf die Fleischscheiben aufstreichen. In Mehl, verschlagenem Ei und Semmelbröseln panieren. In einer tiefen Pfanne ausreichend viel Öl eingießen, erhitzen und das Fleisch beidseitig knusprig backen. Aus dem Öl heben, mit Küchenkrepp abtupfen. Petersilie in heißem Öl frittieren, aus dem Öl heben, abtropfen lassen, leicht salzen. Backfleisch anrichten und mit gebackener Petersilie garnieren.

■ ÖLTEMPERATUR: 170–180 °C
■ BACKDAUER: ca. 3 Minuten
■ BEILAGENEMPFEHLUNG: Erdäpfel-, Mayonnaise-, Vogerl- oder Rapunzelsalat
■ TIPP: Verwenden Sie zur Abwechslung einmal Schweinsbackerl oder »Fledermäuse« vom Schwein – Sie werden von der Zartheit und Saftigkeit des Fleisches begeistert sein.

# Kleine Schnitzelparade

## Es muss nicht immer Wiener Schnitzel sein

*Schnitzel reimt sich auf Gaumenkitzel. Ähnlich wie das Carpaccio definiert sich das Schnitzel nicht durch seinen Inhalt, sondern durch seine Form. Man kann Schnitzel aus vielerlei Grundprodukten herstellen und auf noch vielfältigere Arten zubereiten. Hier sind einige der besten davon.*

### Welches Schnitzel aus welchem Fleisch?

Diese Frage wird zwar häufig gestellt, ist aber in Wahrheit nicht jene, auf die es ankommt. Viel wichtiger ist, dass Schnitzel, von welchem Tier sie auch stammen mögen, immer von Edelteilen geschnitten werden müssen. Ebenso wichtig ist, dass diese Stücke vollkommen zugeputzt (pariert), also von Flachsen und Fetträndern befreit sind, was Schnitzelfleisch naturgemäß auch teurer macht.

Die besten Schnitzelteile sind Rückenrosen (das sind auch die teuersten), Fricandeau, Schale und Schlussbraten (Hüferscherzel). In manchen Fällen werden Schnitzel auch aus Filet, Beiried und Rostbraten oder aber von der Leber geschnitten.

*Faltschnitt (Fricandeau)*

*Scheibenschnitt (Schale)*

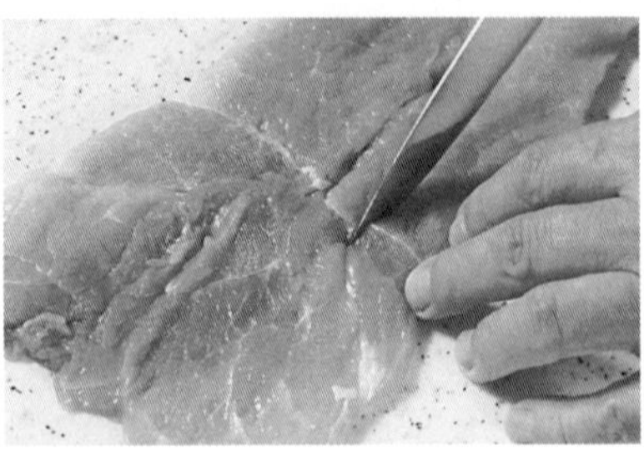

*Durchtrennen allfälliger Flachsen oder Trennhäute*

*Fleisch mit Frischhaltefolie bedecken, zart klopfen (plattieren)*

Wie schneidet man Schnitzel richtig?

- Bei dünneren Fleischstücken wie Fricandeau oder Stücken von kleinen Tieren ist ein Faltschnitt (Fleischstücke einschneiden und auseinander klappen) angebracht.
- Größere Stücke wie Schale von Kalb, Schwein und Rind werden scheibenförmig geschnitten.
- Im Regelfall empfiehlt es sich, die Schnitzel vom Fleischhauer schneiden zu lassen.

Wie klopft man Schnitzel richtig?

- Schnitzel werden grundsätzlich mit einem Schnitzelklopfer aus Kunststoff oder Holz mit gerippter Metallplatte oder mit einem flachen (im Haushalt allerdings eher unüblichen) Plattiereisen geklopft. Das Fleisch bereits beim Einkauf maschinell (Steakmaster) klopfen zu lassen, ist nicht ratsam, da es dabei nur austrocknet.
- Vor der Verarbeitung werden Außenränder und – so vorhanden – Trennhäute mehrmals durchtrennt, um das Zusammenziehen des Fleisches beim Braten oder Backen zu verhindern.
- Ratsam ist auch, das Fleisch vor dem Klopfen mit Frischhaltefolie zu bedecken, was eine gleichmäßige Ausdünnung des Fleisches garantiert, ohne dass es dabei zerfranst wird. Außerdem bleibt der Schnitzelklopfer sauber.

# Zitronenschnitzel mit frittierten Salbeiblättern

Zutaten

*600 g Kalbsfilet (Lungenbraten), nur das Mittelstück, zugeputzt*
*Saft einer halben Zitrone*
*1 TL Zitronenzeste (sehr fein geschnittene Zitronenschale)*
*Filets einer Zitrone*
*Mehl, glatt, zum Wenden*
*6 EL Olivenöl*
*Salz, Pfeffer, weiß*
*30 g Butter zum Montieren*
*20 Salbeiblätter*
*Öl zum Frittieren*
*1 dl Wasser (oder milde Suppe), zum Aufgießen*

Salbeiblätter in wenig heißem Öl frittieren, leicht salzen, auf Küchenkrepp abtropfen lassen, warm stellen. Kalbsfilet in 12 Schnitzel schneiden und zart plattieren (klopfen). 3 EL Olivenöl mit gehackter Zitronenschale und Zitronensaft vermischen, Schnitzel in der Marinade wenden und einige Stunden kühl marinieren. Aus der Marinade heben, mit Küchenkrepp abtupfen, beidseitig salzen, pfeffern und in Mehl wenden, leicht andrücken. Restliches Öl in einer flachen Pfanne erhitzen, Schnitzerl einlegen, braun anbraten, wenden, ca. 1 Minute braten, aus der Pfanne heben und warm stellen. Überschüssiges Fett abschütten, Bratensatz mit Wasser oder milder Suppe ablöschen, restliche Zitronenmarinade einrühren und reduzierend (bei starker Hitze) kochen. Zitronenfilets darin erwärmen, kleine, kalte Butterstücke einrühren, bis die Sauce cremig bindet. Schnitzerl einlegen, mehrmals wenden, ohne dass der Saft zu kochen beginnt. Anrichten, mit Sauce und Zitronenfilets übergießen, mit den frittierten Salbeiblättern garnieren.

- GARUNGSDAUER: ca. 3–4 Minuten
- BEILAGENEMPFEHLUNG: Erbsenpüree, Pignolireis, Gemüse wie Zucchini oder Broccoli sowie Kräutertomaten

# KALBSSCHNITZEL ALLA PARMIGIANA

ZUTATEN

*4 Kalbsschnitzel*
*von der Kalbsnuss à 150 g*
*3 Eier*
*80 g Parmesan, frisch gerieben*
*1 EL Estragonblätter, gehackt*
*8 EL Pflanzenöl (oder Butterschmalz), zum Backen*
*etwas Zitronensaft*
*Salz*
*Mehl, glatt, zum Wenden*

Kalbsschnitzel an den Rändern einschneiden, mit Frischhaltefolie bedecken und zart plattieren (klopfen). Beidseitig salzen, mit Zitronensaft marinieren und anschließend in Mehl wenden. Eier mit Parmesan verschlagen, fein gehackten Estragon beifügen, leicht salzen. Kalbsschnitzel darin so wenden, dass möglichst viel Ei am Fleisch haften bleibt. Öl in einer flachen Pfanne erhitzen, Schnitzel einlegen, goldbraun anbacken, vorsichtig wenden und fertig backen. Aus der Pfanne heben und gut mit Küchenkrepp abtupfen.

- BACKDAUER: ca. 4 Minuten, je nach Stärke des Fleisches
- BEILAGENEMPFEHLUNG: Blatt- und Gemüsesalate
- TIPP: In der Regel kann man in einer großen Pfanne 2 Schnitzel auf einmal backen, daher sollte man im Idealfall zwei Pfannen verwenden oder die fertigen Schnitzel im Backrohr warm halten.

# Spiess macht Spass

## Das Drehmoment in der modernen Küche

*Seine Entstehung als Küchengerät verdankt der Spieß recht praktischen Erwägungen. Da er als Wurfgeschoss für die Jagd diente, lag es geradezu auf der Hand, das Wild, nachdem es erlegt war, auch darauf aufzuspießen und zur nächsten Feuerstelle zu transportieren. Selbst wenn das heute die wenigsten Jäger tun, so ist die Faszination, die der Spieß auch auf zivilisierte Genießer ausübt, dieselbe geblieben. Fleisch oder Fisch erst aufzuspießen und dann zu braten, scheint etwas mit dem menschlichen Spieltrieb zu tun zu haben. Wie heißt es doch gleich bei Ovid: »Bald hüpfet ein Teil im gehöhleten Kessel. Anderes zischt um den Spieß.«*

## Frittierte Zitronengrasspiesse

Zutaten für
16 kleine Spiesse

*300 g Zander- (oder Hecht)filet, ohne Haut*
*250 g Crevetten, gehackt*
*1 dl Schlagobers*
*1 Eiklar*
*20 g Kokosraspel*
*etwas Chilischote, entkernt, gehackt*
*1 TL Hoisinsauce (im Asia-Shop erhältlich)*
*1 EL Ingwerwurzel, geraspelt*
*1 EL Korianderblätter, gehackt*
*16 Zitronengrashalme, zugeschnitten*
*Salz, Szechuanpfeffer, gemahlen*
*Pflanzenöl zum Backen*

Fischfilet in kleine Würfel schneiden, gut kühlen, in der Küchenmaschine mit kaltem Obers, Eiklar und Hoisinsauce zu einer Farce cuttern (mixen). Gehackte Crevetten, Kokosraspel, Chili, Koriander sowie Ingwer untermengen, mit Salz und Pfeffer würzen. Farce zu kleinen, krokettenähnlichen Rollen formen und diese mit dem Zitronengras durchstoßen (aufspießen). Ausreichend viel Öl erhitzen, Spieße darin goldbraun frittieren, währenddessen wiederholt schütteln und wenden. Aus dem Öl heben, abtropfen lassen und mit Küchenkrepp trockentupfen.

- Öltemperatur: 170 °C
- Backdauer: ca. 4–6 Minuten, je nach Stärke der Rollen
- Beilagenempfehlung: asiatische Dip-Saucen oder Chutneys

■ Tipp: Statt Fisch- kann auch Geflügelfarce verarbeitet werden, und auch was die übrigen Zutaten anlangt, ist Flexibilität durchaus angesagt, etwa mit asiatischen Pilzen, sautierten Sojakeimen, gehackten Bambussprossen oder Wasserkastanien.

# Hühner-Satay

Zutaten für 8 Spiesse

*800 g Hühnerbrust, ohne Haut und Knochen*
*Salz*
*Kurkumapulver*
*Öl zum Bestreichen*

*Für die Marinade:*
*1/8 l Kokosmilch*
*1 EL Sojasauce*
*1 EL Austernsauce*
*2 EL Sesamöl*
*1 EL Koriandergrün, gehackt*
*1 EL Zitronengras, weiße Abschnitte, geschnitten*
*Szechuanpfeffer, gestoßen*
*2 Knoblauchzehen*
*1 Chilischote, entkernt, sehr fein gehackt*

Für die Marinade alle Zutaten vermengen, einen Tag kühl und gut verschlossen ziehen lassen, damit sich das Aroma voll entfalten kann, dann seihen. Die Holzspieße 30 Minuten in kaltem Wasser einweichen. Hühnerbrust in Scheibchen schneiden, mit Frischhaltefolie bedecken, leicht plattieren (klopfen) oder flach drücken. Mit Kurkuma einreiben, einmal zusammenfalten und auf die Spieße stecken. In die Marinade legen und einige Stunden kühl marinieren. Spieße aus der Marinade heben, mit Küchenkrepp abtupfen, mit Öl bestreichen, leicht salzen und auf einem Holzkohlengrill beidseitig grillen (oder in der Pfanne braten). Zwischendurch wiederholt mit Marinade bestreichen.

■ Grilldauer: ca. 3–4 Minuten
■ Beilagenempfehlung: Asia-Dips, Basmatireis
■ Tipps: Wer es besonders saftig liebt, der verwende ausgelöste Hühner-Oberkeulenstücke.
Eine andere, nicht minder reizvolle Variante wäre, entkernte Dörrpflaumen in mit Currypulver bestrichene dünne Speckscheiben zu wickeln und diese abwechselnd mit dem Hühnerfleisch auf Spieße zu stecken und zu grillen.

# Kalbsfiletspiesschen mit Mozzarellafülle

Zutaten

*500 g Kalbsfilet (Mittelstück), zugeputzt (pariert)*
*2 Kugeln Mozzarella*
*6 Scheiben Rohschinken (San-Daniele- oder Parmaschinken), halbiert*
*12 Salbeiblätter*
*6 Sardellenfilets, halbiert*
*30 g Butter*
*3 EL Öl*
*6 cl Marsala-Wein, trocken (oder anderer nicht zu süßer Dessertwein)*
*2 dl Suppe (oder Wasser)*
*Salz*
*Pfeffer, frisch gemahlen*

Kalbsfilet in 12 Scheiben schneiden, mit Klarsichtfolie bedecken und messerrückendick zart plattieren (klopfen), beidseitig mit Salz und Pfeffer würzen. Mozzarella in dünne Scheiben schneiden. Nun jedes Schnitzerl mit Rohschinken, Mozzarella, entstielten Salbeiblättern und Sardellenfilets belegen, straff einrollen. Jeweils 3 Röllchen auf einen Metallspieß stecken. (Der Spieß muss den Mozzarella durchstechen und somit fixieren.) Öl in einer flachen Pfanne erhitzen, Spieße in die Pfanne legen, kräftig anbraten, wenden, kurz bräunen und in das auf 120 °C vortemperierte Backrohr stellen. Etwa 10 Minuten unter einmaligem Wenden garen. Spieße aus der Pfanne heben, warm stellen, das überschüssige Öl abgießen. Den Bratensatz mit Marsala ablöschen, mit Suppe aufgießen, reduzierend (bei starker Hitze) kurz kochen, zum Montieren kalte Butterflocken in die Sauce einrühren, eventuell seihen. Spieße kurz in der Sauce wenden, anrichten und mit Sauce übergießen.

- Backrohrtemperatur: 120 °C
- Garungsdauer: ca. 12 Minuten
- Beilagenempfehlung: italienische Blattsalate, gegrillter Chicorée, Zucchini- oder Melanzanigemüse sowie gegrillte Polenta
- Tipp: Statt Kalbsfilet eignen sich für dieses Rezept auch Schlussbraten, Schweinsfilet, enthäutete, ausgelöste Puten- oder Hühnerbrust.

# Stehen Sie auf Steaks?

## Ein kleiner Grundkurs, damit nichts schief geht

*Ein Steak zu braten, ist doch die einfachste Sache der Welt. Sollte man zumindest meinen. Doch so simpel funktioniert es nicht. Steakbraten braucht Geduld, Know-how und Sorgsamkeit.*

### Kleine Steakkunde

*Steak ist nicht gleich Steak*

Wer dächte beim Thema Steak nicht zuallererst an ein saftiges, feines Rindersteak? Dennoch ist die kulinarische Welt der Steaks wesentlich vielfältiger. Schöne Steaks lassen sich auch aus Kalbs- oder Hirschrücken, Schweinenacken, Lammkeule, Kalbsleber, ja sogar aus großen Schinkenstücken schneiden.
Ausschlaggebend für die Qualität des Steaks ist letztlich weniger dessen Herkunft als vielmehr die Zartheit des Fleisches, von dem man vorzugsweise Rücken oder Filet, fallweise auch die Keule verwendet. Nicht minder wichtig ist auch die Stärke des Steaks, bei dem die Faustregel gilt: Je größer das Tier, desto mächtiger das Steak, das allerdings niemals dünner als 2 cm und nicht dicker als 5 cm sein sollte.

### Steaks vom Rost

Am urigsten und romantischsten ist es zweifellos, ein schönes, gut geöltes Steak im Garten oder auf der Terrasse über der Holzkohlenglut zu grillen. Dazu einige Tipps:

- Schaffen Sie immer zwei Hitzezonen. Eine, um das Steak beidseitig scharf anzugrillen, die zweite, um es dosiert weiter zu grillen und, ohne dass es dabei abkühlt, noch ein wenig rasten zu lassen.

- Vorsicht vor zu viel Fett! Schneiden Sie größere Fettränder, die leicht verkohlen könnten, vor dem Grillen ab. Schmale Fettumrandungen können selbstverständlich bleiben.

- Wenden Sie Fleisch nie mit der Gabel! Wenn sich die Poren einmal geschlossen haben, heißt es: Weg mit spitzen Gegenständen. Verwenden Sie nur flache Bratenwender. Denn jeder Saftverlust macht Ihr Steak trocken.

- Regulieren Sie den Abstand zwischen Rost und Glut! Die beste Möglichkeit der Hitzeregulierung am Grill ist die Einstellung der Brathöhe. Faustregel: Flache Stücke kurz und nahe der Glut grillen. Bei Grilladen mit größerem Durchmesser sowohl Glutabstand als auch Garzeit erhöhen.

- Aromatisieren Sie den Rauch! Rosmarinzweiglein oder andere Kräuter in der Glut verleihen dem Fleisch einen unverwechselbaren Geschmack.

- Ob Ihr Steak durch ist oder nicht, erspüren Sie am besten mit den Fingern. Gibt es Ihrem Druck nach, so ist das Fleisch noch saftig, bleibt die Oberfläche hart, so ist es endgültig durchgebraten.

## Steaks aus der Pfanne

Auch in der Pfanne ist es wichtig, das Steak zuerst kurz und scharf anzubraten, dann dosiert weiter zu garen und schließlich vor dem Servieren noch kurz rasten zu lassen, damit sich die Säfte setzen können. Nach der Anbratphase muss die Hitze in der Pfanne daher stufenweise (eventuell bei halb aufgelegtem Deckel) wesentlich reduziert werden. Sehr gute Ergebnisse erzielt man auch, wenn man das Steak nach dem Anbraten in der Pfanne im Backrohr bei ca. 180–190 °C (wenn möglich bei Umluft) bis zur gewünschten Garstufe weiterbrät und es dann bei ausgeschaltetem, halb offenen Rohr noch ein paar Minuten rasten lässt.

## Die Garstufen

*Für Fleischtiger* (blau, bleu, rare)
Wer den Geschmack von rohem Fleisch schätzt, brät sein Steak nur kurz und rasant an. Das Fleisch ist dann außen sehr knusprig, innen hingegen roh und kaum temperiert.

*Für Gourmets* (englisch, saignant, medium rare)
Feinschmecker lieben ihr Steak meistens außen scharf angebraten und innen zwar roh, aber so, dass das Fleisch bereits erwärmt ist. In diesem Fall ist das Rastenlassen besonders wichtig.

*Für Genießer* (halb durch, à point, medium)
Die am meisten verbreitete Zubereitungsart zeichnet sich durch eine kurze Anbrat- und eine länger dosierte Bratstufe aus. Das Fleisch ist außen knusprig und innen zart rosa auf den Punkt gebraten. Fleischsaft sollte beim Anschneiden allerdings nicht mehr austreten.

*Für Vorsichtige* (durchgebraten, bien cuit, well done)
Viele Menschen äußern, oft aus Gesundheitsgründen, den Wunsch nach einem »durchgebratenen« Steak. Dabei wird häufig der Fehler gemacht, dass das Steak viel zu heiß gebraten wird, wodurch es schrumpft und austrocknet. Statt dessen sollte man das Steak nach dem scharfen Anbraten so langsam und sorgfältig wie bei »medium«, nur eben etwas länger bei minimaler Hitze (am besten im Rohr) garen.

## Bistecca Caprese

Zutaten

*4 Filetsteaks vom Rind à 180 g, zugeputzt (pariert)*
*80 g Trockentomaten (Pomodori secchi)*
*1 EL Kapern, gehackt*
*200 g Mozzarella, gewürfelt*
*2 EL Oliven, schwarz, entkernt*
*1 EL Pinienkerne*
*2 Knoblauchzehen, gepresst*
*Oregano*
*Salz, Pfeffer, frisch gemahlen*
*Öl zum Braten*

Pinienkerne in wenig Öl kurz rösten. Kapern, gehackte Oliven sowie Knoblauch beigeben, ebenfalls kurz rösten. Klein geschnittene Trockentomaten einmengen, mit Salz, Pfeffer und Oregano würzen. Steaks mit Salz, Pfeffer, Knoblauch und Oregano würzen. Öl in einer flachen Pfanne erhitzen, die Steaks darin beidseitig bis zum gewünschten Garungsgrad braten und aus der Pfanne heben. In eine Auflaufform geben, mit dem Tomatengemisch erhaben bestreichen und mit Mozzarellawürfeln belegen. Im vorgeheizten Backrohr bei extremer Oberhitze überbacken, bis der Käse geschmolzen ist.

■ Beilagenempfehlung: marinierte Rucolablätter
■ Tipp: Diese Zubereitungsweise eignet sich auch für Beiried.

# Beefsteak mit Pfefferkruste

Zutaten

*4 Steaks vom Rindsfilet à 180 g, zugeputzt (pariert)*
*1 TL Dijonsenf*
*1 Eidotter*
*Salz*
*Pfeffer, schwarz, geschrotet*
*Öl zum Braten*

*Für die Kruste:*
*70 g Butter*
*60 g Weißbrotbrösel*
*1 TL Petersilie, gehackt*
*1 TL Estragonblätter, gehackt*
*1 TL Dijonsenf*
*1 EL Pfeffer, grün, aus der Lake*
*1 Eidotter*
*½ TL Mehl, glatt*
*Salz,*
*Pfeffer, schwarz, geschrotet*
*Pfeffer, rosa, geschrotet*

Für die Kruste handwarme Butter schaumig rühren. Dotter und Mehl untermengen, Kräuter, gehackten grünen Pfeffer sowie Salz, Pfeffer und Dijonsenf unterrühren. Brösel einrühren und die Masse einige Zeit kühl anziehen lassen. Aus dieser Masse 4 flache Laibchen in Größe der Steaks formen, kühlen. Die Steaks mit Salz und Pfeffer würzen. Öl in einer flachen Pfanne erhitzen, die Steaks darin beidseitig bis zum gewünschten Garungsgrad braten und aus der Pfanne heben. Senf und Eidotter verrühren, die Oberfläche der Steaks damit bestreichen und mit der Pfefferkrustenmasse belegen. Im vorgeheizten Backrohr bei extremer Oberhitze knusprig überbacken.

- Beilagenempfehlung: Grüngemüse, Tomaten, Fenchel sowie gebratene oder gebackene Kartoffeln
- Tipp: Noch feuriger schmeckt das Steak, wenn man unter die Pfefferkruste auch fein gehackte Chilischoten mischt.

# Gehacktes Beefsteak mit Sardellen-Eiern

Zutaten

*800 g Rindsfiletspitzen (oder Filetkopf), zugeputzt (pariert)*
*3 EL Zwiebeln, gehackt*
*1 EL Petersilie, gehackt*
*2 Eidotter*
*Dijonsenf (oder anderer scharfer Senf)*
*2 EL Olivenöl zum Untermengen*
*Salz*
*Pfeffer, schwarz, aus der Mühle*
*Öl zum Braten*

*Für die Sardellen-Eier:*
*4 Eier*
*Butter zum Braten*
*Sardellenfilets*

Filetspitzen zuerst in feine Streifen, dann in feine Würfel schneiden, anschließend fein hacken. Mit allen angegebenen Zutaten vermengen und zu 4 gleich großen Steaks (Laibchen) formen. Etwas Öl in einer flachen Pfanne erhitzen, Steaks einlegen, braun anbraten, nach ca. 2 Minuten wenden und wie ein Steak auf den gewünschten Garungsgrad braten. Für die Spiegeleier in einer beschichteten Pfanne Butter schmelzen, Eier gesondert in Schälchen aufschlagen, ohne das Dotter zu verletzen, und die Eier vorsichtig in die Pfanne gleiten lassen. Langsam stocken lassen. Eier mit Sardellenfilets belegen und jeweils ein Ei auf ein Steak legen, auf vorgewärmten Tellern anrichten.

- BEILAGENEMPFEHLUNG: Pommes frites, Senfragout, gebackene Zwiebelringe, Fisolen, Grilltomaten
- TIPP: Damit die Spiegeleier eine gleichmäßig runde Fasson erhalten, kann man in die Pfanne Metallringe (im Fachhandel erhältlich) einsetzen und die Eier in diese Form einfließen lassen.

# TOURNEDOS ROSSINI

ZUTATEN

*8 Scheiben Rindsfilet à 60 g, zugeputzt (pariert)*
*8 Scheiben Gänseleber à 40 g*
*8 Scheiben Trüffel, schwarz*
*8 Scheiben Weißbrot, entrindet, getoastet (oder in Butter gebraten)*
*brauner Fond (oder milde Suppe)*
*Madeira nach Bedarf*
*50 g Butter*
*Salz, Pfeffer, schwarz, aus der Mühle*
*Öl (oder Butterschmalz), zum Braten*
*Mehl, glatt, zum Bestauben*
*Messerspitze Maizena*

Die kleinen Steaks (Tournedos) beidseitig würzen, Gänseleberscheiben mit Salz und Pfeffer würzen, in glattem Mehl wenden, überschüssiges Mehl abschütteln, leicht andrücken. Wenig Fett in einer flachen Pfanne erhitzen, Tournedos einlegen, bräunen, wenden, auf den gewünschten Garungsgrad braten, aus der Pfanne heben, warm stellen. Das überschüssige Fett aus der Pfanne gießen, den Bratensatz mit Madeira ablöschen, mit etwas braunem Fond aufgießen und reduzierend (bei großer Hitze) einkochen. Maizena mit etwas Madeira glatt rühren, unter den Saft rühren, aufkochen, kleine kalte Butterstücke einrühren, Sauce passieren. Wenig Fett in einer flachen Pfanne erhitzen, Gänseleber einlegen, bräunen, wenden, auf den Punkt braten. Getoastete Brotscheiben auf vorgewärmte Teller oder eine Anrichteplatte legen, Tournedos darauf setzen, jeweils mit Gänseleber belegen, je eine Trüffelscheibe darauf setzen und abschließend mit heißem Madeirasaft überziehen.

- BEILAGENEMPFEHLUNG: Kartoffelkroketten, gebackene Mandelkartoffeln, Romanesco- oder Broccoliröschen

Tipp: Verwenden Sie »bratfeste« Gänseleber (z.B. aus Israel), die beim Braten nicht zerfließt. Gänseleber der besten und teuersten Handelsklasse ist für dieses Leibgericht des italienischen Komponisten und Feinschmeckers Gioacchino Rossini (»Der Barbier von Sevilla«, »La Cenerèntola«) nicht wirklich geeignet.

## Rindsrückensteak mit Rucola-Pesto

Zutaten

*4 Steaks vom Rindsrücken (Beiried) à 180 g, zugeputzt (pariert)*
*30 g Knoblauch, gepresst*
*150 g Pinienkerne (oder geschälte Mandeln)*
*100 g Parmesan, frisch gerieben*
*30 g Rucola*
*3 EL Olivenöl*
*Salz, Pfeffer, schwarz, aus der Mühle*
*Öl zum Braten*

Pinienkerne, Rucola, Parmesan, Knoblauch und Olivenöl im Kleinschneider fein hacken (oder händisch fein hacken und mit Olivenöl zu einer Paste verarbeiten). Steaks mit Salz und Pfeffer würzen. Öl in einer flachen Pfanne erhitzen, die Steaks darin beidseitig bis zum gewünschten Garungsgrad braten, aus der Pfanne heben. Mit dem Pesto gleichmäßig bestreichen und im Backrohr bei extremer Oberhitze kurz überbacken.

Beilagenempfehlung: gedünsteter Fenchel, Radicchio, gegrillte Zucchini- oder Melanzanischeiben, Polenta sowie Rosmarinerdäpfel

## Churrasco-Steak

Zutaten

*4 Steaks von der Beiried à 180 g, zugeputzt (pariert)*
*2 Knoblauchzehen, gepresst*
*4 Chilischoten*
*1 Pfefferoni, grün*
*Tabascosauce*
*Oregano, Rosmarin*
*Salz, Pfeffer, schwarz, aus der Mühle*
*1/8 l Olivenöl zum Marinieren*
*Öl zum Braten*

Olivenöl mit Oregano, Rosmarin, Knoblauch, gehackten Chilischoten, Tabascosauce und Pfeffer vermengen. Die Steaks darin wenden und mit Alufolie bedeckt im Kühlschrank mindestens 24 Stunden marinieren. Steaks aus der Marinade heben, die Kräuter so abstreifen, dass nur ein Ölfilm erhalten bleibt. Steaks nochmals pfeffern, mit Salz bestreuen und auf einen schwach geölten, heißen Rost legen (oder in einer flachen Pfanne braten). Churasco-Steaks ca. 3 Minuten grillen, dann wenden und je nach gewünschtem Garungsgrad fertig grillen. Pfefferoni entstielen, entkernen, fein hacken und über die fertigen Steaks streuen.

- BEILAGENEMPFEHLUNG: Folienkartoffeln mit Sauerrahm und Schnittlauch, Barbecue-Sauce, Rahmgurken, Grilltomaten, Zucchini, Melanzani oder Fisolen sowie Blattsalate
- TIPPS: Dieses Rezept eignet sich besonders gut für den Gartengrill, da man auch in den südamerikanischen Ursprungsländern dieses Gerichts unter »churrasco« ein über offenem Feuer gebratenes Stück Fleisch versteht. Die Steaks sollten etwa 1 Stunde vor dem Grillen aus dem Kühlschrank genommen werden.

## KALBSSTEAK MIT MOZZARELLAHAUBE

ZUTATEN

*4 Scheiben Kalbsnuss oder -schlussbraten (Mittelstücke) à 180 g*
*4 Scheiben Mozzarella*
*150 g Mangoldblätter (oder Blattspinat), blanchiert, grob gehackt*
*120 g Tomaten, geschält, entkernt und gewürfelt*
*2 EL Zwiebeln, fein gehackt*
*40 g Butter für das Gemüse*
*20 g Butter zum Montieren*
*150 ml Wasser (auch Suppe oder brauner Fond)*
*Salz*
*Pfeffer, weiß*
*Muskatnuss, gerieben*
*Mehl, glatt, zum Stauben*
*3 EL Öl zum Braten*

Bei den Kalbssteaks die Ränder leicht einschneiden, beidseitig salzen, eine Seite in Mehl tauchen, überschüssiges Mehl abschütteln, leicht andrücken. Öl in einer flachen Pfanne erhitzen, die Steaks mit der bemehlten Seite nach unten einlegen, braun braten, wenden, zweite Seite ebenfalls bräunen, aus der Pfanne auf ein Backblech heben, warm rasten lassen. Überschüssiges Öl aus der Pfanne gießen, den Bratrückstand mit einer Messerspitze Mehl stauben, anrösten, mit Wasser (Suppe oder braunem Fond) aufgießen, reduzierend (mit großer Hitze) einkochen. Hitze reduzieren und kalte Butterstücke zum Montieren des Saftes einrühren, seihen. Für das Gemüse Butter erhitzen, zart bräunen, Zwiebeln darin anschwitzen, Tomaten beigeben, danach blanchierten Mangold einmengen, mit Salz, Pfeffer und Muskatnuss würzen. Masse auf die Steaks verteilen, mit je einer Mozzarellascheibe belegen und im vorgeheizten Backrohr bei extremer Oberhitze kurz bräunen. Vor dem Servieren mit dem Saft umgießen.

- GARUNGSDAUER: ca. 10 Minuten
- BEILAGENEMPFEHLUNG: gegrillte Polentascheiben

# Kalbslebersteak mit Mango und Mandeln

Zutaten

*800 g Kalbsleber*
*1 Mango, vollreif*
*100 g Zwiebeln, fein geschnitten*
*2 EL Mango-Chutney*
*(in Feinkostgeschäften erhältlich)*
*Öl zum Braten*
*100 g Butter zum Braten und Montieren*
*4 EL Suppe*
*60 g Mandeln, gestiftelt*
*Salz, Pfeffer, schwarz, aus der Mühle*
*Mehl, glatt, zum Stauben*

In einer kleinen Kasserolle 1 EL Butter schmelzen, Zwiebeln glasig anschwitzen, mit Suppe ablöschen. Mango-Chutney beigeben, 4 Minuten schwach wallend kochen und bei Bedarf etwas Flüssigkeit zugießen. Von der Kalbsleber die Außenhaut abziehen, Gefäßstränge entfernen, in fingerdicke Steaks schneiden. Mit Salz und Pfeffer würzen, eine Seite in Mehl tauchen, überschüssiges Mehl abschütteln, leicht anpressen. Mango schälen, Kern auslösen, Fruchtfleisch in Scheiben von ½ cm Stärke schneiden. Butter in einer kleinen Pfanne schmelzen, Mandeln darin bräunen, zart salzen, aus der Pfanne heben, dann die Mangoscheiben darin unter einmaligem Wenden bräunend braten. In einer flachen Pfanne Öl erhitzen, die Lebersteaks mit der bemehlten Seite nach unten einlegen, langsam bräunen, wenden, weiterbraten. Die Leber sollte innen noch zart rosa sein. Lebersteaks mit heißem Mango-Zwiebel-Confit bestreichen, mit gebratenen Mangostücken belegen und mit den gerösteten Mandelstifteln bestreuen.

- Garungsdauer: ca. 4–5 Minuten
- Beilagenempfehlung: grüner Spargel, Broccoli- oder Romanescoröschen, Kartoffelpüree
- Tipp: Noch raffinierter wird das Rezept, wenn man die Mangoscheiben zusätzlich mit cremig geschlagenem Obers, das mit Eidotter versetzt wird, bestreicht und bei extremer Oberhitze kurz überbäckt.

# Thunfischsteak mit Ingwer

Zutaten

*4 Thunfischsteaks à 160 g, zugeputzt (pariert)*
*1 TL Ingwerwurzel, frisch gerieben*
*2 EL Sojasauce, dunkel*
*3 EL Sesamöl*
*1 TL Korianderblätter, gehackt*
*Salz*
*Pfeffer, frisch gemahlen*
*Sesamkörner*
*2 EL Öl zum Braten*

Sesamöl und Sojasauce verrühren, Ingwer, Koriander, Salz und Pfeffer einmengen. Thunfischsteaks in der Marinade wenden und mit Folie bedeckt unter wiederholtem Wenden einige Stunden marinieren. Die Steaks aus der Marinade heben, mit Küchenkrepp abtupfen, mit Sesamkörnern bestreuen. Etwas Öl in einer flachen beschichteten Pfanne erhitzen, die Steaks unter einmaligem Wenden kurz braten (Thunfisch wird bei zu forcierter Garung trocken).

- Garungsdauer: ca. 4 Minuten
- Beilagenempfehlung: Wok-Gemüse, mit Koriander aromatisiertes Kartoffelpüree
- Tipp: Man kann den Thunfisch auch im Ganzen marinieren, in Sesam wälzen und wie einen Lungenbraten braten. Anschließend in Scheiben schneiden, kalt oder warm auftragen.
  Der für dieses Gericht verwendete rote Thunfisch ist in der Sushi & Sashimi-Küche vor allem deshalb so populär, weil sein kalbfleischähnliches Fleisch in rohem Zustand am besten zur Geltung kommt. Es ist daher empfehlenswert, Thunfischsteaks nur außen scharf anzubraten und innen möglichst roh zu halten.

# Rochaden mit Rouladen

## Gut gerollt ist halb gewonnen

*Rouladen haben viele Vorzüge. Durch das Rollen bleibt das »Innenleben« besonders saftig, und außerdem lassen sich die meisten Rouladen auch dekorativ aufschneiden – worüber sich nicht nur der Gaumen, sondern auch das Auge freut.*

## Gebackene Melanzanirouladen

Zutaten

*1–2 Melanzani, je nach Größe*
*150 g Spinat, blanchiert*
*100 g Schafkäse*
*80 g Speck, durchzogen*
*1 EL Öl zum Anrösten*
*Salz*
*Pfeffer, schwarz, gemahlen*
*Muskatnuss, gemahlen*
*Öl zum Backen*

*Für die Panier:*
*Mehl, glatt*
*1–2 Eier, verschlagen*
*Semmelbrösel*

Entstielte Melanzani seitlich abkappen, (am besten mit der Brotmaschine) in messerrückendicke Scheiben schneiden, diese beidseitig salzen, 10 Minuten ziehen lassen. Öl in einer flachen Pfanne erhitzen, würfelig geschnittenen Speck anrösten, grob gehackten, blanchierten Spinat damit übergießen, mit Salz, Pfeffer und Muskatnuss würzen. Den klein geschnittenen Schafkäse einmengen. Melanzanischeiben jeweils mit der Masse bestreichen und straff einrollen. Die Röllchen in Mehl, verschlagenem Ei und Semmelbröseln panieren. In einer tiefen Pfanne reichlich Öl erhitzen, die Röllchen darin rundum etwa 4 Minuten knusprig braun backen. Aus dem Öl heben, abtropfen lassen und mit Küchenkrepp abtupfen.

- Öltemperatur: 170 °C
- Backdauer: 4 Minuten
- Beilagenempfehlung: Knoblauchrahm, Tsatsiki, Blatt- oder Gemüsesalate
- Tipp: Die Fülle kann ganz nach individuellem Geschmack mit Pinienkernen, Schinken oder Ricotta variiert werden.

# Kohlrouladen

Zutaten

*1 Kohlkopf*
*½ kg Faschiertes, gemischt (nicht zu mager)*
*100 g Semmeln (oder Weißbrot)*
*100 g Frühstücksspeck*
*100 g Zwiebeln*
*150 g Tomaten, geschält, entkernt*
*1 dl Tomatensaft*
*4 EL Öl*
*2 dl Suppe, klar*
*Salz*
*Pfeffer, schwarz, frisch gemahlen*
*Majoran*
*Knoblauch, gepresst*
*Petersilie, gehackt*
*Maizena nach Belieben*

Kohlkopf von Außenblättern und Strunk befreien, restliche Blätter ablösen, waschen. Die 8 schönsten Blätter in siedendem Salzwasser so lange kochen, bis sie biegsam und geschmeidig erscheinen. Blätter sofort in eiskaltem (am besten mit Eiswürfeln versetzten) Wasser abfrischen. Blätter abtrocknen, die dicken Rippen mit einem Fleischklopfer zart plattieren (klopfen), beidseitig salzen und pfeffern. Semmeln in kaltem Wasser weichen, nur leicht und nicht zu trocken ausdrücken, mit dem Mixstab pürieren. Semmelmasse, Petersilie, Knoblauch, Salz, Pfeffer und Majoran unter das Faschierte mengen. Faschiertes auf die Kohlblätter verteilen, flach verstreichen, einmal einrollen, die Enden umbiegen und weiter einrollen. Speck und Zwiebeln in kleine Würfel, Tomaten in ca. 1 cm große Würfel schneiden. Öl in einem Bräter oder einer feuerfesten Auflaufform erhitzen, Speck anrösten, Zwiebeln beigeben, glasig anlaufen lassen. Tomatenwürfel, Tomatensaft und Suppe untergießen und aufkochen lassen. Die Rouladen einlegen und zugedeckt im vorgeheizten Backrohr dünsten. Vor dem Servieren den Saft nach Belieben mit etwas Maizena binden.

- Backrohrtemperatur: 180 °C
- Garungsdauer: ca. 30 Minuten
- Beilagenempfehlung: Kümmelerdäpfeln
- Tipps: Den restlichen Kohl kann man – in Streifen geschnitten – als Unterlage für die Rouladen in die Auflaufform einstreuen oder anderweitig, etwa für Kohlgemüse, verwenden.
  Eine aparte Variante dieses Rezeptes ist es, statt Kohlblätter eingelegte Weinblätter, die im Feinkosthandel erhältlich sind, zu verwenden.

# Mailänder Rouladen

Zutaten

*4 Kalbsschnitzel à 150 g (von der Schale)*
*80 g Hühnerbrust, ohne Haut und Knochen*
*8 cl Schlagobers*
*80 g Hühnerleber*
*4 Scheiben Frühstücksspeck*
*8 Salbeiblätter*
*2 EL Parmesan, gerieben*
*1 dl Weißwein*
*1/8 l Suppe, klar*
*Salz*
*Pfeffer, frisch gemahlen*
*20 g Butter zum Montieren*
*10 g Mehl zum Stauben*
*2 EL Olivenöl zum Braten*

Gut gekühlte Hühnerbrust klein schneiden und im Schnellschneider unter ständiger Zugabe von eiskaltem Obers zu einer sämigen Farce cuttern (mixen). Mit Salz und Pfeffer würzen, Parmesan, fein gehackte Hühnerleber und 4 geschnittene Salbeiblätter untermengen. Kalbsschnitzel mit Klarsichtfolie bedecken und dünn plattieren (klopfen), beidseitig salzen. Das Fleisch mit der Farce bestreichen, einrollen und um jede Roulade eine Speckscheibe wickeln. Mit einem Zahnstocher oder kurzem Holzspieß fixieren. Öl in einer Kasserolle erhitzen, Rouladen einlegen und allseitig anbraten, aus der Kasserolle heben.
Mehl einrühren, mit Weißwein aufgießen, kurz reduzieren (einkochen) lassen und die Suppe zugießen. Rouladen wieder einlegen, jede Roulade mit einem Salbeiblatt belegen und zugedeckt ca. 30 Minuten im vorgeheizten Backrohr dünsten. Die Röllchen aus dem Saft heben, diesen seihen und in die Sauce eiskalte Butterstücke einrühren. Rouladen von den Holzspießen befreien, anrichten und mit Sauce übergießen.

- Backrohrtemperatur: 160 °C
- Garungsdauer: ca. 30 Minuten
- Beilagenempfehlung: Polenta, Safranreis, Erbsen, gedünsteter Chicorée, Radicchio di Treviso
- Tipp: Etwas in die Sauce eingerührter Marsala-Wein macht diese noch aromatischer und harmonischer.

## *»Pain pour Nickel«*

*Schwarzes Roggenschrotbrot aus der Dampfkammer hat in Westfalen eine uralte Tradition. Als die Franzosen Deutschland besetzten und einem Reitknecht Napoleons ein Stück Roggenbrot angeboten wurde, war der an Weißbrot gewohnte Soldat davon so entsetzt, dass er meinte, so ein Brot könne man allenfalls dem Pferd geben, das der Kaiser seiner Obhut anvertraut hatte. Und da dieses Pferd Nickel hieß, wies der Reitknecht das Vollkornbrot mit den Worten, »c'est du pain pour Nickel« – das ist ein Brot für das Pferd – zurück. Seither heißt das Brot, zumindest dieser Legende nach, Pumpernickel und hat, wie es das Rezept auf der folgenden Seite beweist, auch Eingang in die Saucenküche gefunden.*

# Schweinsrouladen mit Pumpernickelsauce

### Zutaten

*4 Schweinsschnitzel von der Schale à 180 g*
*200 g Schweinefleisch, durchzogen*
*½ Semmel*
*100 g Pökelzunge (Schwein oder Rind) oder Schinken, gekocht*
*6 Dörrbirnen (Kletzen) oder Dörrpflaumen*
*2 Scheiben Pumpernickel (45 g)*
*1 dl Bier*
*4 dl Suppe (oder brauner Fond)*
*100 g Zwiebeln*
*1 Apfel, geschält, entkernt*
*1 TL Maizena*
*3 EL Rosinen*
*1 EL Preiselbeerkompott*
*Majoran*
*Salz*
*Pfeffer, frisch gemahlen*
*5 EL Öl zum Anbraten*

Dörrbirnen in kaltem Wasser einige Stunden quellen lassen. Schnitzel mit Klarsichtfolie belegen, plattieren (klopfen), beidseitig mit Salz und Pfeffer würzen. Semmel in kaltem Wasser weichen, ausdrücken, mit in Würfel geschnittenem Schweinefleisch faschieren. Mit Salz, Pfeffer und Majoran würzen, gut verrühren. Entstielte Birnen und gekochte, geschälte Zunge in Würfel schneiden, unter die Fleischfarce mischen. Die Schnitzel damit bestreichen, straff einrollen und mit Spagat oder Bindfaden fixieren. Öl in einer Kasserolle erhitzen, die Rouladen allseitig braun anbraten, aus dem Topf heben. Grob gewürfelte Zwiebeln im verbleibenden Öl anrösten, mit Suppe oder Fond und Bier aufgießen, Pumpernickel grob teilen und mit den Preiselbeeren der Sauce beigeben. Alles aufkochen. Rouladen einlegen und zugedeckt zart wallend am Herd oder im Backrohr dünsten. Rouladen aus der Sauce heben, Bindfaden entfernen und warm stellen. Maizena mit etwas Bier

anrühren und zügig unter die Sauce mengen, aufkochen, die Sauce passieren oder mixen. Rosinen, in kleine Würfel geschnittenen Apfel und Rouladen wieder in die Sauce geben und gemeinsam nochmals erhitzen.

- Garungsdauer: ca. 1 Stunde
- Beilagenempfehlung: Waldviertler Knödel, Spätzle, Tarhonya, Erdäpfelpüree und Preiselbeerkompott

## Schweinsrouladen mit Pflaumenfülle

Zutaten

*500 g Schweinsfilet (Lungenbraten), zugeputzt (pariert)*
*12 Dörrpflaumen, entkernt*
*12 Scheiben Frühstücksspeck*
*Salz*
*Currypulver*
*Pfeffer, weiß, frisch gemahlen*
*2–3 EL Öl zum Braten*
*30 g Butter zum Montieren*
*2 EL Suppe (oder Wasser)*

Das Schweinsfilet in 12 Scheiben schneiden, mit Klarsichtfolie bedecken und messerrückendick plattieren (klopfen). Beidseitig mit Salz und Pfeffer würzen. Den Speck in wenig Öl beidseitig braten, aus der Pfanne heben, erkalten lassen. Die Schnitzerl mit Speckscheiben belegen, mit etwas Currypulver bestreuen und mit den Pflaumen belegen. Straff einrollen, mit Zahnstochern fixieren. Öl in einer flachen Pfanne erhitzen, die Rouladen einlegen, kräftig anbraten, einmal wenden und im auf 120 °C vortemperierten Backrohr fertig garen. Aus der Pfanne heben und das überschüssige Öl abgießen. Den Bratensatz mit etwas Suppe oder Wasser ablöschen, reduzierend (bei starker Hitze) kurz kochen, kalte Butterflocken in den Saft einrühren und Saft eventuell seihen. Die Röllchen kurz im Saft wenden, anrichten und mit Saft übergießen.

- Backrohrtemperatur: 120 °C
- Garungsdauer: ca. 6 Minuten
- Beilagenempfehlung: Curry- oder Pignolireis, Blattsalate

# Putenroulade in Strudelteig

Zutaten

*600 g Putenbrust, ausgelöst, ohne Haut*
*150 g Putenschinken, klein geschnitten*
*100 g Blattspinat, gekocht, gehackt*
*2 EL Zwiebeln (oder Schalotten), fein gehackt*
*40 g Butter*
*1 dl Schlagobers*
*1 Eidotter*
*2 Strudelteigblätter zu je 35 cm x 50 cm (selbst gezogen oder fertig gekauft)*
*Salz, Pfeffer, weiß*
*Muskatnuss, gerieben*
*Butter zum Bestreichen*

Butter in einer Pfanne oder flachen Kasserolle schmelzen, licht bräunen, Zwiebeln kurz anschwitzen. Gehackten Blattspinat untermischen, mit Salz, Pfeffer und Muskatnuss würzen, überkühlen lassen. Von der Putenbrust die Spitzen abschneiden (etwa 100 g), diese unter Beigabe von kaltem Schlagobers in der Küchenmaschine (Kleinschneider) zu einer homogenen Masse cuttern, salzen und pfeffern. Würfelig geschnittenen Putenschinken und Blattspinat unter die Farce rühren.
Putenbrust mittels Faltschnitt aufklappen, mit Klarsichtfolie bedecken und zart plattieren (klopfen). Folie abziehen, beidseitig salzen, die Innenflächen nach oben wenden und mit Schinken-Spinat-Farce ganzflächig bestreichen. Zu einer straffen Rolle eindrehen, die offenen Stellen mit Farce zustreichen. Einen Strudelteig in der Größe von 35 cm x 50 cm auf ein feuchtes Tuch aufbreiten, kräftig mit geschmolzener Butter bestreichen, den zweiten Strudelteig darüber legen und ebenfalls mit Butter bestreichen. Putenroulade am unteren Teigende auflegen und straff einrollen. Auf ein mit Trennpapier belegtes oder mit Butter bestrichenes Backblech legen, kräftig mit verschlagenem Eidotter bestreichen und im vorgeheizten Backrohr bei 200 °C ca. 25 Minuten knusprig und braun backen. Vom Blech heben, kurz rasten lassen und ohne Druck mit ziehenden Bewegungen mit einem sehr scharfen Messer in ca. 2 cm dicke Scheiben schneiden.

- Backrohrtemperatur: 200 °C
- Garungsdauer: je nach Stärke der Rolle ca. 25 Minuten
- Beilagenempfehlung: Blatt- oder Gemüsesalate, englisches Gemüse
- Tipps: Die Roulade kann warm oder kalt aufgetragen werden. Statt Strudelteig kann man auch Blätterteig verwenden.

# Alles in einen Topf

## Viel Genuss mit wenig Geschirr

*Eintöpfe stehen, oft zu Unrecht, im Ruf ein billiges Resteessen zu sein. Dabei hat die Not, mit wenig Geschirr und oft auch nur billigen Zutaten auskommen zu müssen, die Fantasie vieler Köchinnen und Köche zu wahren Meisterrezepten beflügelt, von denen wir Ihnen einige der schmackhaftesten präsentieren möchten.*

## Provençalischer Fischtopf

Zutaten

*600 g Filet von festfleischigem Fisch, am besten Angler (Seeteufel)*
*800 g Miesmuscheln*
*400 g Zucchini*
*je 1 Paprikaschote, rot, grün, gelb, entkernt und entstielt*
*120 g Zwiebeln*
*4 Tomaten, geschält, entkernt*
*1 dl Weißwein*
*1/8 l Tomatensaft*
*3 dl Wasser (oder Fischfond)*
*8 cl Olivenöl*
*3 Knoblauchzehen, gepresst*
*1 EL Estragonspitzen, gehackt*
*1 Thymiansträußchen*
*1 Lorbeerblatt*
*Salz*
*Pfeffer, frisch gemahlen*
*½ TL Maizena, mit etwas Weißwein angerührt*
*Olivenöl extra vergine zum Beträufeln*

Zucchini waschen, Enden entfernen, in grobe Würfel schneiden. Öl in einer Kasserolle erhitzen, Zucchini darin hellbraun anbraten, salzen, pfeffern, wieder herausheben und überkühlen lassen. Paprikaschoten in 3 cm große Stücke schneiden. In derselben Kasserolle grob geschnittene Zwiebeln glasig anschwitzen, Knoblauch und Paprikaschoten beigeben, kurz andünsten, mit Weißwein und Tomatensaft ablöschen. Lorbeerblatt und Thymian zugeben, mit Wasser oder Fischfond aufgießen und zugedeckt ca. 8 Minuten dünsten. Muscheln unter fließendem Wasser gut waschen, Bart entfernen, geöffnete Muscheln aussortieren. Fischfilet in mundgerechte Stücke schneiden, salzen, pfeffern, mit den gereinigten Muscheln in das Ragout einrühren, weitere 8 Minuten zart dünsten (am besten im Backrohr). Tomaten sechsteln, salzen, pfeffern und mit den Zucchini einrühren, einmal aufkochen. Maizena mit etwas Weißwein anrühren und zügig unter das Ragout mischen, Estragon beifügen und noch einmal aufkochen. Das Ragout vor dem Servieren mit etwas kaltem Olivenöl extra vergine beträufeln.

- GARUNGSDAUER: ca. 16–20 Minuten
- BEILAGENEMPFEHLUNG: knuspriges Baguette oder mitgedünstete Kartoffelscheiben
- TIPP: Runden Sie diesen Fischtopf geschmacklich ab, indem Sie noch zusätzlich einige Garnelen oder andere Fischsorten beigeben.

## PAELLA MIT MEERESFRÜCHTEN

ZUTATEN

*300 g Rundkornreis*
*ca. 1 l Wasser (auch Hühnersuppe oder Fischfond)*
*½ kg Miesmuscheln*
*300 g Garnelen (oder Hummerkrabben)*
*200 g Tintenfischringe*
*200 g Erbsen*
*60 g Zwiebeln, fein geschnitten*
*1 Paprikaschote, rot, entkernt*
*1 Briefchen Safranfäden*
*1 Knoblauchzehe, gepresst*
*6 cl Olivenöl*
*Salz*

Öl in einer Paellapfanne oder in einer passenden Kasserolle erhitzen, Tintenfischringe beifügen, kurz anrösten, Zwiebeln beigeben und farblos anschwitzen. Mit 2 dl Wasser oder Suppe aufgießen, ca. 20 Minuten dünsten. Reis und in Rauten geschnittene Paprikaschote einrühren, mit restlicher Flüssigkeit aufgießen, mit Safran, Knoblauch und Salz kräftig würzen. Am Herd einige Minuten schwach wallend kochen, dann in das vorgeheizte Backrohr stellen und ca. 15 Minuten dünsten. Währenddessen den Reis ab und an mit einer Bratengabel auflockern. Gesalzene, geschälte Garnelen oder Hummerkrabben sowie Erbsen vorsichtig unterrühren. Im Bedarfsfall noch etwas Wasser oder Fond zugießen. Muscheln unter fließendem Wasser gut waschen, Bart entfernen, geöffnete Muscheln aussortieren. Gereinigte Miesmuscheln obenauf einsetzen und weitere 5–8 Minuten garen.

- BACKROHRTEMPERATUR: 150 °C
- GARUNGSDAUER: ca. 45–50 Minuten
- BEILAGENEMPFEHLUNG: Blatt- oder Gemüsesalate
- TIPP: Was der Wok für die Chinesen, das ist die Paella für die Spanier, nämlich eine pechschwarze Stielpfanne aus Eisen, in der man den herrlichen Reiseintopf gleichen Namens herstellen kann, von dem es ungefähr so viele Rezepte gibt wie spanische Hausfrauen. Neben den Hauptzutaten Reis und Safran lässt sich dieses auf Meeresfrüchte beschränkte Rezept aus Valencia je nach Lust, Laune und Brieftasche auch um Hühner- oder Schweinefleisch, scharfe Chorizo-Wurst, Kaninchen oder Schinken, aber auch um Hummer, Muscheln und Langusten bereichern.

# Coq au vin
## *Huhn in Rotweinsauce*

Zutaten

*8 Hühnerkeulen (mit Oberkeule und Haut)*
*4 dl Rotwein*
*4 cl Cognac (oder Weinbrand)*
*150 g Frühstücksspeck*
*150 g Schalotten (oder Zwiebeln)*
*200 g Champignons*
*4 EL Öl (oder Butterschmalz), zum Anbraten*
*Gewürzsäckchen, bestehend aus 10 Pfefferkörnern, etwas Thymian und 1 Lorbeerblatt*
*Salz*
*4 dl Hühnersuppe (oder Wasser)*
*Mehl, glatt, zum Stauben*
*7 g Maizena, mit etwas Rotwein vermengt*
*1 EL Petersilie, gehackt*

Hühnerkeulen salzen, in Mehl wenden, dieses anpressen und überschüssiges Mehl abschütteln. Speck in 1 cm große Würfel schneiden, Champignons halbieren, kleine Schalotten ungeteilt lassen (Zwiebeln in 1½ cm große Würfel schneiden). Öl oder Butterschmalz in einer Kasserolle erhitzen, Speckwürfel anrösten, Schalotten oder Zwiebeln beigeben, leicht bräunen. Gesalzene Champignons einmengen, anrösten, alles herausheben und auf einem Sieb abtropfen lassen. Im restlichen Öl die Keulen beidseitig braun anbraten, mit Cognac ablöschen, Rotwein und etwas Hühnersuppe oder Wasser zugießen und das Gewürzsäckchen beigeben. Aufkochen und zugedeckt (am besten im vorgeheizten Backrohr) ca. 30 Minuten dünsten, von Zeit zu Zeit etwas Hühnersuppe zugießen. Gewürzsäckchen entfernen, Fett abschöpfen, Speck, Schalotten und Champignons wieder beigeben und ca. 10 Minuten dünsten. Hühnerkeulen aus der Sauce heben, Haut abziehen. Maizena mit etwas Rotwein anrühren, zügig in die Sauce mengen und nochmals aufkochen. Sauce mit den Keulen in einer Schüssel anrichten und vor dem Servieren mit gehackter Petersilie bestreuen.

- Backrohrtemperatur: ca. 140 °C
- Garungsdauer: ca. 40 Minuten
- Beilagenempfehlung: Reis, Nockerln oder andere Teigwaren
- Tipps: Dieses Rezept geht auf den französischen König Henri IV. zurück, der als sein politisches Hauptziel formulierte, jeder Franzose möge jeden Sonntag ein Huhn im Topf haben. Es ist jedoch nicht ratsam, für dieses Rezept wie früher ein ganzes Huhn zu verwenden, da das Brustfleisch bei dieser Art von Zubereitung leicht austrocknet. Keulen mit Oberkeule (hintere Vierteln) sind heute stückweise erhältlich und eignen sich ideal zum Dünsten. Wenn Sie die Hühnerhaut nicht essen wollen, ziehen Sie diese auf keinen Fall vor, sondern erst nach dem Garen ab. So bleibt das Hühnerfleisch wesentlich saftiger.

# Chili con Carne

Zutaten

*½ kg Rindsschulter, grob faschiert*
*100 g Zwiebeln*
*½ Paprikaschote, rot, entkernt*
*½ Paprikaschote, grün, entkernt*
*3 EL Tomatenmark*
*1 Dose Pomodori pelati (geschälte Tomaten, 400 g)*
*7 EL Öl zum Anbraten*
*2 Knoblauchzehen, gepresst*
*1 Pfefferoni, entkernt*
*600 g Kidneybohnen, gekocht (oder Frijoles = schwarze mexikan. Bohnen)*
*Chilipulver*
*Salz*
*Pfeffer, schwarz, frisch gemahlen*
*3/8 l Rindsuppe zum Aufgießen*

Öl in einer Kasserolle erhitzen. Klein geschnittene Zwiebeln beigeben, licht rösten, das faschierte Rindfleisch zugeben, durchrösten. Tomatenmark einrühren, gehackte Pelati samt Tomatensaft einmengen und mit Suppe aufgießen. 10 Minuten dünsten lassen. Dann Chili, Salz, Pfeffer Knoblauch, klein geschnittenen Pfefferoni sowie kleinwürfelig geschnittene Paprikaschoten und gekochte Bohnen beigeben. Weitere 15 Minuten dünsten, bei Bedarf etwas Suppe beigeben, abschließend würzig abschmecken.

- Garungsdauer: ca. 25 Minuten
- Beilagenempfehlung: Weißbrot oder Knoblauchtoasts
- Tipps: Bevorzugt man das Chili con Carne etwas molliger, so kann man mit zum Schluss eingerührtem Maizena eine leichte Bindung erzielen. Statt Faschiertem kann auch in Streifen oder kleinwürfelig geschnittenes Rindfleisch (von der Schulter) verwendet werden. Dieses wird zuerst angeröstet, dann herausgehoben und erst nach dem Anrösten der Zwiebeln wieder zugegeben (Garungsdauer ca. 90 Minuten).

## *»Pichelsteiner oder Büchelsteiner«*

*Das »Pichelsteiner« ist der vielleicht bekannteste Eintopf-Klassiker der deutschen Küche. Kaum jemand weiß heute noch, dass es sich dabei um ein urbayerisches Gericht handelt. Sein Ursprungsort ist die Stadt Regen im Bayerischen Wald, wo man auch seit über hundert Jahren alljährlich ein Pichelsteiner Fest feiert. Tatsächlich erfunden soll das »Pichelsteiner« jedoch in dem kleinen Dorf Büchelstein worden sein. Zumindest schwören dessen Einwohner heilige Eide darauf und halten trotzig bis auf den heutigen Tag die Schreibweise »Büchelsteiner Fleisch« aufrecht.*

# Pichelsteiner Fleisch

Zutaten für
4–6 Portionen

*½ kg Rindsschulter*
*½ kg Schweinsschulter*
*80 g Speck*
*150 g Zwiebeln, fein geschnitten*
*250 g Karotten, geschält*
*200 g Sellerieknolle, geschält*
*½ Kohl- (oder Kraut)kopf, ohne Strunk und Außenblätter*
*400 g Kartoffeln, speckig, roh geschält*
*1 dl Öl (oder Schweineschmalz)*
*Salz, Pfeffer, frisch gemahlen*
*1 TL Kümmel, ganz*
*4 Knoblauchzehen, gepresst*
*¾ l Suppe (oder Wasser), zum Aufgießen*
*Petersilie zum Bestreuen*

Schweinefleisch in etwas größere, Rindfleisch in kleinere Würfel schneiden, mit Salz und Pfeffer würzen. Karotten und Sellerie in Scheiben oder Stiftel, Kartoffeln in dicke Scheiben, Kraut oder Kohl in Streifen schneiden. Öl in einer tiefen Kasserolle erhitzen, das Fleisch anbraten, aus dem Topf heben. Würfelig geschnittenen Speck anrösten, Zwiebeln beigeben, anschwitzen, mit halber Suppen- oder Wassermenge ablöschen, das Fleisch beigeben und ca. 90 Minuten zugedeckt dünsten. Karotten, Sellerie, Kohl oder Kraut in Lagen einschichten, dazwischen immer mit Salz, Pfeffer, Knoblauch und Kümmel würzen. Mit Kartoffelscheiben abschließen, mit restlicher heißer Suppe oder Wasser auffüllen und zugedeckt nochmals ca. 30 Minuten langsam garen. Vor dem Servieren mit gehackter Petersilie bestreuen.

- Kochdauer: ca. 2 Stunden
- Tipp: Sowohl bei der Gemüse- als auch bei der Fleischauswahl lässt sich hier ganz nach persönlichem Geschmack improvisieren, etwa mit Lammfleisch, aber auch mit Kohlrabi, Fenchel oder Gelben Rüben. Sollte etwas Pichelsteiner Fleisch übrig bleiben, so ist das keineswegs ein Malheur, sondern eher ein Glücksfall: Pichelsteiner Fleisch schmeckt – ähnlich wie Gulyas – nach jedem Erwärmen besser.

# Djuveč

*Serbischer Fleisch-Gemüse-Eintopf*

Zutaten für
6 Portionen

*1 kg Schweins- (oder Lamm-) schulter, ausgelöst*
*6 EL Öl*
*1 EL Tomatenmark*
*200 g Langkornreis*
*200 g Kartoffeln, speckig, geschält*
*100 g Zwiebeln, geschält*
*1 Paprikaschote, rot, entstielt, entkernt*
*2 Paprikaschoten, grün, entstielt, entkernt*
*3 Tomaten, geschält, entkernt*
*4 Knoblauchzehen, gepresst*
*15 g Maizena*
*Salz*
*Pfeffer, frisch gemahlen*
*4 EL Sauerrahm*

Fleisch in 2 ½ cm große Würfel schneiden, salzen, pfeffern. Öl in einer Kasserolle erhitzen, Fleisch anbraten, nudelig geschnittene Zwiebeln beigeben, licht weiterrösten, Knoblauch und Tomatenmark beigeben und mit etwa 8 dl Wasser aufgießen. Zugedeckt ca. 70 Minuten im vorgeheizten Backrohr dünsten. Reis beigeben und 8 Minuten mitdünsten. Paprika in grobe Streifen, Kartoffeln in 1 cm dicke Scheiben schneiden, unter das fast fertig gedünstete Fleisch rühren und eventuell etwas Wasser nachgießen. Nochmals 12 Minuten weiterdünsten. Maizena mit wenig kaltem Wasser anrühren, zügig einrühren. Tomaten vierteln, mit Salz und Pfeffer würzen, beigeben und einmal aufkochen lassen. Vor dem Servieren glatt gerührten Sauerrahm oben eingießen, aber nicht verrühren.

- Backrohrtemperatur: 180 °C
- Garungsdauer: ca. 90 Minuten
- Tipp: Als Alternative zu diesem Rezept gibt es noch eine zweite Version: Zwiebeln, Zucchini-, Melanzani- und Tomatenscheiben salzen, pfeffern, in eine geölte feuerfeste Schüssel füllen. Gewürztes Fleisch (Lamm, Schwein oder Rind), Knoblauch, rohen Reis und obenauf nochmals gewürzte Tomaten zugeben, mit Wasser bedecken und im Backrohr bei mäßiger Hitze zugedeckt garen, bis das Fleisch weich ist.

# Französischer Lammeintopf

Zutaten

*1 kg Lammschulter, ausgelöst*
*250 g Bohnen, weiß, gekocht*
*100 g Frühstücksspeck*
*100 g Zwiebeln, fein geschnitten*
*8 Schalotten, geschält*
*120 g Kohlrabi, geschält*
*120 g Karotten, jung, geschält*
*5 EL Olivenöl*
*1/8 l Rotwein*
*½ l Suppe (auch Gemüse- oder brauner Fond)*
*1 EL Tomatenmark*
*8 Knoblauchzehen*
*1 TL Maizena, mit etwas Rotwein verrührt*
*1 Thymiansträußchen*
*1 Rosmarinsträußchen*
*1 Lorbeerblatt*
*10 Pfefferkörner*
*etwas Zitronenschale*
*Salz*
*Pfeffer, schwarz, frisch gemahlen*

Kohlrabi in Spalten, Karotten in mundgerechte Stücke schneiden. Fleisch in ca. 3 cm große Würfel schneiden, mit Salz und Pfeffer würzen. In einer breiten Kasserolle Öl erhitzen, Lammfleisch an allen Seiten scharf anrösten, aus dem Topf heben. Würfelig geschnittenen Speck und Zwiebeln glasig anschwitzen, Tomatenmark beigeben, dunkel rösten, mit Rotwein ablöschen, Fleisch wieder zugeben und mit Fond aufgießen. Lorbeerblatt, Thymian, Rosmarin, Zitronenschale und Pfefferkörner in ein Stück Leinen binden und dem Ragout beigeben. Ragout zugedeckt, am besten im Backrohr, ca. 65 Minuten dünsten. Dann Schalotten, Knoblauchzehen, Kohlrabi und Karotten beigeben, nochmals ca. 12–15 Minuten weiterdünsten. Maizena mit etwas

Rotwein anrühren, zügig unter das Ragout mengen, Bohnen beigeben, nochmals aufkochen lassen und vor dem Servieren das Gewürzsäckchen entfernen.

- BACKROHRTEMPERATUR: 180 °C
- GARUNGSDAUER: ca. 80 Minuten
- BEILAGENEMPFEHLUNG: Reis, gekochte Kartoffeln, Couscous, Olivenbrot
- TIPPS: Besonders fein mundet dieser Bohneneintopf, wenn man statt dem kräftigen Lammfleisch zartes Kaninchenkeulenfleisch verwendet.
  Wenn Sie statt der Karotten weiße französische Navet-Rübchen verwenden, so kommen Sie dem Original des französischen »Navarin« noch ein wenig näher.

# LAMMCURRY

*Kari*

ZUTATEN FÜR
4–6 PORTIONEN

*1 kg Lammschulter, ausgelöst, zugeputzt (pariert)*
*6 EL Öl*
*200 g Zwiebeln*
*1 Apfel, geschält, entkernt*
*2 EL Currypulver*
*1 dl Schlagobers*
*½ l Suppe (oder Wasser)*
*1 EL Kokosraspel (oder ⅛ l Kokosmilch aus der Dose)*
*1 EL Mehl, glatt*
*3 EL Joghurt (oder Sauerrahm)*
*einige Minzeblätter*
*Salz, Pfeffer*
*Mehl zum Bestauben*
*15 g Maizena nach Bedarf*

Lammschulter in ca. 3 cm große Würfel schneiden, salzen, pfeffern, mit Mehl bestauben und gut durchmischen. In einer Kasserolle Öl erhitzen, Lammwürfel darin anbraten, fein geschnittene Zwiebeln beigeben, durchmischen, glasig werden lassen. Grob geschnittenen Apfel beigeben, Kokosraspel oder Kokosmilch und Currypulver einstreuen, durchrühren, mit Suppe aufgießen und aufkochen lassen. Zugedeckt im vorgeheizten Backrohr ca. 90 Minuten dünsten. Obers einrühren, aufkochen, Joghurt oder Sauerrahm mit Mehl glatt verrühren, untermengen und noch einmal aufkochen. Bei Bedarf die Sauce mit kalt angerührtem Maizena binden. Vor dem Servieren mit gehackten Minzeblättern bestreuen.

- BACKROHRTEMPERATUR: anfangs 200 °C, dann 180 °C
- GARUNGSDAUER: ca. 80–90 Minuten
- BEILAGENEMPFEHLUNG: Reis

# Grosses Stück, ganzer Genuss

## Die besten Rezepte für den Festtagsbraten

*So köstlich kurz gebratene Gerichte auch sein mögen: Am überzeugendsten entfalten Fleischstücke ihr Aroma immer noch, wenn man sie am Knochen oder besser: im Stück zubereitet. Das ist meistens längst nicht so arbeitsaufwändig, wie es vielleicht in manchem Rezept klingen mag. Denn ist man mit den Vorbereitungsarbeiten erst einmal fertig, so kann man sich in Ruhe zurücklehnen und, von gelegentlichem Aufgießen oder Kontrollieren abgesehen, anderen Dingen widmen. Was Sie sonst noch über Bratenstücke im Ganzen wissen sollten, das lesen Sie in unserer kleinen Bratenkunde auf den Seiten 330–334.*

## Faschierter Netzbraten

Zutaten für
6 Portionen

*½ kg Schweinefleisch (Kleinfleisch oder Schulter), faschiert*
*½ kg Rindfleisch (Kleinfleisch oder Schulter), faschiert*
*2 Semmeln (oder 4 Scheiben Weißbrot)*
*100 g Zwiebeln, fein geschnitten*
*4 EL Öl*
*2 Eier*
*Salz*
*Pfeffer, schwarz, aus der Mühle*
*Majoran*
*3 Knoblauchzehen, gepresst*
*60 g Semmelbrösel*
*1 EL Petersilie, gehackt*
*Öl für die Form*
*Schweinsnetz, ca. 30 cm x 30 cm*
*8 cl Suppe (oder brauner Fond)*
*30 g Butter zum Montieren*

Zwiebeln in heißem Öl hellbraun rösten, erkalten lassen. Semmeln in kaltem Wasser weichen, nicht zu stark auspressen, mit dem Mixstab pürieren oder faschieren. Faschiertes mit Semmelmasse, Eiern, gerösteten Zwiebeln, Petersilie, Knoblauch, Semmelbröseln, Salz, Pfeffer und reichlich Majoran vermengen. Zu einem Striezel formen, mit nasser Handfläche oftmals glatt streichen. Schweinsnetz in kaltem Wasser gut wässern, ausdrücken, abtrocknen, dickere Ränder abtrennen. Striezel an den Rand des Netzes legen, in das Netz einhüllen, die Enden abdrehen oder einschlagen. Braten in eine leicht geölte Bratenpfanne oder auf ein Backblech legen und im auf 220 °C vorgeheizten Backrohr ca. 45 Minuten braten. Währenddessen mehrmals mit dem austretenden Fett übergießen. Braten aus der Form heben, warm stellen.

Überschüssiges Fett abgießen, Bratenrückstand mit etwas Suppe oder Fond ablöschen, durchkochen lassen und kalte Butterstücke einrühren. Bratensaft seihen, Braten in Scheiben schneiden und mit dem Bratensaft auftragen.

- Backrohrtemperatur: 220 °C Umluft
- Backdauer: ca. 45–50 Minuten, je nach Form des Bratens
- Beilagenempfehlung: Erdäpfelpüree, Blattsalate, Gewürzgurkerl
- Tipps: Der Netzbraten ist auch kalt, mit harten Eiern, Gewürz- oder Senfgurken serviert, eine Köstlichkeit.
  Eine aparte Variante dieses Netzbratens ergibt sich, wenn man das Faschierte vor dem Braten zuerst in blanchierte, gewürzte Kohlblätter und dann erst in das Netz hüllt.

# Putenbrust mit Kastanienfülle

Zutaten für 6 Portionen

*600 g Putenbrust, ausgelöst, ohne Haut*
*150 g Puten- (oder Hühner)brust, ausgelöst, für die Farce*
*1/8 l Schlagobers*
*1 Scheibe Weißbrot*
*1 Ei*
*120 g Kastanien, geschält, gekocht (etwa 250 g roh)*
*30 g Steinpilze, getrocknet*
*1 Schweinsnetz*
*Salz*
*Pfeffer, frisch gemahlen*
*1 EL Petersilie, gehackt*
*Suppe (oder Wasser), zum Aufgießen*
*einige kalte Butterflocken*
*Öl zum Anbraten*

Weißbrot in kaltem Wasser weichen, ausdrücken. Für die Farce das gut gekühlte Puten- oder Hühnerfleisch klein schneiden, unter ständiger Zugabe von kaltem Schlagobers im Blitzschneider zu einer cremigen, homogenen Farce cuttern (mixen). Ei und Weißbrotmasse einmixen, salzen und pfeffern. Getrocknete Steinpilze einige Stunden in kaltem Salzwasser weichen, 10 Minuten kochen. Dann erkalten lassen, abseihen und zart ausdrücken. Farce mit gekochten, geschälten Kastanien, Pilzen und gehackter Petersilie vermengen, mit Salz und Pfeffer abschmecken.
Putenbrust mittels Längsschnitt aufklappen, leicht plattieren (klopfen) und beidseitig salzen. Farce erhaben auf die halbe Innenseite der Brust auftragen, mit nasser Hand oder Palette glatt streichen, nicht bestrichene Hälfte darüber klappen und gut anpressen. Kalt gewässertes, abgetrocknetes Netz von dicken Rändern befreien, die gefüllte Brust darin straff einrollen, die Enden abdrehen (abschneiden), mit Spagat binden. Öl in einer flachen Pfanne erhitzen, Brust an beiden Seiten leicht anbraten, ins vorgeheizte Backrohr stellen. Rasant bei ca. 220 °C anbraten, wenden, nach 15 Minuten auf 150 °C reduzieren und 25 Minuten weiter braten. Putenbrust aus der Pfanne heben,

10 Minuten im offenen Backrohr bei 50 °C rasten lassen. Bratenrückstand mit etwas Suppe lösen, aufkochen und eiskalte Butterstücke einrühren. Nach Belieben abseihen. Putenbrust in Scheiben schneiden und mit dem Saft auftragen.

- BACKROHRTEMPERATUR: 15 Minuten bei 220 °C, dann auf 150 °C fallend, bei 50 °C rasten lassen
- BRATDAUER: 45–50 Minuten
- BEILAGENEMPFEHLUNG: Kartoffelkroketten, Mandelkartoffeln, Kohlsprossen, gebratener Chicorée
- TIPPS: Je nach Angebot und Geschmack lässt sich die Fülle durch allerlei Zutaten noch zusätzlich veredeln, etwa durch frische Steinpilze, Mu-err-Pilze, Morcheln, Pistazienkerne oder gehackten Waldmeister.
  Gefüllte Putenbrust schmeckt auch in kaltem Zustand köstlich, weshalb sie sich auch bestens für ein opulentes kaltes Buffet eignet.

## KALBSLEBER IM GANZEN GEBRATEN

ZUTATEN FÜR
4–6 PORTIONEN

*1 kg Kalbsleber, enthäutet, zugeputzt (pariert)*
*1 Schweinsnetz*
*1 TL Mehl zum Stauben*
*2 EL Öl zum Anbraten*
*1 EL Butter zum Montieren*
*2 dl klare Suppe (oder brauner Fond)*
*5 cl Madeira*
*Salz, Pfeffer, frisch gemahlen*
*Majoran*
*Wacholder, gemahlen*
*Öl für die Form*

Die Haut der Leber vorsichtig mit den Fingern abziehen, Gefäße, so weit möglich, ausschneiden. Öl in einer beschichteten Pfanne erhitzen, Leber an allen Seiten rasch braun anbraten, herausheben. Gut gewässertes Schweinsnetz abtrocknen, aufbreiten, auf die richtige Größe zurechtschneiden. Die Leber kräftig mit Salz, Pfeffer, Majoran und Wacholder einreiben und in das Netz hüllen.
In eine leicht geölte Form oder auf ein Backblech legen und bei 220 °C im vorgeheizten Backrohr ca. 15 Minuten braten, Backrohr öffnen, Hitze auf 70 °C reduzieren und Backrohr wieder schließen. Weitere 20 Minuten ziehen lassen, aus der Form heben und 10 Minuten warm rasten lassen. Überschüssiges Fett abgießen, Bratrückstand mit Mehl durchrösten, mit Suppe oder Fond aufgießen, Madeira zugießen, einige Minuten auf die gewünschte Konsistenz einkochen, abseihen, aufkochen, kleine kalte Butterstücke mit einem Saucenbesen einrühren (montieren), nicht mehr kochen. Kalbsleber in Tranchen schneiden, mit dem Saft auftragen.

- Backrohrtemperatur: bei 220 °C anbraten, dann bei 70 °C
- Bratdauer: ca. 35 Minuten braten, 10 Minuten rasten
- Beilagenempfehlung: Kartoffelpüree, Spritzkartoffeln, Selleriepüree, Broccoli oder Kräutertomaten
- Tipp: Geübte Hobbyköche können die Leber vor dem Einschlagen ins Netz mit einer Duxellesfarce (wie bei einem Filet Wellington) bestreichen. Der Erfolg wird die Mühe lohnen.

# Gefüllter Lammrücken

Zutaten für 8 Portionen

*1 Lammrücken, ca. 2 kg (vom Fleischhauer auslösen lassen)*
*1 Schweinsnetz ca. 40 cm x 40 cm*
*Salz*
*Pfeffer, schwarz, frisch gemahlen*
*Provencekräuter, getrocknet, gemahlen*
*3 dl Wasser (auch Fond oder Suppe), zum Aufgießen*
*½ TL Maizena*
*Öl zum Anbraten*

*Für die Fülle:*
*200 g Lammfleisch, unterspickt, von der Schulter*
*½ Semmel*
*150 g Blattspinat, blanchiert*
*2 EL Zwiebeln, gehackt*
*40 g Butter*
*1 EL Semmelbrösel*
*2 Knoblauchzehen, gepresst*
*Salz*
*Pfeffer, frisch gemahlen*
*Thymian, frisch (oder getrocknet)*

Lammrücken füllen

1. *Faschiertes Lammfleisch mit Semmelmasse, Blattspinat, den restlichen Zutaten sowie Gewürzen zu einer homogenen Masse verrühren.*
2. *Die gewürzte Innenseite des ausgelösten Lammrückens mit der Masse bestreichen, in der Mitte die gewürzten Lungenbraten hintereinander auflegen.*
3. *Bauchlappen so zueinander einschlagen, dass eine Rolle entsteht.*
4. *Gut gewässertes Netz abtrocknen, auflegen und auf die richtige Größe zuschneiden. Lammrücken darin straff einrollen.*
5. *Den in Netz gehüllten Lammrücken mit Spagat binden, außen nochmals salzen und pfeffern.*
6. *Lammrücken auf ein leicht geöltes Backblech setzen und wie beschrieben braten.*

Vom Oberteil des Lammrückens überschüssiges Fett und Haut abtrennen, Bauchlappen zuputzen. Lungenbraten (Filets) abtrennen, Häutchen abziehen und als Einlage zur Seite legen. Rücken und Lungenbraten mit Salz, Pfeffer und Provencekräutern würzen. Für die Fülle Zwiebeln in wenig Butter hellbraun anrösten, blanchierten Blattspinat fein hacken, beigeben, erkalten

lassen. Semmel in kaltem Wasser weichen, leicht ausdrücken. Lammfleisch schneiden, mit der geweichten Semmel faschieren. Mit Spinat, Semmelbröseln, Salz, Pfeffer, Thymian und Knoblauch zu einer homogenen Masse verrühren. Die Innenseite des Lammrückens mit der Masse bestreichen, in der Mitte die Lungenbraten hintereinander auflegen. Bauchlappen zueinander schlagen, so dass eine Rolle entsteht. Gut gewässertes Schweinsnetz abtrocknen, aufbreiten und auf die richtige Größe zurechtschneiden. Lammrücken darin einrollen, mit Spagat binden, außen nochmals salzen und pfeffern.
Auf ein leicht geöltes Backblech setzen, bei 250 °C im vorgeheizten Backrohr 18 Minuten braten, öfter begießen, wenden. Backrohrtüre öffnen, Hitze auf 75 °C reduzieren, schließen und weitere 40 Minuten ziehen lassen. Vom Blech heben, überschüssiges Fett abgießen. Rücken 10 Minuten warm bei etwa 60 °C rasten lassen. Bratensatz mit Wasser, Suppe oder Fond ablöschen, reduzierend kochen, mit etwas kaltem Wasser angerührtes Maizena einrühren, aufkochen und Saft seihen. Lammrücken in gefällige Tranchen schneiden (Rückenfilets sollen zart rosa sein). Beim Anrichten zuerst den Saft eingießen, dann die Tranchen auflegen.

- BACKROHRTEMPERATUR: 250 °C auf 75 °C sinkend, ziehen lassen
- BRATDAUER: ca. 60–70 Minuten, 10 Minuten rasten lassen
- BEILAGENEMPFEHLUNG: Fenchel, Chicorée, Fisolen, Kohlsprossen, weiters Zwiebel- oder Rosmarinkartoffeln oder Kartoffelgratin

## ENTE MIT ORANGEN

*Canard à l'orange*

ZUTATEN FÜR
2–3 PORTIONEN

*1 Ente, bratfertig (ca. 2,2 kg)*
*20 g Butter*
*4 Orangen, unbehandelt*
*1/8 l Orangensaft*
*20 g Kristallzucker*
*4 cl Grand Marnier (Orangenlikör)*
*Salz*
*½ Apfel zum Füllen*
*½ Orange, unbehandelt, zum Füllen*
*etwas Öl zum Einstreichen*

Mit einem Zestenreißer von 2 gewaschenen Orangen Schalen abschaben oder äußere Schale (ohne weiße, bittere Innenschale) mit einem scharfen Messer hauchdünn abtrennen, dann in feinste Streifen schneiden. Orangenzeste in wenig kochendem Wasser 2 Minuten überbrühen, abseihen. Fruchtfleisch von vier Orangen in Spalten filetieren, Kerne entfernen. Gewaschene Ente innen und außen salzen, halben Apfel und halbe Orange grob zerkleinern, vermengen und ins Innere der Ente füllen. Ente mit Öl einreiben und

mit der Brust nach unten in einem zart geölten Bräter im vorgeheizten Backrohr braten. Nach ca. 10 Minuten leicht bewegen, damit die Haut nicht kleben bleibt. Sobald die Ente Fett absondert, wiederholt damit übergießen, nach halber Bratzeit wenden, weiter übergießen, knusprig braten. Ente herausheben, Fett aus dem Inneren abgießen, warm stellen.
Fett aus dem Bräter abgießen. Bratensatz, sofern noch nötig, nachbräunen, mit 2 cl Grand Marnier ablöschen. Etwa 1 dl Wasser und 1 dl Orangensaft zugießen, auf die gewünschte Konsistenz reduzierend einkochen, seihen. Zesten beigeben, 2 Minuten kochen. Butter in einer flachen Pfanne schmelzen, Zucker beigeben, unter Rühren karamellisieren, mit restlichem Orangensaft und Grand Marnier ablöschen, dickflüssig einkochen. Orangenspalten beigeben, glacieren, aber nicht kochen. Ente tranchieren, mit Orangensauce und erwärmten Orangenspalten auftragen.

- Backrohrtemperatur: 180 °C
- Bratdauer: 1 ¾ Stunden
- Beilagenempfehlung: Mandelkroketten, Maroniknödel
- Tipps: In Frankreich, dem Herkunftsland dieses großen, klassischen Gerichts, bereitet man dieses am liebsten mit jungen Flugenten zu.
  Wer den Saft lieber mollig hat, der binde ihn mit etwas Maizena.

# Gefüllter Schweinsrücken in Salzteig

Zutaten für 6 Portionen

*1 kg Schweinskarree, ausgelöst*
*40 g Kletzen (Dörrbirnen), entstielt, in Wasser geweicht*
*40 g Feigen, gedörrt*
*40 g Pflaumen, gedörrt, ohne Stein*
*Salz*
*Zimt, gemahlen*
*Öl zum Anbraten*
*1 verschlagenes Ei zum Bestreichen*

*Für den Salzteig:*
*½ kg Weizenmehl, glatt*
*½ kg Salz, sehr feinkörnig*
*3 dl Wasser*
*Mehl für die Arbeitsfläche*

Für den Salzteig Mehl, Salz und Wasser zu einem glatten Teig verarbeiten, ca. 1 Stunde kühl rasten lassen. Schweinskarree in der Mitte mit einem dünnen Messer fast durchstechen und zu einer Tasche erweitern. Geweichte Kletzen, Feigen und Dörrpflaumen ganz grob zerteilen und vermischen. Früchte in die Öffnung füllen, immer wieder nachdrücken und auch von oben drücken, damit die Luft entweichen kann. Fleisch außen leicht salzen. Öl in einer passenden Pfanne oder einem Bräter erhitzen, Karree rundum rasant anbraten, aus der Pfanne heben, erkalten lassen, mit Zimt gut einreiben. Salzteig auf einer bemehlten Unterlage rechteckig, entsprechend der Größe des Karrees, ca. 1 cm stark ausrollen. Das Fleisch mit der schönen Oberseite nach unten auf den Teig legen, einrollen, den Teigabschluss mit versprudeltem Ei bestreichen, gut aneinander pressen. Mit der Teignaht nach unten auf ein mit Backpapier belegtes Backblech legen, mit gut verschlagenem Ei bestreichen und im auf 200 °C vorgeheizten Backrohr 20 Minuten braun und knusprig anbacken. Mit Alufolie abdecken, Backrohr öffnen, Hitze auf 120 °C reduzieren, Türe schließen und noch ca. 40 Minuten fertig backen. Aus dem Backrohr nehmen, 10 Minuten rasten lassen und die Kruste erst bei Tisch abheben. Fleisch tranchieren. Die Kruste ist nicht für den Verzehr geeignet.

- BACKROHRTEMPERATUR: 200 °C auf 120 °C fallend
- BACKDAUER: 1 Stunde, 10 Minuten rasten lassen
- BEILAGENEMPFEHLUNG: Spritzkartoffeln, Kohlsprossen, Grünspargel
- TIPPS: Die Dörrobstfülle kann ganz nach Belieben auch mit Zungenwürfeln, Äpfeln oder Nüssen kombiniert werden.
  In Salzteig, der übrigens auch aus Roggenmehl zubereitet werden kann, lässt sich so allerlei einschlagen. Rücken und Keulen von fast allen Fleischsorten sind dafür ebenso geeignet wie Fische im Ganzen (Zander, Branzino oder Lachs). Salzteig ist zwar nicht für den Verzehr bestimmt, hält das Fleisch aber wunderbar saftig und lässt beim Öffnen der Teigkruste ein wahres Feuerwerk an Aromen hochsteigen.

## SALZBURGER BRATEN

ZUTATEN FÜR
10–12 PORTIONEN

*2 ½ kg Schweinebauch*
*800 g Surfleisch (Schlegelteile vom Schwein)*
*300 g Schweinsschulter, ausgelöst*
*150 g Speck, grün (ungeräuchert)*
*¼ l Wasser, eiskalt*
*8 Knoblauchzehen, gepresst*
*Kümmel, ganz*
*Majoran*
*Salz, Pökelsalz*
*Öl (oder Schmalz), für die Form*

In einem großen Bräter etwa 2 fingerbreit Salzwasser zum Kochen bringen, Schweinebauch mit der Schwarte nach unten einlegen, ca. 20 Minuten überkochen lassen. Fleisch herausheben, überkühlen. Fleisch der Breite nach in ca. 4 mm Abständen einige Millimeter tief einschneiden (schröpfen). In den Bauch eine taschenförmige Öffnung einschneiden. Innen und außen mit Salz, einigen Knoblauchzehen und Kümmel kräftig würzen. Schweinsschulter in kleine Würfel schneiden, etwas Pökelsalz beigeben und gemeinsam mit

SALZBURGER BRATEN

*1. Überkochten, überkühlten Schweinebauch der Breite nach in Abständen von ca. 4 mm einige Millimeter tief einschneiden (schröpfen).*
*2. In den Bauch eine taschenförmige Öffnung einschneiden, würzen.*
*3. Gecutterte Farce mit Surfleischwürfeln vermengen.*
*4. Farce mit einem Löffel in die Öffnung füllen, dabei stets gut nachpressen.*
*5. Die Öffnung mit Spagat vernähen oder mit einem Holzspieß verschließen.*
*6. Das Fleisch mit der Schwartenseite nach oben bei 200 °C braten und tranchieren.*

würfelig geschnittenem Speck im Kleinschneider unter ständiger Beigabe von eiskaltem Wasser zu einer sämigen Farce cuttern (mixen). Mit restlichem Knoblauch und Majoran würzen. Surfleisch in gröbere Würfel schneiden, mit dem Brät vermischen und mit einem Löffel in die Öffnung füllen. Stets gut nachpressen, damit keine Luft- und Hohlräume entstehen. Die Öffnung mit Spagat vernähen. Großen Bräter oder Backblech mit etwas Öl oder Schmalz ausstreichen, den Braten mit der Schwartenseite nach oben darauf legen und in das auf 200 °C vorgeheizte Backrohr schieben. Nach 30 Minuten mit etwas Wasser untergießen, Braten wiederholt mit Bratensaft übergießen und im Bedarfsfall Wasser nachgießen. Fertigen Braten herausheben und warm rasten lassen. Den Bratensatz weiter einkochen, überschüssiges Fett abgießen, mit 3 dl Wasser ablöschen, gut durchkochen und seihen. Den Braten tranchieren und mit dem Saft auftragen.

- Backrohrtemperatur: 200 °C
- Bratdauer: ca. 3 Stunden
- Beilagenempfehlung: Reis, Semmel- oder Waldviertler Knödel, Sauerkraut, warmer oder kalter Krautsalat, Rahmgurkensalat, Käferbohnen-(Saubohnen)salat, Blattsalate
- Tipp: Mischen Sie zur Abwechslung einmal auch getrocknete Feigen, Dörrzwetschken oder Kletzen unter die Farce – der Braten erhält dadurch eine völlig andere Geschmacksharmonie.

# Rindsfilet im Weinblatt

Zutaten für 6–8 Portionen

*1 kg Rindsfilet-Mittelstück (Rindslungenbraten), zugeputzt (pariert)*
*6 Weinblätter, eingelegt*
*4 EL Öl zum Anbraten*
*80 g Pinienkerne*
*100 g Pilze (z.B. Steinpilze, Champignons, Austernpilze)*
*100 g Hühnerbrust, ohne Knochen und Haut*
*1 dl Schlagobers*
*1 EL Petersilie, gehackt*
*1 Schweinsnetz*
*Salz*
*Pfeffer, schwarz, aus der Mühle*
*20 g Butter zum Montieren*
*brauner Fond (auch milde Suppe oder Wasser), zum Ablöschen*
*Öl zum Einstreichen*

Weinblätter und Schweinsnetz jeweils extra in reichlich kaltem Wasser einige Stunden wässern. Filet mit Salz und Pfeffer kräftig würzen. 3 EL Öl in einer flachen Pfanne erhitzen, Filet an allen Seiten rasant braun anbraten, aus der Pfanne heben, völlig erkalten lassen, Öl mit Küchenkrepp abtupfen. Überschüssiges Fett aus der Pfanne abgießen, den Bratensatz mit etwas Suppe oder Wasser ablöschen, reduzierend einkochen, kalte Butterstücke einrühren, abseihen und warm stellen.
Hühnerbrust in kleine Stücke schneiden, im Schnellschneider unter ständiger Zugabe von kaltem Schlagobers zu einer sämigen Farce cuttern (mixen). Geputzte Pilze in kleine Würfel schneiden. In einer flachen Pfanne 1 EL Öl erhitzen, Pilze anbraten, mit Salz und Pfeffer würzen, auf ein Sieb geben und erkalten lassen. Hühnerfarce mit Pinienkernen, Pilzen und Petersilie vermengen. Gewässertes Schweinsnetz gut ausdrücken, dicke Ränder weg-

schneiden, mit Küchenkrepp abtrocknen, auf ein entsprechend großes Stück Klarsichtfolie aufbreiten. Das Netz mit abgetrockneten, entstielten Weinblättern bedecken, Farce gleichmäßig aufstreichen. Filet darauf legen, straff einrollen, die Enden des Netzes abdrehen und abschneiden. Mit Spagat binden, auf ein schwach geöltes Backblech legen, in das auf 230 °C vorgeheizte Backrohr schieben. Anfangs forciert braten, nach ca. 20 Minuten Hitze auf 150 °C senken, öfter mit Bratensatz übergießen und weitere 25 Minuten braten. Anschließend ca. 20 Minuten bei ca. 60 °C warm rasten lassen. Spagat entfernen, das Filet in fingerdicke Tranchen (Scheiben) schneiden.

- Backrohrtemperatur: 230 °C auf 150 °C fallend, bei 60 °C rasten lassen
- Bratdauer: 45 Minuten, 20 Minuten rasten lassen
- Beilagenempfehlung: Madeirasauce, glacierte Kastanien, Grünspargel, gebratener Chicorée, Zucchini, Melanzani, Kartoffelgratin, Kartoffelkroketten
- Tipps: Wer den »Punkt« für rosa gebratene Fleischstücke ganz exakt erwischen möchte, sollte ein Fleischthermometer benüzen.
  Eingelegte Weinblätter erhält man in griechischen oder türkischen Feinkostgeschäften. Sind Weinblätter nicht erhältlich, kann man blanchierte Kohlblätter verwenden.

# Plachuttas Rindfleischküche

## Dem Meister auf die Finger geschaut

*Gibt es über einen so althergebrachten Klassiker wie die Alt-Wiener Siedefleisch-Küche überhaupt noch etwas Neues zu sagen? – In diesem Kapitel verrät Ewald Plachutta ein paar Geheimnisse, von denen zwar ungezählte Genießer in den »Plachutta-Restaurants« schon gekostet haben, die sie aber bis dato vielleicht doch noch nicht kannten.*

## Tafelspitz

Zutaten für 6 Portionen

*ca. 2 kg Tafelspitz (oder Schulterscherzel, Kruspelspitz, mageres Meisel, weißes Scherzel, Hüferscherzel, Hüferschwanzel, Tafelstück, Fledermaus)*
*sowie 3 kg Beinfleisch*
*300 g Wurzelwerk, geschält (Karotte, Gelbe Rübe, Sellerie zu gleichen Teilen), geputzt*
*1 Zwiebel mit Schale, halbiert*
*½ Stange Lauch, geputzt*
*10 Pfefferkörner, schwarz*
*Salz*
*etwas Liebstöckel*
*6 Scheiben Markknochen*
*Schnittlauch zum Bestreuen*
*Schwarzbrottoasts für die Markscheiben*

Die ungeschälte Zwiebel in einer Pfanne ohne Fett an den Schnittflächen dunkel bräunen. Markknochen und Fleisch (Fetteindeckung und dünne Hautabdeckung sollen erhalten bleiben) warm waschen, abtropfen lassen. Etwa 3 Liter Wasser zum Kochen bringen, Fleisch einlegen und schwach wallend kochen. Aufsteigenden Schaum und Trübstoffe ständig abschöpfen. Pfefferkörner, Zwiebelhälften und Liebstöckel beigeben; ca. 30 Minuten vor Garungsende Wurzelgemüse und Lauch zugeben.
Fleisch aus der Suppe heben, diese abseihen, mit Salz abschmecken. Markknochenscheiben einlegen und noch 5 Minuten am Siedepunkt ziehen lassen. Das Fleisch gegen den Faserlauf in fingerstarke Tranchen, Wurzelwerk in Scheiben schneiden und in einer passenden Kasserolle mit einem Teil der Suppe, den Markknochen, dem Wurzelgemüse und Lauch nochmals aufkochen, mit geschnittenem Schnittlauch bestreuen.
Das Innere der Markknochen wird bei Tisch herausgelöst und auf getoastetem Schwarzbrot serviert.

- Garungsdauer: Tafelspitz 3 Stunden, restliche Stücke ca. 2 ½ Stunden, Fledermaus 1 ½ Stunden
- Beilagenempfehlung: getoastete Schwarzbrotscheiben für die Markscheiben, Apfel- oder Semmelkren, Schnittlauchsauce, Rösterdäpfel, Gemüse nach Wiener Art (Cremespinat, Kochsalat mit Erbsen, Kohl, Dillfisolen, Rahmkürbis)
- Tipps: Die Garungszeiten sind lediglich Orientierungshilfen; deswegen ist es unerlässlich, den Garungsfortschritt zu beobachten. Dafür das Fleisch nach 2 Stunden in kürzeren Abständen anstechen und den Garungsgrad überprüfen. Im Zweifelsfall ein kleines Stückchen abschneiden, wobei aber zu beachten ist, dass das Fleisch außen weicher ist als innen.
  Das gekochte Fleisch niemals in heißem Zustand trocken liegen lassen. Wird das Fleisch nicht sofort tranchiert und aufgetragen, mit reichlich kaltem Wasser bedecken, bei Bedarf aufschneiden und in der Suppe nochmals erwärmen.

## Das Geheimnis vom Tafelspitz

Wenn es bei der Zubereitung eines so traditionellen Gerichtes wie dem gekochten Tafelspitz überhaupt ein Geheimnis gibt, so liegt es in der Grundqualität des Fleisches. Man sollte seinem Fleischhauer also unbedingt vertrauen können, dass er seine Ware nicht von zu alten Rindern bezieht und auch weiß, dass weibliche Kälber durch ihre gute Fetteindeckung allen anderen Tieren vorzuziehen sind. Ochsenfleisch ist leider kaum erhältlich, junge Stiere können aber ebenso hervorragende Qualität liefern. Zwei Tipps aus der Schule:

- Schauen Sie sich beim Einkauf die Größe und Farbe der Teilstücke genau an. Sie geben letztlich Aufschluss über das Alter der Tiere, da junge Rinder naturgemäß auch kleiner und heller sind. Am besten schmeckt das Fleisch, wenn die Tiere zwischen 13 und 15 Monate alt sind.
- Überschätzt wird von vielen Rindfleisch-Köchen das Reifen des Fleisches nach der Schlachtung. Fleisch mit mäßiger Grundqualität wird auch nach längerer Reifung kaum besser. Zu lange abgehangenes Fleisch kann nach dem Kochen hingegen ziemlich trocken auf den Teller gelangen.

# Gedünsteter Tafelspitz in Wurzelrahmsauce

Zutaten für 8 Portionen

*2 kg Tafelspitz*
*200 g Wurzelwerk, geschält, grob gewürfelt*
*150 g Zwiebeln, in grobe Würfel geschnitten*
*1 dl Öl zum Anbraten*
*1 EL Tomatenmark*
*40 g Mehl, glatt*
*1,2 l Rindsuppe, mild (oder Wasser)*
*¼ l Sauerrahm*
*1 EL Estragonsenf*
*2 EL Kapern*
*15 Pfefferkörner*
*2 Lorbeerblätter*
*Salz*
*Pfeffer, schwarz, frisch gemahlen*

*Für die Garnitur:*
*400 g Karotten, Sellerieknolle, Kohlrabi, geschält*
*30 g Butter*
*1 dl Suppe (oder Wasser), zum Aufgießen*
*1 EL Petersilie, gehackt*

Pfefferkörner und Lorbeerblätter in ein kleines Leinentüchlein binden. Tafelspitz nur wenig zuputzen (Fettabdeckung und dünne Hautabdeckung an der Unterseite sollen erhalten bleiben, damit das Fleisch saftig bleibt). In einem passenden Bratentopf Öl erhitzen, Fleisch mit Salz und Pfeffer würzen, an allen Seiten rasant stark bräunen, aus dem Öl heben. Im verbliebenen Öl Wurzelwerk und Zwiebeln rösten, Tomatenmark und Senf beigeben, kurz weiterrösten, mit heißer Suppe oder Wasser aufgießen. Wenig Salz, Kapern und Gewürzsäckchen beigeben, aufkochen, Tafelspitz wieder zugeben und zugedeckt im auf 200 °C vorgeheizten Backrohr dünsten. Gegartes Fleisch herausheben, warm stellen und Gewürzsäckchen entfernen. Mehl und Sauerrahm glatt verrühren, in die Sauce einrühren, kurz durchkochen. Die Sauce samt Wurzeln und Zwiebeln passieren oder mixen, abschließend nochmals salzen. Für die Garnitur Gemüse in Streifen schneiden, in Butter anschwitzen, mit Suppe oder Wasser untergießen und ca. 10 Minuten dünsten, bis die Flüssigkeit verdunstet ist. Fleisch in fingerdicke Tranchen schneiden, mit Sauce überziehen, die Wurzelstreifen obenauf drapieren und mit gehackter Petersilie bestreuen.

- Backrohrtemperatur: 200 °C
- Garungsdauer: ca. 3 Stunden
- Beilagenempfehlung: Bandnudeln, Spiralen, Serviettenknödel, Schupfnudeln

## *»Die Legende vom Tafelspitz«*

*»Wer nicht über mindestens ein Dutzend Stücke von gekochtem Rindfleisch sachkundig sprechen konnte«, schrieb Joseph Wechsberg, der Altösterreicher unter den großen Feuilletonisten, »gehörte in Wien nicht dazu, gleichgültig, wie viel Geld er verdiente oder ob der Kaiser ihm den Titel eines Hofrats oder Kommerzialrats verliehen hatte.« Wie populär Rindfleisch in Wien immer schon war, lässt sich aber auch schon ein Jahrhundert zuvor in einem alten Reisebericht nachlesen: »In den Fleischtöpfen Wiens wird das Wiener Rindfleisch zubereitet, das einzige delikate, mürbe, saftige, unübertreffliche, herrliche, geliebte, ersehnte Wiener Rindfleisch.«*

*Gekochtes Rindfleisch speiste man in Wien jedoch nicht nur daheim, sondern vor allem auch im gutbürgerlichen Restaurant. Unter den vielen »Gustostückerln« hat zweifellos der Tafelspitz die größte Berühmtheit erlangt, und er war auch der unangefochtene Star der Rindfleischkarte des legendären Hotels Meissl & Schadn auf dem Neuen Markt, die mit 24 (!) verschiedenen Sorten Siedefleisch bestückt war. Das Hotel wurde leider ein Opfer der Bombenangriffe des Zweiten Weltkriegs.*

*Seit sich in Wien jedoch »der Plachutta« zunächst 1987 in Hietzing und später auch am Luegerplatz in der City sowie draußen in Nußdorf etablierte, hat Wien endlich wieder ein neues »Rindfleischparadies« und der legendäre Tafelspitz eine würdige Heimstätte.*

# Luegertopf

### Zutaten für 6 Portionen

*1,2 kg Schulterscherzel (oder anderes Siedefleisch vom Rind)*
*1,5 kg Kalbskopf im Ganzen, unausgelöst, geputzt*
*1 Kalbszunge, gepökelt (oder grün, nicht gepökelt)*
*300 g Wurzelwerk, geschält (Karotte, Gelbe Rübe, Sellerie zu gleichen Teilen), geputzt*
*1 Zwiebel mit Schale, halbiert*
*½ Stange Lauch, geputzt*
*10 Pfefferkörner, schwarz*
*Salz*
*etwas Liebstöckel*
*6 Scheiben Markknochen*
*Schnittlauch zum Bestreuen*
*Schwarzbrottoasts für die Markscheiben*

Kalbskopf unter wiederholtem Wasserwechsel einige Stunden in reichlich kaltem Wasser wässern. Ungeschälte Zwiebel in einer Pfanne ohne Fett an den Schnittflächen dunkel bräunen. Markknochen und Fleisch warm waschen, abtropfen lassen. Etwa 4 Liter Wasser zum Kochen bringen, Fleisch, Zunge und Kalbskopf einlegen und schwach wallend kochen. Aufsteigenden Schaum und Trübstoffe ständig abschöpfen. Pfefferkörner, Zwiebelhälften und Liebstöckel beigeben. Nach ca. 2 Stunden weich gekochten Kalbskopf und Zunge aus der Suppe heben, in kaltes Wasser legen, vom Kalbskopf die Maske (gallertartige Fleischteile) abheben, von der Zunge die Haut ablösen. Wurzelgemüse und Lauch in die Suppe einlegen. Fertig gegartes Fleisch aus der Suppe heben, diese abseihen und mit Salz würzen. Markknochenscheiben in die Suppe einlegen und ca. 5 Minuten am Siedepunkt ziehen lassen. Das Fleisch gegen den Faserlauf in fingerstarke Tranchen, Zunge in Scheiben, Kalbskopf in beliebig große Stücke schneiden, in einer passenden Kasserolle mit einem Teil der Suppe, den Markknochen, Lauch und geschnittenem Wurzelgemüse nochmals aufkochen. Mit Schnittlauch bestreuen und mit getoastetem Schwarzbrot auftragen.

- Garungsdauer: Tafelspitz 3 Stunden, restliche Stücke ca. 2½ Stunden, Fledermaus 1½ Stunden
- Beilagenempfehlung: getoastete Schwarzbrotscheiben für die Markscheiben, frisch gerissener Kren, Apfel- oder Semmelkren, Schnittlauchsauce, Rösterdäpfel, Gemüse nach Wiener Art (Cremespinat, Kochsalat mit Erbsen, Kohl, Dillfisolen, Rahmkürbis)
- Tipp: Dieses Gericht entstand 1993 anlässlich der Eröffnung von »Plachuttas Gastwirtschaft« am Luegerplatz und war die Reaktion auf den Wunsch zahlreicher Gäste nach immer seltener gewordenen Zutaten wie Kalbskopf und gekochter Zunge. Was die Wahl des »Dritten im Bunde«, des Siedefleisches selbst betrifft, so lässt sich diese beliebig variieren. Die Markknochen dazu sollten Sie aber auf keinen Fall vergessen.

# Fledermaus à la Plachutta

Zutaten

*1 kg Fledermaus vom Rind (s. Tipp)*
*200 g Wurzelwerk (Karotten, Sellerieknolle, Gelbe Rübe)*
*200 g Erdäpfel, speckig*
*½ Zwiebel, in der Schale, an der Schnittfläche geröstet*
*10 Pfefferkörner*
*1 Lorbeerblatt*
*etwas Liebstöckel*
*Salz*

*Für die Krensauce:*
*20 g Butter*
*20 g Mehl, glatt*
*2 dl Rindsuppe*
*5 cl Schlagobers*
*2 Eidotter*
*1 EL Kren, frisch gerissen*
*Salz, Pfeffer, weiß, frisch gemahlen*
*Muskatnuss, gerieben*
*Semmelbrösel zum Bestreuen*

Etwa 1,5 Liter Wasser zum Kochen bringen, Pfefferkörner, Lorbeerblatt, Liebstöckel und gebräunte Zwiebel beigeben. Fleisch lauwarm waschen, in das Wasser legen und ca. 70 Minuten kochen. Herausheben, Suppe seihen, beides wieder zum Kochen bringen. Geschältes Wurzelwerk und geschälte, rohe Erdäpfel in ca. 7 mm dicke Scheiben schneiden. Wurzeln zum Fleisch in die Suppe geben, salzen, ca. 10 Minuten kochen, dann Erdäpfel beigeben. Im Idealfall sind dann Fleisch, Wurzelgemüse und Erdäpfel gleichzeitig gegart. (Sollte das Fleisch noch zu kernig sein, Wurzeln und Erdäpfel wieder herausheben und Fleisch weich kochen.) Währenddessen für die Sauce Butter schmelzen, Mehl beigeben, kurz rösten, mit heißer Suppe und Obers aufgießen und knotenfrei mit einem Schneebesen verrühren. Etwa 4 Minuten verkochen, Eidotter zügig in die noch heiße Sauce einrühren, dann Kren untermengen und abschließend mit Salz, Pfeffer und Muskatnuss würzen. Wurzeln und Erdäpfelscheiben auf dem Boden einer Gratinierform ausbreiten, mit etwas Suppe untergießen. Fledermausstücke in fingerdicke Scheiben schneiden und darauf verteilen. Mit der überkühlten Sauce überziehen, verstreichen und mit Semmelbröseln bestreuen. Bei extremer Oberhitze im vorgeheizten Backrohr goldbraun überbacken. In der Gratinierschüssel zu Tisch bringen.

- GARUNGSDAUER: ca. 1 ½ Stunden
- GRATINIERDAUER: ca. 8–10 Minuten bei extremer Oberhitze
- TIPP: Als »Fledermaus« bezeichnet man jenes handflächengroße Stück Rindfleisch, das vom Beckenknochen umschlossen wird. Gekocht und durchschnitten zeigt es eine Faserstruktur, die in ihren Umrissen einer Fledermaus ähnelt.
  Dieses Rezept eignet sich nicht nur für Rindfleisch (auch Schulterscherzel, Beinfleisch oder Kruspelspitz), sondern auch für saftigen Schopfbraten oder Selchfleisch. Allerdings empfiehlt sich bei Schweinefleisch dann eine andere Unterlage, etwa Sauerkraut.

# Süsse Gerichte

# Soufflés und Aufläufe

## Süße Rätsel – und wie sie aufgehen

*Das Wörtchen Soufflé stammt aus dem Französischen und bedeutet schlicht und einfach »aufgeblasen«. Was einschließt, dass die viele heiße Luft, die man in so manches köstliche Dessert gepumpt hat, auch leicht wieder entweichen kann. Daher lautet die Grundregel für die folgenden Soufflé-Rezepte: Schnell servieren und gleich essen. Weniger heikel sind da schon die süßen Aufläufe. Die lassen sich, ganz im Gegensatz zu den Soufflés, sogar in der Mikrowelle wieder aufwärmen.*

## Grand-Marnier-Soufflé

Zutaten für 6 Portionen

*180 ml Milch*
*40 g Butter*
*40 g Mehl, griffig*
*3 Eidotter*
*3 Eiklar*
*50 g Kristallzucker*
*3 EL Grand Marnier (Orangenlikör)*
*etwas geriebene Orangenschale*
*Staubzucker zum Bestreuen*
*Butter und Kristallzucker für die Souffléformen*

Butter in einer kleinen Kasserolle schmelzen, Mehl kurz anschwitzen, mit heißer Milch aufgießen, mit einem Schneebesen knotenfrei verrühren und kochen, bis die Béchamelmasse gut bindet. Vom Herd nehmen. Dotter nach und nach zügig einrühren, Orangenschale und Grand Marnier einmengen. Eiklar und Kristallzucker zu steifem, aber noch cremigen Schnee schlagen. Schnee unter die überkühlte Eiermasse mengen. Mit Butter ausgestrichene und mit Kristallzucker ausgestreute Formen drei Viertel hoch füllen, in ein auf 80 °C vorgewärmtes Wasserbad stellen und bei 190 °C im vorgeheizten Backrohr ca. 20–25 Minuten backen. Soufflés entweder auf Teller stürzen oder – mit Staubzucker bestreut – in den Souffléschälchen servieren. Rasch auftragen!

- Temperatur: Wasserbad 80 °C, Backrohr 190 °C (Ober-Unterhitze)
- Backdauer: 20–25 Minuten, je nach Beschaffenheit der Souffléschälchen
- Tipp: Besonders festlich sieht dieses Soufflé aus, wenn man auf die Teller einen Saucenspiegel von Orangen- oder Mangosauce eingießt und das Soufflé mit Orangenspalten oder Beeren garniert.

# Rahm-Soufflé

Zutaten

*200 g Sauerrahm*
*20 g Staubzucker*
*3 Eidotter, 3 Eiklar*
*20 g Mehl, glatt (Typ W 480)*
*1 EL Grand Marnier (Orangenlikör)*
*etwas geriebene Zitronenschale*
*50 g Kristallzucker*
*Prise Salz*
*Staubzucker zum Bestreuen*
*Butter für die Form*

Sauerrahm, Staubzucker, Dotter, Prise Salz, Grand Marnier und Zitronenschale verrühren, Mehl knotenfrei darunter mengen. Eiklar und Kristallzucker zu steifem, aber noch cremigen Schnee schlagen, unter die Sauerrahmmasse mengen. Souffléförmchen mit Butter ausstreichen, Masse drei Viertel hoch einfüllen und bei 220 °C im vorgeheizten Backrohr ca. 10–12 Minuten backen. Mit Staubzucker bestreuen und sofort auftragen.

- Backrohrtemperatur: 220 °C
- Backdauer: 10–12 Minuten
- Garniturempfehlung: Orangenfilets mit Grenadine (Granatapfelsaft) oder Beerenragout

# Rotweinbirnen-Auflauf

Zutaten für 8 Portionen

*160 g Mohn, fein gemahlen*
*80 g Biskuitbrösel (geriebene Biskotten oder Zwieback)*
*160 g Butter, handwarm*
*60 g Kristallzucker*
*60 g Staubzucker*
*6 Eiklar*
*6 Eidotter*
*2 EL Honig*
*2 EL Rum*
*1 Pkt. Vanillezucker*
*etwas geriebene Zitronenschale*
*½ kg Birnen, geschält, entkernt*
*150 g Ribisel- (oder Preiselbeer-) marmelade*
*Oblaten zum Abdecken der Masse*
*Butter für die Auflaufform*
*Staubzucker zum Bestreuen*

*Zum Pochieren der Birnen:*
*¼ l Rotwein*
*60 g Kristallzucker*
*etwas Zimtrinde*
*3 Gewürznelken*

Rotwein mit ⅛ Liter Wasser, Kristallzucker, Zimtrinde und Nelken 10 Minuten kochen, abseihen. Birnen halbieren, im Sud kernig pochieren, herausheben, erkalten lassen und in 6 mm dicke Scheiben schneiden. Handwarme Butter mit Staubzucker, Vanillezucker, Honig und Zitronenschale schaumig rühren, Eidotter nach und nach beigeben. Brösel mit Rum befeuchten. Eiklar unter ständiger Zugabe von Kristallzucker zu festem, aber noch cremigen Schnee schlagen, diesen unter die Grundmasse heben. Getränkte Brösel mit Mohn vermischen, unter die Masse mengen.

Eine Auflaufform (ca. 22 cm x 36 cm) mit Butter ausstreichen, die Hälfte der Masse in die Form füllen, glatt streichen. Mit Oblaten bedecken, Marmelade auftragen, mit Birnen belegen und mit restlicher Masse bedecken. Im vorgeheizten Backrohr ca. 40 Minuten backen, aus dem Backrohr heben und vor dem Servieren mit Staubzucker bestreuen.

- Backrohrtemperatur: 160 °C Oberhitze, 180 °C Unterhitze
- Backdauer: ca. 40 Minuten
- Garniturempfehlung: Schlagen Sie 150 ml Rotweinsud mit etwas Kirschwasser und 6 Eidottern über Dampf zu einem warmen, cremigen Weinschaum.
- Tipp: Möchte man den Mohn durch Wal- oder Haselnüsse ersetzen, so werden zuerst 6 Dotter, 50 g Staubzucker und 1 Pkt. Vanillezucker schaumig gerührt, dann Schnee von 6 Eiklar und 50 g Kristallzucker eingerührt und zum Schluss 100 g geriebene Nüsse und 30 g Semmelbrösel eingemengt.

## Schokolade-Preiselbeer-Auflauf

Zutaten für
6–8 Portionen

*100 g Butter, handwarm*
*6 Eiklar, 6 Eidotter*
*50 g Staubzucker*
*50 g Kristallzucker*
*100 g Schokolade, gerieben*
*100 g Haselnüsse, gerieben*
*30 g Semmelbrösel*
*1 EL Vanillezucker*
*2 EL Rum*
*200 g Preiselbeermarmelade*
*Oblaten zum Abdecken der Masse*
*Butter und Kristallzucker für die Auflaufform*

*Für die Schneehaube:*
*2 Eiklar, 70 g Kristallzucker*

Butter und Staubzucker schaumig rühren. Nach und nach Dotter, dann Rum, Vanillezucker und geriebene Schokolade einrühren. Haselnüsse und Semmelbrösel vermischen, unter die Masse heben. Eiklar unter ständiger Zugabe von Kristallzucker zu festem, aber cremigen Schnee schlagen, diesen unter die Grundmasse heben. Eine Auflaufform (20 cm x 34 cm) mit Butter ausstreichen, mit Kristallzucker ausstreuen und Masse einfüllen. Im vorgeheizten Backrohr 35–40 Minuten backen, aus dem Backrohr heben, leicht überkühlen lassen. Mit Oblaten bedecken und mit Preiselbeermarmelade bestreichen. Für die Schneehaube Eiklar mit Zucker zu festem Schnee schlagen, diesen über die Preiselbeeren streichen und nochmals bei extremer Oberhitze ca. 2–3 Minuten bräunend überbacken.

- Backrohrtemperatur: 150 °C Oberhitze, 180 °C Unterhitze
- Backdauer: ca. 35–40 Minuten und 2–3 Minuten für die Schneehaube
- Garniturempfehlung: Schokoladesauce oder Weinschaum

# Ricotta-Schokolade-Soufflé

Zutaten

*200 g Ricotta*
*60 g Kochschokolade*
*40 g Walnüsse, gerieben*
*4 Eidotter*
*4 Eiklar*
*40 g Feinkristallzucker*
*1 TL Vanillezucker*
*etwas geriebene Orangenschale*
*Butter und Kristallzucker für die Souffléformen*

Schokolade im Wasserbad oder im Mikrowellenherd lauwarm schmelzen. Eidotter, Ricotta, Walnüsse, Orangenschale und Vanillezucker verrühren, geschmolzene Schokolade unterrühren. Eiklar unter ständiger Beigabe von Feinkristallzucker zu sämigem Schnee schlagen, unter die Ricottamasse mengen. Souffléformen mit Butter ausstreichen, mit Kristallzucker ausstreuen und Masse drei Viertel hoch einfüllen. In ein auf 70 °C erhitztes Wasserbad setzen und im vorgeheizten Backrohr bei 190 °C backen. Das fertige Soufflé kann auf Teller gestürzt oder aber angezuckert in der Souffléschale serviert werden. Auf jeden Fall sofort auftragen.

- Temperatur: Wasserbad 70 °C, Backrohr 190 °C
- Backdauer: ca. 30 Minuten
- Garniturempfehlung: Himbeersauce mit Himbeeren, Orangensauce mit Orangenfilets, gedünstete Kumquats, pochierte Feigen oder Rotweinbirnen
- Tipp: Anstelle von Ricotta kann man auch passierten Topfen verwenden.

# Nocken, Strudel, Schmarren

## Die Erben des k.u.k. Mehlspeishimmels

*Dass Kochrezepte wie Kleider der Mode unterworfen sind, weiß jeder. Kaum eine Küchenabteilung erweist sich indessen als so zeitgeistresistent wie die warme Mehlspeisküche. Da lässt man sich die alten Klassiker, wenn sie richtig gemacht werden, heute noch mit derselben Gaumenlust schmecken wie Anno dazumal.*

## Topfenschmarren

Zutaten

*120 g Topfen, 20 %, passiert*
*2 dl Sauerrahm*
*40 g Butter für den Abtrieb*
*7 Eidotter, 7 Eiklar*
*60 g Maizena*
*30 g Kristallzucker*
*30 g Staubzucker*
*1 EL Vanillezucker*
*60 g Rosinen, in Rum geweicht*
*80 g Butter zum Backen*
*etwas geriebene Zitronenschale*
*Prise Salz*
*1 EL Kristallzucker zum Vollenden*
*Staubzucker zum Bestreuen*

Handwarme Butter mit Staub- und Vanillezucker, Zitronenschale, Salz und Eidottern schaumig rühren. Sauerrahm mit Topfen und Maizena glatt rühren und unter den Antrieb mengen. Eiklar unter ständiger Beigabe von Kristallzucker zu festem Schnee schlagen, diesen unter die Topfenmasse mischen. Butter in einer großen (feuerfesten) Pfanne zerlassen, die Topfenmasse einfüllen, mit Rosinen bestreuen und kurz anbacken. Im vorgeheizten Backrohr bei 200 °C 4 Minuten backen, den Schmarren in große Stücke teilen und wenden, weitere 4 Minuten backen. Schmarren aus dem Rohr nehmen, mit 2 Gabeln in Stücke reißen. Mit Kristallzucker bestreuen und auf der Herdplatte noch bräunen. Anrichten und mit Staubzucker bestreuen.

- Backrohrtemperatur: 200 °C
- Backdauer: 8 Minuten
- Garniturempfehlung: Beerenragout, Marillen- oder Zwetschkenröster

## Dörrpflaumen-Orangen-Strudel

Zutaten für 6 Portionen

*1 Pkt. Strudelteig, tiefgekühlt (oder selbst gezogener Strudelteig von 200 g Mehl, 1/8 l Wasser und 1 EL Öl)*
*600 g Dörrpflaumen, ohne Kerne*
*½ l Orangensaft*
*200 g Kristallzucker*
*4–5 Orangen, kernlos*
*6 cl Grand Marnier (Orangenlikör)*
*1 TL Orangelschale, gerieben*
*Butter, geschmolzen, zum Bestreichen*
*Staubzucker zum Bestreuen*

*Für den Orangenschaum:*
*150 ml aromatisierter Orangensaft vom Marinieren der Pflaumen*
*4 Eidotter*

Orangensaft mit Kristallzucker und geriebener Orangenschale aufkochen, Dörrpflaumen beigeben, nochmals aufkochen. Erkalten lassen und Grand Marnier unterrühren. Über Nacht kühl ziehen lassen. Abseihen, Saft beiseite stellen und die Pflaumen gut abtropfen lassen. Orangen so filetieren, dass weiße Schalenteile nicht mehr anhaften, mit den Pflaumen vermischen. Teig auf ein großes Tuch aufbreiten, mit flüssiger Butter bestreichen, mit Fruchtmasse bedecken und straff einrollen. Strudel auf ein gebuttertes Backblech legen, nochmals mit flüssiger Butter bestreichen und im vorgeheizten Backrohr ca. 25 Minuten backen. Für den Orangenschaum 150 ml des beiseite gestellten Orangensaftes mit Eidotter verschlagen und über Dampf schaumig und gut warm schlagen. Strudel warm oder lauwarm anrichten, mit Staubzucker bestreuen und gemeinsam mit dem Orangenschaum servieren.

- Backrohrtemperatur: 210 °C Umluft oder 230 °C Ober-Unterhitze
- Backdauer: ca. 25 Minuten
- Garniturempfehlung: Zimteis oder Parfait
- Tipp: Strudel auf einem mit Backpapier belegten Backblech backen.

## Marillenstrudel

Zutaten für 8–10 Portionen

*1 Pkt. Strudelteig, tiefgekühlt (oder selbst gezogener Strudelteig von 200 g Mehl, 1/8 l Wasser und 1 EL Öl)*
*1 ½ kg Marillen*
*1 TL Vanillezucker, 120 g Kristallzucker*
*100 g Butter*
*100 g Semmelbrösel*
*80 g Mandeln, gestiftelt*
*1 TL Zimt*
*6 cl Marillenbrand*
*Butter zum Bestreichen*
*Staubzucker zum Bestreuen*

Butter schmelzen, Mandeln licht anrösten, Semmelbrösel beigeben, weiterrösten und überkühlen lassen. Marillen entkernen, vierteln, mit Zimt, Zucker, Vanillezucker und Marillenbrand abmengen (sofern vorhanden, etwas Saftbinder einrühren) und die halbe Bröselmenge unterrühren. Teig auf ein Tuch aufbreiten, mit flüssiger Butter bestreichen, restliche Bröselmasse aufstreuen, Marillenmasse auftragen und Teig straff einrollen. Strudel auf ein gebuttertes oder mit Trennpapier belegtes Backblech legen, mit flüssiger Butter bestreichen. Im vorgeheizten Backrohr 35–40 Minuten backen. Warm oder lauwarm servieren, vorher mit Staubzucker bestreuen.

- Backrohrtemperatur: ca. 200 °C Umluft oder 220 °C Ober-Unterhitze
- Backdauer: ca. 35–40 Minuten
- Garniturempfehlung: geschlagenes Obers, Zimt- oder Vanilleeis

# Mohn-Apfel-Strudel

Zutaten für 6 Portionen

*1 Pkt. Strudelteig, tiefgekühlt (oder selbst gezogener Strudelteig von 200 g Mehl, ⅛ l Wasser und 1 EL Öl)*
*Butter zum Bestreichen*
*Staubzucker zum Bestreuen*

*Für die Mohnfülle:*
*150 g Mohn, gemahlen*
*2 dl Milch*
*30 g Kristallzucker*
*2 EL Honig*
*1 TL Vanillezucker, 1 EL Rum*
*1 EL Marillenmarmelade*
*Prise Salz*

*Für die Apfelfülle:*
*½ kg Äpfel, geschält, entkernt*
*50 g Kristallzucker, 100 g Butter*
*50 g Semmelbrösel*
*50 g Rosinen, eingeweicht*
*1 TL Vanillezucker, 1 EL Rum*
*etwas Zitronensaft, ½ TL Zimt*

Für die Mohnfülle Milch mit Kristallzucker, Honig, Vanillezucker, Marillenmarmelade und einer Prise Salz aufkochen. Mohn einrühren, aufkochen und quellen lassen, durchrösten, Rum einrühren und kalt stellen. Äpfel schneiden, mit Zucker, Vanillezucker, Zitronensaft, Rum, Rosinen und Zimt vermischen. Butter schmelzen, Semmelbrösel darin hellbraun rösten, unter die Apfelmasse rühren. Teig auf ein Tuch aufbreiten, mit flüssiger Butter bestreichen, Mohnmasse auftragen und in die Mitte einen Strang Apfelfülle setzen. Einschlagen, so dass die Äpfel von Mohnmasse umhüllt werden. Strudel auf ein gebuttertes oder mit Backpapier ausgelegtes Backblech legen, mit flüssiger Butter bestreichen. Im vorgeheizten Backrohr 35–40 Minuten backen. Warm oder lauwarm auftragen, davor mit Staubzucker bestreuen.

- Backrohrtemperatur: 200 °C Umluft oder 220 °C OberUnterhitze
- Backdauer: ca. 35–40 Minuten
- Beilagenempfehlung: Rumsabayon, Vanillelesauce, Zimteis

# Ein Paradies für Tortentiger

## Luftige Massen und lockere Cremen

*Keine Angst vor dem Tortenbacken! Die Rezepte lesen sich oft langwieriger als sie sind. Und selbst wenn man wirklich einmal etwas mehr Zeit investieren muss, so ist der Lohn entsprechend groß. Denn so manche absturzgefährdete Party ist durch eine perfekte Torte zum guten Schluss doch noch ein durchschlagender Erfolg geworden.*

## Gedeckte Früchtetorte

Zutaten

*Für den Teig:*
*½ kg Mehl, glatt*
*100 g Staubzucker*
*2 EL Sauerrahm*
*2 Eidotter*
*1 Messerspitze Backpulver*
*Prise Salz*
*1 Ei zum Bestreichen*
*Mehl für die Arbeitsfläche*
*Butter für die Form*
*Staubzucker zum Bestreuen*

*Für die Fülle:*
*800 g Früchte, gemischt (geschälte Äpfel, Birnen, entkernte Weichseln, Marillen)*
*180 g Kristallzucker*
*1 Messerspitze Zimt*
*80 g Rosinen, in Rum eingeweicht*
*Saft einer Zitrone*
*150 g Walnüsse, gehackt*

Für den Teig alle Zutaten gemeinsam verkneten, in 3 gleich große Stücke teilen, 2 Teile zu Kugeln, 1 Teil zu einer Rolle formen und alles 1 Stunde zugedeckt kühl rasten lassen. Äpfel und Birnen sechsteln und in Scheiben schneiden, Marillen in kleine Stücke schneiden, in einer Kasserolle kernig andünsten und wieder erkalten lassen. Alle Früchte mit den restlichen Zutaten für die Fülle vermengen (eventuell etwas Saftbinder unterrühren). Die zwei Teigkugeln auf einer bemehlten Arbeitsfläche auf die Größe der Tortenform ausrollen und ausstechen. Die Rolle etwa 60 cm lang und 2 cm breit ausrollen. Ein Teigblatt in die gebutterte Form einlegen, den Teigstreifen am Rand entlangführen und durch Daumendruck mit dem Teigboden verbinden. Früchte einfüllen, glatt streichen, zweites Teigblatt aufsetzen und mit verschlagenem Ei bestreichen.
Aus den beim Ausstechen übrig gebliebenen Teigresten eine dünne Schlange formen, damit – durch leichtes Andrücken – den Rand und das Deckblatt verbinden. Ränder nochmals mit Ei bestreichen. Im vorgeheizten Backrohr

bei 190 °C ca. 25–30 Minuten backen, erkalten lassen, aus der Form lösen und mit Staubzucker bestreuen.

- Backrohrtemperatur: 190 °C
- Backdauer: ca. 25–30 Minuten
- Tipp: Statt als Torte kann dieses Rezept auch zu einem Früchtekuchen abgewandelt werden; Auswahl der Früchte je nach Saison variieren.

## Buttermilch-Weichsel-Torte

Zutaten

*Für die Biskuitmasse:*
*3 Eier*
*75 g Kristallzucker*
*75 g Mehl, glatt (Typ W 480)*
*1 TL Öl*
*etwas Inländerrum und Weichselsaft zum Befeuchten des Biskuits*
*Butter und Mehl für die Springform*

*Für die Buttermilchcreme:*
*350 ml Buttermilch*
*150 g Staubzucker*
*350 ml Schlagobers*
*Saft einer Zitrone*
*1 EL Vanillezucker*
*2 EL Rum*
*7 Gelatineblätter*
*400 g Weichselkompott, entkernt*

*Für das Weichselgelee:*
*¼ l Weichselsaft*
*3 Gelatineblätter*
*40 g Staubzucker*

Für die Biskuittmasse Eier und Kristallzucker sehr schaumig schlagen, Mehl vorsichtig unterheben, Öl einrühren. Springform (24 cm Ø) mit Butter ausstreichen und bemehlen, Masse einfüllen, glatt streichen und im vorgeheizten Backrohr bei 170 °C ca. 15 Minuten backen. Erkalten lassen, aus der Form lösen und horizontal einmal durchschneiden. Für die Fülle Gelatine in kaltem Wasser einweichen, aus dem Wasser heben, lauwarm schmelzen und zügig unter die Buttermilch rühren. Staub- und Vanillezucker, Rum und Zitronensaft einrühren, das geschlagene Obers unterheben und Weichseln einmengen. Biskuitboden in die Springform einlegen, Rum mit etwas Weichselsaft vermischen und den Biskuitboden damit beträufeln. Buttermilchmasse einfüllen, glatt streichen, zweiten Biskuitboden darauf legen, ebenfalls mit aromatisiertem Weichselsaft beträufeln und leicht anpressen. Einige Stunden kühlen. Für den Überguss Gelatine in kaltem Weichselsaft einweichen, dann im Saft erwärmen und Zucker einrühren. Überkühlen lassen und kurz vor dem Abstocken über die Tortenoberfläche gießen. Kühl abstocken lassen.

- Backrohrtemperatur: 170 °C Umluft
- Backdauer: ca. 15 Minuten

# Überbackene Marillentorte

Zutaten

*Für den Mürbteig:*
*250 g Mehl, glatt*
*115 g Butter*
*100 g Staubzucker*
*1 Ei*
*1 TL Vanillezucker*
*etwas geriebene Zitronenschale*
*Prise Salz*

*Für die Topfenmasse:*
*3 Eidotter*
*½ kg Topfen, 20 %, passiert*
*150 g Staubzucker*
*100 g Vanillepuddingpulver*
*½ l Milch*
*1 dl Pflanzenöl, neutral*
*Salz, etwas geriebene Zitronenschale*

*Für den Belag:*
*1 kg Marillen, entkernt*
*4 EL Walnüsse, gerieben*

*Butter für die Form*
*Mehl für die Arbeitsfläche*
*Backoblaten zum Belegen*
*rohe Linsen (oder Bohnen), zum Vorbacken*
*Staubzucker zum Bestreuen*

Für den Mürbteig alle Zutaten in einer Rührschüssel rasch (möglichst kühl) verkneten, mit Klarsichtfolie abdecken und 30 Minuten kühl rasten lassen. Für die Topfenmasse Eidotter mit Staubzucker sehr schaumig rühren und Topfen, Salz sowie Zitronenschale untermengen. Puddingpulver, Milch und Öl vermischen, langsam in die Topfenmasse einrühren. Eine Springform (Ø 26 cm) mit Butter ausstreichen, etwa zwei Drittel des Teiges auf einer bemehlten Unterlage auf die Größe der Form ausrollen und in die Form legen. Den restlichen Teig zu einem Streifen ausrollen, der in etwa der Höhe der Form entspricht. Den Rand der Form mit kaltem Wasser benetzen, innen mit Teig auslegen, mit dem Teigboden durch leichtes Andrücken verbinden. Mit rohen Linsen oder Bohnen auffüllen und im vorgeheizten Backrohr 8–10 Minuten bei 190 °C vorbacken. Hülsenfrüchte entfernen (für spätere Backzwecke bereithalten). Teigboden mit Oblaten bedecken, geriebene Walnüsse darauf streuen, entkernte und geviertelte Marillen darauf verteilen und die Topfenmasse gleichmäßig darüber gießen. Im auf 180 °C vorgeheizten Backrohr etwa 50 Minuten backen. Nach dem Erkalten Springform öffnen und Torte mit Staubzucker bestreuen.

- Backrohrtemperatur: 190 °C zum Vorbacken, dann 180 °C
- Backdauer: Mürbteig 8–10 Minuten, dann ca. 50 Minuten
- Tipps: Auf dieselbe Weise lässt sich auch eine Weichsel-, Pfirsich-, Kirschen- oder Birnentorte herstellen.
  Noch besser kommt das feine Marillenaroma zur Geltung, wenn man die geviertelten Marillen knapp vor der Verwendung mit Zucker und Marillenbrand mariniert.

## Alt-Wiener Topfentorte

Zutaten

*8 Eidotter, 8 Eiklar*
*1 kg Topfen, 20 %, passiert*
*100 g Kristallzucker*
*100 g Staubzucker*
*45 g Mehl, glatt*
*125 g Butter*
*80 g Aranzini*
*60 g Rosinen*
*1 Pkt. Vanillezucker*
*etwas geriebene Zitronen- und Orangenschale*
*Prise Salz*
*Butter und Mehl für die Springform*
*Staubzucker zum Bestreuen*

Handwarme Butter und Staubzucker schaumig rühren, Dotter nach und nach einrühren. Topfen, Mehl, Vanillezucker, Zitronen- und Orangenschale zugeben. Eiklar mit Salz und Kristallzucker zu steifem Schnee schlagen, vorsichtig unter die Topfenmasse ziehen. Rosinen und geschnittene Aranzini mit 1 TL Mehl vermengen (verhindert das Absinken der Früchte in der Masse beim Backen) und vorsichtig in die Masse einrühren. Masse in die gebutterte und bemehlte Springform (26 cm Ø) füllen und im vorgeheizten Backrohr bei 200 °C 40 Minuten backen. Backrohr ausschalten, Tür etwas öffnen und die Torte so erkalten lassen. Torte aus der Form lösen und mit Staubzucker bestreuen.

- Backrohrtemperatur: 200 °C
- Backdauer: 40 Minuten, anschließend bei eingehängter Tür im ausgeschalteten Backrohr erkalten lassen

## Makronentorte

Zutaten

*80 g Mehl, glatt*
*30 g Maizena*
*120 g Kristallzucker*
*120 g Mandeln, geschält, gerieben*
*6 Eidotter, 4 Eiklar*
*Schale einer Zitrone, gerieben*
*250 g Ribiselmarmelade, passiert*
*Butter für die Form*

*Für die Fertigstellung:*
*400 g Rohmarzipan*
*100 g Staubzucker*
*3 Eidotter*
*1 Eiklar*
*1 cl Inländerrum*
*80 g Mandeln, geschält, gehobelt*
*Himbeermarmelade zum Bestreichen*

Dotter mit 40 g Kristallzucker, Zitronenschale und 2 EL Wasser schaumig rühren. Eiklar mit restlichem Kristallzucker zu steifem Schnee schlagen, diesen unter die Dottermasse heben. Mehl und Maizena versieben, gemeinsam mit den Mandeln vorsichtig unter die Masse mengen. Masse in die gebutterte

Springform (22 cm Ø) füllen, glatt streichen und im vorgeheizten Backrohr bei 180 °C 35 Minuten backen. Erkalten lassen, aus der Form lösen und zweimal horizontal durchschneiden. 2 Tortenscheiben mit Ribiselmarmelade bestreichen und wieder zusammensetzen, die unbestrichene Scheibe obenauf legen.
Für die Fertigstellung Dotter mit Marzipan, Staubzucker und Rum gut verrühren. Die Hälfte der Masse in einen Dressiersack mit Sterntülle Nr. 3 füllen. Die andere Hälfte mit dem Eiklar verrühren. Torte mit der verdünnten Marzipanmasse seitlich und an der Oberfläche einstreichen, seitlich mit gehobelten Mandeln bestreuen. Nun die Torte mit der im Spritzsack befindlichen Marzipanmasse rosettenartig verzieren und nochmals bei 230 °C ca. 7 Minuten backen. Auskühlen lassen und rund um die Rosetten warme Himbeermarmelade dünn einspritzen.

- BACKROHRTEMPERATUR: 1. Backvorgang 180 °C; 2. Backvorgang 230 °C
- BACKDAUER: 1. Backvorgang ca. 35 Minuten; 2. Backvorgang ca. 7 Minuten

# PLACHUTTA-TORTE

ZUTATEN

*6 Eidotter*
*6 Eiklar*
*130 g Butter*
*110 g Kristallzucker*
*110 g Staubzucker*
*130 g Mehl, glatt*
*130 g Schokolade, dunkel*
*Butter und Mehl für die Form*

*Für die Fertigstellung:*
*50 g Schokoladepudding, fertig gekocht, passiert*
*½ l Schlagobers, geschlagen*
*100 g Schokolade, dunkel*
*220 g Marzipan, angewirkt (Rohmarzipan mit gesiebtem Staubzucker verknetet)*
*Mandelsplitter, geröstet*
*Maizena für die Arbeitsfläche*

Staubzucker mit handwarmer Butter schaumig rühren, nach und nach Eidotter untermengen. Schokolade lippenwarm temperieren, unter den Abtrieb rühren. Eiklar unter ständiger Zugabe von Kristallzucker zu festem, aber cremigen Schnee schlagen, diesen unter den Abtrieb heben. Gesiebtes Mehl vorsichtig unter die Masse mengen. Masse in eine gebutterte, mit Mehl ausgestaubte Tortenform (24 cm Ø) füllen, glatt streichen und im vorgeheizten Backrohr bei 180 °C ca. 55 Minuten backen. Gut erkalten lassen, aus der Form lösen und viermal horizontal in Scheiben schneiden.
Für die Creme lippenwarm erwärmte Schokolade mit dem kalten Pudding verrühren und unter das geschlagene Obers heben. Im Kühlschrank anziehen lassen. 5 EL Schokoladeobers zur Seite geben. Ersten Tortenboden

gleichmäßig mit Creme bestreichen, zweites Blatt darüber legen, leicht anpressen und diesen Vorgang so lange wiederholen, bis alle Tortenböden und die Creme aufgebraucht sind. Die Torte oben und auf der Seite mit der beiseite gestellten Creme bestreichen. Marzipan auf einer mit Maizena bestaubten Arbeitsfläche 4 mm dick ausrollen, mit einem Tortenring (24 cm Ø) ausstechen und auf die Torte legen, leicht anpressen. Den Rand mit gerösteten Mandelspänen bestreuen und Torte einige Stunden kühl stellen.

- Backrohrtemperatur: ca. 180 °C
- Backdauer: ca. 55 Minuten
- Tipp: Gut gekühlt hält sich die Torte ca. 1 Woche, tiefgekühlt etwa 6 Monate.

# Baiser-Torte

Zutaten

*Für die Biskuitmasse:*
*5 Eiklar, 5 Eidotter*
*100 g Kristallzucker*
*120 g Mehl, glatt*
*1 EL Vanillezucker*
*Prise Salz*
*Butter und Mehl für die Form*

*Für die Vanillecreme:*
*4 dl Milch*
*100 g Staubzucker*
*1 EL Vanillezucker*
*3 Eidotter*
*35 g Mehl, glatt*
*etwas geriebene Zitronenschale*
*4 dl Schlagobers*

*Für die Baisermasse:*
*4 Eiklar*
*200 g Kristallzucker*
*Saft einer halben Zitrone*
*1 EL Vanillezucker*

Für die Masse zunächst Eidotter und Vanillezucker schaumig rühren, das Mehl darüber sieben und mit einer Spachtel einmengen. Eiklar mit einer Prise Salz unter ständiger Beigabe von Kristallzucker zu steifem Schnee schlagen. Ein Drittel des Schnees unter die Dottermasse rühren, den Rest vorsichtig unterheben. In die gebutterte, mit Mehl ausgestaubte Tortenform (24 cm Ø) füllen, glatt streichen und im auf 200 °C vorgeheizten Backrohr ca. 30 Minuten backen, in der Form erkalten lassen. Biskuit aus der Form lösen und waagrecht in 4 gleichmäßige Scheiben schneiden.
Für die Vanillecreme 3 EL kalte Milch mit Mehl glatt verrühren. Restliche Milch mit Vanille- und Staubzucker sowie geriebener Zitronenschale aufkochen, angerührtes Mehl mit einem Schneebesen einrühren, unter Rühren zum Kochen bringen, einige Minuten kochen. Eidotter zügig mit einem Schneebesen einrühren, nicht mehr kochen, durch ein feines Sieb laufen lassen. Masse erkalten lassen und dann geschlagenes Obers unterheben.

Ein Biskuitblatt auf eine feuerfeste Platte legen (Tortenplatte aus Aluminium), mit der Creme bestreichen und diesen Vorgang bis zum vierten Biskuitblatt wiederholen. Das letzte Biskuitblatt bleibt an der Oberseite unbestrichen. Für die Baisermasse Eiklar unter ständiger Zugabe von Kristall- und Vanillezucker sowie etwas Zitronensaft zu einer festen, glänzenden Masse schlagen. Diese oben und seitlich auf die Torte streichen, mit einem Suppenlöffel in den Schnee dekorative Mulden ziehen. Im auf Oberhitze vorgeheizten Backrohr (250 °C) ca. 4 Minuten backen, kalt stellen. Auf einer mit Spitzenpapier belegten Tortenplatte anrichten.

- Backrohrtemperatur: 200 °C für den Biskuitteig, 250 °C Oberhitze für die Baisermasse
- Backdauer: Biskuit ca. 30 Minuten, Baisermasse ca. 4 Minuten
- Tipps: Die Vanillecreme kann durch diverse Aromen, z.B. Grand Marnier, Kirschwasser, Himbeergeist, aber auch durch Beeren oder Pfirsichscheiben geschmacklich abgerundet werden.
  Flambierfreaks können in die Mitte der Torte ein kleines Glasschälchen einsetzen und darin hochprozentigen Alkohol entzünden.

# Rouladen, Kuchen & Co.

## So wird die Kaffeestunde zum Fest

*Die kleinen süßen Sünden unserer Großmütter haben auch in kalorienbewussteren Zeiten nichts von ihrer Attraktivität verloren. Nur dass man heute vielleicht ein bisschen seltener sündigt als früher.*

## Pariser Roulade

Zutaten für 12 Portionen

*Für die Roulade:*
*6 Eier*
*150 g Kristallzucker*
*150 g Mehl, glatt*
*1 EL Öl*
*Prise Salz*
*Kristallzucker zum Bestreuen der Alufolie*
*Staubzucker zum Bestreuen*

*Für die Creme:*
*2 dl Schlagobers*
*200 g Schokolade*
*etwas Grand Marnier (Orangenlikör)*

Eier mit Prise Salz und Kristallzucker sehr schaumig schlagen. Gesiebtes Mehl vorsichtig unterheben, Öl einrühren und Masse auf ein mit Trennpapier ausgelegtes Backblech aufstreichen. Im vorgeheizten Backrohr 10 Minuten bei 200 °C backen. Anschließend auf eine mit Kristallzucker bestreute Alufolie stürzen, Backpapier abziehen. Die Roulade ohne Druck einrollen, nach einigen Minuten wieder aufrollen. Für die Creme Obers aufkochen, klein geschnittene Schokolade beigeben und unter ständigem Rühren zum Kochen bringen. Erkalten lassen, anschließend mit dem Rührwerk schaumig-fest schlagen, etwas Grand Marnier einrühren. Creme auf das Biskuit streichen und kühl etwas anstocken lassen. Wenn die Creme halbfest erscheint, Roulade einrollen und nochmals 2 Stunden im Kühlschrank anstocken lassen. Mit Staubzucker bestreuen.

- Backrohrtemperatur: 200 °C
- Backdauer: 10 Minuten

# Zwetschkenfleck mit Streusel

Zutaten für
ca. 20 Portionen

*250 g Mehl, glatt (Typ W 480)*
*20 g Germ*
*80 g Butter*
*1/8 l Milch*
*40 g Staubzucker*
*2 Eidotter*
*1 EL Vanillezucker*
*etwas Zitronenschale, gerieben*
*Prise Salz*
*1,5 kg Zwetschken*

*Butter für das Backblech*
*Staubzucker zum Bestreuen*
*Mehl für die Arbeitsfläche*

*Für die Streusel:*
*100 g Butter*
*200 g Mehl, glatt (Typ W 480)*
*80 g Staubzucker*
*1 Ei*
*½ TL Zimt, gemahlen*

Für die Streusel zunächst alle Zutaten miteinander verkneten und 1 Stunde kalt rasten lassen. Für den Teig Germ in lauwarmer Milch auflösen, ca. 50 g Mehl einrühren, mit Mehl bestauben und zugedeckt an einem warmen Ort gehen lassen (Dampfl). Geschmolzene Butter und Staubzucker, Eidotter, Vanillezucker, geriebene Zitronenschale und Prise Salz mit dem Dampfl vermengen. Teig mit Mehl zu einem glatten, seidigen Germteig kneten (Knethaken), zugedeckt ca. 20 Minuten rasten lassen. Gewaschene, abgetrocknete Zwetschken der Länge nach einschneiden, aufklappen, den Kern entfernen. Teig auf einer bemehlten Unterlage auf die Größe des Backblechs ausrollen, auf ein gefettetes Backblech legen, mit Zwetschken eng belegen und Streuselmasse mit einer Krenreibe (oder zwischen den Fingern) darüber reiben. Den Fleck nochmals etwa 30 Minuten gehen lassen, im vorgeheizten Backrohr bei 160 °C ca. 30 Minuten backen, mit Staubzucker bestreuen.

- Backrohrtemperatur: 160 °C
- Backdauer: ca. 30 Minuten
- Tipp: Servieren Sie dazu einen warmen Mostschaum, den Sie aus 4 Eiern, 60 g Kristallzucker, 4 cl Zwetschkenschnaps und 1/8 l Apfelmost (Apfelsaft) über Dampf schaumig und warm aufschlagen.

# Schoko-Rahm-Kuchen

Zutaten

*2 Eier*
*¼ l Sauerrahm*
*⅛ l Öl*
*150 g Staubzucker*
*100 g Kochschokolade, gerieben*
*150 g Mehl, glatt (Typ W 480)*
*100 g Walnüsse (oder Haselnüsse), gerieben*
*½ Pkt. Backpulver*
*Butter und Mehl für die Form*
*Staubzucker zum Bestreuen*
*geschlagenes Obers zum Garnieren*

Mehl mit Schokolade, Nüssen und Backpulver vermischen. Rahm mit Eiern und Zucker gut verrühren, Öl homogen einrühren und Mehl-Schokolade-Masse untermengen. Masse in eine ausgebutterte und mit Mehl bestreute Kuchenform füllen und auf mittlerer Schiene im vorgeheizten Backrohr bei 170 °C Umluft 40–45 Minuten backen. Kuchen überkühlen lassen, stürzen und mit Staubzucker bestreuen. Nach Belieben mit leicht gesüßtem, geschlagenen Obers garnieren.

- Backrohrtemperatur: 170 °C Umluft
- Backdauer: 40–45 Minuten
- Tipps: Der Kuchen kann durch Rosinen oder gestifelte Mandeln noch verfeinert werden.
  In Klarsichtfolie gehüllt kann der Kuchen sogar tiefgekühlt werden.

# Kardinalschnitten

Zutaten für
10 Portionen

*Für die Schneemasse:*
*7 Eiklar*
*160 g Kristallzucker*
*1 TL Vanillezucker*
*Prise Salz*

*Für die Biskuitmasse:*
*2 Eier, 3 Eidotter*
*60 g Staubzucker*
*55 g Mehl, glatt*
*Zitronenschale, gerieben*
*Staubzucker zum Bestauben*

*Für die Fülle:*
*¼ l Schlagobers*
*30 g Staubzucker*
*etwas Löskaffeepulver*
*1 Gelatineblatt*
*Erdbeer- (oder Ribisel)marmelade zum Bestreichen nach Bedarf*

Für die Schneemasse Eiklar mit Kristall- und Vanillezucker sowie einer Prise Salz zu steifem Schnee schlagen. Für die Biskuitmasse ganze Eier mit Dotter, Staubzucker und geriebener Zitronenschale sehr schaumig rühren, Mehl

unterheben. Zwei Trennpapierstreifen, jeweils ca. 15 cm breit und 35 cm lang (Backblechbreite), zurechtschneiden. Eischnee in einen Dressiersack mit breiter, glatter Tülle (Nr. 12) füllen. Jeweils 3 Streifen 2 cm dick mit jeweils 2 cm Zwischenraum spritzen. Dottermasse in die Zwischenräume spritzen, mit Staubzucker bestauben und im vorgeheizten Backrohr bei 200 °C 12–15 Minuten backen. Auskühlen lassen, wenden und Trennpapier entfernen.
Für die Fülle geschlagenes Obers mit Staubzucker vermengen. In kaltem Wasser eingeweichte, mit einigen Tropfen Wasser lauwarm geschmolzene Gelatine mit Löskaffeepulver anrühren und einrühren. Eine umgedrehte Schnitte kräftig mit Erdbeer- oder Ribiselmarmelade bestreichen, Moccacreme auftragen und die zweite Schnitte darauf setzen. Mit Staubzucker bestreuen und in kleinere Schnitten portionieren.

- Backrohrtemperatur: 200 °C
- Backdauer: ca. 12–15 Minuten
- Tipp: Schneiden Sie den Oberteil – bevor Sie ihn auf die untere Hälfte aufsetzen – bereits in Portionsstücke und legen Sie diese dann auf die bestrichene Hälfte auf. So geht das Durchschneiden bedeutend leichter.

# Kaisergugelhupf

Zutaten

*¼ l Schlagobers*
*5 Eidotter, 5 Eiklar*
*130 g Staubzucker*
*130 g Kristallzucker*
*250 g Mehl, glatt (Typ W 480)*
*½ Pkt. Backpulver*
*70 g Rosinen*
*1 Pkt. Vanillezucker*
*etwas geriebene Zitronenschale*
*Butter und Mandelstifte für die Form*

Schlagobers steif schlagen, Dotter nach und nach einrühren und Vanille- sowie Staubzucker untermengen. Eiklar mit Kristallzucker zu steifem, sämigen Schnee schlagen. Mehl und Backpulver vermengen und abwechselnd mit Schnee unterziehen, Rosinen und geriebene Zitronenschale einrühren. Eine Gugelhupfform mit Butter ausstreichen, mit Mandelstiften ausstreuen und Masse einfüllen. Im vorgeheizten Backrohr auf mittlerer Schiene bei 170 °C Umluft ca. 50 Minuten backen. Überkühlen lassen und stürzen.

- Backrohrtemperatur: 170 °C Umluft
- Backdauer: ca. 50 Minuten
- Tipp: Besonders fein schmeckt dieser Gugelhupf, wenn er noch mit Schokoladeglasur überzogen wird.

# Crème de la Crème

## Von Crème brûlée bis Moccamousse

*Nichts zergeht so unvergleichlich zart auf der Zunge wie eine locker und luftig aufgeschlagene Creme und Mousse. Weshalb diese beiden Köstlichkeiten in der modernen Dessertküche, zumeist mit frischen Früchten garniert, auch mit Recht einen Sonderplatz einnehmen.*

## Panna cotta

Zutaten für
6 Portionen
*1/8 l Milch*
*½ l Schlagobers*
*75 g Kristallzucker*
*2 Gelatineblätter*
*1 EL Grand Marnier (Orangenlikör) oder Cointreau*
*2 Vanilleschoten (oder 1 TL Vanillezucker)*
*Zitronen- und Orangenschale, gerieben, nach Geschmack*
*Minzeblätter als Garnitur*

*Für die Karamellsauce:*
*100 g Kristallzucker*
*½ l Wasser*

Gelatineblätter in wenig Wasser einweichen, Vanilleschoten der Länge nach halbieren, das Mark auskratzen. Milch mit Zucker und Vanillemark oder Vanillezucker aufkochen, abseihen. Obers und Orangen- sowie Zitronenschale beigeben, nochmals aufkochen, Gelatine leicht ausdrücken, darin auflösen und Grand Marnier beifügen. In Portionsförmchen gießen, erkalten lassen und im Kühlschrank ca. 5–6 Stunden kühlen. Für die Karamellsauce Zucker in einer kleinen Kasserolle oder Pfanne bräunen, mit Wasser ablöschen, unter Rühren so lange kochen, bis die Sauce sirupartige Konsistenz hat. Die Formen kurz in sehr heißes Wasser halten und auf Teller stürzen. Panna cotta mit Karamellsauce umranden oder übergießen und mit Minzeblättern garnieren.

- Garniturempfehlung: Sabayon (Weinschaum)
- Tipp: In Anlehnung an die klassische Crème caramel kann die Karamellsauce auch zuerst in die Portionsförmchen gegossen und dann mit Obersmasse aufgefüllt werden.

# Crème brûlée

Zutaten für
6 Portionen

*¾ l Schlagobers, ¼ l Milch*
*5 Eier*
*130 g Kristallzucker*
*Vanillezucker nach Geschmack*
*Kristall- (oder brauner) Zucker zum Bestreuen*

Milch, Obers, Kristall- und Vanillezucker fast zum Sieden bringen, dann etwas überkühlen lassen. Eier verschlagen, langsam einrühren und nochmals unter ständigem Rühren erhitzen. Masse ca. 3 cm hoch in flache Porzellanförmchen einfüllen. Wasserbad auf ca. 80 °C erhitzen, die Schalen einsetzen und im vorgeheizten Backrohr bei ca. 120 °C (statische Hitze, keine Umluft) 35–45 Minuten pochieren. Crème aus dem Wasserbad heben, 2–3 Stunden überkühlen lassen. Crème mit Kristall- oder braunem Zucker bestreuen und im Backrohr bei extremer Oberhitze (Heizspirale) karamellisierend bräunen Die Crème wird kalt aufgetragen.

- Backrohrtemperatur: 120 °C (statische Hitze, keine Umluft)
- Garungsdauer: ca. 35–45 Minuten (ist von der Größe der Form abhängig)
- Garniturempfehlung: Beerenragout, Beerensauce oder mit passendem Likör aromatisierte Beeren
- Tipp: Mischen Sie zur Abwechslung einmal frische Himbeeren oder Walderdbeeren unter die Masse – der fruchtige Geschmack lohnt die kleine Mühe.

# Grand-Marnier-Creme

Zutaten

*50 g Kristallzucker*
*¼ l Milch*
*40 g Grieß*
*1 Gelatineblatt*
*¼ l Schlagobers, geschlagen*
*3 EL Orangensaft*
*10 g Vanillezucker*
*3 cl Grand Marnier (Orangenlikör)*
*½ TL Orangenschale, gerieben*
*3 Orangen, in Filets geteilt*
*Erdbeeren (oder Orangenfilets), geschlagenes Obers und Minzeblätter*

Milch mit Kristall- und Vanillezucker zum Kochen bringen. Grieß mit einem Schneebesen einrühren, ca. 4 Minuten kochen lassen. Gelatineblatt in kaltem Wasser einweichen, aus dem Wasser heben, leicht ausdrücken und in die noch warme Grießmasse einrühren. Die Masse überkühlen lassen, dabei ab und an rühren, damit sich keine Haut bildet. Geriebene Orangenschale,

Orangensaft sowie Grand Marnier unterrühren, geschlagenes Obers einmengen und die gut abgetropften Orangenfilets vorsichtig unterheben. Masse in vorgekühlte Gläser füllen. Abschließend mit geschlagenem Obers, Orangenfilets oder Erdbeeren sowie Minzeblättern garnieren.

- TIPP: Auf derselben Basis lassen sich durch die Verwendung anderer Liköre (statt Grand Marnier) die unterschiedlichsten Cremen zubereiten, etwa mit pochierten Birnen und Williamsbrand (Garnitur: kalte Schokoladesauce, Mandelsplitter und geschlagenes Obers) oder mit pochierten Weichseln und Kirschbrand (Garnitur: geschlagenes Obers und Schokospäne).

## Wiener Eierlikörcreme

Zutaten für
6 Portionen

*4 dl Schlagobers*
*50 g Staubzucker*
*2 Gelatineblätter*
*2 Eidotter, 1/8 l Eierlikör*
*geschlagenes Obers, Hippen und Minzeblätter zum Garnieren*

Gelatineblätter in kaltem Wasser einweichen, Eidotter mit Staubzucker schaumig rühren. Gelatine aus dem Wasser heben, mit einigen Tropfen Wasser erwärmen, mit Eierlikör zügig verrühren und unter die Dottermasse mengen. Kaltes Schlagobers cremig, aber nicht zu fest schlagen und Dottermasse sofort untermengen. Creme in vorgekühlte Gläser füllen und einige Stunden im Kühlschrank kühlen. Mit geschlagenem Obers, Minze und Hippen garnieren.

- GARNITUREMPFEHLUNG: frische Erd- oder Himbeeren
- TIPP: Anstelle von Eierlikör kann man auch andere Liköre wie Grand Marnier, Kokos- oder Waldmeisterlikör sowie Bailey's Irish Cream verwenden und der Creme dadurch andere Geschmacksnuancen verleihen.

## Zitronen-Joghurt-Creme

Zutaten für
6 Portionen

*½ l Joghurt*
*¼ l Schlagobers, geschlagen*
*150 g Staubzucker*
*Saft von einer Zitrone*
*3 Gelatineblätter, 1 EL Rum*
*1 EL Vanillezucker*
*Minzeblätter, Himbeeren und geschlagenes Obers zum Garnieren*

Joghurt mit Rum, Vanille- und Staubzucker verrühren. Gelatine in kaltem Wasser einweichen, leicht ausdrücken und mit Zitronensaft lauwarm schmelzen. Zügig unter das nicht zu kalte Joghurt rühren. Geschlagenes Obers einmengen und die Creme in Gläser füllen, kalt stellen. Mit geschlagenem Obers, Himbeeren und Minzeblättern garnieren.

■ Tipps: Eine andere Geschmacksnuance erhält die Creme, wenn man sie mit etwa 1 dl Beerenpüree vermengt, wofür man allerdings die Gelatinemenge auf 4 Blätter erhöhen muss.
Die Creme ist auch als Torten- oder Rouladenfülle geeignet. In diesem Fall muss die Gelatinemenge auf insgesamt 5 Blätter erhöht werden.

## Vanillecreme mit Beeren

Zutaten

*½ l Schlagobers*
*50 g Kristallzucker*
*4 Eidotter*
*2 TL Vanillezucker*
*(oder ausgeschabtes Mark von 2 Vanilleschoten)*
*300 g Beeren der Saison*
*Minzeblätter und Beeren zum Garnieren*

Dotter mit Kristallzucker schaumig schlagen. Schlagobers mit Vanillezucker aufkochen (sollte man Vanilleschoten verwenden, das Obers anschließend seihen). Obers zügig unter die Dottermasse rühren und nochmals über Dampf erhitzen, bis die Masse eine dickliche Konsistenz hat (»Rosenbildung«, s. Tipp). Die gereinigten Beeren in tiefe Teller, Schälchen oder Glasschalen einlegen und mit Obersmasse auffüllen. Gut durchkühlen lassen und mit Beeren und Minzeblättern garnieren.

■ Tipps: Rosenprobe: Kochlöffel in die Masse tauchen, herausheben und leicht über die Außenwölbung blasen – wenn sich Wellen bilden, ist der richtige Grad erreicht.
Man kann die Masse auch mit Kristall- oder braunem Zucker bestreuen und ähnlich einer Crème brûlée flämmen, bis der Zucker karamellisiert. In diesem Fall sollte man feuerfeste Schalen oder Suppenteller verwenden.

# Geeiste Biercreme

Zutaten

*1 dl Bier*
*3 Eidotter*
*2 EL Honig*
*¼ l Schlagobers*
*1 TL Ingwer, sehr fein gerieben*
*geschlagenes Obers, Hippen und Minzeblätter als Garnitur*

Bier mit Eidotter und Honig über Dampf (Wasserbad) cremig, dann kalt schlagen. Obers schlagen, unter die Biermasse heben und Ingwer unterrühren. In Schalen füllen und so lange tiefkühlen, bis die Creme halbgefroren, aber noch cremig ist. Mit geschlagenem Obers, Hippen und Minzeblättern garnieren.

■ Garniturempfehlung: marinierte Dörrpflaumen oder Kumquats

# Mohnmousse

Zutaten für 6 Portionen

*50 g Mohn, fein gemahlen*
*1 Ei*
*1 Eidotter*
*1/8 l Milch*
*3 cl Rum*
*120 g Schokolade, weiß*
*1 Gelatineblatt*
*3 dl Schlagobers, geschlagen*

Milch mit Mohn einkochen, bis die Masse trocken erscheint, Rum einrühren und noch kurz weiterkochen. Erkalten lassen. Gelatine in kaltem Wasser einweichen. Ei und Eidotter verrühren. Schokolade im Wasserbad oder Mikrowellenherd schmelzen, lippenwarm unter die Eier rühren. Gelatine aus dem Wasser heben, lauwarm schmelzen und unter die Eier-Schoko-Masse rühren. Mohnmasse einmengen und geschlagenes Obers unterheben. Mousse in eine flache gekühlte Wanne (oder in Gläser) füllen und mit Klarsichtfolie abgedeckt (aromageschützt) kühlen. Mit einem nassen Suppenlöffel oder Eisportionierer Kugeln oder Nocken ausstechen und diese auf kalten Tellern beliebig anrichten.

■ Garniturempfehlung: Calvados-Sabayon, karamellisierte Apfel- oder Birnenspalten
■ Tipp: Weniger aufwändig, allerdings auch weniger dekorativ ist es, wenn man die Mousse gleich in einzelne Portionsförmchen füllt.

# Lebkuchenmousse

Zutaten für 6 Portionen

*3 Eidotter*
*60 g Schokolade, weiß (Couverture)*
*60 g Schokolade, dunkel (Couverture)*
*1 Gelatineblatt*
*3 dl Schlagobers, geschlagen*
*40 g Lebkuchen, gerieben*
*Lebkuchengewürz nach Geschmack*
*2 EL Inländerrum*

Gelatine in kaltem Wasser einweichen. Dotter schaumig rühren. Weiße und dunkle Schokolade zerkleinern, im Wasserbad oder Mikrowellenherd schmelzen, lippenwarm unter die Eier rühren. Gelatine aus dem Wasser heben, in Rum lauwarm schmelzen und ebenfalls unter die Eier-Schoko-Masse rühren. Geschlagenes Obers unterheben, geriebenen Lebkuchen und Lebkuchengewürz einmengen. Mousse in eine flache gekühlte Wanne (oder in Gläser) füllen und mit Klarsichtfolie abgedeckt (aromageschützt) kühlen. Mit einem nassen Suppenlöffel Nocken ausstechen und auf gekühlten Tellern beliebig anrichten.

■ Garniturempfehlung: Punsch-Sabayon, Rumtopffrüchte, gedünstete Weichseln, Dörrpflaumen, Datteln oder Kumquats

# Fruchtgenuss mit Zuckerguss

## Aparte Süßigkeiten direkt aus der Natur

*Obst, Beeren und natürliche Aromen sind die Würze jeder zeitgemäßen Dessertküche. Lassen Sie Ihre Fantasie spielen, und zaubern Sie das Beste aus Gottes Garten auf Ihren Dessertteller.*

## Himbeergrütze

Zutaten

*250 g Himbeeren, frisch (oder tiefgekühlt)*
*65 g Kristallzucker*
*1 dl Weißwein, trocken*
*1 dl Wasser*
*15 g Maizena*
*1 ¾ Gelatineblätter*
*2 cl Himbeersaft*
*etwas Zitronensaft*
*etwas geriebene Zitronenschale*
*Himbeergeist*
*120 g Himbeeren als Einlage*
*Himbeeren und Minzeblätter zum Garnieren*
*Staubzucker zum Bestreuen*

Maizena mit halber Weißweinmenge anrühren, Gelatine in kaltem Wasser einweichen. Himbeeren (tiefgekühlte Beeren abtropfen lassen) mit Wasser, Zucker, restlichem Weißwein, Zitronensaft und -schale sowie Himbeersaft gemeinsam aufkochen. Angerührtes Maizena und ausgedrückte Gelatine untermengen, kurz aufkochen, anschließend passieren. Leicht überkühlen und Himbeeren sowie Himbeergeist unterheben. In geeignete Schalen füllen, erkalten lassen und im Kühlschrank einige Stunden kühl stellen. Vor dem Servieren mit Beeren und Minze garnieren und mit Staubzucker bestreuen.

▪ Tipp: Statt Himbeeren können auch Weichseln oder andere Beeren als Einlage verwendet werden.

# Rhabarberschale mit Erdbeeren

Zutaten für
6 Portionen

*½ kg Rhabarber, geschält*
*2 dl Schlagobers, geschlagen*
*120 g Kristallzucker*
*2 Gelatineblätter*
*4 cl Weißwein, trocken*
*2 Eiklar*
*200 g Erdbeeren zum Belegen*
*6 Erdbeeren mit Stielansatz als Garnitur*
*Staubzucker zum Bestreuen*
*Schlagobers, geschlagen, zum Garnieren*

Rhabarber in ca. 1 cm große Stücke schneiden, mit 80 g Kristallzucker bestreuen, vermischen und 1 Stunde ziehen lassen. Mit Weißwein beträufeln und in einer Kasserolle sehr weich dünsten. Gelatine in kaltem Wasser einweichen, ausdrücken und unter die noch warme Rhabarbermasse rühren. Eiklar mit restlichem Zucker zu steifem, aber noch cremigen Schnee schlagen. Eischnee und geschlagenes Obers vermischen, anschließend unter die abgekühlte, aber noch nicht gestockte Rhabarbermasse heben. In Gläser oder Schalen füllen, im Kühlschrank einige Stunden kühlen. Mit halbierten Erdbeeren belegen und mit Staubzucker bestreuen. In der Mitte eine Schlagobersrosette aufspritzen und jeweils eine Erdbeere mit Stiel darauf setzen.

# Mango-Piccata

Zutaten

*2 Mangos, vollreif*
*2 Eier*
*150 g Mandeln, gehobelt*
*½ TL Vanillezucker*
*Prise Zimt*
*Mehl zum Wenden*
*Butterschmalz zum Backen*
*Staubzucker zum Bestreuen*

*Für die Sauce:*
*250 g Himbeeren, frisch (oder tiefgekühlt)*
*50 g Staubzucker*
*2 cl Himbeergeist (oder Kirschwasser)*

Mangos schälen, Kern auslösen, Fruchtfleisch in 4–5 mm dicke Scheiben schneiden. Eier gut verschlagen, mit Vanillezucker und Zimt aromatisieren. Mangos in Mehl tauchen, überschüssiges Mehl abschütteln, durch das Ei ziehen und in Mandeln wenden. Butterschmalz in einer flachen Pfanne erhitzen, Mangoscheiben einlegen, braun anbacken, wenden, ebenfalls braun und knusprig backen. Mangoscheiben aus der Pfanne heben, mit Küchenkrepp abtupfen. Für die Sauce Himbeeren mit Zucker mixen, passieren und mit Himbeergeist oder Kirschwasser vollenden. Himbeersauce auf Teller eingießen, die Mango-Piccata darauf setzen und mit Staubzucker bestreuen.

- Garniturempfehlung: Sorbet aus exotischen Früchten, Vanille-, Zimt- oder Honigeis
- Tipp: Kiwi, Granatapfel oder Passionsfrucht wären eine aparte Abwandlung für die dazu gereichte Sauce.

## Weichsel-Beeren-Ragout mit Vanillejoghurt

Zutaten für 6 Portionen

*900 g Himbeeren, frisch (oder tiefgekühlt)*
*140 g Kristallzucker*
*1/8 l Weißwein*
*5 cl Himbeergeist*
*Saft einer halben Zitrone*
*1 ½ Gelatineblätter*
*¼ l Joghurt*
*1 EL Vanillezucker*

*Für die Einlage:*
*300 g Beeren nach Saison, geputzt*
*300 g Weichseln, entsteint*

Gelatine in Weißwein einweichen und wieder herausheben. Weißwein, Himbeeren, Zucker und Zitronensaft gemeinsam aufkochen. Gelatine untermengen, passieren und Himbeergeist einrühren. In die erkaltete Beerensauce Weichseln und Beeren (Erdbeeren beliebig schneiden) einrühren. In passende Schalen oder tiefe Teller füllen. Joghurt mit Vanillezucker glatt rühren und löffelweise auf das Beerenragout verteilen.

- Tipp: Ersetzen Sie zur Abwechslung einmal das Vanillejoghurt durch eine Kugel Vanilleeis.

### *»… und heute tanzt die Pawlowa«*

*So las man's früher auf den Programmzetteln, wenn die große Primaballerina Anna Pawlowna Pawlowa (1881–1931) einen ihrer umjubelten Auftritte hatte. Nach ihrer Glanznummer, dem »sterbenden Schwan«, belohnte sich die Grande Dame des russischen Balletts besonders gerne mit süßen Sachen. Weshalb ihr ein begeisterter Pâtissier auch anlässlich eines Gastspiels die berühmte Pawlowa-Torte widmete. Sie bildet die Grundlage für die nebenstehende – etwas leichtere und vitaminreichere – Früchte-Pawlowa, die mit Sicherheit all Ihre Geschmacksnerven zum Tanzen bringen wird.*

# Früchte-Pawlowa

Zutaten für
6 Portionen

*Für die Windmasse:*
*3 Eiklar*
*170 g Staubzucker, gesiebt*
*1 TL Vanillezucker*
*1 TL Maizena*
*1 TL Zitronensaft*

*Für das Früchteobers:*
*½ l Schlagobers*
*200 g Beeren der Saison (Erdbeeren, Walderdbeeren, Himbeeren etc.)*
*2 Kiwis, geschält, in Scheiben geschnitten*
*2 Bananen, geschält, in Scheiben geschnitten*
*2 Orangen, filetiert*
*Minze- (oder Melissen)blätter*

*Für die Beerensauce:*
*250 g Erdbeeren oder Himbeeren (frisch oder tiefgekühlt)*
*50 g Staubzucker*
*Spritzer Zitronensaft*

Für die Windmasse Eiklar steifschlagen, mit Vanillezucker vermischen und die Hälfte des Zuckers löffelweise in die Schneemasse einrühren. Restlichen Zucker untermengen, Maizena und Zitronensaft unterheben. Auf einem mit Trennpapier belegten Backblech die Masse mit einem Löffel zu kleinen Häufchen formen. Im vorgeheizten Backrohr bei 60 °C ca. 5 Stunden backen. Im Rohr auskühlen lassen und bei Zimmertemperatur trocknen.
Für die Beerensauce Beeren, Zitronensaft und Zucker mit einem Stabmixer fein pürieren, nach Belieben durch ein Sieb passieren. Für das Früchteobers Schlagobers cremig, aber nicht zu steif ausschlagen. Windbäckerei vorsichtig unter das Obers mengen, eventuell die Stücke einmal durchbrechen. Die Hälfte der Masse in eine passende Schüssel geben, die Beerensauce eingießen und mit restlicher Masse auffüllen, glatt streichen. Beeren und Früchte ornamentartig darauf gruppieren, mit Minze- oder Melissenblättern garnieren. Einige Stunden gut im Kühlschrank durchkühlen.

- Backrohrtemperatur: 60 °C Umluft
- Backdauer: ca. 5 Stunden
- Tipps: Unkomplizierter lässt sich dieses Rezept zubereiten, wenn man fertige Windbäckerei oder Baiserschalen verwendet.
  Das Früchteobers kann mit Waldmeisterlikör, Kirschbrand oder Grand Marnier aromatisiert, die verwendeten Früchte übrigens auch beliebig variiert werden.

# Evas Paradies-Apfel

Zutaten

*400 g Äpfel*
*(Golden Delicious oder Boskop)*
*8 cl Schlagobers, flüssig, zum Anrühren*
*1 dl Schlagobers*
*100 g Marzipan*
*80 g Granatapfelkerne*
*40 g Pistazienkerne*
*30 g Staubzucker, 2 EL Honig*
*Zimtpulver zum Bestreuen*
*2 EL Zitronensaft*
*Minze- (oder Zitronenmelissen-)*
*blätter zum Garnieren*

Flüssiges Obers, Staubzucker und Marzipan cremig verrühren. Schlagobers nicht zu fest, sondern cremig schlagen, die Obers-Marzipan-Masse untermengen. Äpfel schälen, entkernen, in 5 mm dicke Stiftel schneiden, mit Zitronensaft vorsichtig marinieren und unter das Marzipanobers mengen. Auf 4 Teller verteilen, mit Zimt leicht bestauben. Granatapfelkerne und Pistazienkerne darüber streuen, mit Minze- oder Zitronenmelissenblättern dekorieren. Honig erhitzen und im letzten Moment bei Tisch über das Apfelgericht träufeln.

■ Tipp: Wenn Sie dieses Gericht besonders dekorativ anrichten wollen, so höhlen Sie die Äpfel so aus, dass der obere Teil samt Stiel erhalten bleibt, füllen die Masse in die Äpfel ein, setzen den Apfeldeckel keck auf und servieren die restliche Masse extra.

# Marillenröster

Zutaten für
5–6 Gläser à ½ Liter

*3 kg Marillen*
*600 g Kristallzucker*
*1 dl Wasser*
*1 Stange Zimtrinde*
*10 Gewürznelken*
*8 cl Marillenbrand*

Marillen waschen, vierteln und Kerne auslösen. Zerkleinerte Zimtrinde und Gewürznelken in ein kleines Leinentuch einbinden. Wasser, Zucker und Gewürze aufkochen, Marillen beigeben, unter ständigem Rühren langsam weich dünsten. Gewürzsäckchen entfernen, Marillenbrand untermengen und noch heiß in Gläser füllen. Gut verschließen und kühl lagern.

■ Garungsdauer: ca. 25 Minuten
■ Verwendung: zu Topfenknödeln, Mohnnockerln, Zimtparfait oder Vanilleeis
■ Tipp: In Tiefkühlsäckchen gefüllt lässt sich der Marillenröster auch problemlos portionsweise tiefkühlen.

## Gedünstete Kumquats

Zutaten für
4–5 Gläser à ½ Liter
*2 kg Kumquats*
*(Gold- oder japanische Orange)*
*600 g Kristallzucker*
*1 l Orangensaft*
*8 cl Grand Marnier (Orangenlikör)*

Kumquats waschen, halbieren, entkernen. In einer Kasserolle Kristallzucker schmelzen, licht karamellisieren, mit Orangensaft ablöschen und kurz verkochen lassen. Kumquats zugeben und kernig dünsten (etwa 10 Minuten). Kumquats aus der Flüssigkeit heben. Flüssigkeit auf die Hälfte reduzierend (bei großer Hitze) einkochen. Kumquats und Grand Marnier wieder in die Flüssigkeit geben, heiß in Gläser füllen und diese gut verschließen.

- Garungsdauer: 10–12 Minuten
- Verwendung: zu Parfaits, Vanilleeis, Zimt- oder Lebkuchenauflauf

## Quittengelee

Zutaten für 2 Formen
(je 30 cm lang)
*1 kg Quitten*
*1 kg Gelierzucker*
*ca. 6 cl Zitronensaft*
*4 cl Kirschwasser*
*Öl für die Formen*
*Kristallzucker zum Wälzen*
*(oder Schokoladeglasur zum Tunken)*

Quitten von Stiel und Blütenansatz befreien, Kerngehäuse entfernen, sechsteln. Mit Zitronensaft abmischen, mit Wasser bedecken, weich kochen und passieren. Masse mit Gelierzucker vermengen und unter ständigem Rühren bis zur »Lappenprobe« kochen. Diese ist erreicht, wenn beim Hochheben des Kochlöffels die Masse lappenförmig abläuft. Anschließend eine Gelierprobe machen. Dafür ca. 1 EL Quittenmasse völlig erkalten lassen und auf die Schnittfestigkeit überprüfen. Gegebenenfalls noch reduzierend weiterkochen. Kirschwasser einrühren. Geeignete Formen (Wannen) zart mit Öl ausstreichen, heiße Marmelade eingießen und kalt stellen. Nach dem Erstarren stürzen, in Stücke teilen, nach Belieben entweder in Kristallzucker wälzen oder in temperierte Schokoladeglasur tunken.

- Kochdauer: ca. 3–3½ Stunden

# It's Ice-Time!
## Sorbets, Parfaits und andere eisige Träume

*Konfuzius ließ sich davon inspirieren, Picasso verewigte es in Öl und Maria Theresia hätte es am liebsten verbieten lassen, weil sie es für Teufelszeug hielt. Eine kleine Kaloriensünde ist Speiseeis jedoch allemal wert – vor allem dann, wenn man es selber macht.*

## Parfait olé

Das Eisparfait ist eines der bekömmlichsten Desserts auf unseren Tafeln und kann, da es durch seinen hohen Luftanteil relativ leichtgewichtig ist, auch ohne allzu große Reue genossen werden. Ein Liter Parfait wiegt nicht einmal dreiviertel Kilogramm. Im Grunde handelt es sich bei Parfaits ja um nichts anderes als eisigen Schaum, der – mit unterschiedlichen Geschmackszutaten – auf der Basis von Eiern und Zucker über Dunst aufgeschlagen, mit Schlagobers vermengt und schließlich in kleine Förmchen abgefüllt und gefrostet wird. Damit sich die hinzugefügten Aromastoffe geschmacklich voll entfalten können und sich das Parfait auch cremig löffeln lässt, empfiehlt es sich, bei der Zubereitung folgende Grundregeln zu beachten:

- Kühlen Sie die Formen vor dem Einfüllen der Masse gut.
- Servieren Sie das Eisparfait niemals unmittelbar aus dem Tiefkühlschrank, sondern lassen Sie es zuvor im Kühlschrank langsam antauen, damit es wieder cremig wird. (Parfait darf nie gestochen werden, sondern muss sich löffeln lassen.)
- Verwenden Sie keine Früchte mit zu hohem Wasseranteil (z.B. Beeren, Melonen etc.), da das Parfait sonst leicht kristallisiert. Ideal sind hingegen Liköre oder zuckerhaltige Granulate wie Grillage, geriebene Hippenmasse oder süße Brösel.
- Schneiden Sie das Parfait vor dem Stürzen mit einem kleinen Messer rundum ein. Halten Sie die Form danach kurz in heißes Wasser und stürzen Sie es sofort auf eine sehr kalte Unterlage.
- Stürzen Sie das in Portionsförmchen gefrostete Parfait, um ein »Zerfließen« am Teller zu verhindern, beispielsweise auf eine mit Likör und Läuterzucker beträufelte Biskuitscheibe oder auf ein Hippenblatt gleicher Größe.

# Vanille-Powidl-Parfait

Zutaten für 6 Portionen

*2 Eier*
*70 g Staubzucker*
*2 TL Vanillezucker*
*350 ml Schlagobers*
*150 g Powidl, etwas Inländerrum*
*etwas geriebene Orangenschale*
*Minzeblätter, geschlagenes Obers und Hippen zum Garnieren*

Eier mit Staub- und Vanillezucker über Dampf warm aufschlagen, anschließend kalt schlagen. Kaltes Obers schlagen, unter die Eiermasse heben, Powidl mit Rum und geriebener Orangenschale glatt rühren und mit etwa einem Viertel der Eier-Obers-Masse vermengen. Die neutrale Eier-Obers-Masse mit einem Spritzsack drei Viertel hoch in gekühlte Dariolformen (kleine Auflaufformen) spritzen. Powidlmasse ebenfalls in einen Spritzsack mit glatter Tülle füllen und so einspritzen, dass man den Spritzsack in die neutrale Masse etwa 2 cm tief versenkt und dann ähnlich wie beim Krapfenfüllen die Powidlmasse einspritzt. Parfait 4–5 Stunden im Tiefkühlfach frosten. Formen ganz kurz in fast kochendes Wasser halten, das Parfait auf gut vorgekühlte Teller stürzen und beliebig mit Minzeblättern, geschlagenem Obers und Hippen garnieren.

- Gefrierdauer: 4–5 Stunden
- Garniturempfehlung: gedünstete Dörrpflaumen, Weichseln oder Kumquats sowie Punschsabayon
- Tipp: Mann kann die beiden Massen auch abwechselnd in eine größere Wannenform füllen.

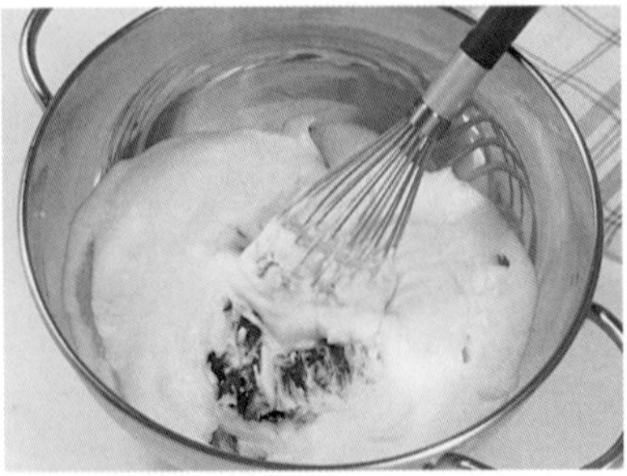
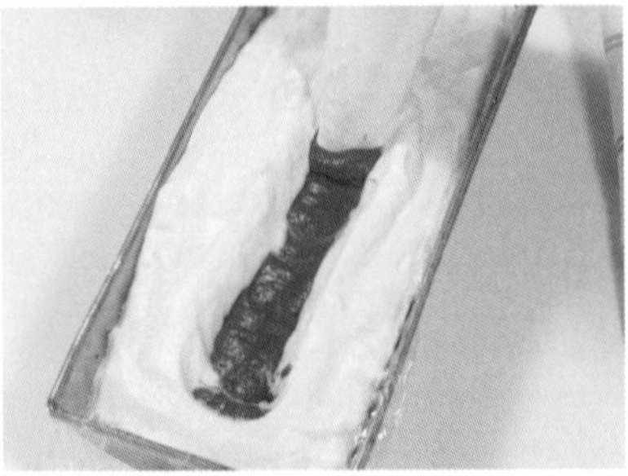

Vanille-Powidl-Parfait

1. *Geschlagenes Obers unter die zuerst warm, dann kalt aufgeschlagene Eier-Zucker-Masse heben.*
2. *Etwa drei Viertel der Masse in eine Wannen- oder Dariolform ¾ hoch einfüllen (bei Dariolformen am besten mit einem Spritzsack).*
3. *Restliche Obersmasse mit Powidl, Rum und geriebener Orangenschale glatt rühren.*
4. *Powidlmasse mittels Spritzsack direkt in die Obersmasse hineinspritzen und wie beschrieben kühlen.*

# Honigparfait

Zutaten für
6 Portionen
*2 Eier*
*80 g Honig*
*20 g Kristallzucker*
*350 ml Schlagobers*
*Minzeblätter, geschlagenes Obers und Hippen zum Garnieren*

Die Eier mit Zucker über Dampf warm aufschlagen, anschließend kalt schlagen, Honig unterrühren. Kaltes, geschlagenes Obers unterheben. Masse in eine gekühlte Wanne oder in Dariolformen (kleine Auflaufförmchen) füllen und 4–5 Stunden im Tiefkühlfach frosten. Formen ganz kurz in fast kochendes Wasser halten, das Parfait auf gut vorgekühlte Teller stürzen und beliebig mit Minzeblättern, geschlagenem Obers und Hippen garnieren.

■ Gefrierdauer: 4–5 Stunden
■ Garniturempfehlung: Beeren, exotische Früchte oder gedünstetes Obst

■ TIPP: Durch die Verwendung unterschiedlicher Honigsorten (Lavendelblüten-, Wald- oder Kastanienblütenhonig) können Sie auch unterschiedliche Aromanoten erzielen.

## Amaretto-Halbgefrorenes

ZUTATEN FÜR 6 PORTIONEN

*3 Eidotter*
*2 Eiklar*
*60 g Kristallzucker*
*3 dl Schlagobers*
*85 g Amaretti (kleine ital. Mandelmakronen)*
*6 cl Amaretto (Mandellikör)*
*einige Amaretti als Einlage*

Eidotter mit halber Zuckermenge und Amaretto schaumig schlagen (eventuell über Dampf warm aufschlagen, anschließend kalt schlagen). Das Eiklar mit dem restlichem Zucker zu festem Schnee schlagen, Amaretti klein hacken. Schlagobers schlagen und die Dottermasse sowie Amaretti vorsichtig unterheben. Eine passende vorgekühlte Form (Wanne, Pastetenform, kleine Auflaufförmchen etc.) mit Folie auslegen, die restlichen, nicht gehackten Amaretti am Boden einlegen, Masse darüber auftragen, gut verteilen und im Tiefkühlfach 4–5 Stunden frosten. Das Halbgefrorene stürzen, Folie entfernen, mit einem dünnen, nassen Messer in Scheiben schneiden. Auf vorgekühlten Tellern anrichten und beliebig garnieren.

■ GEFRIERDAUER: 4–5 Stunden
■ GARNITUREMPFEHLUNG: Pfirsichsauce und pochierte frische Pfirsiche

## Eis wie aus dem Eissalon

Speiseeis selbst zu machen, hat viele Vorteile. Vor allem ist es die einzige Möglichkeit, wirklich genau zu wissen, was man da in der Tüte hat. Probieren Sie es einfach einmal, und Sie werden sehen, dass die Eisproduktion auch für Ungeübte keine große Hexerei ist. Und wenn Ihr erstes »eigenes Eis« einmal fertig ist, dann werden Sie obendrein mit einem unvergleichlichen »Schleck-Erlebnis« belohnt.

UND SO WIRD'S GEMACHT:
Voraussetzung für die Speiseeisproduktion ist der Ankauf einer kleinen, kostengünstig im Küchenfachhandel erhältlichen Eismaschine mit einem Kühlakku, der etwa 18 Stunden im Tiefkühlfach bei minus 18 °C vorgefrostet werden muss. Setzen Sie dann erst die Maschine mit Akku, Rührarm und Abdeckung zusammen, schalten Sie das Gerät ein und gießen Sie, sobald sich

Vanilleeis

*1. Eidotter mit Maizena, Kristall- und Vanillezucker mit dem Mixer oder Schneebesen sehr schaumig schlagen.*
*2. Milch auf 90 °C erhitzen, nach und nach Dottermasse unterrühren und unter ständigem Rühren ca. 2 Minuten erhitzen, aber nicht kochen.*
*3. Die auf Kühlschranktemperatur abgekühlte Dotter-Milch unter das cremig, aber nicht steif geschlagene Schlagobers heben.*
*4. Eismaschine einschalten, Masse eingießen und ca. 35–40 Minuten frosten.*

der Rührarm zu drehen beginnt, die zu frostende Masse in die dafür vorgesehene Einfüllöffnung. Die Gefrierdauer beträgt je nach Eissorte zwischen 35 und 70 Minuten. Die Maschine eignet sich übrigens auch zum Frosten »nicht-alkoholträchtiger« Sorbets. Wirkliche Eis-Freaks wählen eine semiprofessionelle Eismaschine mit eingebautem Kühlaggregat.

So erhält Ihr Eis die gewünschte Konsistenz:
Zuckerreiche oder mit Likören angreicherte Massen frosten in der Eismaschine leider schlecht. Es lässt sich jedoch leicht Abhilfe schaffen, indem Sie
- die Zuckermenge senken
- den Alkohol erst am Ende des Frostprozesses hinzufügen
- oder das Eis in eine vorgefrostete Nirostaschüssel umfüllen und unter häufigem Rühren so lange im Tiefkühlfach frosten, bis die Eiscreme die richtige Konsistenz erhält.

Was tun, wenn das Eis nicht richtig bindet?
Profis verwenden in diesem Fall »Eisbinder« oder Glukose (Kapillarsirup) zum Stabilisieren der Eiscreme. Bei der Besorgung kann Ihnen Ihr Konditor behilflich sein. Eine Alternative besteht jedoch auch darin, der ungefrorenen Masse etwas gelöste Gelatine beizugeben.

So bewahren Sie Ihr Speiseeis auf:
Speiseeis lässt sich bei einer Temperatur von minus 6 °C im Tiefkühlfach, für kurze Zeit aber auch in gut vorgekühlten Speisethermos bis zum Servieren aufbewahren.

## Fruchteis

### *Grundrezept*

Zutaten
*250 g Beeren oder Früchte (geputzt, geschält, entkernt)*
*¼ l Milch*
*2 dl Schlagobers*
*ca. 110 g Kristallzucker*
*2 Eidotter*

Früchte im Mixer sehr fein pürieren, bei Bedarf (Kerne bei Beeren) nachher passieren. Eidotter, Kristallzucker und Milch mixen, Fruchtmark einrühren oder einmixen. Schlagobers cremig, aber nicht zu steif schlagen, Fruchtmasse langsam unterheben. Eismaschine einschalten, Masse eingießen und ca. 35–40 Minuten in der Maschine frosten.

- Gefrierdauer: ca. 35–40 Minuten
- Tipps: Für Fruchteis eignen sich folgende Früchte besonders gut: Himbeeren, Walderdbeeren, Erdbeeren, Heidelbeeren, Mangos, Äpfel, Bananen und Birnen. Es kann aber auch Mus von gekochten oder gedünsteten Früchten verwendet werden. Die nötige Zuckermenge hängt vom Säuregrad der Beeren oder Früchte ab, daher die Masse nach freiem Empfinden süßen. Allerdings ist dabei zu beachten, dass zu süße Massen schlecht frosten.

# Beeren-Joghurt-Eis

Zutaten

*250 g Beeren nach Wahl (Himbeeren, Walderdbeeren, Erdbeeren, Heidelbeeren), gereinigt, ohne Stiel*
*4 dl Joghurt*
*1 dl Schlagobers*
*110 g Kristallzucker*
*1 EL Zitronensaft*

Beeren mit Joghurt, Zitronensaft und Zucker mixen, bei Bedarf passieren. Schlagobers cremig, aber nicht zu steif schlagen, Beerenjoghurt langsam unterheben. Eismaschine einschalten, Masse eingießen und ca. 40–50 Minuten frosten.

- Gefrierdauer: ca. 40–50 Minuten
- Garniturempfehlung: frische Beeren oder Beerenragout

# Karamelleis

Zutaten

*¼ l Milch*
*¼ l Schlagobers*
*110 g Kristallzucker*
*4 Eidotter*
*2 EL Sauerrahm*

Eidotter mit 50 g Kristallzucker sehr schaumig schlagen (Mixer). Restlichen Zucker in einer Kasserolle schmelzen, zu gewünschter Bräunung rösten, dabei ständig rühren. Mit heißer Milch aufgießen, Zucker auflösen, nach und nach Dottermasse unterrühren und unter ständigem Rühren ca. 2 Minuten erhitzen, aber nicht kochen. Milch auf Kühlschranktemperatur abkühlen, Sauerrahm untermengen. Schlagobers cremig, aber nicht zu steif schlagen, Milch-Rahm-Gemisch langsam unterheben. Eismaschine einschalten, Masse eingießen und ca. 50–60 Minuten frosten.

- Gefrierdauer: ca. 50–60 Minuten
- Garniturempfehlung: glacierte Birnen- oder Apfelspalten

# Topfen-Rosinen-Eis

Zutaten

*130 g Topfen, passiert*
*3 Eidotter*
*2 EL Joghurt*
*⅛ l Schlagobers, ⅛ l Milch*
*90 g Kristallzucker*
*1 Pkt. Vanillezucker*
*Schale einer halben Zitrone, gerieben*
*2 EL Zitronensaft*
*2 EL Rum*
*60 g Rosinen, in Rum eingeweicht*

Milch mit Dotter, Kristall- und Vanillezucker verrühren und unter ständigem Rühren auf ca. 90 °C erhitzen, kalt rühren. Topfen, Joghurt, Zitronenschale und -saft sowie Rum mit einem Schneebesen glatt verrühren, Eiermilch einrühren. Schlagobers dickflüssig schlagen, unter die Topfenmasse heben. Eismaschine einschalten, Masse eingießen und ca. 35–40 Minuten frosten, zum Schluss die Rumrosinen einmengen.

- Gefrierdauer: ca. 35–40 Minuten
- Garniturempfehlung: frische Beeren, Beerensauce oder Beerenragout

# Vanilleeis

Zutaten

| | |
|---|---|
| *¼ l Milch* | *110 g Kristallzucker* |
| *¼ l Schlagobers* | *4 Eidotter* |
| *30 g Vanillezucker* | *5 g Maizena* |

Eidotter, Maizena, Kristall- und Vanillezucker mit einem Mixer sehr schaumig schlagen. Milch auf ca. 90 °C erhitzen, nach und nach Dottermasse unterrühren und unter ständigem Rühren ca. 2 Minuten erhitzen, aber nicht kochen. Milch auf Kühlschranktemperatur abkühlen. Das Schlagobers cremig, aber nicht zu steif schlagen und die Dottermilch langsam unter das Obers heben. Eismaschine einschalten, Masse eingießen und ca. 35–40 Minuten frosten.

- Gefrierdauer: ca. 35–40 Minuten
- Garniturempfehlung: Schokoladesauce (kalt oder warm), Beerensaucen sowie Früchte aller Art
- Tipps: *Honigeis:* Verwenden Sie anstelle des Zuckers einen Honig Ihrer Wahl, der in der heißen Milch aufgelöst wird.
  *Ingwereis:* Erwärmen Sie geschälten, geriebenen frischen Ingwer (ca. 1 gehäufter TL) mit der Mich, sonst wie Vanilleeis behandeln. Als Garnitur passen dazu marinierte exotische Früchte wie Lychees, Kumquats oder Datteln.
  Bereiten Sie das Vanilleeis durch die Beigabe von gehackten Walnüssen, Zimtpulver, Schokoladespänen, klein geschnittenen kandierten Früchten, aber auch von Grand Marnier, Cointreau oder Waldmeisterlikör noch raffinierter zu.

## »Von Sorbets und Granités«

*Wenn man der Überlieferung glauben darf, so pflegte der große Religionsgründer Konfuzius (551–479 v. Chr.) seine berühmten »Gespräche des Lunyü« stets durch genüssliche Pausen zu unterbrechen, in denen er an jenen geeisten Früchten naschte, die er in mannshohen Krügen in seinem Keller verwahrte. Selbstverständlich kannte der alte Konfuzius noch keine Eismaschine im heutigen Sinn. Dass er das Fruchtfleisch in seinem Eiskeller dennoch frosten konnte, hat ihm daher den Ruf eingetragen, der eigentliche Erfinder des Sorbets zu sein.*

*Das klassische Sorbet ist ein geeistes Obstpüree, das ohne Zusatz von Eiweiß und Alkohol unter ständigem Rühren gefroren wird. Ideal dafür ist selbstverständlich eine Eismaschine (s. Eis wie aus dem Eissalon, S. 291). Besitzt man keine Eismaschine, so kann man sich jedoch auch mit einem Trick behelfen: die Fruchtmasse in eine flache Nirostatasse einfüllen und im Tiefkühlschrank unter häufigem Rühren frosten, wobei die Masse allerdings nicht ganz so glatt und homogen wie in der Eismaschine gerät.*

*Ein naher Verwandter des Sorbets ist das mit geringem Zuckeranteil hergestellte Granité (ital. granito = gekörnt), bei dem sich das Fruchtfleisch in winzige Eiskristalle verwandelt.*

*Und noch ein Tipp: Viele Sorbets und auch manche Granités schmecken noch erfrischender, wenn sie mit Champagner, Sekt oder Prosecco aufgefüllt und mit Früchten oder Beeren garniert werden.*

# Bratapfelsorbet

Zutaten für
8 Portionen

*1 kg Äpfel (Jonagold oder Kronprinz)*
*450 ml Apfelsaft*
*20 g Butter*
*Zitronensaft nach Bedarf*
*Staub- (oder Läuter)zucker nach Bedarf*

Gewaschene Äpfel an der Schale mehrmals einritzen. Ein feuerfestes Gefäß mit Butter ausstreichen, Äpfel einsetzen und ca. 30 Minuten im auf 160 °C temperierten Backrohr braten. Äpfel noch heiß passieren (»Flotte Lotte«), auskühlen lassen. Erkaltete Apfelmasse mit Zitronensaft und Apfelsaft vermischen, im Bedarfsfall mit Staubzucker oder Läuterzucker nachsüßen. Eismaschine einschalten, Flüssigkeit eingießen und 35–40 Minuten frieren.

- Backrohrtemperatur: 160 °C
- Backdauer: ca. 30 Minuten
- Gefrierdauer: 35–40 Minuten

■ TIPPS: Verfeinern Sie das Sorbet noch mit etwas beigegebenem Calvados. Sollten Sie keine Eismaschine besitzen, so mischen Sie alle Zutaten und schütten Sie die Flüssigkeit in eine flache Wanne. Ins Tiefkühlfach stellen und zeitweise mit einer Spachtel oder einem Schneebesen rühren. Das Sorbet kristallisiert zwar mehr (Granité), der Erfrischungseffekt ist jedoch gleichermaßen vorhanden.

## SORBET »RUBINO«

ZUTATEN FÜR 8 PORTIONEN

*6 cl Campari*
*¼ l Saft einer gepressten rosa Grapefruit*
*¼ l Orangensaft*
*90 g Staubzucker*
*Campari zum Beträufeln*
*Minze- (oder Melissen)blätter zum Garnieren*

Orangensaft, Grapefruitsaft und Zucker verrühren. Eismaschine einschalten, Flüssigkeit eingießen und ca. 35–40 Minuten frosten. Campari rasch einfließen lassen, in eisgekühlten Gläsern anrichten, mit etwas Campari beträufeln und mit Minze- oder Melissenblättern garnieren. (Sollte das Sorbet zu weich sein, etwas im Tiefkühlschrank anziehen lassen und wiederholt umrühren.)

■ GEFRIERDAUER: 35–40 Minuten
■ TIPP: Dieses herb-bittere Sorbet eignet sich bei einem mehrgängigen Menü optimal als kleiner, appetitanregender Zwischengang.

## ZITRONENGRANITÉ MIT WODKA

ZUTATEN FÜR 8 PORTIONEN

*⅛ l Zitronensaft*
*⅛ l Wasser*
*⅛ l Weißwein*
*80 g Kristallzucker*
*7 cl Wodka*
*Minze- (oder Melissen)blätter zum Garnieren*

Wasser und Kristallzucker aufkochen, erkalten lassen. Mit den restlichen Zutaten vermengen und die Flüssigkeit in eine flache Wanne gießen. Ins Tiefkühlfach stellen und zeitweise mit einer Spachtel oder einem Schneebesen rühren, bis das Granité kristallin gefrostet ist. In tiefgekühlten Gläsern anrichten und mit Minze- oder Melissenblättern garnieren.

■ GEFRIERDAUER: 35–40 Minuten
■ TIPP: Der Masse gehackte Zitronenmelissenblätter beigeben.

## *»Der Mann, der Melba den Pfirsich reichte«*

*Bis heute gilt Auguste Escoffier (1847–1935) als einer der größten Köche, die jemals gelebt haben. Wie Richard Wagner die Opernhäuser, so erhob Escoffier die Küchen der Grand Hotels zu Schauplätzen seiner Vorstellung eines Gesamtkunstwerks. Dass Escoffier die Idee zu seiner bis heute berühmtesten Kreation just in jenem Moment kam, als er die berühmte Primadonna Nellie Melba die Elsa aus dem Lohengrin singen hörte, ist daher wohl mehr als nur ein Zufall. Ihre »Premiere« hatten die »Pêches à la Melba« allerdings keineswegs in der Oper, sondern bei der Eröffnung des Londoner Carlton-Hotels, in dem Escoffier einige der größten Triumphe seiner an gloriosen Momenten keineswegs armen Laufbahn feierte.*
*Als Escoffier fast neunzigjährig in Monte Carlo verstarb, wußte die ganze Küchenwelt, dass einer der wahrhaft Großen sie verlassen hatte. Das schönste Kompliment hatte Escoffier dennoch kein Koch, sondern der deutsche Kaiser Wilhelm II. gemacht, der ihn bei einem Galadiner in Hamburg zur Seite nahm und sagte: »Jetzt sind wir beiden Kaiser also unter uns: ich, der Kaiser aller Deutschen, und Sie, der Kaiser aller Köche.«*

## Pfirsich Melba

Zutaten

*2 Pfirsiche*
*250 g Himbeeren*
*50 g Staubzucker*
*50 g Pistazienkerne*
*(oder gehobelte Mandeln)*
*1 dl Schlagobers*
*12 Kugeln Vanilleeis*

*Zum Pochieren der Pfirsiche:*
*50 g Kristallzucker*
*2 dl Wasser*
*etwas Zitronensaft*

Himbeeren und Staubzucker mit dem Mixstab mixen, passieren. Die Haut der Pfirsiche an der Oberseite kreuzförmig einritzen, ca. 8–10 Sekunden in siedendes Wasser legen, dann in Eiswasser abkühlen. Haut abziehen, Pfirsiche halbieren und Kern entfernen. Zum Pochieren Wasser mit Zitronensaft und Kristallzucker aufkochen, die Pfirsichhälften einlegen, einmal aufkochen und kurz ziehen, dann erkalten lassen. Jeweils drei Kugeln Vanilleeis in gut gekühlte flache Eisgläser (Coupeschalen) füllen und die Pfirsichhälften mit der Rundung nach oben darauf setzen. Mit Himbeersauce überziehen, mit gehackten Pistazienkernen oder gehobelten Mandeln bestreuen und rundum mit geschlagenem Obers dekorieren.

- Garniturempfehlung: Hippen
- Tipp: Man kann das Eis auch durch Vanilleparfait ersetzen und zusätzlich noch kleine Biskuitscheiben in die Gläser einlegen.

# Erdbeeren Romanow

Zutaten

*12 Kugeln Vanilleeis*
*(oder 400 g Vanilleparfait)*
*400 g Erdbeeren, geputzt, gewaschen*
*80 g Staubzucker*
*Saft einer halben Zitrone*
*1 EL Grand Marnier*
*(Orangenlikör)*
*1/8 l Schlagobers, geschlagen*
*Hippen, Erdbeeren und Minzeblätter zum Garnieren*

150 g Erdbeeren und Staubzucker mit dem Mixstab mixen, eventuell passieren. Restliche Erdbeeren vierteln, mit gemixten Erdbeeren, Zitronensaft und Grand Marnier vermengen und einige Stunden im Eisschrank kühl ziehen lassen. Vanilleeis in vorgekühlte Eiscoupegläser füllen, marinierte Beeren darüber geben und geschlagenes Obers aufspritzen. Mit Erdbeeren, Hippen und Minzeblättern garnieren.

# Kann denn naschen Sünde sein?

## Wie man mit kleinen Leckereien Furore macht

*Die Franzosen nennen sie Petits Fours oder Friandises und haben einen wahren Kult daraus gemacht. Tatsächlich lässt sich ein gelungenes Essen mit Klein- und Teegebäck, Baisers und Patiencebäckerei jedoch auch außerhalb Frankreichs perfekt abrunden.*

## Baumkuchen-Schnitten

Zutaten für
50–60 Stück

*220 g Butter*
*75 g Staubzucker*
*150 g Kristallzucker*
*10 Eidotter*
*12 Eiklar*
*150 g Rohmarzipan*
*110 g Mehl*
*110 g Maizena*
*Prise Zimt*
*1 TL Vanillezucker*
*Prise Salz*
*etwas Zitronenschale, gerieben*
*Butter für die Form*

*Für die Glasur:*
*200 g Schokolade (Couverture)*
*2 EL Öl*

Dotter und Marzipan mit dem Stabmixer pürieren. Butter mit Vanille- und Staubzucker, Prise Zimt und geriebener Zitronenschale sehr schaumig rühren. Marzipanmasse nach und nach in die Buttermasse einrühren. Eiklar mit Kristallzucker und Prise Salz zu Schnee schlagen, vorsichtig unterheben. Mehl und Maizena vermischen und mit einem Schneebesen behutsam einrühren. Eine viereckige Backform (ca. 26 cm x 30 cm) mit Butter ausstreichen oder mit Backpapier auslegen. Teigmasse etwa 5 mm hoch einstreichen und im vorgeheizten Backrohr bei 220 °C etwa 2–3 Minuten goldbraun backen. Diesen Vorgang wiederholen, bis der Teig völlig verbraucht ist und der Kuchen aus 6–8 Schichten besteht. Den Kuchen kurz ruhen lassen, mit einem scharfen Messer vom Rand der Form lösen, herausnehmen und abkühlen lassen. Couverture (Schokolade) lauwarm schmelzen, mit zimmertemperiertem Öl vermengen und den Kuchen damit dünn bestreichen (glasieren) und stocken lassen. Kuchen anschließend in 3,5 cm x 3,5 cm große Würfel schneiden.

- Backrohrtemperatur: 220 °C
- Backdauer: pro Schicht ca. 2–3 Minuten
- Tipp: Viereckige Rahmenformen, die auch durch ein spezielles System in der Größe variierbar sind, erhält man im Fachhandel.

## Schneekissen

Zutaten für ca. 60 Stück

*Für den Mürbteig:*
*200 g Mehl, glatt*
*100 g Butter*
*40 g Staubzucker*
*50 g Mandeln, fein gerieben*
*1 Ei*
*1 EL Vanillezucker*
*etwas Zitronenschale, gerieben*
*Prise Salz*
*griffiges Mehl zum Ausrollen*
*ca. 300 g Ribisel- (oder Himbeer) marmelade, passiert, zum Füllen*

*Für die Schneemasse:*
*1 Eiklar*
*70 g Staubzucker, gesiebt*
*etwas Zitronensaft*

Für den Mürbteig alle Zutaten rasch zu einem glatten Teig verarbeiten, mit Klarsichtfolie bedecken und 1 Stunde kühl rasten lassen. Mürbteig auf einer bemehlten Arbeitsfläche rechteckig ca. 4 mm stark ausrollen, auf ein (oder mehrere) mit Backpapier belegtes Backblech legen und bei 180 °C ca. 4 Minuten hell anbacken. Für die Schneemasse Eiklar mit Zucker und Zitronensaft über nicht zu heißem Wasserdampf zu sämig-steifem Schnee schlagen. Mürbteigplatten von Blech und Papier heben, ganz dünn mit Schneemasse bestreichen, in beliebig große Rechtecke (ca. 3 cm x 4 cm) schneiden und diese mit kleinen Zwischenräumen wieder auf ein Backblech setzen. Im vorgeheizten Backrohr bei 180 °C Umluft ca. 10 Minuten backen.
Schnitten vom Blech nehmen und überkühlen lassen. Die Hälfte der Schnitten an der Teigseite großzügig mit passierter Marmelade bestreichen, die andere Hälfte der Schnitten mit der Teigseite auf die Marmeladeseite setzen und leicht andrücken.

- Backrohrtemperatur: 180 °C Umluft
- Backdauer: ca. 4 Minuten anbacken, weitere 10 Minuten fertig backen
- Tipp: Die Schnitten am besten in geschlossenen Dosen (Behältern) lagern.

# Schönbrunner Taler

Zutaten für ca. 70 Taler

*Für den Mürbteig:*
*100 g Staubzucker*
*300 g Mehl, glatt*
*300 g Butter*
*120 g Mandeln, fein gerieben und leicht geröstet*
*20 g Kakaopulver, 1 Ei*
*Mehl für die Arbeitsfläche*
*ca. 400 g Ribisel- (oder Preiselbeer)marmelade, passiert, zum Bestreichen*
*Staubzucker zum Bestreuen*

*Für die Schneemasse:*
*1 Eiklar*
*70 g Feinkristallzucker*

Mehl mit Staubzucker, Butter, Mandeln, Kakaopulver und Ei rasch zu einem Teig verarbeiten, zu einer Kugel formen und mit Klarsichtfolie abgedeckt ca. 30 Minuten kühl rasten lassen. Mürbteig auf einer bemehlten Arbeitsfläche ca. 3 mm dick ausrollen und mit einem runden Ausstecher Kekse mit ca. 5 cm Ø ausstechen. Die Scheiben auf ein mit Backpapier belegtes Backblech legen und im vorgeheizten Backrohr bei 180 °C etwa 18 Minuten backen. Eiklar unter ständiger Beigabe von Zucker zu sämig-steifem Schnee schlagen. Die gebackenen Keksböden mit Marmelade bestreichen. Schneemasse in einen Spritzsack füllen und mit ganz kleiner, glatten Tülle schneckenförmig so aufdressieren, dass stets Zwischenräume entstehen, in denen die Marmelade sichtbar bleibt. Mit Staubzucker bestreuen und im Backrohr bei 110 °C ca. 20 Minuten trocknen lassen.

- Backrohrtemperatur: 180 °C Ober-Unterhitze, 110 °C trocknen
- Backdauer: 18 Minuten, 20 Minuten trocknen

# Schokoladebusserl

Zutaten für 40–50 Busserl

*100 g Butter*
*100 g Kochschokolade*
*100 g Haselnüsse, gerieben*
*200 g Staubzucker*

Handwarme Butter mit erweichter, nicht ganz abgekühlter Schokolade vermengen. Nach und nach Staubzucker einrühren, zum Schluss die Haselnüsse untermengen. Aus der Masse kleine Kugeln (Busserl) formen, auf ein mit Backpapier belegtes Backblech legen, ins kalte Backrohr geben und bei 170 °C ca. 10 Minuten backen.

- Backrohrtemperatur: 170 °C Ober-Unterhitze
- Backdauer: ca. 10 Minuten

## Pistaziendukaten

Zutaten für ca. 50–60 Stück

*100 g Butter, handwarm*
*1 Eidotter*
*50 g Staubzucker*
*20 g Marzipan*
*100 g Mandeln, gerieben*
*100 g Mehl, glatt*
*1 TL Zimt*
*120 g Nougat*
*50 g Pistazien, gehackt*
*Mehl für die Arbeitsfläche*

Butter mit Staubzucker, Eidotter und Marzipan schaumig schlagen. Mandeln mit Zimt und Mehl vermischen, unter den Abtrieb kneten und 1 Stunde mit Folie bedeckt kühl rasten lassen. Teig auf einer bemehlten Arbeitsfläche ca. 4 mm dick ausrollen, mit einem runden Ausstecher Dukaten in der Größe von 4 cm Ø ausstechen und auf ein mit Backpapier belegtes Backblech legen. Im vorgeheizten Backrohr bei 170 °C etwa 10 Minuten lichtbraun backen, vom Blech heben und überkühlen lassen. Nougatmasse im Wasserbad oder Mikrowellenherd schmelzen, die Dukaten damit mit einem Pinsel bestreichen und mit gehackten Pistazien bestreuen.

- Backrohrtemperatur: 170 °C Umluft
- Backdauer: ca. 10 Minuten
- Tipp: Anstelle von Nougat kann man auch Tunk- oder Glasurmasse verwenden.

## Mandelbaiser

Zutaten für ca. 50–60 Stück

*200 g Mandeln, gestiftelt*
*3 Eiklar*
*150 g Feinkristallzucker*
*100 g Staubzucker*
*1 Pkt. Vanillezucker*
*1 TL Lebkuchengewürz*
*1 EL Kakao*

Mandeln mit 50 g Kristallzucker in einer Pfanne goldbraun rösten, in einem flachen Geschirr auskühlen lassen. Eiklar unter ständiger Beigabe des restlichen Kristallzuckers zu sämig-steifem Schnee schlagen, gesiebten Staub- und Vanillezucker mit dem Kochlöffel einrühren. Kakao, Lebkuchengewürz und Mandeln unterheben. Backblech mit Backpapier belegen, aus der Masse mit einem Teelöffel in regelmäßigen Abständen kleine Häufchen auftragen. Im vorgeheizten Backrohr bei 150 °C etwa 35 Minuten backen.

- Backrohrtemperatur: 150 °C Ober-Unterhitze (statisch)
- Backdauer: ca. 35 Minuten

# Kaprizen

Zutaten für ca. 40 Stück

*100 g Butter*
*100 g Staubzucker*
*120 g Mehl, glatt*
*60 g Schokolade, gerieben*
*1 Eidotter, Prise Salz*
*etwas geriebene Zitronenschale*
*Ei zum Bestreichen*
*geschälte Mandeln zum Belegen*

Mehl und Staubzucker auf einer Arbeitsfläche versieben. Schokolade, Dotter, zerkleinerte Butter, Salz und geriebene Zitronenschale beigeben und alles zu einem glatten Teig verarbeiten. Mit Klarsichtfolie bedeckt 2 Stunden im Kühlschrank rasten lassen. Teig auf einer Arbeitsfläche kneten, zu einer ca. 2 cm dicken Rolle formen, in fingerdicke Scheiben schneiden und diese zu Kugeln formen. Teigkugeln flach drücken, auf ein mit Trennpapier belegtes Backblech setzen, jeweils mit einer Mandel belegen und mit verschlagenem Ei bestreichen. Im vorgeheizten Backrohr bei 180 °C ca. 12 Minuten braun backen (die Kekse laufen während des Backens leicht auseinander). Vom Backblech heben und auskühlen lassen.

■ Backrohrtemperatur: 180 °C
■ Backdauer: ca. 12 Minuten

# Wiener Ringerl

Zutaten für ca. 50–60 Stück

*100 g Staubzucker*
*6 cl Milch*
*1 Eidotter*
*130 g Butter, handwarm*
*200 g Mehl, glatt*
*25 g Maizena*
*½ TL Backpulver*
*etwas Orangenschale, gerieben*
*70 g Schokolade (Tunkmasse)*
*1 TL Öl*

Butter und Staubzucker schaumig rühren, zimmertemperierte Milch, Dotter und Orangenschale untermengen. Mehl, Maizena und Backpulver vermischen, unter die Masse rühren. Aus der Masse mit einem Spritzsack mit Sterntülle auf ein mit Backpapier belegtes Backblech kleine Ringe spritzen. Im vorgeheizten Backrohr bei 160 °C etwa 15 Minuten backen, vom Blech heben und überkühlen lassen. Schokolade im Wasserbad lauwarm schmelzen und Öl einrühren. Aus Pergamentpapier ein kleines Stanitzel formen, Schokolademasse einfüllen und die Ringerl damit in Streifen bespritzen.

■ Backrohrtemperatur: 160 °C Umluft
■ Backdauer: ca. 15 Minuten

# Gefüllte Nussmakronen

Zutaten für 24 Stück

*150 g Walnüsse, gerieben*
*280 g Staubzucker*
*2–3 Eiklar*
*halbierte Walnüsse zum Belegen*

*Für die Fülle:*
*80 g Rohmarzipan*
*1 EL Marillenmarmelade, passiert*
*2 cl Inländerrum*

Geriebene Nüsse mit Zucker und Eiklar nach Bedarf zu einer zähflüssigen Masse verrühren. Masse unter ständigem Rühren erhitzen, aber nicht kochen, bis sich am Rand Blasen bilden. In kaltes Wasser stellen, abkühlen (ist die Masse zu fest, noch etwas Eiklar untermengen). Mit einem Spritzsack mit glatter Tülle (Nr. 11) auf ein mit Trennpapier belegtes Backblech nussgroße Krapferl (Makronen) spritzen. Die Hälfte der Makronen mit Walnüssen belegen. Über Nacht an einem trockenen Ort rasten lassen. Makronen im vorgeheizten Backrohr bei 180 °C ca. 10 Minuten goldbraun backen, anschließend überkühlen lassen und vom Blech heben. Für die Fülle Marzipan, Marmelade und Rum zu einer streichfähigen Masse verrühren. Die Makronen ohne Nüsse damit bestreichen und belegte Makronen darauf setzen.

- Backrohrtemperatur: 180 °C
- Backdauer: ca. 10 Minuten

# Trüffeln, Pralinen und Bonbons

## Confiserie, süß wie noch nie

*Konfekt hat nichts mit Konfektion zu tun. Ganz im Gegenteil: Jede kleine Schokotrüffel, jede Praline und jedes Ingwer-Bonbon kann ein kleines Kunstwerk sein, wenn es richtig und mit Liebe gemacht wird. Die Mühe lohnt sich – und kommt obendrein billiger als der Einkauf in der Confiserie.*

## Schwarzwälder Kirschtrüffeln

Zutaten für 40 Stück

*90 ml Schlagobers*
*90 ml Mocca (oder starker Kaffee)*
*4 cl Kirschwasser*
*30 g Butter*
*250 g Tunkmasse, dunkel (Kochschokolade)*
*Tunkmasse (Kochschokolade), zum Tunken*
*Schokostreusel zum Rollen*

Mocca mit Schlagobers vermischen, aufkochen, zerkleinerte Tunkmasse darin auflösen und das Kirschwasser einmengen. Masse auf Zimmertemperatur abkühlen lassen, handwarme Butter einrühren. Masse stocken lassen, nochmals kühlen, damit die Masse formbar wird. Dann zu kleinen Kugeln formen, in die erwärmte Tunkmasse tauchen und in Schokostreusel rollen.

■ Tipp: Wer sich die Mühe des Formens der Trüffeln ersparen möchte, kann die flüssige Masse gleich in Bonbonkapseln (Papiermanschetten) einfüllen und mit Schokospänen oder Streusel bestreuen.

## Schoko-Orangen-Pralinen

Zutaten für ca. 40 Stück

*250 g Tunkmasse (Kochschokolade)*
*¼ l Schlagobers*
*2 cl Grand Marnier*
*etwas geriebene Orangenschale*
*½ Pkt. Vanillezucker*
*geschnittene Aranzini zum Belegen*

Obers zum Kochen bringen, zerkleinerte Schokolade einrühren und schmelzen lassen. Geriebene Orangenschale, Grand Marnier und Vanillezucker untermengen. Masse abkühlen und dann im Kühlschrank erstarren lassen. Masse leicht erwärmen, mit dem Handmixer aufschlagen und in einen Dressiersack mit glatter Tülle (Nr. 6) füllen. Schokomasse in Papierkapseln erhaben einspritzen und mit Aranziniwürfelchen belegen. Nochmals gut kühlen.

## Mandelhäufchen

Zutaten für 40–50 Stück

*300 g Mandeln, gestiftelt*
*100 g Milchtunkmasse (Milchschokolade)*
*100 g Nougat*
*40 g Staubzucker*
*70 g Kristallzucker*
*7 cl Wasser*

Kristallzucker und Wasser aufkochen, erkalten lassen. Gestiftelte Mandeln mit der Zuckerlösung (Läuterzucker) anfeuchten, mit Staubzucker bestreuen und auf einem mit Backpapier belegten Backblech verteilen. Backrohr auf 200 °C vorheizen, Mandeln unter wiederholtem Wenden bräunen. Tunkmasse und Nougat schmelzen, erkaltete Mandeln unterheben. Mit einem kleinen Löffel auf ein Trennpapier kleine Häufchen gruppieren und erstarren lassen.

- Backrohrtemperatur: 200 °C Ober-Unterhitze
- Backdauer: ca. 15 Minuten

## Nougat-Marzipan-Stangerl

Zutaten für 25–30 Stück

*200 g Nougat*
*120 g Milchtunkmasse (Milchschokolade)*
*50 g Mandeln, geröstet, gehackt*
*150 g Rohmarzipan*
*60 g Staubzucker*
*Eiklar zum Bestreichen*
*Maizena für die Arbeitsfläche*

Nougat und Tunkmasse in einem Kessel im Wasserbad schmelzen, Mandeln untermengen, dann erstarren lassen. Marzipan mit gesiebtem Staubzucker verkneten und auf einer mit Maizena bestreuten Arbeitsfläche ca. 4 mm dick und 10 cm breit ausrollen. Mit Eiklar dünn bestreichen. Aus der Nougatmasse ca. 15 mm dicke Rollen formen, auf den Marzipanstreifen legen und einrollen. Durchkühlen und in ca. 2 cm lange Stangerl schneiden.

# Ingwer-Konfekt

Zutaten für 25–30 Stück

*100 g Ingwer, kandiert*
*200 g Trockenfrüchte (zu gleichen Teilen Datteln, Feigen, Marillen)*
*150 g Rohmarzipan*
*80 g Staubzucker*
*80 g Walnüsse, grob gehackt*
*2 EL Kirschbrand*
*Maizena für die Arbeitsfläche*
*Kristallzucker zum Wälzen (oder weiße Couverture zum Tunken)*

Kandierten Ingwer und Trockenfrüchte sehr fein hacken oder faschieren, mit Rohmarzipan, Staubzucker, grob gehackten Nüssen und Kirschbrand verkneten. Zugedeckt 1 Stunde im Kühlschrank kühlen. Auf einer mit Maizena bestreuten Arbeitsfläche aus der Masse eine Rolle formen, diese in mittelgroße Stücke schneiden und zu Kugeln formen. Kugeln in Kristallzucker wälzen oder in weiße Schokoladenmasse tunken, erstarren lassen und in Papierhülsen setzen.

# VORRATS-KAMMER

# Köstliche Brote zum Selbermachen

## So werden Sie Ihr eigener Bäckermeister

*Das gute, alte Bäckerhandwerk wird immer mehr von großen Backkonzernen ausgeübt. Wer sein täglich Brot also nicht »von der Stange« haben möchte, der tut gut daran, seine eigene Backstube aufzumachen. Was in der Haushaltsküche längst nicht so schwierig ist, wie es vielleicht klingt.*

## Sauerteig

Zutaten
*300 g Roggenvollkornmehl*
*25 g Germ*
*4 dl Wasser, lauwarm*
*1 EL Sauermilch*
*Prise Salz*

Germ in lauwarmem Wasser auflösen, mit Mehl und Sauerrahm gut vermengen und zu einem glatten Teig verarbeiten. In einer Schüssel (vorzugsweise aus Holz) mit einem feuchten Tuch bedeckt etwa 50 Stunden bei Zimmertemperatur reifen lassen. Währenddessen zweimal täglich durchkneten.
Je nach Rezept dann mit 600 g Mehl (Roggen- oder Weizenmehl bzw. diverse Mischungen) vermengen und mit 4 dl Wasser sowie etwas Salz verkneten. Sofern gewünscht, vor dem Backen etwa 400 g Teig zur weiteren Sauerteiggewinnung (50 Stunden Reifung) beiseite geben oder den ganzen Teig backen.

■ Tipp: Wenn Sie einen hilfsbereiten Bäckermeister kennen, so wird Ihnen dieser vielleicht auch selbst ein Stückchen von seinem eigenen Sauerteig abgeben, das Sie dann immer wieder weiterverwenden können.

## Buttermilchbrot

Zutaten für 1 Brot
*550 g Weizenmehl, glatt*
*(Typ W 480)*
*40 g Germ, 1 dl Milch*
*3 dl Buttermilch*
*15 g Salz*
*Butter für die Form*

In einer Schüssel Germ mit lauwarmer Milch verrühren, 4 EL Mehl untermengen, mit Mehl dicht bestauben und an einem warmen Ort zugedeckt rasten lassen, bis sich das Teigvolumen verdoppelt hat. Restliches Mehl mit Dampfl, zimmertemperierter Buttermilch und Salz zu einem glatten Teig verarbeiten (kneten) und zugedeckt an einem warmen Ort etwa 30 Minuten gehen lassen, bis sich das Volumen abermals verdoppelt hat. Teig nochmals durchkneten, auf die Größe einer Kastenform hin ausrollen und in die gefettete (oder beschichtete) Form geben, Teig andrücken. Nochmals zugedeckt gehen lassen, mit einer Gabel mehrmals einstechen und im vorgeheizten Backrohr auf der unteren Schiene bei 190 °C ca. 50 Minuten backen. Währenddessen eine Schale mit siedendem Wasser in das Backrohr stellen (zur Dampfentwicklung).

- Backrohrtemperatur: 190 °C Umluft
- Backdauer: ca. 50 Minuten

# Ciabatta

Zutaten für 2 Wecken

*Für das Dampfl:*
*120 g Weizenmehl, glatt (Typ W 480)*
*½ Pkt. Trockengerm*
*5 g Zucker*
*150 ml Wasser, lauwarm*
*3 cl Milch, lauwarm*

*Für den Teig:*
*380 g Weizenmehl, glatt (Typ W 480)*
*½ Pkt. Trockengerm*
*¼ l Wasser, lauwarm*
*1 TL Olivenöl, 10 g Salz*
*griffiges Mehl zum Bemehlen der Hände*

Für das Dampfl in einer Schüssel Wasser mit Milch, Trockengerm und Zucker gut verrühren. Mehl untermengen und den Teig zugedeckt etwa 12 Stunden bei Zimmertemperatur rasten lassen. Für den Teig Germ in lauwarmem Wasser auflösen, mit Öl vermengen, unter das Dampfl rühren. Mehl und Salz zugeben und mit einem Kochlöffel so lange schlagen, bis der Teig glatt, aber sehr weich ist. Teig 3–4 Stunden zugedeckt rasten lassen. Anschließend halbieren, mit gut gemehlten Händen den Teig zu schmalen Wecken formen und auf ein mit Backpapier belegtes Backblech legen, nochmals nachformen. Abermals, allerdings nicht zugedeckt, ca. 25 Minuten rasten lassen und anschließend bei 210 °C (statische Hitze) ca. 35 Minuten backen. Währenddessen eine Schale mit siedendem Wasser in das Backrohr stellen (zur Dampfentwicklung).

- Backrohrtemperatur: 210 °C
- Backdauer: ca. 35 Minuten
- Tipps: Da der Teig sehr weich ist, empfiehlt es sich, die Hände beim Formen der Wecken möglichst oft mit griffigem Mehl zu bestauben.
  Statt zu länglichen Wecken (das Wort »ciabatta« bedeutet im Italienischen nichts anderes als »Schlapfen«) den Teig zu kleineren Brötchen formen.

# Olivenbrot

Zutaten für 2 Brote

*½ kg Weizenmehl, glatt (Typ W 480)*
*40 g Germ*
*4 dl Wasser, lauwarm*
*1 TL Salz*
*10 g Kristallzucker*
*3 EL Olivenöl*
*100 g Oliven, schwarz, entkernt*
*80 g Tomaten, sonnengetrocknet*
*Rosmarin*
*Mehl für die Arbeitsfläche*
*Olivenöl zum Bestreichen*

In einer Schüssel Germ mit 4 EL lauwarmem Wasser verrühren, 4 EL Mehl und den Zucker untermengen, mit Mehl dicht bestauben und an einem warmen Ort zugedeckt rasten lassen, bis sich das Teigvolumen verdoppelt hat. Restliches Mehl mit Dampfl, Öl, Salz und Wasser vermengen und in der Küchenmaschine mit dem Knethaken oder händisch zu einem glatten Teig verarbeiten. Trockentomaten in kleine Stücke schneiden, Oliven halbieren, beides in den Teig einarbeiten und abermals an einem warmen Ort zugedeckt rasten lassen, bis sich das Teigvolumen verdoppelt hat. Teig teilen, auf einer bemehlten Arbeitsfläche zu runden Kugeln formen (schleifen) und diese zu Fladen flach drücken. Nochmals zugedeckt gehen lassen, mit Olivenöl bestreichen und mit Rosmarin bestreuen. Laibe auf ein mit Trennpapier belegtes oder geöltes Backblech legen und im vorgeheizten Backrohr bei 190 °C auf der unteren Schiene 25–30 Minuten backen. Währenddessen eine Schale mit siedendem Wasser in das Backrohr stellen (zur Dampfentwicklung).

- Backrohrtemperatur: 190 °C Umluft
- Backdauer: 25–30 Minuten
- Tipp: Durch die Beigabe von Oregano, Salbei oder Basilikum lässt sich dieses aromatische Brot noch zusätzlich verfeinern.

# Pizzabrot

Zutaten für 8 Stangen, je 28 cm lang

*½ kg Mehl, glatt (Typ W 480)*
*¼ l Wasser*
*3 EL Olivenöl*
*40 g Germ, 10 g Salz*
*120 g Tomaten, sonnengetrocknet*
*4 Knoblauchzehen, gepresst*
*2 EL Rosmarinnadeln, frisch*
*2 EL Oregano*
*Prise Zucker, Mehl zum Bestauben*
*Olivenöl zum Bestreichen*

In einer Schüssel Germ in 4 EL lauwarmem Wasser verrühren, 4 EL Mehl und den Zucker untermengen, mit Mehl dicht bestauben und an einem warmen Ort zugedeckt rasten lassen, bis sich das Teigvolumen verdoppelt hat.

Restliches Mehl mit dem Dampfl, Wasser, Öl, grob gehackten Tomaten, Knoblauch und Salz zu einem glatten Teig verarbeiten (kneten) und zugedeckt etwa 40 Minuten rasten lassen. Teig in 8 Stücke teilen, zu Stangen formen, mit Mehl bestauben und diese nochmals zugedeckt 30 Minuten warm rasten lassen. Mit Olivenöl dünn bestreichen, mit Rosmarinnadeln und Oregano bestreuen. Auf ein mit Trennpapier belegtes Backblech legen und im vorgeheizten Backrohr bei 200 °C Umluft 15–20 Minuten backen.

- Backrohrtemperatur: 200 °C Umluft
- Backdauer: ca. 15–20 Minuten

# Hamburger-Brötchen

*Buns*

Zutaten für ca. 10–12 Stück

*360 g Weizenmehl (Typ W 480)*
*10 g Zucker, 8 g Salz*
*30 g Germ*
*2 dl Wasser*
*110 g Butter*
*Sesam zum Bestreuen*
*Milch (oder Wasser), zum Bestreichen*
*Mehl für die Arbeitsfläche*

In einer Schüssel Germ und Zucker mit lauwarmem Wasser (ca. 30 °C) verrühren. Mehl und Salz vermischen, aufgelöste Germ einmengen, geschmolzene Butter einarbeiten und alles zu einem geschmeidigen Teig verkneten. Etwa 20 Minuten zugedeckt an einem warmen Ort rasten lassen. Teig auf einer bemehlten Arbeitsfläche nochmals durchkneten, in ca. 60 g schwere Stücke teilen, diese durch den Druck des Handballens und durch kreisende Bewegungen bearbeiten (schleifen). Teigstücke mit der Rundung nach oben an einem warmen Ort 30–40 Minuten rasten lassen, mit Milch oder Wasser bestreichen, die Rundung in Sesam tauchen und die Brötchen auf ein mit Backpapier belegtes Backblech legen. Im vorgeheizten Backrohr bei 220 °C statischer Hitze 10–12 Minuten backen. Währenddessen eine Schale mit siedendem Wasser zur Dampfentwicklung in das Backrohr stellen.

- Backrohrtemperatur: 220 °C
- Backdauer: 10–12 Minuten
- Tipp: Mit Milch zubereitet werden die Brötchen noch saftiger und mürber.

# Gewürzbrot

Zutaten
für 2 Brote

*300 g Roggenmehl*
*250 g Weizenmehl (Typ W 700)*
*42 g Germ*
*4 dl Wasser, lauwarm*
*15 g Salz*
*1 EL Kümmel, ganz*
*1 EL Anis*
*1 EL Fenchelsamen*
*1 TL Koriander, gemahlen*
*Meersalz zum Bestreuen*
*Mehl für die Arbeitsfläche*
*Butter für das Backblech*

Die beiden Mehlsorten vermischen. Germ mit 100 g Mehl und 1 dl lauwarmem Wasser vermischen, mit Mehl bestauben und zugedeckt an einem warmen Ort rasten lassen, bis sich grobe Risse zeigen. In einer Schüssel restliches Mehl mit restlichem Wasser, Salz, Gewürzen sowie Dampfl vermischen und in der Küchenmaschine mit dem Knethaken oder händisch zu einem glatten Teig verarbeiten. Abermals an einem warmen Ort zugedeckt rasten lassen, bis sich das Teigvolumen verdoppelt hat. Teig auf einer bemehlten Arbeitsfläche nochmals durcharbeiten, teilen, zu runden Laiben oder Wecken formen und zugedeckt ca. 30 Minuten an einem warmen Ort gehen lassen.
Mit Wasser bestreichen, mit Weizenmehl und Meersalz bestreuen und auf ein gefettetes oder mit Trennpapier belegtes Backblech legen. Eine kleine Schale mit kochendem Wasser zur Dampfbildung in das vorgeheizte Backrohr stellen und das Brot bei 180 °C Umluft auf der unteren Schiene ca. 40 Minuten backen.

■ Backrohrtemperatur: 180 °C Umluft
■ Backdauer: ca. 40 Minuten

## *»Auch die Ungarn haben ihre Pizza«*

*Die Grundzutat des auch »ungarische Pizza« genannten Lángos unterscheidet sich nicht wesentlich von der neapolitanischen Variante: Es handelt sich um einen kleinfingerdick ausgerollten Germteig von rundlicher Form. Doch ab jetzt wird alles anders: Statt Olivenöl gibt's Gänsefett, statt reichlich Oregano reichlich Knoblauch. Und statt mit Tomaten belegt man den Lángos (der in der ungarischen Küche nicht selten auch aus Erdäpfelteig gemacht wird) mit geröstetem, gepfefferten und klein geschnittenen Kraut und bestreicht ihn mit einer Masse aus Eigelb, Sauerrahm, Dille und Topfen, bevor er ins Backrohr wandert und auf Krautblättern ausgebacken wird. So weit zum Budapester Original, das sich bei uns freilich mit zunehmender Ver-*

*breitung vor allem auf Jahrmärkten zu einem wesentlich einfacheren, aber durchaus eigenständigen Snack entwickelt hat, dessen – je nach persönlichem Gusto mehr oder minder knoblauchlastiges – Grundrezept Sie untenstehend finden.*

## Lángos

Zutaten für 12 Stück

*360 g Weizenmehl (Typ W 480)*
*10 g Zucker*
*30 g Germ*
*2 dl Wasser*
*75 g Butter*
*1 TL Salz*
*Öl zum Backen*
*Mehl für die Arbeitsfläche*

*Für das Knoblauchöl:*
*3 EL Pflanzenöl, neutral*
*8 Knoblauchzehen, gepresst, Salz*

In einer Schüssel Germ und Zucker mit lauwarmem Wasser verrühren und auflösen. Mehl und Salz vermischen, aufgelöste Germ einmengen, geschmolzene Butter einarbeiten und in der Küchenmaschine oder händisch zu einem glatten Teig kneten. Etwa 20 Minuten zugedeckt an einem warmen Ort rasten lassen. Teig auf einer bemehlten Arbeitsfläche nochmals durchkneten, in ca. 60 g schwere Stücke teilen und diese mit kreisenden Bewegungen und leichtem Druck durch den Handballen bearbeiten (schleifen). Teigstücke mit der Rundung nach oben abermals an einem warmen Ort 30–40 Minuten rasten lassen. Auf einer bemehlten Unterlage oval ausrollen, mit den Händen jeweils auf eine Größe von ca. 23 cm x 12 cm formen, so dass das Innere relativ dünn ist und außen ein Wulst entsteht. In einer tiefen Pfanne ausreichend viel Öl erhitzen und die Teigfladen auf jeder Seite ca. 50–60 Sekunden backen, aus dem Öl heben, abtropfen lassen und auf Küchenkrepp oder Gitterrost legen. Für das Knoblauchöl Öl mit gepresstem Knoblauch vermengen, die heißen Lángos damit bestreichen und salzen.

- Öltemperatur: 160–180 °C
- Backdauer: ca. 2 Minuten
- Tipps: Mit Knoblauchrahm bestrichen und mit Salamischeiben belegt, wird aus dem Lángos ein herzhafter Imbiss.
  In der Slowakei wird das Wasser für den Teig durch eine Mischung aus Milch und Sauerrahm ersetzt.

# Jetzt geht's ans Eingemachte

## Chutney, Pesto und andere hausgemachte »Konserven«

*Das so genannte »Einrexen«, das unsere Großmütter noch praktizierten, um Lebensmittel länger haltbar zu machen, drohte dank modernerer Konservierungsmöglichkeiten wie Tiefkühltruhe oder Vakuumverpackung schon in Vergessenheit zu geraten. Doch gerade in den letzten Jahren entdecken Feinschmecker auch die geschmacklichen Vorzüge jener Delikatessen neu, die durch Einsieden oder Einlegen haltbar gemacht werden.*

## Mango-Apfel-Chutney

Zutaten für
1 Glas à ½ Liter

*400 g Mangos, vollreif, geschält und entkernt*
*80 g Zwiebeln, fein geschnitten*
*150 g Äpfel, geschält, entkernt*
*½ TL Ingwerwurzel, gerieben (ersatzweise Ingwerpulver)*
*Messerspitze Chilipulver*
*Salz, Pfeffer, schwarz, gemahlen*
*50 g Gelierzucker*
*1 TL Currypulver*
*1 TL Maizena*
*3 EL Erdnuss- (oder Pflanzen)öl*
*2 EL Apfelessig nach Geschmack*
*Apfelsaft nach Bedarf*

Mangos und Äpfel in Würfel schneiden. In einer Kasserolle Öl erhitzen, Zwiebeln darin farblos andünsten, Mango- und Apfelwürfel sowie geriebene Ingwerwurzel, Essig und Gelierzucker beigeben und alles 5 Minuten unter ständigem Rühren kochen. Die Masse dicklich einkochen lassen. Maizena mit wenig kaltem Wasser oder Apfelsaft anrühren, zügig unter die Mangomasse rühren, aufkochen, mit Salz, Pfeffer Currypulver und Chili würzen. In das heiß ausgespülte Glas füllen und gut verschließen.

- Kochdauer: ca. 10 Minuten
- Tipp: Gerät das Chutney zu fest, so gießen sie noch etwas Apfelsaft hinzu.

## *»What a Chutney!«*

*Die Dipsauce mit dem seltsamen Namen stammt ursprünglich aus der ostindischen Küche und wurde, wie so vieles, von der britischen East India Company nach Europa gebracht. In Mode gekommen ist diese süßsaure, dem englischen Relish eng verwandte »Würzmarmelade« vor allem als verlässliche Begleiterin von Garten- und Fonduepartys. Da sie durchwegs aus gesunden Rohstoffen wie Gemüse, Früchten, Essig, Kokosmilch, Honig und feinen Gewürzen bestehen, spielen Chutneys jedoch auch in der vegetarischen Küche eine große Rolle und werden ob ihrer vielfältigen Einsetzbarkeit auch von Gourmetköchen geschätzt. Chutneys sind jedoch auch für die Haushaltsküche äußerst praktisch. Sie lassen sich bequem in Gläser abfüllen und, selbst wenn man diese einmal geöffnet hat, im Kühlschrank mindestens drei Monate lang aufbewahren.*

# Rhabarber-Chutney

Zutaten für
10 Gläser à ½ Liter

*3 kg Rhabarber, nicht geschält*
*1 kg Äpfel (Jonagold)*
*½ kg Himbeeren, frisch (oder tiefgekühlt)*
*½ kg Gelierzucker*
*3 Scheiben Ingwer, frisch, geschält*
*1/8 l Apfel- (oder Himbeer)essig*
*Salz*
*etwas Koriander, gemahlen, geröstet*

Den gewaschenen Rhabarber ungeschält schräg in ca. 1 cm große Stücke schneiden. Äpfel schälen und reiben (Kerngehäuse bleibt dabei übrig). Zusammen mit allen anderen Zutaten in einem breiten Topf ca. 10 Minuten unter ständigem Rühren köcheln lassen. Gläser auf ein feuchtes Tuch stellen, Masse einfüllen und Deckel aufsetzen.

- Kochdauer: ca. 10 Minuten
- Verwendung: als Beigabe zu Wild-, Fleisch- und Fischgerichten, aber auch zu kalten Pasteten, Terrinen, Gänseleber sowie zu Schaffrischkäse
- Tipp: Rhabarber sollte nur bis ca. 15. Juni geerntet werden, da der Blausäuregehalt danach zu hoch ist. Am besten eignet sich für dieses Rezept dünner, roter Rhabarber.

# Tomaten-Chutney

Zutaten für
1 Glas à ½ Liter

*400 g Tomaten, vollreif, geschält, entkernt*
*80 g Zwiebeln*
*80 g Äpfel, geschält, entkernt*
*40 g Pinienkerne*
*½ TL Ingwerwurzel, gerieben*
*etwas Chilipulver*
*Salz, Pfeffer, schwarz, gemahlen*
*2 EL Apfelessig*
*½ Zimtstange*
*Messerspitze Gewürznelken, gemahlen*
*50 g Kristall- (oder Braun)zucker*
*2 Knoblauchzehen, gepresst*
*1 EL Koriandergrün (oder Petersilie), gehackt*
*1 TL Maizena*
*3 EL Erdnuss- (oder Pflanzen)öl*
*Tomatensaft nach Bedarf*

In einem flachen Topf oder einer Kasserolle Öl erhitzen, kleinwürfelig geschnittene Zwiebeln darin licht anschwitzen. Tomaten und Äpfel klein schneiden, beigeben, sämtliche Gewürze und Aromastoffe sowie Essig und Zucker einrühren und alles etwa 5–7 Minuten unter ständigem Rühren dünsten. Pinienkerne und Koriandergrün zugeben. Maizena mit etwas kaltem Tomatensaft oder Wasser anrühren, unter die Tomatenmasse mengen, und noch einmal aufkochen lassen. Chutney in das heiß ausgespülte Glas füllen und gut verschließen.

- Kochdauer: 5–7 Minuten
- Verwendung: zu gebratenem Fisch und Grillgerichten
- Tipp: Um das volle Aroma der Tomaten genießen zu können, serviert man das Chutney am besten lauwarm.

# Bärlauchpesto

Zutaten

*100 g Bärlauch*
*150 g Pinienkerne (oder geschälte Mandeln)*
*200 g Parmesan*
*4 Knoblauchzehen*
*4 dl Olivenöl*
*Salz*

Den gewaschenen Bärlauch sehr fein hacken. Pinienkerne oder Mandeln, Knoblauch und Parmesan ebenfalls sehr fein hacken oder im Schnellschneider zerkleinern. Alles miteinander vermengen und Olivenöl sowie Salz einrühren, gut vermischen. Pesto in Einsiedegläser füllen und jeweils gut verschließen. Kühl und dunkel bei 1–6 °C lagern.

■ TIPP: Pesto lässt sich über längere Zeit ausgezeichnet lagern, weshalb man auch – je nach Saison – problemlos andere Kräuter zu Pesto verarbeiten und für die nicht ganz so »grünen« Monate aufbewahren kann. Bestens dafür geeignet sind Basilikum, Estragon, Koriandergrün, Petersilie, Kresse oder Rucola. Köstlich schmeckt auch eine Variante aus Kürbiskernen, Liebstöckel, Petersilie, Parmesan, Sonnenblumenöl und etwas Kürbiskernöl.

# EINGELEGTE PAPRIKASCHOTEN

ZUTATEN FÜR
4 GLÄSER À ½ LITER

*10 Paprikaschoten, rot und gelb*
*¾ l Olivenöl*
*1 TL (gehäuft) Salz, am besten Meersalz*
*1 Rosmarinzweig*
*5 Salbeiblätter*
*10 Knoblauchzehen, geschält*
*⅛ l Balsamico-Essig*
*¼ l Apfelessig*
*Öl zum Anrösten*

Paprikaschoten von Kernen und Stiel befreien, jeweils in etwa 6 Längsstreifen schneiden und diese am Holzkohlengrill oder in einer schwach geölten Pfanne scharf anrösten. In gut ausgespülte, trockene Gläser einlegen. Das Olivenöl mit den restlichen Zutaten und den blättrig geschnittenen Knoblauchzehen verrühren und die Gläser damit auffüllen, verschließen. Backrohr auf 120 °C erhitzen, Gläser im auf 80 °C erhitzten Wasserbad etwa 30 Minuten sterilisieren. Aus dem Wasserbad heben, auf ein nasses Tuch stellen, abkühlen lassen und ca. 1 Monat kühl im Dunkeln reifen lassen.

■ BACKROHRTEMPERATUR: Wasserbad 80 °C, Backrohr 120 °C
■ POCHIERDAUER: 30 Minuten
■ VERWENDUNG: zu gegrilltem Fisch und Fleisch, kaltem Braten, Schinken und gebratenen Würsten oder einfach pur mit knusprigem Baguette oder Ciabatta
■ TIPP: Noch besser schmecken die Paprikaschoten, wenn man nach dem Grillen die Haut abzieht.

# Eingelegter Muskatkürbis

Zutaten für
ca. 10 Gläser à ½ Liter

*3 kg Muskatkürbis*
*(gelbes Fruchtfleisch), geputzt*
*1 l Apfelessig*
*1 l Wasser*
*2 Lorbeerblätter*
*2 EL Senfkörner*
*10 Gewürznelken*
*3 Scheiben Ingwer*
*40 g Salz (am besten Meersalz)*
*40 g Kristallzucker*
*120 g Zwiebeln, geschält, gewürfelt*
*(oder 10 Schalotten)*
*¼ l Olivenöl extra vergine*

Den Muskatkürbis in Spalten schneiden, mit einem Spar- oder Kartoffelschäler die Schale abziehen. Fruchtfleisch in gleichmäßige, etwa ½ cm große Würfel schneiden. In einem großen Topf die restlichen Zutaten ca. 5 Minuten kochen, Kürbiswürfel zugeben und zugedeckt 10 Minuten kochen. Sofort in die gut gereinigten Gläser abfüllen, verschließen und kühl sowie dunkel lagern.

- Kochdauer: ca. 15 Minuten
- Verwendung: zu kalter Jause, knusprigem Braten oder gegrilltem Fleisch
- Tipp: Man kann die verschlossenen Gläser im auf 80 °C temperierten Wasserbad bei ca. 120 °C etwa 30 Minuten sterilisieren.

# Rotweinschalotten

Zutaten für
2 Einsiedegläser à ½ Liter

*1 kg Schalotten, geschält*
*¼ l Rotwein*
*1 dl Portwein*
*2 dl Suppe, klar (absolut fettfrei) oder Wasser*
*60 g Kristallzucker*
*1 dl Rotweinessig*
*5 Wacholderbeeren*
*1 Thymianzweig*
*1 Rosmarinzweig*
*Salz*
*10 Pfefferkörner*

Zucker in einem flachen Topf karamellisieren lassen, Schalotten beigeben, durchrühren, restliche Zutaten hinzufügen und ca. 15 Minuten kernig kochen. Noch heiß in saubere Gläser füllen, gut verschließen und kühl sowie dunkel lagern.

# Essig-Schwammerl

Zutaten für
ca. 8 Gläser à ½ Liter

*2 ½ kg Eierschwammerl, klein, geputzt*
*1/8 l Oliven- (oder Maiskeim)öl*
*¼ l Olivenöl zum Auffüllen*

*Für den Sud:*
*½ l Apfel- (oder Weißwein)essig, 6–7 % Säure*
*¾ l Wasser (oder Gemüsefond)*
*1 EL Salz*
*10 Pfefferkörner*
*2 Lorbeerblätter*
*5 Knoblauchzehen, geschält*
*3 Gewürznelken*
*50 g Kristallzucker*
*100 g Zwiebeln (oder 5 Schalotten), grob geschnitten*

Öl in einer großen, flachen Kasserolle stark erhitzen, die möglichst trockenen Schwammerl beigeben, sofort mit einem Deckel verschließen und ca. 5 Minuten bei voller Hitze durchkochen, zwischendurch rühren. Schwammerl in ein Sieb geben, kalt abwaschen und abtropfen lassen. Für den Sud alle Zutaten in einem Topf mit Wasser oder Gemüsefond aufstellen, 5 Minuten kochen, abschmecken, abseihen und Sud warm stellen. Schwammerl in gut gewaschene Gläser geben, auf ein feuchtes Tuch stellen, mit sehr heißem Sud bedecken, Olivenöl eingießen und Gläser gut verschließen. Backrohr auf 120 °C erhitzen und die Gläser im auf 80 °C temperierten Wasserbad 30 Minuten sterilisieren. Aus dem Wasserbad heben, auf ein nasses Tuch stellen, abkühlen lassen und ca. 1 Monat kühl im Dunkeln reifen lassen.

- Backrohrtemperatur: Wasserbad 80 °C, Backrohr 120 °C
- Pochierdauer: 30 Minuten
- Verwendung: als Beigabe zu Fondue, Salaten oder Buffets

# Perfekt eingelegt macht gut aufgelegt

## *Zehn bewährte Tipps für gelungene »Einlegearbeiten«*

1. Verwenden Sie zum Einkochen, sobald Essig mit im Spiel ist, keine Töpfe aus Aluminium, Kupfer oder Messing, da die Essigsäure diese Materialien verätzt. Am besten eignen sich stabile Töpfe aus Edelstahl.

2. Verwenden Sie kein chemisch gedüngtes oder gespritztes Gemüse und Obst zum Konservieren.

3. Achten Sie auf die Qualität der verwendeten Zutaten. Wenn Sie Fallobst, überlagerte Gemüse oder billigen, vor allem aber zu scharfen Essig verwenden, dürfen Sie sich nicht wundern, wenn Sie später keine Freude an Ihren »Einlegearbeiten« haben.

4. Würzen Sie den Einlegesud, falls Sie mit schärferen Essigsorten arbeiten, mit etwas Zucker.

5. Achten Sie darauf, dass die verwendeten Gefäße blitzsauber und die Materialien gut gereinigt bzw. zugeputzt sind.

6. Setzen Sie die heiß gewaschenen Gläser, in die Sie das Eingekochte füllen wollen, zuvor auf ein feuchtes Küchentuch, dann zerspringen sie nicht.

7. Achten Sie darauf, dass das Siedegut immer vollständig mit Sud bedeckt ist. Frei liegende Obst-, Pilz- oder Gemüseteile beginnen zu schimmeln.

8. Bringen Sie auf den Gläsern Selbstklebeetiketten mit Abfülldatum und Inhalt an.

9. Verwahren Sie Ihre Einsiedegläser stets an einem dunklen und kühlen Ort.

10. Überlagern Sie Eingelegtes nicht. Es hält sich zwar meist problemlos über den Winter, aber nicht ewig.

# Aus erster Hand

## Die besten Tipps und Tricks

*Zwischen einer Haushaltsküche und einer Profiküche gibt es zwar einige Unterschiede, aber noch mehr Gemeinsamkeiten. Die folgenden Küchenkniffe und warenkundlichen Hinweise können Sie mit Erfolg auch zu Hause anwenden.*

# Gut faschiert ist halb gewonnen

*Feine Farcen und Faschiertes sind die Basis vieler schmackhafter Gerichte. Dank moderner Küchengeräte wie aufsteckbarer Faschiervorrichtungen für Universalmaschinen oder auch überall erhältlicher Kleincutter muss man das Faschieren längst nicht mehr dem Fleischhauer überlassen. Richtig sollte man es dennoch machen.*

## So faschieren Sie richtig

Wenn es Ihnen vom Platz her möglich ist, legen Sie Ihre Faschiermaschine vor der Verwendung eine Weile in den Kühlschrank.

Achten Sie darauf, dass das Faschiermesser scharf ist und richtig (mit der flachen Seite nach vorne) in die Maschine eingefügt wird. Erst dann können Sie die Faschierscheibe auf die Welle stecken.

Lassen Sie Messer und Scheibe regelmäßig in einem Messerfachgeschäft nachschleifen.

Schneiden Sie sehnenfreies gut gekühltes Fleisch vor dem Faschieren immer in dünne Streifen.

## So gelingen feine Farcen

Für die Herstellung von Farcen in Profiqualität eignet sich am besten ein Kleinschneider (Cutter), dessen Messer sich horizontal drehen.

Verwenden Sie als Ausgangsprodukt für feine Farcen von Fisch, Geflügel oder Fleisch nur bestens filetierte, enthäutete bzw. entgrätete, klein geschnittene Teile.

Wenn das Ausgangsprodukt zu wenig Bindung aufweist, fügen Sie einfach noch etwas rohes Eiklar hinzu.

Verwenden Sie alle Zutaten stets nur in gut gekühltem Zustand.

Salzen und würzen Sie die Zutaten bereits vor der Bearbeitung im Cutter.

Fügen Sie beim Cuttern Ihrer Farce nach und nach gut gekühltes Schlagobers hinzu.

Ist die Farce nicht genügend fein geworden, so passieren Sie diese vor der Weiterverwendung durch ein feines Sieb.

Nützen Sie auch die angenehmen »Nebeneffekte« Ihres Cutters: Er eignet sich nämlich auch perfekt zum Hacken von Kräutern, Zwiebeln, Champignons u.ä.

Portionieren Sie Faschiertes am besten mit einem nassen Schöpflöffel von geeigneter Größe. Die einzelnen Stücke geraten dadurch gleichmäßiger.

# Die Kunst der Folie

*Folien zählen vor allem dann zu den bewährtesten Küchenhelfern, wenn es gilt, Speisen vor dem Austrocknen zu bewahren. Richtig eingesetzt sind Sie noch wesentlich vielseitiger verwendbar.*

## Kleine Folienkunde

*PVC-Frischhaltefolien* (Klarsichtfolien) sind mikrowellen- und tiefkühltauglich und im Gegensatz zu Polyäthylen schmiegsamer, dehnbarer, haften besser an den Rändern und sind beispielsweise hervorragend zum Abdecken von Käse geeignet.

*Alufolie* ist zum Kühlen von Lebensmitteln der Klarsichtfolie vorzuziehen, da diese die Kälte dauerhafter und ergiebiger weiterleitet.

Sobald Lebensmittel mit Säure (Zitrone, Essig etc.) versetzt werden, ist Alufolie zur Lagerung allerdings ungeeignet.

*Bratfolien aus Polyester* sind bestens geeignet, um große Bratenstücke oder Geflügel kaloriensparend und fettfrei zu garen, wobei der Bräunungseffekt erhalten und das Backrohr sauber bleibt. Der Natursaft wird dabei im (übrigens auch mikrowellentauglichen) Folienbeutel aufgefangen. Da die Folien zudem nicht perforiert sind, können sie auf die jeweils nötige Größe genau angepasst werden.

Binden Sie Bratfolie am besten mit Spagat ab.

*Langzeit-Frischhaltebeutel* für Obst und Gemüse beseitigen das fäulnisbeschleunigende Äthylengas. Durch ein Anti-Beschlag-Verfahren wird ein Bakterienwachstum verhindert. Aber Vorsicht: Solche Beutel sind für die Lagerung von Zwiebeln, Knoblauch, Erdäpfeln, Pilzen und Bananen nicht geeignet!

## Garen in der Klarsichtfolie

### Der Pochiertrick

Fischfilet portionieren, würzen (eventuell mit frischen Kräutern), mit Weißwein beträufeln, in die gebutterte Folie einschlagen, dicht verschließen und in ca. 80 °C heißem Wasser pochieren.

### Der Garungstrick

Portioniertes, gewürztes Fischfilet mit flüssiger Butter bestreichen, auf einen hitzebeständigen Teller (Gratinierplatte) legen, mit Klarsichtfolie straff abdecken (haftend über den Geschirrrand ziehen) und im Backrohr bei etwa 90 °C je nach Stärke des Fischfilets etwa 8–12 Minuten garen. So bewahrt man den Fisch vor dem Austrocknen und fängt das gesamte Aroma ein.

### Der Auslegetrick

Legen Sie (eventuell auch mit Öl ausgestrichene) Formen für Sulzen, Cremen u.ä. mit Klarsichtfolie aus, dann kann es nicht passieren, dass beim Stürzen ein Teil davon haften bleibt.

### Der Umhüllungstrick

Zur Herstellung von Serviettenknödeln oder Erdäpfelrouladen die Knödelmasse in die zart geölte Klarsichtfolie hüllen, beidseitig gut abbinden und in der Folie kochen oder dämpfen.

## Garen in der Alufolie

*Spargel* kann sein feines Aroma am besten entfalten, wenn er gewürzt und mit Butter bestrichen, portionsweise in Alufolie gehüllt und im Backrohr bei ca. 180 °C etwa 40 Minuten gegart wird.

Schlagen Sie *Rostbraten* und vergleichbare Fleischstücke nach dem Anbraten gemeinsam mit Paprika- oder Wurzelstreifen, Pilzen und anderen Zutaten in eine gebutterte Alufolie und dünsten Sie das Fleisch ca. 35 Minuten lang bei 200 °C im Backrohr. Die Folie wird dann erst bei Tisch geöffnet.

Auch *Fischfilets* oder *Fische im Ganzen* (z.B. Forellen) lassen sich, nachdem sie gewürzt wurden, in Alufolie garen. Die Garzeit ist in diesem Fall entsprechend kürzer.

Hüllen Sie die Zutaten für *Fischrouladen* oder *kleine Galantinen (Rollpasteten)* in Alufolie und formen Sie diese zu einer straffen Rolle, die dann in Wasser pochiert, gedämpft oder im Backrohr gegart wird.

# Die besten Backstubentricks

*Kleine Fehler in der Küche können oft zu ziemlich peinlichen Diskussionen am Kaffeetisch führen. Mit ein paar kleinen Tricks aus der Profi-Backstube beugen Sie solchen Ärgernissen vor.*

### Der Trick mit den kandierten Früchten

Kandierte Früchte sinken beim Backen nicht zu Boden, wenn man diese vorher in Mehl wälzt und dann erst unter die Masse mengt.

### Der Oblaten-Trick

Wenn Sie in Schichten backen, also etwa Teig und Marmelade kombinieren wollen, so belegen Sie die angebackene oder rohe Masse mit Backoblaten. Das sorgt nicht nur für eine fein-säuberliche Trennung, sondern verhindert auch, dass der Teig speckig wird.

### Der Rouladen-Trick I

Rouladen lassen sich leichter rollen, wenn man sie nach dem Backen sofort auf ein mit Kristallzucker bestreutes Papier stürzt. Dann rollt man sie mit dem Papier ein, lässt sie auskühlen und rollt sie danach wieder vorsichtig auf.

### Der Rouladen-Trick II

Sollten Sie Ihre Rouladenmasse einmal zu lange gebacken haben, so können Sie dennoch verhindern, dass sie trocken bleibt. Legen Sie die Roulade mitsamt dem Backpapier einfach auf ein feuchtes Tuch. Der Teig zieht die Feuchtigkeit an, und das Papier lässt sich überdies noch leichter ablösen.

### Der Backformen-Trick

Stellen Sie die Formen vor der Verwendung kalt und streichen Sie diese mit geschmolzener Butter aus. Bei kleineren Förmchen sollte man reichlich flüssige Butter eingießen und diese dann wieder abfließen lassen. Formen dafür anschließend stürzen. Bei Kuchen werden die gefetteten Formen mit Mehl gestaubt, bei Aufläufen (z.B Mohr im Hemd) mit Kristallzucker ausgestreut. Vor der Weiterverwendung sollte man die Formen immer stürzen und dabei leicht auf die Arbeitsplatte schlagen, damit überschüssiges Mehl bzw. Zucker entfernt wird.

### Der Trick mit dem Trennpapier

Verwenden Sie Backpapier nicht nur zum fettfreien Backen von Keksen, Brotteigen, Pizza u.ä., sondern auch zum Auskleiden von glatten Kuchenformen und Wannen sowie zum Abdecken von Backgut, um eine allfällige übermäßige Bräunung zu verhindern.

### Der Backblech-Trick

Wenn Sie eine schöne Kruste auch an der Unterseite des Backguts (Pizza, Fisch oder Fleisch in Blätterteig etc.) erzielen wollen, so ist es ratsam, das Backblech vorher zu erhitzen.

### Der Trick mit dem Dampf

Stellen Sie beim Brotbacken oder beim Backen von Blätterteig entweder eine Schale mit siedendem Wasser ins Rohr oder sprühen Sie zuvor etwas kaltes Wasser ins heiße Rohr. Ein Wasserzerstäuber, wie man ihn für Blumen oder zum Wäschebefeuchten verwendet, erfüllt diesen Zweck vorzüglich. Mit Dampf bäckt sich's nämlich besser.

### Der Trick mit der Backrohrtür

Fixieren Sie die Backrohrtür so, dass ein kleiner Spalt offen bleibt. Dadurch entweicht Dampf und garantiert bei Biskotten, Indianerkrapfen sowie Kleingebäck glatte Backoberflächen.

### Der Trick mit der Nadel

Stechen Sie zur Kontrolle des Garungsgrades bei größeren Backstücken (z.B. Gugelhupf) knapp vor Ende der geplanten Backzeit mit einem Holzspieß in den Teig. Erst wenn dieser völlig trocken und glatt bleibt, ist der Backvorgang beendet.

### Der Trick mit dem Backpulver

Je schwerer eine Masse ist, desto hilfreicher wirkt Backpulver, das man vor der Verwendung mit Mehl versiebt.

Der Eischnee-Trick
Schlagen Sie Eischnee nicht zu stark aus, dann lässt er sich besser unterheben und fällt, etwa bei Soufflés, nicht so rasch zusammen. Ist der Schnee einmal (am besten in zwei Stufen) unter die Masse gezogen worden, muss diese sofort gebacken werden.

Saftbinder-Trick
Um zu verhindern, dass Obstkuchen und Strudel durch die vom Obst abgesonderte Flüssigkeit wässrig werden, mengen Sie vor dem Backen etwas Saftbinder unter die geschnittenen, marinierten Früchte. Dieser »Little Helper« ist im Fachhandel erhältlich.

## Blanchieren, aber richtig

*Blanchieren ist zwar ein häufig verwendeter Begriff, aber nicht jeder weiß damit wirklich etwas anzufangen. Es handelt sich um eine Art von Vorgarung in Flüssigkeit oder Öl, die bei vielen Rohprodukten ratsam, bei manchen sogar unerlässlich ist.*

Blanchieren von Kalbs- oder Lammbries
Wässern Sie das Bries zunächst einige Stunden in einer Schüssel mit kaltem, mehrmals gewechselten Wasser, bis es eine schöne Weißfärbung erhält. Erhitzen Sie Wasser (eventuell mit Aromen) auf ca. 90 °C und blanchieren Sie das Bries so lange, bis es sich kompakt, aber nicht hart anfühlt. Lassen Sie es danach in kaltem Wasser abkühlen und entfernen Sie allfällige Häutchen.

Blanchieren von Pommes frites
Vermeiden Sie den Griff in die Tiefkühltruhe! Schneiden Sie Ihre »Pommes« lieber selbst und wässern diese nach dem Schneiden etwa ein bis zwei Stunden kalt, damit die Stärke ausgeschwemmt wird. Nach dem sorgfältigen Trockentupfen werden die Pommes frites in nicht zu heißem Öl zunächst blanchiert und dann knusprig gebacken.

Blanchieren von Krautköpfen
Um die Krautblätter, etwa für Krautrouladen, problemlos voneinander lösen zu können, muss zuvor der ganze Krautkopf blanchiert werden. Einfach den Strunk kürzen, unschöne Blätter entfernen, eine lange, stabile Bratengabel in den Strunk stecken und den Krautkopf in siedendes Salzwasser drücken. Danach den Kopf in kaltem Wasser abfrischen. Sollten sich die Blätter jetzt nicht mühelos lösen lassen, muss man den Vorgang wiederholen.

Blanchieren von Spinat, Kochsalat und Kohl
Legen Sie die geputzten Blätter in siedendes Wasser und lassen Sie diese kurz überkochen. Danach in eiskaltem Wasser, in das Sie am besten auch einige Eiswürfel geben, kurz abfrischen – und das schöne Grün bleibt auch bei der Weiterverarbeitung erhalten.

# Richtig braten leicht gemacht

*Gleichgültig ob Ente, Schweinsbraten oder Lammkeule, die Anforderungen an große Bratenstücke sind stets dieselben: Außen knusprig, aber innen saftig und vor allem zart soll der Braten sein. Dabei helfen folgende kleine Küchentricks.*

## Grosse Bratenstücke

Achten Sie auf eine möglichst gute *Grundqualität des Fleisches*. Aus gutem Fleisch schlechten Braten zu machen, ist möglich, aus schlechtem Fleisch wird hingegen, selbst wenn Sie alle folgenden Bratentricks beherrschen, niemals ein guter Braten werden.

Schneiden Sie die *Fettabdeckung*, etwa bei Roastbeef oder Schweinsbraten, niemals ganz weg, da sie Geschmack gibt.

Salzen Sie erst im letzten Moment, da sich sonst die *Poren* öffnen und Flüssigkeit aus dem Fleisch gezogen wird.

Braten mit *Umluft* verleiht dem Braten zwar eine schöne, gleichmäßige Bräunung, bewirkt aber den »Sahara-Effekt«, der das Bratgut leicht austrocknen lässt. Besser ist es, den Braten bei *konventioneller Hitze* zu braten und erst im Endstadium Umluft zwecks besserer Bräunung zuzuschalten.

*Stetiges Übergießen* – so heißt die Zauberformel für einen gelungenen Braten. Übergießen Sie den Braten aber stets mit dem austretenden Fett oder Saft und niemals nur mit Wasser.

Schöpfen Sie *überschüssiges Fett* vorsichtig ab und gießen Sie stattdessen etwas Wasser zu. Dadurch löst sich der Bratensatz, und das Wasser homogenisiert sich mit Saft und Fett zu jener Flüssigkeit, mit der Sie den Braten dann weiter eifrig begießen dürfen.

*Spanferkel* bepinseln Sie während des Bratens mit Bier.

*Schröpfen* Sie Braten mit Schwarte. Dafür bringen Sie in einem geeigneten Bräter fingerhoch Wasser zum Kochen, legen das Fleisch mit der Schwarte nach unten ein und lassen es ca. 10–20 Minuten schwach wallend kochen. Danach legen Sie das Fleisch auf ein Brett und schneiden die Schwarte mit einem scharfen Fleischmesser mühelos mehrmals ein. Jetzt erst würzen und im Rohr braten.

Legen Sie große Bratenstücke anfangs grundsätzlich mit der *»schönen Seite« nach unten* in die Bratpfanne. Auch Stücke mit Schwarte oder Fetteindeckung werden nach dem Würzen zunächst so in den Bräter gelegt.

Legen Sie Ihren Braten auf ein *»Beet« aus gehackten Knochen*. Der Saft wird dadurch noch kraftvoller.

Die Steinzeitmethode des *Bratens am Spieß* ist immer noch aktuell. Stecken Sie den marinierten, gebeizten oder gewürzten Braten auf einen großen Spieß, fixieren Sie ihn mit Klammern und garen Sie den Braten im Garten über Holzkohlenglut oder auch im Backrohr. Wichtig ist dabei, den Spieß ständig mit flüssigem Fett, Würzölen oder Marinaden zu bepinseln.

Forcieren Sie die *Bräunung* des Bratens durch Bestreichen mit malzbetontem Bier, Honig und Zuckerlösung.

Nützen Sie die Methode der *Niedertemperaturgarung*, und zwar vor allem bei »englisch«, also zart rosa gebratenen Fleischstücken, wie Roastbeef, Rindsfilet, Reh- oder Lammrücken. Diese Technik garantiert eine besonders gleichmäßige Garung, Zartheit und Saftigkeit. Braten Sie in diesem Fall das gewürzte Bratenstück an allen Seiten rasant an und garen Sie es danach im Backrohr bei einer Temperatur um ca. 120 °C fertig. Die Garungskontrolle erfolgt per Bratthermometer, Nadelprobe oder Fingerdruck.

Verwenden Sie ein *Bratthermometer*, das in modernen Herden bereits häufig fix integriert ist. Das Thermometer wird in das Zentrum des Bratens gesteckt und bleibt dort während des ganzen Bratvorganges fixiert, um die jeweilige Kerntemperatur anzuzeigen. Bei Roastbeef oder Rinderfilet sollte diese beispielsweise bei ca. 55–58 °C liegen.

Wenn Sie kein Bratthermometer besitzen, eignet sich zur Garungskontrolle auch die *Nadelprobe*: Stechen Sie mit einer langen Metallnadel ins Zentrum des Bratens und warten Sie acht Sekunden. Ziehen Sie die Nadel danach wieder heraus und führen Sie die Spitze an Ihre Lippen. Fühlt sich die Nadel kalt an, so ist das Fleisch noch roh. Ist die Nadel schon warm, so ist das Fleisch rosa und somit der ideale Garungspunkt für Roastbeef, Lammkarree oder Filet erreicht. Ist die Nadel sehr warm und tritt beim Herausziehen klare Flüssigkeit aus, so ist der Braten durchgegart.

Lassen Sie Ihren Braten nach vollendeter Garung bei geringer Temperatur ca. *10 Minuten rasten*. Das Fleisch entspannt sich, und die Flüssigkeit kann sich im Inneren verteilen, wodurch der Braten sowohl weicher als auch saftiger gerät.

Der ideale »Rastplatz« für Ihren Braten ist ein *Glasiergitter oder Kuchenrost* mit untergestelltem Auffangblech. Der Saft kann so abtropfen, und der Braten weicht nicht auf.

## So braten Sie Ente und Gans

### Methode I

Reiben Sie das gewürzte Geflügel mit Öl ein und legen Sie es mit der Brust nach unten in einen zart mit Öl ausgestrichenen Bräter. Bewegen Sie den Braten nach ca. 10 Minuten Bratzeit leicht hin und her, damit die Haut nicht kleben bleibt. Sobald die Ente oder Gans Fett absondert, begießen Sie sie damit. Wenden Sie den Braten nach halber Garzeit und übergießen Sie ihn wiederholt weiter, bis sich das Fleisch weich anfühlt und die Haut braun und knusprig ist.

Stechen Sie Gänse und Enten nach halber Bratzeit oberhalb der Keulen mit einer dünnen Fleischgabel mehrmals ein, damit das Fett abfließen kann.

Öffnen Sie knapp vor Beendigung des Bratvorgangs etwas die Backrohrtür, damit die Dämpfe durch einen schmalen Spalt abziehen können und das Geflügel knusprig bleibt.

### Methode II

Gießen Sie in den Bräter fingerhoch Wasser ein. Legen Sie das gewürzte Geflügel mit der Brust nach unten ein und übergießen Sie es während des Bratens ständig, weiter wie bei Methode I.

## Braten in Pfannen

Verwenden Sie eine massive, flache *Pfanne mit stabilem Boden* aus Edelstahl. Wegen der guten Wärmeleitung sind Gusseisenpfannen besonders gut geeignet.

*Pfannen mit Antihaftbelag* eignen sich hervorragend zum Braten von Steaks, Fischfilets, Garnelen oder zum Backen von Palatschinken, Erdäpfelpuffern oder Blinis. Wenn Sie allerdings Wert auf eine gute Sauce legen, haben solche Pfannen den Nachteil, dass sich nicht genügend Bratrückstände zum Aufgießen bilden.

Bestauben Sie Bratgut, das, wie etwa *Fischfilets, Filetstreifen oder Geflügelgeschnetzeltes*, leicht kleben bleibt, nach dem Würzen zuerst mit glattem Mehl und tragen Sie, nachdem Sie dieses etwas angepresst haben, einen dünnen Film von gut verschlagenem Ei oder Eiweiß auf. Diese Methode macht das Bratgut gleitfähig, verhindert, dass Fischfilets brechen, und sorgt dafür, dass das Fleisch im Inneren viel saftiger bleibt.

*Salzen* Sie Fleisch und Innereien erst im letzten Moment.

Verwenden Sie nur *hochwertige Fette* und erhitzen Sie diese nicht über 180 °C. Hervorragend eignen sich geschmacksneutrale Pflanzenöle der gehobenen Preisklasse oder Butterschmalz. Gutes Olivenöl kann man entgegen weit verbreiteter Meinungen auch zum Anbraten verwenden, es verliert aber durch das Erhitzen wertvolle Nährstoffe bzw. Vitamine und ist durch seinen ausgeprägten Eigengeschmack nur sehr bedingt einsetzbar. Gleiches gilt für Sesamöl.

## Wie man Bratensaft gewinnt

Das tun Sie am besten, indem Sie das jeweilige Fleisch nach der Garung aus der Pfanne heben und warm stellen. Gießen Sie nun das Fett vorsichtig ab, bräunen Sie den Bratrückstand bei Bedarf durch weiteres Erhitzen noch etwas an und gießen Sie mit Wasser, Suppe oder Fond auf. Sobald der Saft auf die gewünschte Konsistenz einreduziert (eingekocht) ist, seihen Sie ihn ab und legen Sie das Fleisch (Pfannengerichte) mit der erstgebratenen Seite nach unten nochmals kurz hinein. Um den Saft sämiger zu machen, kann man auch noch einige kalte Butterstücke einschwenken.

## Wie man Bratensaft bindet

Trick 1: Tauchen Sie die Bratenstücke (Naturschnitzel, Filets, Rostbraten etc.) vor dem Garen einseitig in glattes Mehl. Danach abschütteln, leicht anpressen und mit der Mehlseite nach unten in die heiße Pfanne legen. Nach dem Braten Fleischstücke aus der Pfanne heben, überschüssiges Fett vorsichtig abgießen, den Bratensatz mit etwas Fond, milder Suppe oder Wasser ablöschen, reduzierend kochen, anschließend seihen, in die Pfanne zurückgießen. Die gebratenen Fleischstücke mit der erstgebratenen Seite nach unten in den Saft einlegen und schwenken. Die Mehlbehaftung des Fleisches bindet den Saft leicht.

Trick 2: Mengen Sie etwas mit kaltem Wasser angerührtes Maizena in den fertigen, kochenden Saft, der dadurch glasig, transparent und sämig wird.

Trick 3: Wenn Sie in den fertigen, heißen Saft kalte Butterstücke einrühren, so wird er schön mollig und abgerundet.

## Braten mit Fonds

Wie im Restaurant ständig mehrere Fonds auf Vorrat zu haben, erweist sich im modernen Haushalt als nahezu unmöglich. Sehr wohl ist es jedoch möglich, Fonds, die man einmal gemacht hat, in Plastiksäckchen, Tiefkühlboxen oder Eiswürfelformen einzugießen und diese einzufrieren. So kann man die Fonds bei der Wiederverwendung nach Belieben dosieren. Auch die handelsüblichen Saftgranulate und Pasten können bei maßvoller Dosierung durchaus eine akzeptable Alternative sein.

# Die Lust an der Kruste

*Ob die Theorie, Menschen nach ihrem Essverhalten in »Schlabberer« und »Beißer« einzuteilen, wirklich stimmt? Gibt es tatsächlich jemanden, der nicht von Herzen gern in eine knusprige Kruste beißt? – Wie dem auch sei: Braten, Fischfilets oder Steaks mit würzig-krossen Krusten zu verfeinern, liegt sowohl aus geschmacklichen als auch aus optischen Gründen voll im Trend. Hier sind einige der feinsten Krustenrezepte.*

Kräuterkruste

70 g schaumig gerührte Butter, 1 Eidotter, Knoblauch, Salz und Pfeffer, gehackte Kräuter nach Wahl (Thymian, Estragon, Minze, Petersilie etc.) sowie 60 g Brösel von entrindetem Weißbrot (Mie de pain, ersatzweise Semmelbrösel) verrühren. Braten mit angerührtem Englischen Senf oder Estragonsenf bestreichen. Die Masse an den fast fertig gebratenen Braten drücken, glatt streichen und bei extremer Oberhitze knusprig braun überbacken. Die Kräuterkruste passt besonders gut zu Lammkarree, Lammkoteletts und Rindersteaks.

Erdäpfelkruste

Feinste Streifen von rohen, geschälten, speckigen Erdäpfeln unmittelbar vor dem Garen auf rohe, gewürzte Fleischstücke oder Fischfilets pressen und in wenig heißem Öl oder in einer Pfanne mit Antihaftbelag braten. Erst nachher salzen.

*Damit die Kruste auch wirklich haftet ...*

Fleischstücke oder Fischfilets in Mehl wenden, mit verschlagenem Ei bestreichen, abgepresste Erdäpfelstreifen andrücken und braten.

Fleischstücke oder Fischfilets mit flüssiger Butter oder Eiweiß bestreichen, abgepresste Erdäpfelstreifen auflegen, andrücken, abermals mit flüssiger Butter bestreichen, im Kühlschrank erstarren lassen und dann braten.

Fleischstücke oder Fischfilets mit zarter Farce bestreichen, abgepresste Erdäpfelstreifen andrücken, braten.

Erdäpfelkruste für Fischfilets (Zander, Wolfsbarsch, Wels etc.) sieht besonders dekorativ aus, wenn man aus den dünnen, rohen Erdäpfelscheiben Kreise aussticht und diese nach einer der soeben beschriebenen Methoden vor dem Braten schuppenartig auf die Fischfilets (Hautseite) aufträgt.

### Frischkäsekruste

70 g Gervais oder passierten Topfen, 1 Eidotter, 20 g cremige Butter, 1 EL gehackte Estragonspitzen oder Dille sowie Salz und Pfeffer vermengen, 2 TL Weißbrotbrösel (Mie de pain, ersatzweise Semmelbrösel) und 50 g Tomatenwürfel unterrühren und auf die angebratenen Fischfilets oder Bratenstücke auftragen. Mit Mie de pain bestreuen, bei extremer Oberhitze überbacken. Geeignet für Fischfilets (Saibling, Zander etc.), Kalbs- oder Schweinsmedaillons sowie Steaks und Kaninchenrückenfilets.

### Mozzarellakruste

150 g feinwürfelig geschnittenen Mozzarella, 40 g geschnittene Trockentomaten sowie etwas gehacktes Basilikum und Rosmarin vermengen, auf das fast fertig gebratene Fleisch oder die Fischfilets auftragen, andrücken und bei extremer Oberhitze überbacken. Geeignet für Fischfilets, Kalbs- oder Rindersteaks.

### Bier-Käse-Kruste

150 g geriebenen Chester oder Edamerkäse, 2 Eier, 2 EL Bier, etwas Mustard-Pulver (engl. Senfpulver), 1 TL Paprikapulver und 1 EL gehackte Minzeblätter verrühren und auf die halb fertig gebratenen Fleischstücke auftragen. Im Backrohr bei starker Oberhitze fertig braten. Geeignet für Lammrücken oder Lammkoteletts, Schweins- oder Wildschweinsmedaillons.

### Pfefferkruste

70 g schaumig gerührte Butter, 1 Eidotter, 1 EL gehackte grüne Pfefferkörner aus der Lake, ½ TL zerstoßenen rosa Pfeffer, Salz, 1 EL gehackte Petersilie und 60 g Weißbrotbrösel (Mie de pain, ersatzweise Semmelbrösel) verrühren. Bratenstück mit angerührtem Englischen Senf oder Estragonsenf bestreichen, die Pfeffermasse auf den fast fertig gebratenen Braten auftragen, glatt streichen und bei extremer Oberhitze knusprig braun überbacken. Geeignet für Rindersteaks, Lammrücken, Lammkoteletts und Roastbeef.

### Wacholderkruste

Das Rezept entspricht jenem der Pfefferkruste, nur werden statt Pfefferkörnern fein gestoßene Wacholderbeeren verwendet, in die man etwas Gin einrührt. Geeignet für Steaks vom Hirschkalb, Rehmedaillons oder ausgelöste Rückenstücke.

Markkruste
Fast fertig gebratene Steaks mit 100 g Duxelles (fein gehackte, mit Zwiebeln gedünstete Champignons) bestreichen. In wenig Rindsuppe zart erwärmte Markscheiben (von 120 g Rindermark, 3–4 mm dick geschnitten) darauf verteilen, salzen und pfeffern. 60 g Weißbrotbrösel (Mie de pain, ersatzweise Semmelbrösel) mit 1 EL gehackter Petersilie vermischen und darüber streuen. Alles mit 2 EL flüssiger Butter beträufeln. Bei extremer Oberhitze braun überbacken. Geeignet für Entrecôte, Rumpsteak oder Filetsteak.

# So wird Tranchieren zum Vergnügen

*Tranchieren – das fachgerechte Schneiden oder Zerteilen von großen Fleisch- und Geflügelstücken – will gelernt und vor allem geübt sein. Es besteht nämlich nicht nur Verletzungsgefahr, falsches Tranchieren kann selbst die schönsten Bratenstücke unappetitlich aussehen lassen. Wenn Sie die folgenden Grundregeln beachten, sollte jedoch nichts schief gehen.*

Tranchieren Sie Bratenstücke nie zu heiss
Lassen Sie gebratene wie auch gekochte große Fleischstücke vor dem Aufschneiden immer eine Zeit lang warm rasten, da die entweichenden heißen Dämpfe das Fleisch, wenn es sofort nach dem Garen tranchiert wird, austrocknen und »sperrig« werden lassen. Englisch gebratenes Fleisch wie Roastbeef wiederum würde an Farbe verlieren.

Tranchierbrett mit Saftrille verwenden
Verwenden Sie ein stabiles, möglichst mit einem Gummistopper versehenes Brett mit einer rundum führenden Rille zum Auffangen der austretenden Säfte. Je größer das Brett, desto leichter tun Sie sich beim Tranchieren.

So tranchieren Sie grosse Braten mit Knochen
Bei Bratenstücken wie Kalbsnierenbraten oder Schweinskarree muss das Fleisch bereits vor dem Braten fachgerecht »ausgehackt« werden. Rückgratteile müssen mit dem Messer abgelöst und dann mit einem Hackmesser weggehackt werden. Diese Arbeit besorgt, wenn Sie ihn darum bitten, auch Ihr Fleischhauer für Sie. Nach dem Braten brauchen Sie dann nur noch ent-

lang der langen Rippen zu schneiden oder, wenn Sie Widerstand spüren, mit einem stabilen Messer zu hacken.

### So tranchieren Sie gefüllte Kalbsbrust

Beim Tranchieren der Kalbsbrust wird häufig die Fülle herausgedrückt, was beim Anrichten zu einer traurigen Optik führt. Schneiden Sie daher besonders die fleischärmeren Teile zuerst mit einer Küchenschere an und trennen Sie den Rest erst dann mit dem Messer durch. Auch ein Elektromesser kann hilfreich sein.

### So tranchieren Sie Geflügel

Grundsätzlich lässt sich Geflügel sowohl mit einer Geflügelschere als auch mit einem sehr robusten Messer teilen, oft benötigt man auch beides.

Halten Sie das Geflügel vor dem Tranchieren zunächst senkrecht über die Bratenpfanne, damit alle Flüssigkeit aus dem Inneren ausfließen kann.

Trennen Sie die Keulen vom Kleingeflügel (Brathuhn, Ente oder Fasan) am besten mit dem Messer ab. Schneiden Sie die Brust entweder so durch, dass Sie das Rückgrat entfernen können, oder schneiden Sie die Brustfilets gemeinsam mit den Flügeln von der Karkasse.

Tranchieren Sie großes Geflügel (Pute oder Gans) wie Brathuhn, trennen Sie jedoch die Keulen beim Gelenk nochmals durch und schneiden Sie jede Brusthälfte in ein bis zwei Teile.

Achten Sie darauf, dass die krosse Haut des Geflügels beim Anrichten nicht mit Sauce in Berührung kommt und dadurch aufweicht.

# Die Würztricks der Spitzenköche

*Während des letzten Jahrzehnts ist das Angebot an Gewürzen und Aromasorten nicht nur in Fachgeschäften und Märkten, sondern auch im Supermarkt wesentlich breiter geworden und hat das Spektrum möglicher Geschmackskombinationen entscheidend erweitert. Umso wichtiger ist es, über die einzelnen Gewürze und Aromastoffe wirklich genau Bescheid zu wissen. Denn: Nicht alles, was sich kombinieren lässt, passt auch wirklich zueinander.*

### Wie Profis würzen

Wahre Gewürz-Profis ziehen beim Einkauf *ungemahlene Gewürze* grundsätzlich den geriebenen vor. Das beste Aroma stellt sich nämlich allemal dann ein, wenn man das betreffende Gewürz, ob Zimt, Muskatnuss, Nelke oder Piment, kurz zuvor im Mörser mit einem Stößel zerkleinert hat. (Profanere Gemüter schrecken beim Gewürzmahlen auch nicht vor dem Einsatz elektrischer Kaffeemühlen zurück.)

Nur in *aromafrischem Zustand* behalten Gewürze übrigens auch jene Eigenschaften, derentwegen sie vor allem von den orientalischen Völkern bis heute geschätzt werden. In der östlichen und fernöstlichen Küche werden Gewürze nämlich nicht in erster Linie als Würz- und Genussmittel verstanden, sondern vor allem auch als Heilmittel. Tatsächlich steigern etwa Ingwer, Paprika, Pfeffer, Piment, Senf oder Safran die Ausschüttung der Mundspeichel- und Magensäfte. Anis und Kümmel hemmen die Produktion von Gallensaft und erleichtern somit die Verdauung fetterer Speisen.

## Die wichtigsten Brat- und Würzöle

### Distelöl

Das aus dem Samen der Färberdistel gewonnene goldgelbe Öl mit dem etwas rezenten Geschmack eignet sich vor allem als Salatöl, aber auch für Mayonnaise und Saucen.

### Erdnussöl

Der hellgelbe geruchs- wie geschmacksfreie Extrakt der Erdnuss verträgt hohe Temperaturen und ist daher perfekt zum Frittieren, Braten und vor allem für den Einsatz in der asiatischen Wok-Küche geeignet.

### Kürbiskernöl

Die mittlerweile weit über Österreich hinaus bekannte steirische und in ernährungsphysiologischer Hinsicht äußerst wertvolle Ölspezialität wird aus den leicht angerösteten Kernen der Kürbissorte Cucurbita Pepo (Ölkürbis) gepresst und entwickelt nicht nur eine unverwechselbare dunkelgrüne Farbe, sondern auch einen charakteristischen Eigengeschmack mit leichtem Röstkaffee- und Mandelaroma. Kernöl findet hauptsächlich als Salatöl für Erdäpfel- (Kipfler), Vogerl-, Rapunzel- (Röhrlsalat), Tomaten-, Fisolen-, Käferbohnen- (Saubohnen) und Häuptelsalat Verwendung. Es eignet sich auch zum Beträufeln bereits angerichteter Cremesuppen (Kürbis, Schalotten, Karotten etc.) sowie zum Marinieren von Sulzen, Presskopf, Saurer Wurst oder Saurem Rindfleisch. Zum Braten und Backen ist Kernöl ungeeignet.

### Maiskeimöl

Das hochwertige, fast geschmacksneutrale Keimöl wird wegen seiner Cholesterinfreiheit und des Reichtums an natürlichem Vitamin E sowie an mehrfach ungesättigten Fettsäuren auch gerne als Diätöl eingesetzt. Es lässt sich bis über 180 °C erhitzen, ist universell einsetzbar und zum Marinieren von Salaten, Rohkost und Gemüse ebenso geeignet wie als Brat- und Frittieröl.

### Olivenöl

Das ernährungsphysiologisch besonders wertvolle, aus den Mittelmeerländern stammende Öl wird wegen seines starken, ausdrucksvollen Eigengeschmacks vor allem als Würzöl für Salate, lauwarme Gemüsespeisen, als Beigabe zum Kochwasser von Teigwaren, zum Beträufeln von Fischen und Pastagerichten, zum Einlegen von Gemüse wie Artischocken, Paprikaschoten und gefüllten Weinblättern, vor allem aber auch zum Marinieren von Fisch-, Lamm- und Rindfleischgerichten eingesetzt. Besonders empfehlenswert sind kalte Erstpressungen (»Olio Extra Vergine« oder »Huile Extra Vierge«). Entgegen anderslautenden Behauptungen ist Olivenöl auch als Bratfett einsetzbar, wenn es nicht überhitzt wird und man seine geschmacksverändernde Wirkung sowie die Tatsache, dass das Öl seine Vitamine und Nährstoffe verliert, einkalkuliert.

### Wie Profis mit Olivenöl umgehen

Olivenöl sollte stets knapp über 10 °C gelagert werden. Wird es zu kalt aufbewahrt, stockt es ab und wird trüb, bei zu warmer Lagerung wird es schnell ranzig.

Olivenöl sollte stets im Dunkeln gelagert werden, da Tageslicht die Alterung beschleunigt und ein Farb- und Geschmacksverlust eintritt.

Besonders geeignet ist Olivenöl für Konservierungszwecke, vor allem bei Pilzen, Meeresfrüchten und Gemüse.

Leicht festklebende Teigwaren werden geschmeidiger, wenn man dem Kochwasser einen Schuss Olivenöl beigibt.

Beträufelt man Pastagerichte nach der Fertigstellung mit etwas kaltem Olivenöl, so gewinnen diese an Geschmack.

Sesamöl
Das aus schwarzer und weißer Sesamsaat gewonnene Öl besticht durch seine feinen Röstaromen und wird in der asiatischen Küche, wegen seiner Opulenz vorsichtig dosiert, als Würzöl eingesetzt.

Sojaöl
Das vorwiegend in der asiatischen Küche verwendete Samenfett aus der Sojabohne ergibt ein hochwertiges, eiweißreiches und geschmacklich hoch spezifiziertes Spezialöl zum Marinieren von Fleisch, Fisch und Gemüse, wird aber auch als Bestandteil von Back- und Bratfetten eingesetzt.

Steinpilzöl
Dieses geschmacklich besonders ausdrucksstarke Spezialöl ist hervorragend zum Aromatisieren von Salaten, Pastagerichten und Ragouts geeignet.

Traubenkernöl
Das aus den Kernen der Weintraube gewonnene Samenfett war früher Notzeiten vorbehalten, wird aber mittlerweile wegen seines nussigen Geschmacks auch als Salatöl geschätzt.

Trüffelöl
Das mit weißen Trüffeln aromatisierte Spezialöl wird entweder auf der Basis von Sonnenblumenöl oder einem möglichst geschmacksneutralen, hellen Olivenöl gewonnen, gelangt aber auch mit synthetischem Trüffelaroma auf den Markt. (Von den 280 bekannten Geschmacks- und Geruchskomponenten der weißen Alba-Trüffeln lassen sich nämlich bereits 40 auf künstliche Weise herstellen.) Einheitliche Etikettierungsvorschriften oder Prüfsiegel existieren leider noch nicht. Achten Sie deshalb besonders darauf, dass das Etikett die Aufschrift »natürliches Aroma von weißen Trüffeln« enthält. Da Trüffelöl oft in überreichem Ausmaß eingesetzt wird, hat es sich den Spitznamen »Maggi der Nouvelle Cuisine« eingehandelt. Wird es jedoch sparsam eingesetzt, so ist Trüffelöl ein hochwertiges Würzöl zum Aromatisieren feiner Blattsalate, Pastagerichte, weißer Fischsaucen, Creme- oder Schaumsuppen (z.B. von Kürbis, Schalotten oder Sellerie) sowie von Erdäpfelpüree.

### Walnussöl

Da Walnüsse 58% Öl enthalten, lässt sich daraus ein besonders kostbares, würziges Spezialöl herstellen, das ausgezeichnet zum Marinieren von Blattsalaten geeignet ist, aber auch Pastagerichten eine fein-nussige Geschmackskomponente verleiht.

## Die wichtigsten Essigsorten

### Aceto Balsamico tradizionale

Der König der Essige stammt aus Oberitalien, wo er rund um die Stadt Modena aus dem eingekochten Most der weißen Trebbiano-Traube gewonnen wird und in Holzfässern auf Dachböden bis zu 12 Jahre nach dem Solera-System heranreift. Darunter versteht man eine Anzahl verschiedener, oft Jahrzehnte alter Holzfässer und Fässchen. Aus dem ältesten davon wird einmal im Jahr ein Drittel des Elixiers auf Flaschen gezogen. Was nunmehr im Fass an Flüssigkeit fehlt, wird mit dem Inhalt des zweitältesten Fasses aufgefüllt. Dieser Vorgang wird bis zum jüngsten Fass fortgesetzt, welches dann seinerseits wieder mit frischem Traubensaft und jungem Wein aufgefüllt wird – worauf das nämliche Ritual ein Jahr später von vorne beginnt. Der ursprünglich weiße Essig nimmt während dieser Prozedur eine fast schwarzbraune Farbe, eine besonders konzentrierte Konsistenz und einen unverwechselbar aromatischen Geschmack an.

### Balsam-Essig

Der Ausdruck hat sich für all jene Essige eingebürgert, die nicht wie Balsamico tradizionale aus eingekochtem Traubenmost, sondern aus Wein hergestellt werden. Da die Bezeichnung »Aceto Balsamico di Modena« ungeschützt ist, fällt darunter leider auch allerlei billige Massenware. Als Balsam-Essig werden jedoch auch kostspielige Spitzenessige eingestuft, wenngleich sich deren Hersteller nicht denselben strengen Kontrollen unterwerfen wie die Mitglieder des Aceto Balsamico tradizionale. Auch nicht aus Italien stammende Balsam-Essige (z.B. der bekannte steirische Apfel-Balsamico) dürfen die Bezeichnung Balsam-Essig tragen.

### Essig-Exoten

Reisessig ist ein beliebtes Würzmittel fernöstlicher Küchen (z.B. Sushi-Reis). Zu den Kuriositäten der Essig-Welt zählt u.a. der philippinische Kokosnussessig, der karibische Rumessig, der bayerische (Bock-)Bieressig sowie der Verjus aus dem Périgord, der aus dem Most unreifer Trauben gekeltert wird.

### Fruchtessig

Aus dem Saft gepresster Früchte lässt sich eine Vielzahl von Essigen herstellen. Einer der feinsten und edelsten davon ist der Himbeeressig, der beispielsweise in der empfehlenswerten Kombination mit Nuss- oder Traubenkernöl einen ganz besonderen aromatischen Reiz entwickelt.

### Jerez-Essig

Der Klassiker aus dem Sherry-Anbaugebiet wird in drei Qualitätsstufen angeboten: *Gran Gusto* (junger Essig aus Eichenfässern); *Mayoral* (12 Jahre im Eichenfass); *Reserva* (24–25 Jahre in Fässern gereift, die oft über 50 Jahre alt sind).

### Kräuteressig

Diesen Essig können Sie ganz leicht auch selbst herstellen: Lassen Sie in 2 Liter einfachem Weinessig etwa 400 g gemischte Kräuter und Aromastoffe (Basilikum, Estragon, Petersilie, Kerbel, Lorbeerblatt, Pfefferkörner, zerdrückte Wacholderbeeren) etwa 2 Wochen lang ziehen. Gießen Sie den Essig dann durch eine Filtertüte oder ein feines Haarsieb und füllen Sie ihn in vorher gut ausgekochte, sterile Flaschen um. Je nach Lust und Laune können Sie Ihrem Essig auch Schalotten, scharfe Pfefferonischoten, Rosmarinzweiglein oder Knoblauchzehen hinzufügen, deren Geschmack der Essig mit zunehmender Lagerung annimmt. Dann heißt es nur noch: gut verkorken, dunkel lagern – und genießen.

### Malzessig

Diese besonders in Skandinavien und England beliebte Spezialität wird aus vergorener Gerstenmalzmaische hergestellt und gerne zur Zubereitung indischer Chutneys verwendet.

### Obst- bzw. Apfelessig

Der milde, aus dem Saft von Äpfeln, zuweilen auch von Birnen hergestellte Essig gilt als besonders verdauungsfördernd und ist eine unverzichtbare Zutat jedes echten Alt-Wiener Erdäpfelsalates.

### Winzeressig
### (reiner oder echter Weinessig)

Mit Hilfe einer so genannten Essigmutter lässt sich aus jedem Wein Essig herstellen. Geschieht das auf hohem Niveau, so wird aus dem Wein- ein Winzeressig und somit ein Spitzenprodukt, das in den letzten Jahren einige Furore gemacht hat und nicht nur zum Kochen verwendet, sondern beispielsweise auch als Aperitif-Essig angeboten wird. Vor allem Essige auf der Grundlage von hohen Prädikatsweinen (z.B. Trockenbeerenauslesen) erfreuen sich bei einem anspruchsvollen Publikum höchster Beliebtheit.

# Am liebsten fleischlos

*Vegetarische Genüsse spielen in unserer Ernährung heute eine wesentlich größere Rolle als noch vor zehn oder zwanzig Jahren. Allerdings muss nicht jeder, der gerne Gemüse isst, Vegetarier sein. Ob man Gemüseküche nun aus ideologischen, gesundheitlichen oder schlicht aus geschmacklichen Gründen liebt, ist Ansichtssache. Wichtig ist jedoch, dass die wertvollen Gemüse-Genüsse richtig vor- und zubereitet werden.*

## So lagern Sie Gemüse richtig

Verarbeiten Sie Gemüse möglichst schnell nach dem Kauf und lagern Sie es in der Zwischenzeit dunkel und kühl, aber auf keinen Fall zu kalt. Am besten ist es, das Gemüse, um seine Feuchtigkeit zu erhalten, in Folie einzuschlagen und im Gemüsefach des Kühlschranks aufzubewahren.

Gemüsesorten wie Melanzani oder Zucchini vertragen keine Kälte und sollten besser bei Zimmertemperatur gelagert werden.

Wenn Rettich oder Radieschen lasch werden, so legen Sie diese kurz in kaltes Wasser ein. Das bringt die gewünschte Knackigkeit wieder zurück.

## Gemüse kochen, aber richtig

Legen Sie geputztes und gewaschenes Gemüse, vor allem aber Grüngemüse wie Spinat, Kohl, Fisolen, Erbsen u.ä., grundsätzlich in kochendes Wasser ein. Nur Erdäpfel, Wurzel- und Knollengemüse sowie Karfiol und Rüben im Ganzen werden zunächst kalt aufgesetzt, weil das langsame Ankochen ein gleichmäßiges Garen von außen nach innen garantiert.

Schneiden Sie Kohlsprossen, Karfiol- und Broccoliröschen vor dem Kochen an den Stielen kreuzweise ein.

Achten Sie darauf, dass Wurzelgemüse, Rüben etc. vor dem Kochen in gleichmäßige Stücke geschnitten werden.

Entstielen Sie Blattgemüse sorgfältig, bevor Sie es ins kochende Wasser einlegen.

Frischen Sie Gemüse, vor allem aber Grüngemüse, nach dem Kochen mit eiskaltem Wasser ab, weil es sich sonst braun verfärbt.

Das Abfrischen kann entfallen, wenn das Gemüse nach dem Kochen sofort in Butter geschwenkt, gewürzt und serviert wird.

Setzen Sie zartes Gemüse wie Erbsenschoten, Broccoliröschen, Blattspinat, Mangold oder Kochsalat beim Abfrischen niemals dem direkten Wasserstrahl aus. Ideal ist es in diesem Fall, Eiswürfel ins Abfrischwasser zu geben.

## Gemüse aufwärmen ohne Qualitätsverlust

Mitunter ergibt sich die Notwendigkeit, bereits gegartes Gemüse nochmals erhitzen zu müssen. Wenn Sie Gemüse wie Erbsen, Fisolen, Kohlsprossen, Broccoliröschen schonend und ohne Qualitätsverlust erwärmen wollen, so bieten sich mehrere Methoden an.

Trick I: Legen Sie das Gemüse in ein Sieb und halten Sie dieses kurz in kochendes Salzwasser. Lassen Sie das Gemüse abtropfen, schwenken Sie es in geschmolzener, nach Geschmack auch in gebräunter Butter und schmecken Sie es vor dem Servieren noch einmal ab.

Trick II: Lassen Sie in einem flachen Geschirr wenig Wasser oder milde, klare Suppe mit etwas Butter aufkochen. Legen Sie das Gemüse in die Flüssigkeit und erhitzen Sie es, offen oder zugedeckt, unter wiederholtem Schwenken, bis die Flüssigkeit verdampft ist. Vor dem Servieren abschmecken.

Trick III: Schwenken Sie kaltes Gemüse in flüssiger, nach Geschmack auch gebräunter Butter und würzen Sie es. Decken Sie das Gemüse mit Klarsichtfolie ab oder legen Sie es in ein geeignetes Spezialgeschirr mit Deckel und erwärmen Sie es im Mikrowellenherd.

Trick IV: Wenn Sie gebundenes oder eingebranntes Gemüse wie Cremespinat, Wiener Kohl, Dillkürbis, Kochsalat mit Erbsen oder auch diverse Krautgerichte erhitzen wollen, so lassen Sie zunächst etwas Wasser in einer flachen Kasserolle aufkochen, fügen Sie das Gemüse hinzu und erwärmen Sie es langsam unter häufigem Umrühren. Aber Vorsicht: Es besteht Spritz- und Verbrennungsgefahr! Sobald das Gemüse heiß ist, empfiehlt es sich, die Konsistenz des Gerichts durch Zugabe von Wasser, milder Suppe oder fallweise auch Obers zu korrigieren.

# Was tun wenn …

*Eine kleine Pannenhilfe, damit in Ihrer Küche nichts schief gehen kann.*

… Blattsalate und Gemüse zu bitter schmecken?
Schneiden Sie bei Chicorée und Radicchio vorher den Strunk heraus und legen Sie das Gemüse etwa 20 Minuten in lauwarmes Wasser. Geben Sie beim Kochen von weißem Spargel 1–2 Scheiben Weißbrot oder eine Semmel ins Kochwasser.

… Brotcroûtons nicht so richtig knusprig werden?
Breiten Sie die Croûtons auf einem Backblech auf und bräunen Sie dieselben unter häufigem Wenden im auf 160 °C vorgeheizten Backrohr (möglichst mit Umluft).

Frittieren Sie die Croûtons im tiefen Ölbad bei ca. 180 °C.

Erhitzen Sie Butterschmalz in einer flachen Pfanne und bräunen Sie die Croûtons darin unter oftmaligem Wenden.

Für Brotchips schneiden Sie am besten etwas Schwarzbrot, das schon einige Tage alt ist, mit der Brotschneidemaschine in hauchdünne Scheiben auf und lassen diese nach einer der oben beschriebenen Methoden kross und knusprig werden.

… Butterabtriebe gerinnen?
Dass Abtriebe gerinnen, liegt fast immer daran, dass die Zutaten nicht ideal temperiert waren. Nehmen Sie die Butter daher stets rechtzeitig aus dem Kühlschrank, damit sie Zimmertemperatur annehmen kann, aber nicht anschmilzt. Fehlt es dafür an Zeit, so können Sie die Butter auch im Wasserbad oder in der Mikrowelle temperieren.

Achten Sie darauf, dass die Eier vor der Verwendung zimmertemperiert sind, da die Butter beim Einrühren sonst leicht steif wird. Sollten – etwa beim Abtrieb für Grießnockerl – ganze Eier eingerührt werden, so ist es hilfreich, diese mit dem Mixstab oder einem Schneebesen gut zu verschlagen, damit sie sich bequem unter die Butter rühren lassen.

Rühren Sie ganze Eier oder Dotter immer nur nach und nach in die Butter ein.

... Schweinsbraten nicht knusprig wird?
Wenn die Kruste nicht so richtig knacken will, so wurde zumeist die Temperatur nicht richtig gewählt oder der Braten zu häufig mit Wasser übergossen, was zu viel Dampfentwicklung im Backrohr bewirkt.

*Was hilft?* Ist der Braten noch nicht ganz fertig gebraten, so übergießen Sie die Schwarte mit Bratensaft und braten diese bei starker Oberhitze oder im Umluftgrill knusprig.

*Wie beugt man vor?* Schneiden Sie die Schwarte mit einem sehr scharfen Messer kreuz und quer ein, würzen Sie das Schweinefleisch und braten Sie es bei allmählich sinkender Temperatur unter ständigem Begießen mit Bier, Bratensaft oder Kümmelwasser. Übergießen Sie die Schwarte in den letzten 20 Minuten vor Garungsende nicht mehr, erhöhen Sie aber dafür die Oberhitze noch einmal kräftig. Es kann auch lohnend sein, den Braten abschließend unter der Grillschlange noch einmal kurz knusprig zu bräunen.

*Alternative:* Legen Sie die Schwarte vor dem Einschneiden mit der Oberfläche nach unten in eine Kasserolle mit kochendem Salzwasser und lassen Sie diese darin 10–20 Minuten ziehen. Dann wie oben beschrieben schröpfen, würzen und braten.

... Einbrenn klumpig wird?
Lassen Sie die bereits angeschwitzte Butter-Mehl-Mischung etwas überkühlen und gießen Sie dann mit heißer Flüssigkeit (Milch, Fond, Suppe etc.) auf. Bringen Sie die Flüssigkeit, um sie erneut zu binden, zum Kochen und rühren Sie die Masse dabei mit einem Schneebesen glatt. Sollten sich auch diesmal wieder unerwünschte Knoten und Klümpchen bilden, so passieren Sie die Einbrenn einfach durch ein Haarsieb.

... Eischnee nicht gelingt?
Starten Sie einen neuen Versuch und überzeugen Sie sich, dass Kessel und Schneebesen nicht fett sind und dass das Eiklar keinerlei Dotteranteile enthält.

Verwenden Sie Staub- statt Kristallzucker und schlagen Sie den Schnee nicht zu lange, da er sonst leicht ausflockt.

Das Eiklar sollte nicht »überfrisch« sein.

... Fleisch beim Braten in Pfannen Flüssigkeit zieht?
Der Effekt ist so bekannt wie unerwünscht: Sie braten ein Kotelett, Steak oder auch Geschnetzeltes in der Pfanne an. Doch plötzlich beginnt sich jede

Menge Flüssigkeit in der Pfanne abzusetzen, das Fleisch wird gekocht statt gebraten, bekommt weder Kruste noch Farbe und wird zäh. Mögliche Ursachen dafür können sein, dass das Fett zu kalt oder die Pfanne mangels planem Boden ungeeignet war. Vielleicht haben Sie aber auch eine zu große Menge an Fleisch auf einmal in die Pfanne gegeben oder das Fleisch zu früh und zu oft gewendet, wodurch das Fett kalt wurde.

Abhilfe lässt sich leicht schaffen. Gießen Sie einfach die Flüssigkeit ab, wechseln Sie die Pfanne und braten Sie das Fleisch in neuem, heißen Fett knusprig an.

... Fleisch oder Gemüse zu weich wird?
Schneiden Sie Fleisch und Gemüse, um diesem Fehler vorzubeugen, immer in möglichst gleich große Stücke. Wenn sich dennoch ein »Übergaren« abzeichnet, so stoppen Sie den Kochprozess am besten durch rasantes Abkühlen.

... Fleisch nach dem Braten zäh ist?
Sie haben möglicherweise Fleisch von mangelhafter Qualität oder zu wenig lange abgehangenes Fleisch gekauft. Vielleicht haben Sie aber auch für die spezielle Verwendung das falsche Fleisch gewählt (z.B. ein weißes Scherzel zu Steaks braten wollen), das Fleisch zu lange oder zu rasant gebraten oder ihm keine Möglichkeit gegeben, nach dem Braten lange genug zu rasten. Abhilfe ist in diesem Fall kaum möglich. Am besten ist es immer noch, das Fleisch erkalten zu lassen, hauchdünn aufzuschneiden und als Teil einer kalten Platte zu servieren. Denn erkaltetes Fleisch hauchdünn aufgeschnitten ist wesentlich mürber als warm serviert.

... Kalbsbrust beim Braten aufreisst?
Die Kalbsbrust wurde mit zu viel Fülle gefüllt, oder Sie haben für die Füllung zu viele Eier verwendet, was die Triebkraft erhöht. Die Fasson des Fleisches lässt sich in diesem Fall zwar nicht mehr retten. Damit die austretende Fülle jedoch nicht zu stark bräunt und austrocknet, empfiehlt es sich, die aufgeplatzte Stelle während der weiteren Bratzeit mit Alufolie abzudecken.

... Erdäpfelteig zäh wird?
Ein zäher Erdäpfelteig lässt sich zwar kaum retten, aber durch eine Reihe von Maßnahmen verhindern:

Verwenden Sie niemals speckige, sondern lieber mehlige Erdäpfel.

Vermeiden Sie es, den Teig mit einem Mixer zu bearbeiten, sondern kneten Sie lieber mit der Hand.

Verwenden Sie nur griffiges und niemals glattes Mehl.

Lassen Sie die pürierten Erdäpfel vor der Vermengung mit Mehl gut auskühlen.

... Kren nach dem Reissen schwarz wird?
Beugen Sie vor, indem Sie den Kren immer erst im letzten Moment reißen.

... Kren in Suppen und Saucen bitter schmeckt?
Das passiert nicht, wenn Sie den Kren immer erst im allerletzten Moment in die Sauce geben und diese danach nicht mehr aufkochen lassen.

... Mayonnaise gerinnt?
Wenn Mayonnaise misslingt, so sind meist zu kaltes Öl und/oder zu rascher Ölfluss schuld. Sie können Ihre Mayonnaise in diesem Fall aber noch retten:

Rühren Sie mit einem Dotter etwas Essig und tropfenweise Öl eine neue Mayonnaise an und fügen Sie löffelweise die geronnene Mayonnaise unter ständigem Rühren darunter.

Oft genügt jedoch auch bereits das Unterrühren von etwas heißem Wasser, und Ihre Mayonnaise emulgiert wieder wie sie soll.

... Mayonnaise zu kompakt ist?
Verdünnen Sie die zu fest geratene Mayonnaise, indem Sie unter langsamem Rühren etwas Essigwasser, Sauerrahm, Joghurt oder Schlagobers einfließen lassen. Die Wahl des Verdünnungsmittels hängt von der späteren Verwendung ab.

... Mayonnaise nicht genügend luftig ist?
Mengen Sie etwas nicht ganz ausgeschlagenes, cremiges Obers unter die Mayonnaise. Das verleiht ihr nicht nur mehr Luftigkeit, sondern die Mayonnaise wird dadurch auch bekömmlicher und lässt sich perfekt für Salate, Cocktails, Saucen und Dips verwenden.

... Mayonnaise zu fett ist?
Leichter und kalorienärmer wird Mayonnaise durch das Einrühren einer gekochten Mehl-Essigwasser-Mischung, die sich leicht herstellen lässt. Vermengen Sie zu diesem Zweck 20 g glattes Mehl mit $1/8$ l kaltem Essigwasser und rühren Sie diese Mischung knotenfrei mit Hilfe eines Schneebesens unter $1/8$ l kochendes Salzwasser. Lassen Sie die Flüssigkeit danach etwa 3 Minuten kochen und anschließend erkalten. Übrigens: Je mehr Sie von dieser Flüssigkeit unter die Mayonnaise rühren, desto leichter wird sie.

… Sauce hollandaise misslingt?
Wenn Sauce hollandaise gerinnt, so waren vermutlich die verwendete Butter und/oder das schaumig geschlagene Dotter zu heiß, oder aber die Butter wurde zu rasch eingerührt. Abhilfe ist in einem solchen Fall nur dann möglich, wenn nicht durch übermäßige Hitze bereits eine »Eierspeis« entstanden ist.

Schlagen Sie zu diesem Zweck neuerlich ein Dotter und etwas Suppe oder Gewürzreduktion über Dampf warm und schaumig. Lassen Sie etwas flüssige Butter mit schwachem Strahl einfließen und rühren Sie dann löffelweise die geronnene Sauce hollandaise mittels Schneebesen oder Mixstab wieder ein.

… Mürbteig seine Bindung verliert?
Sie haben den Mürbteig vermutlich zu lange und zu warm bearbeitet. Der Teig kann leider nicht mehr gerettet werden. Starten Sie also einen neuen Versuch und achten Sie darauf, dass der Teig nicht zu warm und auch nicht »überknetet« wird. Ähnliches gilt für Nockerl- und Spätzleteige.

… Obstknödel sich beim Formen nicht verschliessen lassen?
Dieser Fall tritt meist dann ein, wenn die Früchte entkernt und mit Zucker gefüllt wurden. Damit das nicht passiert, helfen zwei Tricks:

Entkernen Sie Marillen, Zwetschken u.ä. erst im allerletzten Moment und füllen Sie kurz vor der Weiterverwendung je ein Stück Würfelzucker ein.

Verschließen Sie den Teig immer an einer Stelle, an der die Frucht keine Öffnung aufweist.

… Obst und Gemüse sich braun verfärben?
Viele Obst- und Gemüsesorten (Äpfel, Birnen, Avocados, Artischocken, Sellerieknollen, Schwarzwurzeln etc.) verfärben sich nach dem Schälen und Schneiden und werden durch die Lichteinwirkung braun. Doch keine Bange – es gibt Abhilfe:

Reiben Sie das geschälte Obst bzw. Gemüse mit Zitronensaft ein oder geben Sie später beim Kochen Zitronensaft bei.

Legen Sie roh geschälte Erdäpfel sofort in kaltes Wasser.

Legen Sie braun gefärbtes Grüngemüse wie Spinat, Kochsalat, Kohl, Fisolen, Kohlsprossen, Erbsen, Erbsenschoten etc. in kochendes Wasser ein und frischen Sie es nach der Garung sofort mit eiskaltem Wasser ab oder legen Sie es in mit Eiswürfeln versetztes, kaltes Leitungswasser.

Tragen Sie Grüngemüse nach dem Erhitzen sofort auf und halten Sie es nur möglichst kurz warm.

Behandeln Sie roh geschälte Sellerieknollen mit Essig oder Zitronensaft, bevor Sie diese im Ganzen kochen und anschließend zerteilen.

Legen Sie roh geschälte Schwarzwurzeln in Wasser ein, das zuvor mit 4 EL Essig und 2 EL glattem Mehl verrührt wurde.

Blanchieren Sie Chicorée, den Sie braten oder dünsten wollen, vor der Weiterverwendung einige Minuten in siedendem Wasser und frischen Sie ihn danach ab.

### ... Paprika- oder Currypulver bitter wird?

Dieser Fehler passiert stets dann, wenn das Fett, in dem das Gewürzpulver angeröstetet wurde, überhitzt war.

Abhilfe ist jedoch möglich, indem man den Röstprozess rechtzeitig durch Zugießen von Flüssigkeit unterbricht.

### ... Pommes frites nicht knusprig sind?

Wenn Pommes zu kalt gebacken wurden, zu viel Öl aufgenommen haben oder zu früh in Berührung mit Salz gekommen sind, werden sie nicht knusprig. Ein paar Vorsichtsmaßnahmen können das verhindern:

Weichen Sie die Erdäpfelstreifen nach dem Schneiden in kaltem Wasser ein, da dadurch die Stärke ausgeschwemmt wird.

Tupfen Sie die Pommes frites dann gründlich mit Küchenkrepp trocken, bevor Sie dieselben in heißem Öl blanchieren, bis sie noch ganz hell und fast gegart sind.

Heben Sie die Pommes frites nach dem Blanchieren aus dem Fett. Erhitzen Sie das Ölbad noch einmal auf 180 °C und backen Sie die Pommes frites darin knusprig braun.

Salzen Sie die Pommes erst im letzten Moment, da sie sonst lasch werden.

### … Rindsuppe oder heller Fond trüb wird?

Sie haben die Suppenknochen vor der Verwendung nicht warm gewaschen oder blanchiert, oder die Suppe hat zu stark gekocht. Abhilfe lässt sich auf zwei Arten schaffen:

Lassen Sie die Suppe stehen, bis die Trübstoffe zu Boden sinken.

Klären Sie die Suppe mit Eiklar, eventuell auch mit Milz oder Leber.

### … Schlagobers buttrig wird?

Das Obers wurde in diesem Fall zu lange geschlagen. Rückgängig lässt sich das leider nicht mehr machen, das Obers können Sie jedoch immer noch zum Kochen und Binden von Saucen verwenden.

### … Schlagobers sich nicht schlagen lässt?

Überprüfen Sie, ob der Kessel bzw. die Rührschüssel oder der Schneebesen Fettreste aufweisen. Stellen Sie sicher, dass das Schlagobers weder zu warm noch zu kalt ist und beginnen Sie mit dem Schlagen von neuem.

### … Schokolade beim Schmelzen klumpt?

Die Schokolade wurde vermutlich beim Erwärmen über 32 °C erhitzt oder ist mit Wasser in Berührung gebracht worden. Wiederholen Sie den Vorgang bei niedrigerer Temperatur.

### … Schokoladeglasuren keinen Glanz bekommen?

Misslungene Glasuren lassen sich leider nicht aufpolieren. Wenn Sie der Glasur jedoch bereits vorher etwas Butter oder Öl beifügen, dann sollte der Glanz lange anhalten. Vor allem dann, wenn Sie Ihre glasierten Köstlichkeiten nicht zu kalt lagern.

### … Semmelknödel beim Kochen zerfallen?

Wenn der Knödelteig mit zu viel Milch zubereitet wurde oder das Verhältnis von Mehl und Eiern nicht stimmt, so kann das unliebsame Folgen haben. Vorbeugen lässt sich solchen Niederlagen am leichtesten, indem man stets einen Probeknödel kocht und den Knödelteig gegebenenfalls »nachjustiert«.

Am besten garen Sie Ihre Knödel jedoch gleich über Dampf. In diesem Fall benötigen Sie gar kein Mehl, und die Knödel gelingen trotzdem.

### … Speisen versalzen sind?

Die meisten versalzenen Gerichte sind leider unrettbar verloren, vor allem dann, wenn das Salz vom Kochgut bereits zu sehr aufgenommen worden ist. In einigen Fällen gibt es jedoch Abhilfe:

Strecken Sie versalzene Flüssigkeiten mit ungewürzten Fonds.

Mischen Sie rohe Erdäpfelscheiben oder Schwarzbrotstücke unter das kochende Gericht. Das wirkt lindernd.

Mildern Sie versalzenen Saucen durch die Zugabe von Obers ab.

... Strudelteig beim Ziehen reisst?
Der Teig war vermutlich zu fest oder hat zu wenig lange gerastet. Legen Sie beim Teigziehen fallweise kurze Pausen ein, decken Sie den Teig zu und lassen Sie ihn vor dem Weiterziehen etwas rasten.

... Teige beim Backen oben aufreissen?
Teige reißen leicht, wenn die gewählte Backtemperatur zu hoch ist oder zu viel Triebmittel verwendet wurde. Unerwünschte Rissstellen lassen sich jedoch verhindern, wenn Sie die Backrohrtür beim Backen einen schmalen Spalt offen lassen.

... Würste beim Kochen oder Braten aufplatzen?
Der wahre Schuldige ist meist der in der Wurst verarbeitete Speck, der eine enorme Triebkraft besitzt. Manche Wurstsorten wie Weißwürste oder Frankfurter sollten daher niemals kochen, sondern lediglich knapp unter dem Siedepunkt ziehen, bis sie heiß sind. Bei Blut- und Leberwürsten kann es lohnend sein, diese vor der Verwendung zu blanchieren und während des Bratens mit einer dünnen Nadel anzustechen, damit überschüssiges Speckfett abfließen kann.

# Glossar

*Internationale und typisch österreichische Küchenfachausdrücke*

| | |
|---|---|
| À point | auf den Punkt gebraten |
| Abfrischen | unter fließendem kaltem Wasser abkühlen |
| Abtrieb | (meist mit Butter) schaumig gerührte Masse |
| Aïoli | provençalische Knoblauchmayonnaise |
| Al dente | bissfest, d.h. nicht zu weich gekocht (etwa Nudeln oder Gemüse) |
| Amuse-Gueule | kleiner Bissen als Auftakt eines Menüs (im Restaurant »Gruß aus der Küche«) |
| Anschwitzen | in heißem Fett kurz, ohne Farbe nehmen zu lassen anrösten |
| Antipasti | ital. kalte oder warme Vorspeisen |
| Backhendl | paniertes, in heißem Fett herausgebackenes Huhn |
| Barbecue | auf dem Holzkohlengrill zubereitete Gerichte |
| Beiried | ausgelöstes Rippenstück vom Rind |
| Beuschel | Alt-Wiener Ragout aus Kalbslunge und -herz |
| Biskotte | Löffelbiskuit |
| Blanchieren | kurz mit siedendem Wasser überbrühen |
| Blini | kleine Küchlein aus Germ- oder Erdäpfelteig |
| Brathendl | knusprig gebratenes Huhn bzw. Hähnchen |
| Bries | Kalbsmilch |
| Bruschetta | mit Olivenöl beträufeltes, knusprig geröstetes ital. Landbrot, das beliebig belegt werden kann |
| Bun | (Milch-)Brötchen für Hamburger |
| Burritos | gerollte, würzig gefüllte Tortillas (s. dort) |
| Busserl | kleine, runde Plätzchen |
| Caprese | ital. Salat aus Tomaten, Mozzarella, Basilikum etc. |
| Carpaccio | ursprünglich hauchdünn aufgeschnittenes und mariniertes rohes Rinderfilet, heute allgemeine Bezeichnung für roh Aufgeschnittenes und Mariniertes von Fleisch, Fisch oder auch Gemüse |

| | |
|---|---|
| CHEESEBURGER | Hamburger mit geschmolzenem Käse |
| CHICKENBALLS | frittierte Bällchen aus Hühnerfarce |
| CHICKEN-WINGS | pikant gewürzte, knusprige Hühnerflügerl |
| CHUTNEY | dickliche Würzpaste zu Fisch- und Fleischgerichten (ind.) |
| CIABATTA | ital., flach geformtes, außen knuspriges Weißbrot |
| CONSOMMÉ | gehaltvolle Kraftbrühe |
| CONTINENTAL SANDWICH | mit Schinken, Käse, Salat, Tomaten etc. üppig gefülltes Baguette |
| CONVENIENCE-PRODUKTE | Sammelbegriff für industriell ganz oder halb vorgefertigte Produkte für die moderne Küche |
| COUSCOUS | beliebig variierbarer nordafrikanischer Eintopf auf Getreidebasis |
| CRÊPE | hauchdünne, beliebig gefüllte Omelette (franz.) |
| CRESPELLE | hauchdünne, pikant gefüllte Pfannkuchen (ital.) |

| | |
|---|---|
| CROSTINI | beliebig belegtes Weiß- oder Landbrot, das knusprig überbacken wird (ital.) |
| CROÛTONS | knusprig geröstete Brotwürfel oder Scheiben |
| CURRY | ursprüngl. stark gewürztes Saucengericht, heute auch Ausdruck für die, diesem Gericht zugrunde liegende Gewürzmischung (ind.) |
| CUTTERN | in einer Küchenmaschine äußerst fein zerkleinern, mixen oder pürieren |
| DAMPFL | Vorteig (Hefeansatz) |
| DIM SUM | kleine gedämpfte oder frittierte Bällchen, Röllchen oder Bissen, meist im Bambuskörbchen serviert (chin.) |
| DIP | pikante, würzige Sauce zum Eintauchen kleiner Happen |
| DOTTER (EIDOTTER) | Eigelb |
| DUXELLES | gewürzte Farce aus klein gehackten, gerösteten Champignons, Petersilie und Schalotten (franz.) |

| | |
|---|---|
| Eierschwammerl | Pfifferling |
| Eierspeise | Rühreiähnliches Gericht |
| Eiklar | Eiweiß |
| Einbrenn | braune Mehlschwitze |
| Einmach | helle Mehlschwitze |
| Erdäpfel | Kartoffeln |
| Ethno-Küche | allgemeine Bezeichnung für Gerichte aus (meist) exotischen Landesküchen |
| Farce | Füllmasse, meist aus Fisch oder Geflügel hergestellt |
| Faschiertes | Hackfleisch |
| Finger Food | kleine Happen, die ohne Besteck gegessen werden |
| Fishballs | kleine, frittierte oder gedämpfte Bällchen aus Fischfarce |
| Fisolen | grüne Bohnen |
| Fleckerl | kleine, quadratische Teigwaren |
| Fond | Grundbrühe mit dem Geschmack des jeweils verwendeten Ausgangsproduktes (Fleisch, Fisch, Geflügel) |
| Frankfurter | Wiener Würstchen |
| Frittata | pikant gewürzter Eierkuchen (ital.) |
| Frittaten | Suppeneinlage aus fein geschnittenem Pfannkuchen |
| Fusion-Küche | Moderne internationale Kochschule, die unterschiedlichste Küchenstile und deren Zutaten (mediterran, fernöstlich, französisch, mexikanisch etc.) neu kombiniert |
| Gelbe Rübe | Möhre |
| Germ | Hefe |
| Geselchtes | Rauchfleisch |
| Gnocchi | Klößchen, kleine Nocken (ital.) |
| Grammeln | Grieben |
| Gratinieren | bei starker Oberhitze im Backrohr überbacken |
| Gugelhupf | Napfkuchen |
| Hamburger | weißes Brötchen, mit gebratenem Fleischlaibchen und div. anderen Zutaten (z.B. Zwiebel, Tomaten, Ketchup, Pickles) gefüllt und pikant gewürzt |
| Häuptelsalat | Kopfsalat |
| Heidelbeeren | Blaubeeren |
| Heurige | Frühkartoffeln |
| Holler | Holunder |
| Hors d'œvres | kalte Vorspeisen (franz.) |
| Karfiol | Blumenkohl |
| Karkasse | ausgelöstes Knochengerüst bzw. Gräten |
| Karotte | Mohrrübe |
| Karree | Rippenstück |

| | |
|---|---|
| KERNÖL | Speiseöl aus gerösteten Kürbiskernen (steir.) |
| KIPFERL | Hörnchen |
| KITZ | junge Ziege |
| KLETZEN | Dörrbirnen |
| KNÖDEL | Kloß |
| KOHL | Wirsing |
| KOHLSPROSSEN | Rosenkohl, Kohlröschen |
| KRAPFEN | schmalzgebackenes Hefegebäck |
| KRAUT | Weißkohl |
| KREN | Meerrettich |
| KRUSPELSPITZ | Fleisch von der Rindsschulter |
| LÄUTERZUCKER | zu gleichen Teilen mit Zucker aufgekochtes Wasser |
| LEGIEREN | Binden von Flüssigkeiten (vor allem von Saucen und Suppen) mit Eidotter oder Schlagobers |
| LUNGENBRATEN | Lenden-, Filetstück (etwa vom Rind, Schwein oder Lamm) |
| MARILLE | Aprikose |
| MARMELADE | Konfitüre |
| MARONI | Edelkastanien |
| MEATBALLS | kleine, würzige Fleischbällchen |
| MEHLSPEISE | Sammelbegriff für Desserts und Süßspeisen |
| MELANZANI | Auberginen |

| | |
|---|---|
| MIE DE PAIN | sehr fein geriebenes, entrindetes Weißbrot |
| MILLE FEUILLE | Blätterteig (franz.) |
| MISO | japan. Sojapaste |
| NOCKERL | Spätzle, kleine Teigklößchen oder Sammelbegriff für kleine, meist oval geformte Speisen (Hechtnockerl) |
| OBERS (SCHLAGOBERS) | Schlagsahne |
| OCHSENSCHLEPP | Ochsenschwanz |
| OMELETT | Eierkuchen |
| PALATSCHINKEN | Pfannkuchen |
| PARIEREN | Zuputzen von Fleisch bzw. Fisch durch Wegschneiden von Sehnen, Häutchen etc. |
| PATTIE | Fleischlaibchen für Hamburger |
| PETITS FOURS | kleine Näschereien, am Ende eines Menüs serviert |
| PICCATA | dünne, kleine Schnitzel (meist von Kalbfleisch, aber auch von Obst und Gemüse) |
| POCHIEREN | knapp unter der Siedegrenze gar ziehen lassen |
| PORREE | Lauch |
| POWIDL | Pflaumenmus |
| PROFITEROLEN | kleine, süß oder pikant gefüllte Brandteigkrapfen |

| | |
|---|---|
| Rahm (Sauerrahm) | Saure Sahne |
| Reduzieren | Flüssigkeiten für Saucen (Wein, Fond etc.) durch Kochen bei großer Hitze auf die gewünschte Konsistenz einkochen lassen |
| Ribisel | Johannisbeere |
| Rostbraten | Hohes Roastbeef, Hohe Rippe |
| Rote Rübe | Rote Bete |
| Rotkraut | Rotkohl |
| Rouille | scharf gewürzte Knoblauchmayonnaise (provenç.) |
| Sabayon | im Wasserbad aufgeschlagener Weinschaum |
| Sashimi | kleine Scheiben von rohem Fisch (japan.) |
| Satay | Spießchen mit Fleisch oder Fischstückchen und Würzsauce (indon.) |
| Sauerkraut | Sauerkohl |
| Schlagobers | Schlagsahne |
| Schmalz | ausgelassenes Fett (von Schwein, Gans oder Ente) oder geklärte Butter (Butterschmalz) |
| Schopfbraten | Schweinekamm |
| Schwammerl | Sammelbegriff für Pilze |
| Schweinsjungfer | Filetstück vom Schwein |
| Selchspeck | Räucherspeck |
| Semmel | Brötchen |
| Semmelbrösel (Brösel) | Paniermehl |
| Soufflé | durch geschlagenen Eischnee luftiger, pikant oder süß gewürzter, gebackener Auflauf |
| Spanferkel | Milchschwein |
| Spicken | Fleisch (Wild, Rindfleisch) mit langen Speckstreifen durchziehen, um es saftiger zu machen |
| Staubzucker | Puderzucker |
| Stelze | Haxe vom Kalb oder Schwein |
| Sticks | kleine, stäbchenförmige Happen aus Gemüse, Fisch- oder Fleischmasse etc. |
| Sushi | mit rohem Fisch (oder auch Gemüse) belegte bzw. gefüllte Klebreisbällchen (japan.) |
| Tacos | pikant gefüllte Tortillas (s. dort) |
| Tafelspitz | Ende vom Rindschwanzstück |
| Tapas | kleine, pikante Happen, die als Appetitmacher zu einem Glas Wein oder zwischendurch gereicht werden (span.) |

**Tarhonya** vielfältig variierbares ungar. Gericht aus Reib- oder Eiergerstel (ung.)

**Tempura** mit hauchdünnem Teig überzogene, frittierte kleine Stückchen von Fleisch, Fisch, Geflügel oder Gemüse (japan.)

**Teppan-yaki** auf einer heißen Eisenplatte gebratene Fleisch- und Gemüsestückchen (japan.)

**Tex-Mex-Küche** Küchenstil, der Indio- und US-Western-Style-Gerichte (Chili con Carne, Tacos etc.) vereint

**Topfen** Quark

**Tortilla** dünne Fladen aus Weizen- oder Maismehl (mexikan.)

**Tramezzini** dünne, saftige, mit Prosciutto, Mozzarella, Shrimps etc. gefüllte Weißbrotscheiben (ital.)

**Wan Tan** kleine Teigtäschchen oder -säckchen mit pikanter Fülle, die frittiert oder gedämpft werden (chin.)

**Wasabipaste oder -kren** grüne, sehr scharfe Würzpaste für Sushi und Sashimi (japan.)

**Wasserbad** in ein größeres Gefäß (Kasserolle oder Bratenpfanne) heißes Wasser einfüllen und darin das in einem kleineren Gefäß eingefüllte Kochgut (Terrinen, Saucen oder Schokolade) erhitzen

**Weichsel** Sauerkirsche

**Weisskraut** Weißkohl

**Wok** große, schwere Eisenpfanne mit gewölbtem Boden zum raschen Anbraten auf größtmöglicher Hitze (chin.)

**Würstel** meist Frankfurter (Wiener) Würstchen

**Zwetschke** Pflaume

**Zwetschkenröster** gedünstete Pflaumen

# Rezeptregister

T



V



W